Johannes Heckel

Rechtshistorische Reihe

Band 418

Peter Lang
Frankfurt am Main · Berlin · Bern · Bruxelles · New York · Oxford · Wien

Gisela Emling

Johannes Heckel

Leben und Wirken (1889–1963)

Peter Lang
Internationaler Verlag der Wissenschaften

Bibliografische Information der Deutschen Nationalbibliothek
Die Deutsche Nationalbibliothek verzeichnet diese Publikation in der Deutschen Nationalbibliografie; detaillierte bibliografische Daten sind im Internet über http://dnb.d-nb.de abrufbar.

Zugl.: München, Univ., Diss., 2010

Die vorliegende Arbeit wurde von
Prof. Dr. Hermann Nehlsen
zur Aufnahme in die Reihe empfohlen.

Umschlagabbildung:
Justitia. Allegorie der Gerechtigkeit.
Druck aus dem 17. Jahrhundert.

Gedruckt auf alterungsbeständigem,
säurefreiem Papier.

D 19
ISSN 0344-290X
ISBN 978-3-631-61640-6

Vorwort

Die vorliegende Biographie stellt einen Versuch dar, das Leben eines Juristen von höchstem Rang und fachlicher Qualifikation zu würdigen und zu beschreiben. Ein Absolutsheitsanspruch kann schon deshalb nicht erhoben werden, weil die Persönlichkeit eines Menschen sich derart komplex und vielfältig gestaltet, dass eine wissenschaftliche Beschreibung des Lebenswegs stets nur einen kleinen Teil des Menschen erfassen kann. Dennoch hoffe ich, mit dieser Untersuchung der Persönlichkeit Professor Heckels Rechnung getragen zu haben und möchte in diesem Rahmen die herausragende Leistung auf den Gebieten des Staatsrechts und des Kirchenrechts betonen. Die einzigartige Leistung von Johannes Heckel ist insbesondere auf dem Fachgebiet des Kirchenrechts zu finden. Sein Verdienst liegt darin, anders als die bis zu seiner Zeit übliche germanistische Kirchenrechtsforschung das Kirchenrecht nicht als abgesondertes, in sich geschlossenes Rechtsgebiet zu begreifen, sondern stets den Bezug zum Staatsrecht und zur aktuellen Rechtsordnung herzustellen. Johannes Heckel fragt sich zum ersten Mal, wie der dem Glauben innewohnende Freiheitsgedanke tatsächlich im Staat umgesetzt werden könne. Er beschäftigt sich nicht mit der bloßen Beschreibung der weltlichen Kirche, sondern ist darum bemüht, die Kirche rechtlich so zu verfassen, dass der wahre Bekenntniseifer bestmöglich umgesetzt wird. Heckel geht also über die Untersuchung des Verhältnisses von der Organisation Kirche zu der Organisation Staat hinaus, und bezieht sich auf das Verhältnis der „wahren Kirche“ zur weltlichen Verfassung. Umso mehr verblüfft die zeitweise Betonung des Wehrrechts in Heckels Forschungsschwerpunkten. Die folgende Untersuchung wird zu diesem Phänomen Stellung nehmen. Wenn auch der Umfang der vorliegenden Untersuchung der wehrrechtlichen Forschung Heckels denjenigen der kirchenrechtlichen Forschung übersteigt, darf nicht der Eindruck entstehen, Heckel habe sich in erster Linie mit dem Staatsrecht befasst. Vielmehr liegt der Verdienst Heckels – wie eben geschildert – insbesondere in der Lutherforschung. Die staatsrechtliche Forschung ist dennoch aufgrund ihrer Komplexität eingehend zu untersuchen.

Im Vorwort dieser Arbeit möchte ich mich ganz herzlich bei all denjenigen bedanken, die mir bei der Erarbeitung zur Seite gestanden und mich mit fachlichem und persönlichem Rat unterstützt haben. An erster Stelle ist Herr Professor Dr. Nehlsen zu erwähnen, der meinen Studienweg nachhaltig geprägt und diese

Arbeit in bestmöglichem Umfang unterstützt hat. Herrn Professor Hermann danke ich für die Anfertigung des Zweitgutachtens. Die intensive Besprechung zahlreicher Themen hat mir wertvolle Anregungen bei der Bearbeitung gegeben. Daneben gilt mein Dank auch Herrn Professor Knoche, der mich stets motivieren und stärken konnte. Nicht zuletzt möchte ich mich bei dem Ehepaar Heckel jun. bedanken. Herr Professor Dr. Martin Heckel hat mir zusammen mit seiner Ehegattin im Rahmen eines intensiven und ausführlichen Gesprächs wichtige Einblicke in das Leben seines Vaters gegeben. Aus diesem Gespräch nehme ich wertvolle Erinnerungen und größte Hochachtung gegenüber der Familie Heckel auf meinen beruflichen Lebensweg mit. Besonders bedanken möchte ich mich auch bei meinem Chef, Herrn Rechtsanwalt Dr. Jörg Janicki, der mich immer wieder motiviert und mir durch die zeitliche Flexibilität die Erstellung dieser Arbeit erst ermöglicht hat. Meinen Eltern und insbesondere meinem Ehegatten darf ich für die beratende und persönliche Unterstützung danken. Die große Geduld gegenüber meiner zeitlichen und persönlichen Belastung weiß ich in höchstem Maße zu schätzen.

Inhaltsverzeichnis

Einleitung
Stellung des Juristen in totalen Staaten, Bedeutung der Rechtswissenschaft für die Politik, Person des Münchner Professors Johannes Heckel

Die juristische Verarbeitung des Themas der Justiz im Dritten Reich ist aus den unterschiedlichsten Blickwinkeln geschehen. Neben allgemeinen Betrachtungen über die Behandlung von Recht und Gesetz[1] finden sich auch Monographien, die einzelne Gesichtspunkte näher beleuchten und somit gleichsam fokussiert auf die Haltung der Juristen im Dritten Reich eingehen[2]. Von dem Ausgangspunkt der jüngsten Geschichte stellt sich die Frage, wie sich Juristen in totalen Staaten generell verhalten haben und verhalten sollten. Zunächst einmal ist zu bemerken, dass dem absolutistischen Staat kraft Natur der Sache das kodifizierte Recht fremd ist. Das soll nicht heißen, dass jeglicher Kodex abgelehnt wird, jedoch wird dem kodifizierten Recht die Geltung insoweit abgesprochen, als es im Widerspruch zum Willen des absoluten Herrschers steht. Der Begriff des Absolutismus ist von dem lateinischen Wort „absolutum" – „losgelöst" – abgeleitet und bringt zum Ausdruck, dass der Herrscher eben nicht dem Recht verpflichtet ist, sondern den eigenen Willen als Maßstab setzt. In der Vergangenheit beinhaltete der Absolutismus durchaus die Berufung auf eine höhere Macht. Der Herrscher von Gottes Gnaden war dem überpositiven Recht verpflichtet, über dessen Auslegung er jedoch allein entscheiden konnte und musste. In diesem Zusammenhang wird bezüglich des Verhältnisses von Recht und Politik die Rolle der Justiz im Rahmen der Politik bedeutsam. Die Justiz ist Grundlage für das politische Handeln, da sie zum einen die Richtschnur für die Handlungen und Zielsetzungen der Politik bildet und zum anderen als Rechtfertigungsgrundlage herangezogen wird. Dies gilt insbesondere für den Bereich der Legislative, die durch die Gesetzgebung die Rechtmäßigkeit des Handelns der weltlichen Obrigkeit mitbestimmen kann. Zum anderen ist die Politik auf die Exekutive als vollziehende Gewalt angewiesen. Ohne Durchsetzung der Befehle kann der Herrscher seine Macht nicht ausüben. Daneben stellt aber auch die Judikative einen wichtigen

1 statt vieler: *Gruchmann:* Justiz im Dritten Reich.

2 statt vieler: *Becker:* Schritte auf einer abschüssigen Bahn.

Bestandteil der politischen Umsetzung des Rechts dar. Die Rechtsprechung ist maßgeblich für die Auslegung der Gesetze und Befehle sowie für deren Anerkennung in der Gesellschaft. Daher kann zusammenfassend ausgeführt werden, dass die Justiz der Politik als Mittel zur Umsetzung der ideologischen Ziele dient. Das Verhältnis von Recht und Politik wird am ehesten im Bereich des Verfassungsrechts erkennbar, da die Kooperation der beiden Sachgebiete hier unmittelbar stattfinden muss. Der Begriff der Verfassung ist daher nicht nur ein rechtlicher, sondern auch ein politischer. Aus diesem Grund ist die Stellung des Juristen im Staat nicht so einfach einzuordnen, wie es auf den ersten Blick scheinen mag. Zwar gilt grundsätzlich die strikte Bindung des Juristen an das Gesetz. Da das Gesetz aber auch politischen, gesellschaftlichen und sozialen Einflüssen ausgesetzt ist, kann es nicht allein maßgeblich sein. So wird vielerorts ein überpositives Recht anerkannt, an dessen Maßstab sich das positive Recht zu orientieren hat. Für den Juristen bedeutet dies: Entfernt sich das positive Recht vom überpositiven Recht, so kann eine Bindung an das Gesetz nicht mehr eingreifen. Als Beispiel einer Betrachtung der Haltung eines Juristen im „totalen“ Staat kann Professor Dr. Johannes Heckel dienen. Er ist Kirchenrechtler und Staatsrechtler zur Zeit des Dritten Reiches. Sein Wirken und seine innere Einstellung unterliegen den Einflüssen der Zeitgeschichte. Die folgende Untersuchung soll nicht etwa dazu dienen, emotionale Wertungen der Verhaltensweisen vorzunehmen. Vielmehr mag die Betrachtung Anlass geben, sich mit der Frage auseinanderzusetzen, wie die eigene Stellung gegenüber dem positiven Recht in Krisenzeiten positioniert werden soll.

Lebenslauf bzw. Lebensstationen als Tabelle

24.11.1889:	Geburt in Kammerstein bei Schwabach
1895:	Volksschule in Kammerstein, anschließend Progymnasium und Gymnasium
1908:	Abitur mit der Note 1,0; Stipendium im Maximilianeum
1912:	Erstes Juristisches Staatsexamen
1915:	Teilnahme am Ersten Weltkrieg
1919:	Zweites Juristisches Staatsexamen
1922:	Promotion mit dem Thema „Das Dienststrafrecht der protestantischen Landeskirche Bayerns rechts des Rheins und seine Reform“
1923:	Habilitation mit dem Thema „Die evangelischen Dom- und Kollegiatstifter Preussens“, anschließend Privatdozentur in Berlin
1926:	ordentlicher Professor für Verwaltungsrecht und Kirchenrecht in Bonn
1934:	ordentlicher Professor für Staatsrecht, Wehrrecht und Kirchenrecht in München
1945:	Amtsenthebung im Rahmen der Entnazifizierungsprogramme
1948:	ordentlicher Professor für Kirchenrecht in München
1952:	ordentlicher Professor für Staatsrecht und Kirchenrecht in München
1957:	Emeritierung
03.12.1963:	Tod in Tübingen

Kapitel 1: Jugend: Geburt bis Gymnasium

I. Kindheit

„Das 19. Jahrhundert vollendete die Einheit von Nation und Staat, am deutlichsten im Fall der ‚verspäteten Nationen' Italien und Deutschland. … Überall in Europa wurde der Nationalismus Antriebsmittel und Obsession"[3]. Zugleich schafft die industrielle Revolution auch die Tendenzen, die dem Nationalismus feindlich gegenüberstehen. Die liberale Arbeiterbewegung verwischt durch Technisierung und Standardisierung im Rahmen der Vereinigung der „Proletarier aller Länder" auch die nationalen Grenzen. Politisch ist das 19. Jahrhundert von der konstitutionellen Monarchie mit dem Dualismus zwischen monarchischer und parlamentarischer Gewalt geprägt. Der gewaltenteilige Rechtsstaat bildet sich heraus[4].

1. Verhältnis zu den Eltern

Johannes Heckel wird am 24.11.1889 in Kammerstein bei Schwabach geboren[5]. Sein Vater ist der evangelisch-lutherische Pfarrer Carl Heckel, seine Mutter Clara Starkloff. Der Großvater väterlicherseits, Johann Julius Friedrich Leonhard Heckel, war Schullehrer und Kantor. Im Jahr 1852 absolvierte Julius Heckel das Examen im Königlich-Bayerischen Lehrerseminar zu Schwabach und kam dann auf eine Schulgehilfenstelle in Schnelldorf bei Feuchtwangen. 1854 wurde er nach Langfurt versetzt. Nach der Anstellungsprüfung 1855 ging Julius Heckel nach Happurg und trat im Jahr 1860 seine erste feste Lehrstelle in Artelshofen an. Nach mehreren Lehrstellen ging Julius Heckel nach Frauenaurach bei Erlangen, um seinen ältesten Söhnen den Besuch des humanistischen Gymnasiums in Erlangen zu ermöglichen. Der Vater von Johannes Heckel, Carl Wilhelm Christoph Heckel, war der zweitälteste Sohn von Julius Heckel und Laura Emma Amalie Heckel, geborene Ohr, einer aus Bruckenbach bei Ansberg stammenden Lehrerstochter. Carl Heckel kam von Kindheit an in den Genuss hervorragender schulischer Ausbildung, da die Eltern großen Wert auf Bildung legten. Daneben erlangte Carl Heckel auch

3 *Stolleis*: S. 41.

4 *Stolleis*: S. 42.

5 *Krause*: S. 173.

eine musikalische Erziehung durch den Vater und erlernte das Orgel- und Klavierspiel. Nach Abschluss des Gymnasiums bereits im Alter von 17 Jahren studierte Carl Heckel an der Friedrich-Alexander-Universität zu Erlangen Theologie und Philologie. Die Universität war durch eine stark preußisch-norddeutsche Professorenschaft und eine kleindeutsch-propreußische, konservativ-nationale Haltung geprägt. Zu Studienzeiten Carl Heckels lehrten an der Erlanger Universität der Kirchenhistoriker Albert Hauck, Verfasser der „Kirchengeschichte Deutschlands“ und Theodor Kolde.

Als eine der kleineren Universitäten war Erlangen „national auf eine spezifisch lutherische Weise“[6]. Das theologische Studium an der Universität Erlangen war geprägt von einer strengen Bekenntnisorientierung der Evangelisch-Lutherischen Landeskirche in Bayern[7]. Kennzeichnend für die Einstellung Carl Heckels ist der Dualismus aus dem Glauben an die autonome bekennende Kirche und der nationalen Orientierung. Nach der Mitte des zwanzigsten Jahrhunderts in den Vereinigten Staaten entwickelten Lehre der „multiple loyalities“ stellt die Beziehung von vornationalen Sozialisationen auf den Nationalstaat die Voraussetzung zur Entwicklung eines Nationalstaatsbewusstseins dar[8]. Die Fakultät verstand sich als dezidiert konservativ-orthodox. In der zweiten Hälfte des 19. Jahrhunderts herrschen im Deutschen Reich zunächst der patriotische Geist und der Stolz auf die eigene Nationalität vor. Mit dem Sieg im Deutsch-Französischen Krieg erwacht der Nationalstolz und wird der Patriotismus gestärkt. Durch die Gründung des Deutschen Reiches im Jahr 1870/1871 erhält die Vorstellung von einer deutschen Nation erstmalig eine staatliche Grundlage[9]. In der zweiten Hälfte des 19. Jahrhunderts hatte sich ein liberal orientierter Nationalismus gebildet, der insbesondere an die deutsche Nation als Einheit von Kultur, Sprache und Schicksal anknüpfte, und auf die Schaffung einer neuen deutschen „Staatsbürgernation“[10] auf der Basis gemeinsamer Verfassungsprinzipien und Grundrechte gerichtet ist[11]. Kennzeichnend für diese Form des Nationalismus ist die Skepsis gegenüber den bestehenden Systemen, das Streben nach ideologischer und gesetzlicher Teilhabe des Volkes an der Macht und das Bedürfnis nach Befreiung aus überbrachten Traditionen. Demzufolge lag der Nationalismusbewegung eine erhebliche dynamische Kraft zu Grunde, die auf die Erreichung des gesteckten Ziels ausgerichtet war.

Neben der wissenschaftlichen Prägung wirkte auch der Einfluss der Studentenverbindungen in Bezug auf ein ritualisiertes und normiertes Gemeinschaftsleben

---

6 *Kunze*: Theodor Heckel, S. 15.

7 *Krause*: S. 26.

8 *Krause*: S. 26.

9 *Walkenhorst*: S.39.

10 *Walkenhorst*: S.46.

11 *Walkenhorst*: S.40.

auf Carl Heckel. Nach dem ersten theologischen Examen im Jahr 1884 und dem einjährigen Militärdienst als Freiwilliger wurde Carl Heckel 1886/1887 Vikar in Nürnberg-Gostenhof, 1889 Pfarrverweser an St. Leonhard in Nürnberg-Schweinau. Hier heiratete er 1888 seine Braut Clara Starkloff, Tochter des Großherzoglichen zu Sachsen-Coburg-Meiningischen Landesgeometers Richard Ernst Christian Starkloff. Im darauf folgenden Jahr erhält Carl Heckel seine erste ständige Pfarrstelle in Schwabach bei Kammerstein, wo die drei Kinder Johannes, Martha und Theodor geboren werden. Das Elternhaus Heckels ist lutherisch. Carl Heckel nimmt die Pflichten als Pfarrer sehr ernst, die Mitglieder der Gemeinde bauen eine enge Bindung zur Pfarrersfamilie auf, da die Pfarrei als Mittelpunkt des bürgerlichen Lebens gesehen wird. Der Beruf des Vaters prägt das Familienleben daher nachhaltig. Carl Heckel steht mit Kammerstein einer sehr armen Pfarre vor. Da die Examensnote nicht für eine Anstellung nach seiner Vorstellung ausreicht, verfasst Carl Heckel eine wissenschaftliche Arbeit über die christlich-soziale Bewegung des Hofpredigers Adolf Stöcker, um seine Note aufzuwerten. Die christlich-soziale Bewegung fasziniert den Vater nicht nur wissenschaftlich, sondern er verinnerlicht auch die Fürsorge für die Mitmenschen und die Rücksichtnahme auf den Nächsten, die von dieser Bewegung ausgehen. Kammerstein ist Ziel vieler Wanderarbeiter und von Armut geprägt. Unter dem Eindruck der in Folge der Industrialisierung einsetzenden Massenverarmung lernt auch der Sohn, was es heißt, sich für seine Mitmenschen einzusetzen und das schlimmste Elend zu lindern. Gleichzeitig wird in der Gesellschaft eine pauschale scharfe Trennung von „Andersartigen" vorgenommen. Der Nationalismus gegen Ende des neunzehnten Jahrhunderts und die Bedeutung der „konstitutionellen nationalen Frage"[12] prägen die Gesellschaft. Dazu zählen zunächst alle Nichtdeutschen einschließlich derer, die traditionell und historisch einen engen Bezug zur deutschen Kultur haben[13]. Die preußischen Ostprovinzen und die im Ruhrgebiet lebenden Polen stellen eine zunehmend ungeliebte Minderheit im Deutschen Reich dar. Die Theorie des Mythos als geschichtliche Kraft von Georges Sorel verstärkt das „imperialistisch ausgreifende Sendungsbewusstsein einer Nation oder einer Rasse, die sich zur Neuordnung der Welt berufen glaubte"[14]. Nach Sorel sind die Mythen Mittel, mit denen man auf die Gegenwart einwirken kann. In der Idee des Mythos verdichten sich die „mächtigsten wissensmäßigen und geistigen Energien", die das politische Denken prägen[15]. Sie haben unter Ausgrenzung und Abschiebung in Ghettos zu leiden. Im Rahmen der Ausprägung des ethisch-kulturellen Exklusivitätsanspruchs breitet sich auch die Diskriminierung der im Deutschen Reich

12 *Stolleis*: S. 43.
13 *Walkenhorst*: S. 45.
14 *Barth*: S. 87.
15 *Barth*: S. 87.

lebenden Juden immer stärker aus[16]. Die „deutsche Mission" führt zu einer verstärkten Opposition gegen Demokratie, Liberalismus und Individualismus[17]. Die Juden gelten als separates Volk und eigene Rasse, welche die Zugehörigkeit zur deutschen Nation nicht für sich in Anspruch nehmen dürfe. Im alltäglichen Leben ist dieser Antisemitismus zunächst nur subtil zu spüren. Noch gehören die jüdischen Nachbarn durchaus zu dem Kreis guter Bekannter und Freunde. Auch die Familie Heckel zählt jüdische Mitbürger zu ihrem Bekanntenkreis. Dennoch wird eine zunehmende Skepsis den Juden gegenüber spürbar, die sich vor allem in verhaltenem Misstrauen niederschlägt. Wissenschaftlich aufbereitet wird der Antisemitismus von bedeutenden Staatstheoretikern und Wissenschaftlern[18]. Sie bezeichnen die Juden als zersetzende Kraft, von der eine Gefahr für die deutsche Nation ausgehe. Zwar stoßen derartige Theorien zunächst auf Protest aus der Bevölkerung, welche im täglichen Umgang mit jüdischen Mitmenschen wertvolle Freundschaften begründet hatten. Die kontinuierliche Einwirkung prägt jedoch das Bild der Deutschen von den jüdischen Mitbürgern nachhaltig[19]. In der praktischen Politik bestätigen das Flottenbauprogramm und die Kolonialpolitik die Verstärkung des Nationalgefühls, das zu einem „Kräftemessen" führt[20].

Die Geschichte der Juden unterliegt einem ganz besonderen Werdegang. Bis in das 18. Jahrhundert hinein leben die Juden als Teil der Gesellschaft, ohne dass daraus ein prinzipielles Problem entstanden wäre[21]. Erst mit der Herausbildung einer wirtschaftlichen auch jüdischen Oberschicht beginnt zunächst ein Emanzipationsbestreben[22]. „Der Jude ist noch mehr Mensch als Jude"[23] ist das neue Schlagwort. Nach einer langsamen aber steten Fortentwicklung der Judenemanzipation wird mit der zunehmenden Bedeutung der sozialen Frage in Deutschland im Verlauf des 19. Jahrhunderts jedoch wieder eine den Juden gegenüber skeptische Haltung angenommen[24]. Es macht sich das Gefühl breit, die eigene Identität gegenüber den bisher in vielen Berufen nicht zugelassenen, aufgrund der neuen Emanzipation immer präsenter werdenden Konkurrenten zu verlieren. Das Judentum wird gleichgesetzt mit einer Bedrohung für die eigene wirtschaftliche und gesellschaftliche Kraft, bleibt aber im täglichen Leben noch verdeckt und durch die faktische Assimilation weitgehend ohne Wirkung[25]. Die Spannungen

16 *Walkenhorst*: S. 46.
17 *Stolleis*: S. 49.
18 *Walkenhorst*: S. 48.
19 *Walkenhorst*: S. 52.
20 *Stolleis*: S. 50.
21 *Rürup*: S. 14.
22 *Rürup*: S. 14.
23 *Rürup*: S. 15.
24 *Rürup*: S. 101.
25 *Rürup*: S. 18.

aus technischem Fortschritt, Industrialisierung und gesellschaftlicher Spaltung führen zu einer politischen und kulturellen „Gewitterschwüle“[26].

Das Elternhaus Heckels ist national konservativ im lutherischen Sinne. Nach der Bildung eines einheitlichen nationalen Staates findet in der Gesellschaft ein Funktionswechsel vom „linken“ zum „rechten“ Nationalismus statt. Während ersterer die bestehende Ordnung anzweifelt und eine größtmögliche Lockerung anstrebt, ist letzterer auf Bewahrung und Konservatismus ausgerichtet. Es kommt weniger darauf an, sich von dem bestehenden System zu lösen und emanzipatorisch gemeinsame Merkmale einer Nation als Verbindungselement zu suchen. Vielmehr ist eine feste Bezugsgröße für die Nation, nämlich das Reich, gegeben. Der deutsche Nationalstaat versteht sich jetzt primär als „staatlich geeinte Volks- und Kulturnation“[27], die es zu festigen gilt. Der Konservatismus wirkt sich stark auf das gesellschaftliche Leben aus und prägt dieses nachhaltig. Der Vater Heckels sucht die tiefgreifende „Erneuerung des Volkslebens“[28] in der Schaffung eines einigen deutschen Reiches. Damit steht die Familie im Einklang mit der allgemeinen gesellschaftlichen Lage.

Nach Abschluss der wissenschaftlichen Arbeit erhält Carl Heckel eine Pfarrei in Schopfloch, wo sich die finanzielle Lage erheblich besser darstellt. Als Pfarrer vertritt Carl Heckel viele Bauern vor Gericht, um sie gegen den Staat in ihren Rechten zu verteidigen, kann aber nur wenige Erfolge verbuchen. Den Höhepunkt seines Wirkens als Pfarrer erlebt Carl Heckel in Pappenreuth, wo er sich unter reichen Bauern als sehr beliebter Pfarrer äußerst wohl fühlt. Die Verehrung des Dorfpfarrers hält bis weit über den Tod hinaus an, so dass die Kinder und sogar Enkel Carl Heckels noch Jahrzehnte später Dankesgaben von den Bauern aus Pappenreuth erhalten.

Die religiöse Ausrichtung der Familie und der vorherrschende Bezug zum Thema Kirche wirken schon in jüngsten Jahren auf Johannes Heckel ein. In der Familie bereits als kleiner Junge mit der Präsenz des Themas Religion konfrontiert, stellt der evangelische Glaube für Johannes Heckel einen selbstverständlichen Teil alltäglichen Lebens dar, der nicht in Frage gestellt, sondern als gegeben hingenommen wird. Der nachhaltige Eindruck, den die religiöse Ausrichtung auf den jungen Heckel macht, wird insbesondere in seinem späteren Engagement für die evangelische Kirche und in seiner Schwerpunktsetzung im Rahmen des juristischen Studiums deutlich.

Johannes Heckel hat eine sehr enge Beziehung zu den Eltern, die viel Zeit mit ihrem Kind verbringen. Da die Mutter nicht berufstätig ist, wächst Johannes

---

26 *Stolleis*: S. 50.

27 *Walkenhorst*: S. 46.

28 *Kunze*: Theodor Heckel, S. 20.

Heckel in dem festen Bewusstsein auf, in der Familie behütet zu sein und dort stets einen Ort der Zuflucht zu finden. Ein einschneidendes Erlebnis stellt der Tod der kleinen Schwester Martha im Alter von drei Jahren dar.[29]

Die Familie stellt für Johannes Heckel eine sehr enge Keimzelle dar, auf die sich die sozialen Bindungen des Kindes begrenzen. Johannes Heckel bleibt gerne für sich und ist sehr zurückhaltend. Zu seinem Bruder, dem vier Jahre jüngeren Theodor Heckel, pflegt er jedoch ein exzellentes Verhältnis. Theodor Heckel folgt dem Vater in der Ausbildung zum Theologen nach, so dass Johannes Heckel auch von dieser Seite stets dem Einfluss lutherischen nationalen Gedankenguts ausgesetzt ist. Rolf-Ulrich Kunze hat das Leben der Familie Heckel zusammenfassend wie folgt beschrieben: „bekenntnisorientiertes Luthertum, Bürgerlichkeit des Pfarrhauses, christsoziales Denken bei einer lutherisch-konservativen Grundhaltung, fränkische Herkunft und schließlich eine nationale Orientierung“[30].

2. Freunde und Freizeit

Mit Ausnahme von Reisen zur Familie der Mutter nach Thüringen bleibt das Leben Heckels zunächst auf das Dorf Schopfloch beschränkt. Johannes Heckel ist gegenüber Gleichaltrigen eher zurückhaltend und still. Seine Freizeitbeschäftigung besteht größtenteils in ruhiger Selbstbeschäftigung, was sicherlich auch auf das frühe Interesse an geistig anspruchsvoller Betätigung und den wachen Verstand zurückzuführen ist. Das führt dazu, dass Johannes Heckel seine Kindheit ohne größeren Kontakt mit Altersgenossen verbringt. Er schottet sich gegen seine Umwelt weitgehend ab und bleibt gerne für sich. Statt des menschlichen Umgangs sucht Heckel die geistige Betätigung und beginnt bereits als Kind mit großem Eifer, Unbekanntes zu erforschen und zu hinterfragen. Insbesondere die berufliche Laufbahn und das Karrierestreben werden später von dem Eifer nachhaltig geprägt werden.

II. Schullaufbahn

In der Schule legt Heckel die Grundlagen für seine spätere enorme berufliche Leistung.

Die Volksschule besucht Johannes Heckel in Schwabach. Den ersten Schritt zur höheren Ausbildung macht er im Jahre 1899, als er sich dazu entscheidet, das Progymnasium in Dinkelsbühl zu absolvieren und somit Voraussetzungen für

29 Informationen aus dem Gespräch mit Herrn Professor Dr. Martin Heckel vom 09.12.2008.

30 *Kunze*: Theodor Heckel, S. 27.

eine akademische Schulbildung zu schaffen. Dies ist zurückzuführen auf den Einfluss der Eltern, die Wert darauf legen, dass dem Sohn eine perspektivenreiche Zukunft offen steht und eine hochwertige Ausbildung ermöglicht wird. Das Progymnasium dient zur Vorbereitung auf das humanistische Gymnasium. Nach Abschluss des Progymnasiums wechselt Heckel daher auf das Humanistische Gymnasium in Ansbach, welches er im Jahre 1908 mit dem Abitur abschließt. Die schulische Laufbahn ist von Höchstleistungen und Erfolg geprägt. Anders als der Großteil der Schulkameraden ist Johannes Heckel wenig an sportlichen außerschulischen Aktivitäten interessiert. Auch die jugendtypische Gleichgültigkeit gegenüber den Schulnoten ist bei Johannes Heckel nicht zu spüren. Er nimmt schon als Schüler seine Arbeit und die Pflichterfüllung ernst, was ihn zu dem gewünschten Erfolg führt: Das Abitur absolviert er mit der Note 1,0, er erhält zudem ein Stipendium für Hochbegabte im Maximilianeum in München.

Heckel wächst in einer Gesellschaft heran, die geprägt ist von der politischen Sozialisation von Familie, Schule, Universität und Vereinswesen[31]. Der soziale Verband, in Form der Familie oder eines Vereins, wird in Bezug gestellt zum größeren Verband des Deutschen Reiches. Über die konkrete Bedeutung der Familie als Hort für die ihr Angehörigen hinaus stellt sie auch eine Vermittlung zur „Familie“ des Deutschen Volkes dar. Die Bezugsdimensionen weiten sich. Die Identifikation des Einzelnen geschieht immer weniger anhand von individuellen Kriterien und mehr anhand von Staatszugehörigkeit und typischen Merkmalen. Die personenbezogene Nationalvorstellung der Deutschen aus der Zeit vor Schaffung des Deutschen Reichs weicht einer etatistischen Vorstellung in der Zeit nach 1870[32]. Der Einzelne verliert als Individuum an Bedeutung, wird aber als Teil eines großen Ganzen wieder aufgewertet. Die Aufwertung, die das Individuum durch die Stellung in der Gesellschaft erfährt, wird auch an den Schilderungen seitens eines späteren Freundes von Theodor Heckel – Georg Merz – deutlich[33]. Merz beschreibt die Stellung eines bayerischen Dorfpfarrers um die Jahrhundertwende folgendermaßen: „Wir waren einer der wichtigsten, wenn nicht der wichtigste Punkt der Gemeinde“[34]. „Kindheit im Umfeld der ländlichen evangelischen Kirche bedeutete Teilhabe an allen ihren seelsorgerischen, administrativen und sozialen Funktionen, war zugleich verbunden mit der Zugehörigkeit zu einer in hohem Maß auf Schrift und Schriftlichkeit orientierten Kultur, die der ‚Obrigkeit‘ zuarbeitete und selbst ein Teil dieser ‚Obrigkeit‘ war“[35].

---

31 *Walkenhorst*: S. 43.
32 *Walkenhorst*: S. 44.
33 *Kunze*: Theodor Heckel, S. 22.
34 *Kunze*: Theodor Heckel: S. 22.
35 *Kunze*: Theodor Heckel: S. 23.

Wie im familiären Bereich so ist Johannes Heckel auch im schulischen Bereich stark durch die Familie geprägt. Seine Interessen folgen denen des Vaters, indem er an Fragen der Religion und der Weltanschauung großen Gefallen findet. Das Vorbild des Vaters ist auch ein wesentlicher Ansporn für den Ehrgeiz und die Leistungsbereitschaft Heckels. Gegenüber seinen Mitmenschen vermittelt Heckel den „streng kirchlichen und christlichen Geist seines Elternhauses“[36].

III. Kulturkampf in Preußen

Gegen Ende des neunzehnten Jahrhunderts herrscht in Deutschland der Kulturkampf vor. „Der Kulturkampf war einer der Säkularisierungswellen der Neuzeit, in denen die aus dem Mittelalter stammende enge Verklammerung und Durchdringung von Kirche, Kultur, Gesellschaft und Staat aufgebrochen wurde[37]. Die Betrachtung aus dem Jahre 1930 „Die Beilegung des Kulturkampfes in Preußen“ von Johannes Heckel dient dabei einerseits eindrucksvoll zur Schilderung der zeitgenössischen Geschehnisse, andererseits kann anhand dieses Werkes die Haltung Heckels gegenüber den gesellschaftlichen und politischen Geschehnissen erkannt werden.

Johannes Heckel wird in der Zeit „großartiger und eindrücklicher [...] Auseinandersetzung zweier Gemeinwesen“[38] geboren. Die katholische Kirche und der preußische Staat stellen jeweils eine irdische Institution dar, die beide auf ihrem jeweiligen Gebiet den Anspruch erheben, „die oberste Organisation menschlichen Zusammenlebens zu sein“[39]. Somit ist das politische Denken von einer Spannung konkurrierender Machtapparate geprägt, die in Zuordnung zu einer unterschiedlichen Machtquelle – für die Kirche Gott, für den Staat das Volk – die übergeordnete Herrschaft beanspruchen. Während sich in den früheren Jahrhunderten die Auseinandersetzung der Kirche mit dem Staat in offenen Kämpfen vollzog, verlagert sich der Ausgleich der Differenzen im zwanzigsten Jahrhundert auf die Ebene des Rechts[40]. Die preußische Regierung versucht mittels der Kulturkampfgesetze, die Macht der Kirche zu verringern und die kirchlichen Aktivitäten unter staatliche Kontrolle zu stellen. Der Begriff des Kulturkampfes, geprägt von dem Naturwissenschaftler Professor Rudolf Virchow, bringt den Widerstreit der den Rückschritt und die „Zerstörung aller modernen Kultur“ symbolisieren-

---

36 Zeugnis des Pfarrer Langenfass vom 09.02.1946, Anlage 1 zur Verteidigungsschrift vom 24.03.1947.
37 *Müller*: S. 7.
38 *Heckel*: Kulturkampf, S. 454.
39 *Heckel*: Kulturkampf, S. 454.
40 *Sohm*: S. 38.

den Kirche mit den antikleralen Liberalen zum Ausdruck[41]. Aufgrund der drohenden politischen Vereinsamung der Kurie und des Vatikans, die durch die gesamteuropäische Stärkung weltlicher Regimente verschärft wird[42], befindet sich die Kirche in einer kampfschwachen Position. Papst Pius IX. stellt für die Liberalen ein abschreckendes Beispiel des „herrschsüchtigen, bösartigen Priestermonarchen" dar[43]. Im Jahr 1864 erscheint die Enzyklika „Quanta cura" mit einer Auflistung von 80 Zeitgeistirrtümern. Sechs Jahre später wird durch das I. Vatikanische Konzil das Unfehlbarkeitsdogma beschlossen, nach dem der Papst in Amtshandlungen unfehlbar ist[44]. Noch im Jahr 1870 geht der Kirchenstaat unter. In deutschen Kirchenkreisen wird der Protest gegen das Unfehlbarkeitsdogma laut, es beginnt eine Abspaltung[45]. Im Deutschen Reich wird der Kulturkampf auf staatlicher Seite maßgeblich durch Bismarck geprägt[46]. Im Dezember 1870 entsteht aus der Konstitution katholischer Abgeordneter im preußischen Abgeordnetenhaus die Zentrumspartei, die im Gegensatz zu den anderen Parteien nicht nur eine bestimmte Klasse repräsentiert, sondern Adel, Bürgertum, Bauern, Handwerker und Arbeiter vereint. Bismarck sieht in der Partei eine vom Vatikan ferngesteuerte Macht zum Schaden des preußischen Reiches[47]. Der Führer der Zentrumspartei, Ludwig Windthorst, ist als Gegenspieler Bismarcks von erheblicher Bedeutung im Kulturkampf, der das klare Ziel einer gemeinsamen christlichen Partei verfolgt.[48] Besondere Gefahr sieht Bismarck im „Polonismus"[49]. Um den kirchlichen Einfluss möglichst gering zu halten, versucht Bismarck, die Macht der Bischöfe weitestmöglich zu begrenzen. Im Jahr 1871 wird der „Kanzel-Paragraph" – der später sogenannte „Gummi-Paragraph" vom bayerischen Kultusminister Lutz im Reichstage als Gesetzesentwurf eingebracht[50]. Den Geistlichen soll damit jede Werbung für die Zentrumspartei unmöglich gemacht werden. Im Jahr 1876 wird das Gesetz durch den Zusatz ergänzt, dass auch die Verbreitung von Schriftstücken strafbar ist, „in welchen Angelegenheiten des Staates in einer den öffentli-

41 *Müller*: S. 8.

42 In Frankreich wird die royalistisch-klerikale Parlamentsmehrheit durch die republikanisch-antiklerikale ersetzt, in England bereitete die irische Frage große Probleme, in Österreich hatte die Regierung das Konkordat gebrochen und sich so von der Kurie entfremdet, in der Schweiz wurden kirchenfeindliche Gesetze verstärkt durchgesetzt und in Italien herrsche zunehmende Distanzierung vom Vatikan.

43 *Müller*: S. 8.

44 *Müller*: S. 9.

45 *Müller*: S. 9.

46 *Müller*: S. 10.

47 *Müller*: S. 13.

48 *Müller*: S. 38.

49 *Müller*: S. 14.

50 *Müller*: S. 19.

chen Frieden gefährdenden Weise zum Gegenstand einer Verkündigung oder Erörterung gemacht sind“[51]. Durch die Brandmarkung nach außen hin wird die Einigkeit innerhalb der Zentrumspartei verstärkt. Man wird nicht müde, „Reichstreue und Vaterlandsliebe zu bekunden“[52].

Der Kulturkampf zwischen der katholischen Kirche und dem preußischen Staat verläuft emotional von dem politischen Geschehen aufgeladen. Während der Papst mit vehementen Botschaften die Gemüter der preußischen Staatsmänner erregt, werden die Kulturkampfgesetze gnadenlos durchgesetzt.[53]

Als im Jahre 1878 der Papst Pius IX stirbt, geht der Kulturkampf zu Ende. Der Nachfolger wird daher unter der Losung gewählt: kein Heiliger, sondern ein Politiker des Friedens. Auf der Seite des Vatikans besteht also Bereitschaft, die grundlegenden Herrschaftsfragen im Verhältnis zum preußischen Staat neu zu erörtern und friedlich zu lösen. Dabei geht es in ganz wesentlicher Hinsicht um die Frage der Besetzung der kirchlichen Bistümer nach Ableben der herrschenden Bischöfe. Während die Kirche sich als allein zuständig für die Vergabe des Bistumssitzes sieht, beansprucht der preußische Staat ein Mitspracherecht bei der Besetzung auch der weltlichen Herrschaftseinheiten. In einem zähen Verhandeln und Ringen zwischen den Vertretern des Deutschen Reiches und den kirchlichen Gesandten gestalten sich die 80er Jahre des 19. Jahrhunderts. Nach zähen Verhandlungen und geschicktem Taktieren gelingt es dem Deutschen Reich, die Besetzung der bischöflichen Bistümer ohne Absprache mit der Kirche für sich zu beanspruchen[54]. Für die Zentrumspartei ist während der Verhandlungen schmerzlich, dass der Papst mehrfach direkt mit dem preußischen Staat in Kontakt tritt, ohne die Belange der Partei zu berücksichtigen oder die Parteimitglieder auch nur zu informieren[55]. Zur Stärkung der Verhandlungsbefugnisse der Abgesandten des Deutschen Reiches ist es erforderlich, die Regierungsbeamten mit weitgehenden Vollmachten auszustatten und parlamentarische Rechte an die Exekutive zu delegieren. Als Reichskanzler geht Bismarck dabei auch innenpolitisch zielstrebig vor. Über die bestehende starre Kompetenzverteilung setzt er sich im vollen Bewusstsein hinweg, „dass wir dadurch in einen lebhaften Kampf geraten werden mit dem von Robert von Mohl erfundenen Kunstausdruck Rechtsstaat, von welchem noch keine einen politischen Kopf befriedigende Definition und keine Übersetzung in andere Sprachen gegeben ist“[56]. Diese Haltung zeigt die Vorgehensweise der politischen Kräfte zu Ende des 19. Jahrhunderts. Der Rechtsstaat existiert zwar als theoreti-

---

51 *Müller*: S. 19.
52 *Müller*: S. 22.
53 *Müller*: S. 25.
54 *Müller*: S. 42.
55 *Müller*: S. 43.
56 *Heckel*: Kulturkampf, S. 500.

sches Gebilde, nicht jedoch in der praktischen Handhabung. Auf diese Weise gelingt Bismarck die Annäherung der katholischen Kirche an die preußische Herrschaft. Nach in den Jahren 1882 und 1893 zäh verhandelten Milderungen der Kulturkampfgesetze Preußens wird im Jahr 1896 das erste Friedensgesetz erlassen. Dieses regelt neben der Ausbildung der kirchlichen Würdenträger auch die Gesetzgebungsmacht der Kirche. Zwar zieht sich der Staat aus der staatlichen Aufsicht über die kirchlichen Seminare zurück, die entscheidende Stimme im Hinblick auf disziplinarische Gewalt in der Kirche behalten aber das Staatsministerium und das Kammergericht zu Berlin. Der Kulturkampf kann „dank der Kraft, Originalität und Wendigkeit der Bismarckschen Diplomatie“[57] beigelegt werden. Bismarck besitzt, so Heckel, die Fähigkeit „das Gebot [der] Zeit zu ahnen und der Zeit als Gesetz zurückzugeben“[58]. Damit wächst Johannes Heckel in einer Zeit heran, in der auf politischem Gebiet der Zweck die Mittel heiligt.

IV. Staats- und Verwaltungsrecht vor dem Krieg

Im Schrifttum zum Staats- und Verwaltungsrecht zu Beginn des zwanzigsten Jahrhunderts schlägt sich die Zwiegespaltenheit aus Restitution und Neuerung nur in geringem Maß nieder. Das Verwaltungsrecht hatte 1895 seine epochemachende Stellung durch Otto Mayer erhalten, die allgemeine Staatsrechtslehre wird 1900 durch Georg Jellinek fundamental zusammengefasst.[59] Otto Mayer, seit 1902 Ordinarius in Leipzig für Allgemeines Staatsrecht, Völkerrecht und Kirchenrecht, gehört der positivistischen Schule an[60]. Neben der verwaltungsrechtlichen Forschung ist Mayer auch auf dem Gebiet des Kirchenrechts aktiv, wobei er sich vehement für eine autonome Kirche einsetzt.[61] Zu Beginn des zwanzigsten Jahrhunderts verliert das Verwaltungsrecht erheblich an Bedeutung.[62] Die Einbeziehung von Politik und Geschichte in das Recht wird zunehmend befürwortet. In den frühen Werken Smends, Triepels, Kaufmanns und Schmitts ist die Berücksichtigung des Politischen bereits „selbstverständlich“[63], gleichzeitig gedenkt Kelsen jedoch mit seiner Schrift „Hauptprobleme der Staatsrechtslehre“ die Rechtswissenschaft von jeglichen anderen Elementen frei zu halten. Mit der allgemeinen Abkehr vom Positivismus gewinnt die Interessenjurisprudenz immer

---

57 *Heckel*: Kulturkampf, S. 571.

58 *Heckel*: Kulturkampf, S. 571.

59 *Stolleis*: S. 51.

60 *Jönsson/Wolfes*: BBKL, Otto Mayer.

61 *Jönsson/Wolfes*: BBKL, Otto Mayer.

62 *Stolleis*: S. 51.

63 *Stolleis*: S. 51.

mehr an Bedeutung, der junge Carl Schmitt setzt die „Dezision“ als Normsetzungsfaktor, indem die Rechtsfindung auch durch die vom Konsens der Parteien geleiteten Entscheidungen anerkannt wird[64].

In der Staatsrechtslehre ist die Entwicklung der Begründung des Deutschen Reiches im Jahr 1871 ein bedeutender Untersuchungsgegenstand. Insbesondere das Verhältnis der Länder zum Bund ist von Interesse. Ausgehend von der Aufeinanderfolge von Verfassungsverträgen bis zur Annahme des „Gesetzes betreffend die Verfassung des Deutsche Reiches“ führt zu der zentralen Frage, ob die Novemberverträge des Jahres 1870, in denen sich die Länder des Norddeutschen Bunds und die süddeutschen Staaten zur Gründung eines neuen deutschen Bundesstaates verpflichtet hatten, das neue Reich geschaffen hätten[65]. Max von Seydel vertritt die Ansicht, dass allein die Vertragswerke die Grundlage des Reichsstaatenrechts bilden. In engem Zusammenhang mit dieser Auffassung steht die Negierung von Bundesstaaten überhaupt[66]. Die Staatsgewalt sei daher unteilbar. Laband hingegen geht davon aus, dass es für ein dauerndes vertragliches Verhältnis der Einzelstaaten untereinander keine Grundlage gebe und orientiert sich am Modell des dezentralisierten Einheitsstaates[67]. Während Seydel und Laband beide die Bedeutung der historischen Ereignisse für die verfassungsrechtliche Gestaltung anerkennen, geht Triepel von der Unvereinbarkeit der Staatspraxis in den Beziehungen von Reich und Einzelstaaten mit den verfassungsrechtlich normierten Grundlagen dieser Beziehungen aus[68]. Für Triepel kommt es auf die geschlossenen Verträge nicht mehr an, sobald die Staaten die rechtlich geschuldeten Handlungen vollzogen haben. „Die Verträge sind zu rein geschichtlichen Tatsachen geworden“[69]. Gleichzeitig erkennt Triepel, dass die Verträge in ihrer Auswirkung, in der „tatsächlichen Bedeutsamkeit“[70] zu spüren sind. Triepel gestaltet damit zwei voneinander getrennte Sphären, die dogmatische Staatsrechtslehre und die Politik. Ausgehend von der Trennung zwischen Politik und Recht begründet Triepel die Pflicht der Gliedstaaten zur Bundestreue auf die politische Sphäre[71]. Smend greift die Trennung zwischen Staat und Recht auf, geht jedoch „einen eigenen, von im noch nicht erkundeten Weg“[72]. Außer dem Über-Unterordnungsgefüge zwischen dem Bund und den Einzelstaaten hebt Smend hervor, dass eine wech-

64 *Stolleis*: S. 52.
65 *Korioth*. S. 23.
66 *Korioth*: S. 25.
67 *Korioth*: S. 26.
68 *Korioth*: S. 29.
69 *Korioth*: S. 29.
70 *Korioth*: S. 29.
71 *Korioth*: S. 31.
72 *Korioth*: S. 33.

selseitige Pflicht zur Bündniserfüllung besteht[73]. Den Einzelstaaten verbleibt damit eine Teilsouveränität. Auf dem Boden des Rechtsquellendualismus aus Verträgen und Verfassung unternimmt Smend eine Beschreibung der Bedeutung, welche die Verträge für die Rechtsbeziehungen von Reich und Gliedstaaten haben[74]. Smend wählt den Begriff der „Bundestreue" als Zentralbegriff und kehrt sich mit der Bundestreue als ungeschriebenes Verfassungsrecht[75] vom Rechtspositivismus ab. Daher bedarf Smend auch nicht des Modells der Verfassungswandlung, um die Veränderungen des Inhalte der Verfassung außerhalb der formellen Verfassungsänderungen erklären zu können. Laband setzt die Verfassungsänderungen mit der Geschichte eines Hauses gleich: „So wie die Fundamente und die Fassade eines Gebäudes unverändert bleiben können, während im Innern die wesentlichsten Umbauten vorgenommen werden, so zeigt auch der Verfassungsbau des Reichs bei einer äußerlichen Betrachtung zwar dieselben architektonischen Linien wie zur Zeit seiner Errichtung; wer aber in das Innere eindringt, der sieht, dass es nicht mehr dasselbe ist wie zu Anfang, dass es anderen Bedürfnissen und Anschauungen entsprechend umgebaut und ausgebaut worden ist …"[76] Der Ansatz Labands wird von Jellinek weitergeführt. Verfassungswandlung stellt für Jellinek eine Verfassungsänderung dar, die den Text der Verfassung unberührt lässt und durch Tatsachen hervorgerufen wird, die nicht von der Absicht oder dem Bewusstsein einer Verfassungsänderung begleitet sein müssen.[77] Zwischen den geschriebenen Rechtsnormen und dem tatsächlichen Rechtszustand tritt damit ein Gegensatz ein. Dieser ist jedoch nicht Gegenstand juristischer Dogmatik, sondern bleibt auf das Politische beschränkt. Jellinek kann so an dem Rechtspositivismus festhalten.

Auf der Grundlage der Verfassung des Deutschen Reichs von 1871 bahnt sich in der Staatsrechtslehre der Disput zwischen dem Rechtspositivismus und dem materiellen Verfassungsbegriff an, der im Verlauf der Weimarer Republik fortgesetzt wird.

---

73 *Korioth*: S. 36.
74 *Korioth*: S. 39.
75 *Korioth:* S. 45 f..
76 *Korioth*: S. 64.
77 *Korioth*: S. 65.

Kapitel 2: Studium

Das Studium ist eine Fortsetzung der herausragenden Schulleistung Heckels. Während der Studentenzeit unterliegt Heckel stark dem gesellschaftlichen Einfluss. Die Zeit bis zum ersten Weltkrieg ist vom Geist eines aufstrebenden Bürgertums geprägt. Der Wohlstand hält im alltäglichen Leben Einzug und es macht sich das Gefühl allgemeiner Sicherheit und Bequemlichkeit bemerkbar. Während dies zunächst eine Atmosphäre der Zufriedenheit unter dem Volk schafft, welches sich die Annehmlichkeiten des „goldenen Zeitalters“[78] zu Nutzen macht, breitet sich gleichzeitig unter den „Intellektuellen und Literaten“[79] ein Gefühl der Langeweile[80], der „verkrusteten Monotonie“[81] aus. Dies ist darauf zurückzuführen, dass sich in der an den Deutsch-Französischen Krieg der siebziger Jahre des 19. Jahrhunderts anschließenden Friedenszeit die soziale und finanzielle Situation der Bürger wesentlich gebessert hatte und sich das Bürgertum des frühen 20. Jahrhunderts nun einer Zeit ohne besondere Herausforderungen und Kämpfe gegenüber sah. Die Jahre vor der Jahrhundertwende sind von Unruhe und Krieg geprägt. Nach anfänglicher Euphorie über den neuen Frieden stellen sich nun Langeweile und Verdruss ein. Das „Kleinlich-Planlos-Schlendernde des Friedensalltags“[82] lässt das Leben perspektivenlos erscheinen und die Werte in sozialer und moralischer Hinsicht vergessen.

I. Berufswahl Jura (Alternativen, Pläne)

Sein Studium der Rechtswissenschaften nimmt Johannes Heckel im Jahr 1908 an der Ludwigs-Maximilians-Universität in München auf. Besonderen Gefallen findet er an den Themen des Kirchenrechts und des öffentlichen Rechts. Dies hängt mit seinem schon im Kreis der Familie geweckten Interesse für philosophische und weltanschauliche Materien zusammen. Sein Schwerpunkt liegt dabei zunächst auf dem Gebiet des Kirchenrechts. In diesem Rahmen stellt sich die

---

78 *Mai*: S. 15.
79 *Mai*: S. 15.
80 *Mai*: S. 14.
81 *Mai*: S. 15.
82 *Mai*: S. 16.

Frage, warum Johannes Heckel nicht dem Weg des Vaters auch in beruflicher Hinsicht folgend das Studium der evangelischen Theologie wählt, liegt doch genau genommen gerade diese Thematik ihm schon von Kindheit an am Herzen. Der Grund beruht zum einen in den Erfahrungen Heckels während der Kindheitsjahre in Schopfloch. Die Versuche Carl Heckels, die Interessen der Bauern vor Gericht zu vertreten und die mäßigen Erfolge spornen den jungen Heckel dazu an, sich auf juristischem Gebiet fortzubilden und das vom Vater begonnene Werk fortzusetzen.

Zum anderen stellt die Wahl des juristischen Studiums für Heckel die Möglichkeit dar, eine Brücke zwischen dem wahren Bekenntnis und der irdischen Umsetzung des Glaubens zu schlagen. Das Verhältnis zwischen Staat und Kirche stellt für Johannes Heckel ein Faszinosum dar, das es zu erforschen gilt. Darin spiegelt sich der Dualismus Carl Heckels wider, der einerseits das Bekenntnis zur autonomen Kirche und andererseits einen ausgeprägten Nationalismus vermittelt hatte. Während der Vater als Theologe den Zugang zum Recht im Rahmen der Mitwirkung an der bayerischen Kirchengemeindeordnung sucht, setzt Heckel den Ausgangspunkt im Recht und schafft auf diese Weise verstärkt die Verbindung zur staatlichen Organisation. Das Recht ermöglicht die Verbindung von Staat und Kirche.

Das Interesse Heckels wird auch an den Forschungsthemen deutlich. Die großen Werke befassen sich mit Themen, die an die Materie der Religion ebenso wie an die des Rechts anknüpfen[83]. Das Interesse an beiden Forschungsgebieten ist daran zu erkennen. Besonders reizvoll scheint für Johannes Heckel auch die Zweisamkeit aus staatlichem und kirchlichem Recht zu sein. Auch dies erklärt die Studienwahl. Während aus praktischer Erfahrung die Theologie ein bekanntes Thema ist, dient das Studium dazu, eine andersartige Herangehensweise an die gewohnten Themen zu vermitteln.

Im Studium tritt wiederum die Zielstrebigkeit Heckels zu Tage. Nach nur vier Jahren legt Johannes Heckel 1912 sein Erstes Juristisches Staatsexamen in München ab. Anschließend absolviert er den juristischen Vorbereitungsdienst in der bayerischen Justizverwaltung vom 02.09.1912 bis 28.02.1915.

II. Kriegseinsatz

Die innere Spannung, die aus dem Wunsch nach Abwechslung und Durchbrechung der alltäglichen Eintönigkeit entsteht, bereitet dem Wunsch nach radikaler Veränderung den Nährboden. Das Bedürfnis nach Neuem wird zunächst in der

83 vgl. Lex charitatis, 1953; Cura religionis, ius in sacra, ius circa sacra, 1938; Kirchengut und Staatsgewalt, 1952.

Kunst deutlich, die von expressionistischen, schrill anmutenden Elementen geprägt ist[84]. Das Bedürfnis nach Befreiung und Veränderung wird auch in der Begeisterung für den Einsatz für das Vaterland deutlich. Das Kriegsgeschehen überschreitet alle Grenzen des traditionellen „gehegten Konflikts"[85], indem der Erste Weltkrieg sich als Material- und Rohstoffkrieg, „ein Krieg der Logistik und der Erfindungen"[86] darstellt. Der Fortschritt der Technik führt zur Entpersonalisierung des Krieges. „Die Mechanisierung des Tötens"[87].

Bereits im Jahr 1914 bewirbt sich Johannes Heckel zusammen mit dem Bruder Theodor um eine Aufnahme in den Wehrdienst. Voll Aufbruchstimmung und Vaterlandsliebe rücken die Brüder am 14.08.1914 ein. Die Begeisterung wird jedoch rasch gedämpft, da die rekrutierten Soldaten aufgrund der unerwartet erfolgreichen Siegeszüge des Kronprinzen von Bayern zur Verstärkung doch nicht mehr benötigt werden[88]. Noch vor Vollendung des juristischen Vorbereitungsdienstes wird Johannes Heckel dann zum Wehrdienst im Ersten Weltkrieg einberufen. Mit Wirkung vom 01.03.1915 wird er dem 21. bayrischen Infanterieregiment zugewiesen. In den folgenden Jahren wird die Lebensplanung Heckels völlig durcheinander gebracht. Der Einsatz im Krieg durchkreuzt weitere Pläne im Hinblick auf Ausbildung und Beruf. Jedoch sind auch die Erlebnisse und Erfahrungen aus dieser Zeit richtungweisend. Heckel nimmt am Kriegsgeschehen teil und bringt nachhaltige Eindrücke dieser schweren und tragischen Zeit mit zurück in die Heimat. Der Einsatz für das Vaterland beruht bei Heckel nicht auf einer Kriegsverherrlichung, sondern auf dem Gefühl der Pflicht und Solidarität gegenüber dem Vaterland[89]. Der zunehmende Kriegsenthusiasmus schlägt zwar selbst überzeugte Pazifisten in seinen Bann[90]. Der Krieg wird als reinigendes Ereignis gesehen, welches die ersehnte „kollektive Läuterung"[91] herbeiführt und neue Werte und Ziele aufzeigt. Das Volk hat nun wieder klar vor Augen, wofür es zu kämpfen und zu arbeiten gilt. Die räumliche Ausbreitung des Deutschen Volkes und der Sieg über die anderen Großmächte der Welt stehen im Mittelpunkt des Denkens und Strebens. Von dieser vordergründigen Sicht bleiben auch die Gelehrten und Wissenschaftler nicht verschont. Die allgemein verbreitete Stimmung der Euphorie reißt sie mit und lässt das Kriegsgeschehen als reinigende Katharsis erscheinen. Der Krieg dient dazu, aus dem Trott des Alltags aufzuwecken und den Menschen ethische Werte erneut zu verdeutlichen. Für Heckel steht

84 *Mai*: S. 15 f..
85 *Stolleis*: S. 37.
86 *Stolleis*: S. 37.
87 *Stolleis*: S. 38.
88 *Kunze*: Theodor Heckel, S. 41.
89 *Kunze*: Theodor Heckel, S. 40.
90 *Mai*: S. 17.
91 *Mai*: S. 15.

jedoch stets das Verantwortungsbewusstsein gegenüber dem Vaterland im Mittelpunkt. Auch wenn Heckel sich freiwillig zum Kriegsdienst meldet, herrscht bei ihm das „durch und durch zivile und bürgerliche Gefühl“[92] vor, aus der bisherigen abgesicherten Welt herausgerissen zu werden.

Im Folgenden soll überblicksweise dargestellt werden, welche Stationen Johannes Heckel im Laufe des Ersten Weltkrieges durchlief. Die tabellarische Darstellung stellt gegenüber der prosaischen Aufzählung die einzelnen Kriegsabschnitte deutlicher heraus und führt auf diese Weise vor Augen, wie groß die Belastung für die Betroffenen, die unter jedem der einzelnen Kampfgeschehen erneut zu leiden hatten, gewesen sein muss[93].

01.03.1915 – 09.05.1915:	bayrisches Infanterieregiment Fürth
ab 10.05.1915:	Felddienst
12.05.1915 – 06.10.1915:	Kämpfe zwischen Maas und Mosel
08.10.1915 – 03.11.1915:	Herbstschlacht in der Champagne
04.11.1915 – 06.12.1915:	Stellungskämpfe in der Champagne
10.12.1915 – 16.07.1916:	Kämpfe zwischen Maas und Mosel im Wald von Ailly
18.07.1916 – 02.09.1916:	Stellungskämpfe im Artois
05.09.1916 – 23.09.1916:	Schlacht an der Somme
24.09.1916 – 14.10.1916:	Stellungskämpfe in Französisch Flandern
15.10.1916 – 25.06.1917:	Lazarett
26.06.1917 – 23.11.1918:	Armeeoberkommando B (Colmar)
24.11.1918 – 05.12.1918:	bayrisches Infanterieregiment

Neben der momentanen Umstürzung der Pläne und Vorstellungen hat die Kriegszeit auch weit reichende Auswirkungen auf die Persönlichkeit und Lebenshaltung des jungen Heckel. Zu Beginn seines Kriegseinsatzes ist er gerade 26 Jahre alt und steht im Begriff, seine juristische Ausbildung zu vollenden. Die grauenhaften Kriegseindrücke hinterlassen nachhaltige Spuren. Im Jahre 1916 wird Heckel im Kampf mit einem Leberriss lebensgefährlich verwundet, und kann nur dank des unermüdlichen Einsatzes der Oberschwester im Lazarett überleben. Die Ärzte haben ihn bereits aufgegeben. Das Erlebnis der Genesung stellt für Heckel ein eindrucksvolles Bekehrungserlebnis dar, das ihn nachhaltig prägt und zeit seines Lebens begleiten wird. Im Jahre 1916 wird Heckel mit der Bayerischen Tapferkeitsmedaille ausgezeichnet, weil er einen Schwerverletzten unter Kugelgefecht vom Kampfplatz birgt.[94]

---

92 *Kunze*: Theodor Heckel, S. 41.

93 Niederschrift im Lebenslauf Heckels vom 16.11.1934, UAM E II 1634.

94 Informationen aus dem Gespräch mit Herrn Professor Dr. Martin Heckel am 09.12.2008.

Der eher stille und introvertierte Heckel reagiert mit verstärktem Rückzug von den Mitmenschen und umso größerem Streben nach Erfolg und Anerkennung in den Folgejahren.[95]

Nach Beendigung des Kriegseinsatzes kann Heckel seinen juristischen Vorbereitungsdienst bis Mitte des Jahres 1919 in der bayerischen Justizverwaltung fortsetzen.

Die Referendarszeit schließt Heckel 1919 mit dem Zweiten Juristischen Staatsexamen mit Auszeichnung ab. Damit ist die Voraussetzung für eine Karriere in der wissenschaftlichen Tätigkeit geschaffen.

III. Politisches Engagement

Während des Studiums ist Johannes Heckel politisch nicht aktiv. Seine Zielrichtung liegt insbesondere in der Optimierung der wissenschaftlichen und fachlichen Kenntnisse. Schon während des Studiums ist Johannes Heckel aber dem Einfluss der geistigen Strömungen seines Umfeldes unterworfen, zumal er aktives Mitglied der evangelischen Kirche ist und auf diese Weise mit dem protestantischen Gedankengut konfrontiert wird. Gerade im Bereich der evangelischen Kirche findet eine intensive Auseinandersetzung mit liberalistischen Ideen, aber auch mit den zunehmend an Bedeutung gewinnenden deutschnationalen Einflüssen statt. Johannes Heckel wird jedoch nicht nach außen aktiv, sondern setzt sich ausschließlich persönlich mit den Eindrücken auseinander.

IV. Privatleben

Daher lassen sich die Wirkungen des Zeitgeistes auf den jungen Heckel insbesondere im Rahmen seines Privatlebens feststellen. Johannes Heckel steht dem Gedankengut der evangelischen Kirche nahe. Dabei orientiert sich Heckel zunächst nicht an den traditionellen christlichen Strömungen, sondern ist der immer stärker werdenden Idee des Naionalprotestantismus gegenüber offen. Der Nationalprotestantismus geht davon aus, dass sich Nation und Glaube in Form des Volkes Gottes auf Erden vereinen. Die Nation führt ihren Ursprung auf die gemeinsame Quelle des Lebens, nämlich Gott, zurück. Dabei beschränkt sich der Einigkeitsgedanke jedoch – anders als in der katholischen Auffassung – auf die Nation als auserwähltes Volk. Nicht alle Menschen der Erde zählen dazu, sondern nur die in der deutschen Nation vereinten Christen. Die Ansicht der Elizität wird

95 Informationen aus dem Gespräch mit Herrn Professor Dr. Martin Heckel am 09.12.2008.

auch durch die These kirchlicher Philosophen gestützt, dass die protestantische Kirche in dem Sieg des deutschen Reiches über die Franzosen auch den katholischen Glauben des Erzfeindes besiegt habe. Der evangelische Glaube richtet sich daher auf einen Konservatismus der Nation und erlebt damit eine Abkehr von der liberalen Ausrichtung. Im Zentrum der protestantischen Glaubenslehre steht die Rückbesinnung auf Luther und die paulinisch-lutherische Rechtfertigungslehre[96].

Bei Johannes Heckel fallen diese Gedanken auf den geeigneten Nährboden. Er steht im Bann der nationalen Vereinigungsidee, die das von Gott geeinte Volk auch territorial nach außen abgrenzt. Von Jugend an beherrscht Johannes Heckel das Bedürfnis nach Sicherheit und Stärke. Die Bildung einer einigen Nation ruft in ihm Enthusiasmus hervor. Verbunden mit dem Nationalismus ist auch der Konservatismus, der darauf ausgerichtet ist, die Werte aus der Kaiserzeit zu bewahren und zu pflegen. Für Johannes Heckel sind die überbrachten Werte ein hohes Gut, das es zu wahren und zu schützen gilt. Die Ideen des Nationalprotestantismus prägen sich tief ein. Da Johannes Heckel stets darum bemüht ist, sich mit der Außenwelt konform zu stellen und mit dem Trend zu gehen, kommt ihm die nationale Strömung der evangelischen Kirche auch insofern entgegen, als sie eine Obrigkeitstreue verkündet, die im Kontrast mit bisher herrschenden Ansichten steht. Der Nationalprotestantismus ist geeignet, den Glauben an Gott mit dem Glauben an die weltliche Obrigkeit zu verbinden.

Die Zeit im Maximilianeum ist geprägt von jugendlichem Kameradschaftsgeist und patriotischem Zusammenhalt. Heckel ist Mitglied eines Maximilianeums-Clubs, der im freundschaftlichen Kampf mit anderen Verbindungen die Tradition des Duellierens pflegt. Der Geist der Tapferkeit und des Opfers für die Gemeinschaft sind Lehren, die Heckel aus den Kriegserlebnissen zieht und sich in höchstem Maße zu eigen macht. Selbst schwerste Verwundung kann ihm die Begeisterung für den Einsatz für das Volk nicht nehmen. Im Verlauf des Ersten Weltkrieges hat Heckel sich wohl verlobt. Aus einer undatierten Anzeige geht hervor, dass Johannes Heckel und Theodor Heckel sich mit den Schwestern Luise und Gertrud Binder verlobt hatten[97].

Johannes Heckel ist von Jugend an ehrgeizig und bestrebt, neue Wege zu erforschen und Großes zu schaffen. Die Ära des Umbruchs begeistert ihn. Die Ernüchterung in der Zeit der Frontkämpfe ist zwangsläufige Folge der tragischen und grausamen Erfahrungen im Krieg, kann aber die prinzipielle Bereitschaft zu Opfer und Leid zu Gunsten eines höheren Zwecks nicht nehmen. An der Haltung Heckels gegenüber seinem Kriegseinsatz wird sein Pflichtbewusstsein wieder erkennbar: Er nimmt auf sich, was die Pflichten ihm auferlegen und fügt sich ohne Aufbegehren in sein Schicksal.

---

96 *Kunze*: Theodor Heckel, S. 36.
97 *Kunze:* Theodor Heckel, S. 44.

Neben Pflichtbewusstsein mag in dem Verhalten Johannes Heckels auch der Gedanke stecken, dass die Konformität mit der Mehrheit der einfachste und sicherste Weg in eine Zukunft ist, die mehr individuelle Gestaltung und Verwirklichung eigener Ziele zulässt. In den Jahren bis 1918 gilt es, sich nicht gegen den Krieg aufzulehnen. Kriegsgegner und Kritiker werden als Volksaufwiegler beschuldigt und aus öffentlichen Ämtern entfernt[98]. Von Natur aus zurückhaltend und still fällt es Heckel nicht schwer, sich der Meinung der Massen anzuschließen und zumindest nach außen hin Einigkeit zu bezeugen. Im Gegensatz zu Carl Schmitt, der sich „früh als Außenseiter, als Underdog, der nicht dazugehört"[99] fühlt, ist Heckel in der Jugendzeit eher angepasst und unauffällig.

Gerade in den Anfangszeiten wird die Weimarer Republik nicht nur durch wirtschaftliche Krisenzeiten, sondern auch durch revolutionäre politische Bestrebungen erschüttert. Die Rufe nach einem starken nationalen Staat werden zunehmend lauter. Heckel liegt aufgrund seiner nationalen Einstellung ganz im Trend seiner Zeit. Die Zeit vor dem Ersten Weltkrieg stellt sich für den begeisterten Nationalisten als verklärte Zeit dar. Im Bann der Huldigungen an Kaiser und Kanzler sind die jungen Menschen vom Gedanken an Einigkeit und Zielstrebigkeit zu begeistern.

V. Verfassungsrecht

Während des Ersten Weltkrieges finden zahlreiche Verfassungsdurchbrechungen und Verfassungsmissachtungen statt. Insbesondere die Grundrechte sind von der Einschränkung der Versammlungsfreiheit, der Pressefreiheit und des Briefgeheimnisses betroffen[100]. Die im bürgerlichen Pazifismus tätigen Öffentlichrechtler werden an den Rand gedrängt, wie insbesondere Walther Schücking oder der österreichische Staats- und Völkerrechtslehrer Heinrich Lammasch[101]. Mit dem Ermächtigungsgesetz vom 04.06.1914 wird eine kommissarische Zivil- und Militärdiktatur eingerichtet. In der Wissenschaft wird dieses Ereignis weniger als Beginn einer neuen Zeit als vielmehr als Abweichung vom rechten Weg. Im Verlauf des Krieges nimmt der Einfluss des Parlaments jedoch zu und der Kaiser als Verfassungsorgan verliert an Bedeutung. Dementsprechend wird die Forderung der Öffentlichrechtler nach einem „nationalen Volksstaat"[102] mit einem echten parlamentarischen System – wenn auch zum Teil wie bei Friedrich Naumann in

98 *Mai*: S. 62 f..
99 *Mehring*: S. 24.
100 *Stolleis*: S. 58.
101 *Stolleis*: S. 58.
102 *Stolleis*: S. 61.

Form der konstitutionellen Monarchie – lauter. Heinrich Triepel, Gerhard Anschütz oder Hugo Preuß befürworten ein einheitliches Wahlrecht und eine parlamentarische Bindung der Reichsregierung[103]. Während des Kriegs wird die nationale Gesinnung vertieft und auch in der Wissenschaft verstärkt zum Ausdruck gebracht. „Man dachte mit Selbstverständlichkeit national“[104].

Nach dem Ende des Krieges findet sich der Großteil der Staatsrechtler nur schwer bereit, von der Monarchie Abstand zu nehmen. Dennoch begrüßt eine nicht unbedeutende Gruppe – unter ihnen Georg Anschütz und Hugo Preuß – die parlamentarische Demokratie.

Heckel wächst in diesem Gegensatz aus nationalen und liberalistischen Strömungen auf und absolviert in München sein juristisches Studium. Das öffentliche Recht hört Heckel insbesondere bei Rothenbücher[105], der zunächst als Privatdozent, später als außerordentlicher und schließlich als ordentlicher Professor in München lehrt.

Die Kirchenrechtslehre befasst sich zu Beginn des zwanzigsten Jahrhunderts intensiv mit dem Verhältnis zwischen Staat und Kirche[106]. Rudolf Stammler setzt im Jahr 1918 bei seiner rechtsphilosophischen Betrachtung Konventionalregeln neben rechtliche Ordnungen. Die Einrichtung der Kirche ist im Sinne eines rechtlichen Wollens zu treffen[107].

103 *Stolleis*: S. 61.

104 *Stolleis*: S. 63.

105 vgl. Vorlesungsverzeichnis der Ludwigs-Maximilians-Universität München 1910: http://epub.ub.uni-muenchen.de/1132/1/vvz_lmu_1910-11_wise.pdf

106 *Landau*: S. 5.

107 *Landau*: S. 5.

Kapitel 3: Werdegang bis 1933

I. Karriere

Die Zeit bis 1933 ist zunächst von dem Einfluss der ideologischen Grundlagen aus der Weimarer Republik geprägt, was zunehmend durch nationalistische Ideen verdrängt und überlagert wird.

Heckel gelingt in den Jahren 1920 bis 1933 ein großer wissenschaftlicher Werdegang. Der Aufstieg ist mit der Anpassung Heckels an die Ideologie und die Geisteshaltung der späten Weimarer Republik und den zunehmenden Einflüssen des nationalen Gedankenguts verbunden. Die Stellung der Juristen in der Zeit vor dem Zweiten Weltkrieg ist einem deutlichen Wandel unterlegen[108]. Zu Beginn der Weimarer Republik herrscht zunächst ein Verfassungsenthusiasmus. Als Garant des Rechtsstaats dient die Verfassung der Verwirklichung von Bürgerrechten und der Aufrechterhaltung der Ordnung im Staat. Die Weimarer Verfassung ist jedoch gegen revolutionäre Kräfte nur mangelhaft abgesichert. Auf der Grundlage des Art. 48 WRV lassen sich die Herrschaft des Parlaments und das subtile Verfassungsgefüge der Republik leicht umgehen. Diese Schwäche wird zunächst in der Justiz verkannt. Aufgrund der Erleichterung über die Durchsetzung einer Demokratie und mittels der Faszination des Neuen rühmen sich die Juristen, der Verfassung treu und als echte Demokraten auch Diener der Verfassung zu sein. Dabei erstarkt der Positivismus in der Jurisprudenz: Die Verfassung stellt als geschriebenes Gesetzeswerk den Maßstab für das richtige Handeln dar. Nach einigen Jahren wird die Weimarer Republik jedoch zunehmend von Krisen erschüttert: Neben Inflation und Wirtschaftskrise ergreifen politische Unruhen den jungen, noch instabilen demokratischen Staat. Der Großteil der Juristen und insbesondere der Wissenschaftler ist in dieser Zeit in die „Partei der Parteilosen“[109] einzuordnen, die aus Loyalität zu der Republik stehen, ohne inhaltlich die Rechtsform der Demokratie gut zu heißen. Die Einführung der Demokratie wird als Ursache für die Krisen gesehen, da sie zu Desorganisation und Demoralisation führe. Der „typische Professor“[110] steht der Demokratie skeptisch

108 *Stolleis*: S. 52.
109 *Adlberger:* Kisch, S. 113.
110 *Adlberger:* Kisch, S. 110.

gegenüber und verkörpert den Typ eines „nationalen, unpolitischen, antidemokratischen und obrigkeitsstaatlich denkenden, loyalen Beamten und Akademiker“[111].

1. Promotion und Habilitation

Nach Abschluss seines Studiums in München beginnt Johannes Heckel mit der Arbeit an seiner Promotion in Würzburg, welche er am 12.07.1920 abschließt[112]. Seine Dissertation wird im Jahre 1922 unter dem Titel „Das Dienststrafrecht der protestantischen Landeskirche Bayerns rechts des Rheins und seine Reform“ veröffentlicht. Er trägt nun den Titel eines doctor iuris utriusque. Die Promotion erfolgt ohne feste Anstellung. Zeitgleich geht Johannes Heckel ab 1920 an die Universität Berlin. Er arbeitet dort zunächst als wissenschaftlicher Assistent am Lehrstuhl des Kirchenrechtlers Ulrich Stutz.

Ulrich Stutz wird am 05.05.1868 in Zürich geboren. Vom Vater, einem Lehrer und Dozenten aus dem Zürcher Umfeld, durch das Streben nach wissenschaftlicher Fortbildung im Allgemeinen und vom Großvater auf dem Gebiet der Rechtswissenschaft im Besonderen angeregt, erlernt Stutz schon als Junge das, was er selbst mit den Worten „Leidenschaft wissenschaftlicher Leidenschaftslosigkeit“ ausgedrückt hat[113]. Durch die Erziehung auf dem Zürcher Gymnasium wird die Liebe zur wissenschaftlichen Arbeit und zur wissenschaftlichen Disziplin vertieft und Stutz der Zugang zur Heimats- und Ortsgeschichte vermittelt. Mit dem festen Ziel der Wissenschaft vor Augen nimmt Stutz an der Zürcher Universität sein Studium der Rechtswissenschaften auf. Im Jahr 1888 wechselt Stutz an die Berliner Universität, an der er – wie er es selbst ausdrückte – erst so richtig heimisch wird. Im Dezember 1892 wird Stutz zum Doctor iuris utriusque promoviert und schon bald danach von Andreas Heusler nach Basel gerufen, wo er ohne vorherige Habilitation die venia legendi erhält. Am 23.10.1894 hält Stutz seine Antrittsvorlesung über die „Eigenkirche als Element des mittelalterlich-germanischen Kirchnerechtes.“ Im Herbst 1896 erhält Stutz einen Ruf nach Freiburg im Breisgau, wo er die ordentliche Professur für deutsches Recht und Kirchenrecht erhält. Im Zuge des Wechsels nach Freiburg erhält Stutz die deutsche Staatszugehörigkeit, behält aber das Eidgenössische Bürgerrecht „und ein echter Schweizer blieb er sein Leben lang“[114]. Die nationale Ausrichtung von Stutz wird sich auf Heckel auswirken, der – ausgehend von dem national geprägten Elternhaus – die nationale Gesinnung aufnimmt. Nach

111 *Adlberger:* Kisch, S. 110.

112 Meldebogen Heckels, UAM SEN-I-29; die Namen der Gutachter sind werde der Akte noch der veröffentlichten Promotionsschrift zu entnehmen.

113 *Schultze*, Alfred: Vorwort, S. X.

114 *Schultze*, Alfred: Vorwort, S. XV.

der Hochzeit mit Elly Windelband, der Tochter des Philosophen und Historikers Wilhelm Windelband im Jahr 1898 und einem sechszehnjährigen Aufenthalt in Berlin geht Stutz im Jahr 1904 nach Bonn. Zentrales Verdienst von Stutz in Bonn ist die Errichtung eines kirchenrechtlichen Seminars, das den Ausgangspunkt für die Bedeutung des kirchenrechtlichen Instituts an der Universität Bonn darstellt. Im Frühjahr 1917 folgt Stutz einem Ruf an die Universität Berlin, wohin er sein kirchenrechtliches Institut mitnehmen darf. Als Johanns Heckel 1920 an den Lehrstuhl für Rechtsgeschichte und Kirchenrecht kommt, gerät Heckel schnell in den Einfluss des nach eigenen Aussagen „Wahlberliners" Ulrich Stutz[115]. Für Heckel bleibt Stutz stets der Ansprechpartner und Berater in allen Dingen des Kirchenrechts.

a) Persönliche Beziehung zu Stutz

Heckel und Stutz verbindet eine enge persönliche Freundschaft. Die persönliche Nähe zur Familie Stutz kommt in der zahlreichen Korrespondenz zwischen Heckel und Stutz in privatem Kontext zum Ausdruck. Beispielsweise zeigen Johannes Heckel und Luise Binder mit einer Karte die Hochzeit vom 29.03.1921 an.[116] In den Jahren ab 1920 finden sich wiederholt Postkarten Heckels bzw. des Ehepaars Heckel an die Familie Stutz aus dem Urlaub[117]. Heckel gratuliert Stutz regelmäßig zum Geburtstag. Darüber hinaus schreibt Heckel an seinen Lehrer und an die „Frau Geheimrat" regelmäßig Briefe, in denen er Erlebnisse aus dem Winterurlaub erzählt[118]. In diesen Briefen unterzeichnet Heckel auch in den vierziger Jahren nicht mit „Heil Hitler", sondern „Ihr getreuer". Dadurch kommt das sehr persönliche Verhältnis zwischen Heckel und Stutz zum Ausdruck. Während des Urlaubsaufenthaltes des Ehepaars Stutz in Italien beherbergt die Familie Heckel zeitweise die Töchter von Stutz.[119] Das persönliche Verhältnis bleibt jedoch immer von der ehrerbietigen Haltung Heckels gegenüber dem Lehrer Stutz umrahmt. Heckel selbst spricht in der Einleitung des kurz nach dem 70. Geburtstag und auch bereits nach dem Tod von Stutz erscheinenden Festberichtes von Stutz als „Meister" mit „tapferem Sinn".[120] Darüber hinaus prägt auch die kompetente Lehrmethodik Heckel nachhaltig, was sich später auf die Gestaltung der eigenen Vorlesungen auswirken wird. Entsprechend nahe steht Heckel auch seinem Habilitationsvater in persönlicher Hinsicht. Stutz selbst bezeichnet Heckel als „Lieblingsschüler"[121].

---

115 Informationen aus dem Gespräch mit Martin Heckel am 09.12.2008.

116 Karte Heckel an Stutz vom 29.03.1921, UAZ 60.

117 Vgl. bsp.weise Karten Heckel an Stutz 1924 (genaues Datum nicht erkennbar), vom 19.04.1924, vom 19.08.1925, vom 27.08.1925, vom 25.08.1925, UAZ 60.

118 Briefe Heckel an Stutz vom 27.11.1940 u. v. 02.01.2941, UAZ 60.

119 Briefe Heckel an Stutz vom 02.11.1926 u. v. 10.04.1927, UAZ 60.

120 *Heckel*: Ulrich Stutz. Ehrung, S. 3 f..

121 *Bader*: S. 29.

Die enge persönliche Beziehung schlägt sich auch darin nieder, dass Heckel den beruflichen Werdegang und die fachlichen Fragen gerne und intensiv auf dem Briefwege mit Stutz bespricht. Im Jahr 1920 teilt Heckel Stutz die erfolgreiche Dissertation und die von Herrn Professor Menzer dafür erhaltene Anerkennung mit[122]. Stutz setzt sich persönlich für ein Forschungsstipendium für Johannes Heckel ein.[123] Des Weiteren unterstützt Stutz auch die Arbeit Heckels für die evangelisch-lutherische Landeskirche in Braunschweig.[124] Anlässlich der Besetzung des Bonner Lehrstuhls für Kirchenrecht schlägt Heckel vor, Feine noch vor Eckhardt auf die Kandidatenliste zu setzen. Er habe diesen Vorschlag mit dem Kollegen Goeppert besprochen, der der gleichen Meinung sei[125]. Als es zur Abstimmung über die Besetzung des Lehrstuhls von Professor Schreuer in der rechts- und staatswissenschaftlichen Fakultät kommt, verfasst Johannes Heckel ein Gegenvotum gegen die Entscheidung des Fakultätsrates, das er Stutz vertraulich übermittelt[126].

In dem Votum führt Heckel aus, der Lehrstuhl Schreuer habe bisher eine eindeutig germanistische Ausrichtung aufgewiesen und „eine rechtshistorische Tradition von seltener Grösse“ besessen. Darüber hinaus sei die lebendige Gestaltung eines germanistischen Rechtsunterrichts zunehmend von Bedeutung. Da der Fakultätsvorschlag mit Herrn Professor Schmidt-Rimpler eine Umwandlung des Lehrstuhls zum Handelsrecht vorsehe, „scheint es dem Unterzeichneten geboten, in erster Linie die rechtsgeschichtliche und deutschrechtliche Seite zu betonen, aber nicht die handelsrechtliche“.[127] Heckel ist nämlich der Auffassung, dass „mit Schmidt-Rimpler nicht viel los sei“.[128] Daher schlägt Heckel vor, an erster Stelle Herbert Meyer, an zweiter Stelle Claudius Freiherr von Schwerin und an dritter Stelle Hans Erich Feine auf die Kandidatenliste zu setzen. Sollte Feine wegen der gerade erst angenommenen Berufung nach Tübingen nicht zur Verfügung stehen, schlage Heckel Karl-August Eckhardt vor. Eckhardt ist laut Heckel ein hervorragender Wissenschaftler auf germanistischem und auch auf handelsrechtlichem Gebiet. „Bei seiner Jugend wäre er in der Lage, sein Vorlesungsprogramm den Bedürfnissen der Fakultät entsprechend zu erweitern. Das auf ihn gesetzte Vertrauen würde er zweifellos rechtfertigen. Denn er ist nicht nur eine grosse Arbeitskraft, sondern auch hochbegabt und durchaus originell, kurz eine ausgesprochene Forschernatur, dabei lebhaft und beweglich und als Lehrer anregend. Seine

122 Brief Heckel an Stutz 19.06.1920, UAZ 60.
123 Brief Notgemeinschaft der Deutschen Wissenschaft an Stutz vom 13.09.1922, UAZ 60.
124 Brief der Landeskirche an Stutz vom 14.09.1925.
125 Karte Heckel an Stutz vom 02.07.1931, UAZ 60.
126 Brief Heckel an Stutz mit Votum vom 30.07.1931, UAZ 60.
127 Brief Heckel an Stutz mit Votum vom 30.07.1931, UAZ 60.
128 Karte Heckel an Stutz vom 10.10.1931, UAZ 60.

Berufung nach Bonn würde … für die Fakultät einensehr (*Schreibfehler im Original, Anm. d. V.*) hoffnungsvolle Ergänzung des Lehrkörpers bilden"[129]. Diese Lobrede auf Eckhardt lässt anlässlich dessen Nähe zur nationalsozialistischen Ideologie und der offenen Bekennung zur NSDAP sehr deutlich erkennen, dass Johannes Heckel selbst auch der nationalsozialistischen Gesinnung nahe steht.

Im Jahre 1932 teilt Heckel Stutz mit, dass er die Ausführungen Hubers zur Darstellung des Reichstagsbrandes für klärungsbedürftig halte.[130] Dies habe er auch Huber gegenüber deutlich gemacht, der „im Auftrag des Reichskommissars" tätig und daher voreingenommen sei. Huber habe gleichzeitig einen Brief von Walter Jellinek aus Leipzig erhalten, in dem die Ausführungen Hubers als „unerträglich" und von „Schmitts Lager getragen" bezeichnet seien. Ernst Rudolf Huber ist ein Schüler Carl Schmitts und unter dessen Leitung als Rechtsberater der Präsidialkabinette von Papen und Schleicher tätig. Heckel steht offenbar im Gedankenaustausch mit Huber. Während Jellinek sich inhaltlich aufs Schärfste von der Darstellung Hubers distanziert, stellt Heckel die subjektive Sicht Hubers fest, ohne inhaltlich zu den Ausführungen Stellung zu nehmen.

b) Fachliche Beziehung

Heckel ist selbst eifriger Hörer seines Habilitationsvaters und zählt zu dem kleinen elitären Kreis, für den die Vertiefungsvorlesungen insbesondere auf dem Gebiet der „Kirchlichen Rechts- und Verfassungsgeschichte" gedacht waren[131]. Stutz differenziert nämlich die Gestaltung und Ausrichtung der gelesenen Themen ebenso wie deren Gestaltungs- und Präsentationsmethode. In den Hauptveranstaltungen zur Rechtsgeschichte richtet er sich an einen breiten Hörerkreis und trägt durch eine aktive Beteiligung der Hörer dem Wunsch der Studenten nach Abwechselung und Spannung Rechnung. Beispielsweise lässt er bei der Behandlung der Königswahl die drei miteinander um den Vorrang streitenden Erzbischöfe in Rollen auftreten. „Wer als Forscher und Lehrer zugleich wirken will …, muß ein doppeltes Gewissen haben, ein unerbittlich strenges für seine Forschertätigkeit, ein weites für den Lehrberuf. Die Jugend ist ungestüm; sie will zwar belehrt und erzogen, aber, namentlich bei Stoffen wie die deutsche Rechtsgeschichte, auch hingerissen sein. Das vermag nur der zu erreichen, der leichten Sinnes und mit einer erst in der Vorlesung sprudelnden Ursprünglichkeit den Wissensstoff den Hörern immer wieder gleichsam als neuste und persönlichste Errungenschaft vorführt".[132]

---

129 Brief Heckel an Stutz mit Votum vom 30.07.1931, UAZ 60.
130 Brief Heckel an Stutz vom 18.12.1932, UAZ 60.
131 *Schultze*, Alfred: Vorwort, S. LII; *Bader*: S. 19.
132 *Schultze*, Alfred: Vorwort, S. LI.

Für die Studenten, bei denen Stutz echte wissenschaftliche Begabung erkennt, setzt er sich persönlich ein und veranstaltet in Vertiefungsvorlesungen, Seminaren und persönlichen Gesprächen eine enge und effektive Betreuungsmöglichkeit. So beschreibt Johannes Heckel den Habilitationsvater als hervorragenden Pädagogen. Stutz „führte … mitten in die Werkstatt der Wissenschaft hinein, er deutete ihr Wesen, ließ ihr Werden erleben und gab zahlreiche Winke für weitere Studien“[133]. „Dieses Institut war das organisatorische Kernstück der akademischen Tätigkeit von Stutz. Jahr um Jahr versammelte sich hier, von seinem wissenschaftlichen Ruhm angezogen, aus dem Inland und Ausland eine Schar strebsamer und begabter junger Leute, denen nicht nur der Forscher, sondern auch die treue, bis ins kleinste aufrichtige, ehrenfeste Persönlichkeit fürs ganze Leben Vorbild wurde. Dem Mann und seinem Werk eignete eine in gleicher Weise wissenschaftlich bindende wie menschlich erziehende Kraft, die über die Jahre des akademischen Studiums in der ‚Schule Ulrich Stutz‘ fast alle zusammenhielt, die einmal in die Gemeinschaft mit ihm getreten waren.

Denn in dem Institut gab er sich den Seinen ganz. Regelmäßig leitete er das Semester durch eine eigene Abhandlung ein, die sogleich die Höhenlage der folgenden Stunden bestimmte, Neugierige und Laue abschreckte, dafür aber die ernsthaft Ringenden gewann und begeisterte. Fast alle Untersuchungen aus der Feder von Stutz traten zuerst im Seminar ans Licht, bevor sie der weiteren Öffentlichkeit zugängig wurden. Eher, als die gelehrten Altersgenossen des Verfassers, erhielt das heranwachsende Geschlecht von ihnen Kenntnis. Für den Vortragenden wie für die Hörer bildeten diese mit Erwartung und Spannung erfüllten, von der Vollkraft meisterlichen Schaffens und von der Aufnahmebereitschaft der Hörer beseelten Stunden jedes Mal ein köstliches Erlebnis.

An den Vortrag des Lehrers schlossen sich im weiteren Verlauf der Seminarsitzungen die Versuche der älteren Schüler an, die jedes Mal durch eine wohlwollende und fördernde, eingehende Kritik des Institutsleiters abgeschlossen wurden. Dazwischen hinein erörterte man gemeinsam ein Generalthema systematischer oder quellenmäßiger Art, das von Semester zu Semester wechselte, es diente vor allem dazu, die Jüngeren mit der wissenschaftlichen Methode vertraut zu machen und zu eigener Leistung anzueifern.

Auf diese Weise hat Stutz es verstanden, aus jedem das Beste herauszuholen. Er verlangte viel von seinen Schülern, ist aber jedem gerecht geworden. Was er in gleichem Maße von allen forderte, war die strenge wissenschaftliche Zucht. Im Übrigen hat er jeden Einzelnen nach seiner Art wachsen und reifen lassen und sich nur aufs Sorgfältigste bemüht, die Anlagen der Anfänger zu veredeln und zu höchstmöglicher Leistung zu bringen. Wie er seinen Lebensweg selbst

133 *Schultze*, Alfred: Vorwort, S. LII.

gefunden hatte, so waren ihm auch unter seinen Schülern die selbständigen Naturen am liebsten. ‚Diejenigen', pflegte er zu sagen, ‚schätze ich wissenschaftlich unter meinen Schülern am meisten, die ihr Ziel ohne fremde Hilfe entdecken'.

Wo immer sich echte wissenschaftliche Begabung regte, nahm er sich ihrer mit der größten Hingabe an. Er scheute keinen Weg und keine Zeit, um zu helfen; und war ein Werk seiner Schüler vollendet, so gab es niemand, der sich aufrichtiger darüber gefreut hätte und tatkräftiger dafür eingetreten wäre als der Meister. Es war gleichsam ein Stück seines eigenen Lebenswerkes geworden."[134]

Aus dem Bericht Heckels spricht eine Begeisterung für den Lehrer Stutz, die nicht nur auf fachlich-wissenschaftlicher Grundlage, sondern auch auf einem persönlich sehr guten Verhältnis beruht.

Neben den Fähigkeiten als Lehrer und Pädagoge, die das Forschungsgebiet von Stutz auch unter den Studenten beliebt und begehrt gemacht haben, kommt Stutz insbesondere der Ruf des wohl bedeutendsten Kirchenrechtlers der deutschen Kirchenrechtsgeschichte zu. In der Forschung ist der germanistische Ausgangspunkt zu beachten. Stutz selbst bezeichnete sich als „strammer Germanist"[135]. Was Stutz auf diesem Gebiet als Forschungsleistung erbracht hat, ist in zahlreichen Aufsätzen, Rezensionen und Berichten niedergelegt[136]. Bahnbrechend im wahrsten Sinne des Wortes ist Stutz auf dem Gebiet der Kanonistik geworden. Dabei handelt es sich um die Entwicklung des Eigenkirchenbegriffs. Stutz hatte entdeckt, das eine ältere, noch im spätrömischen Imperium verwurzelte, von Rom aus verfeinerte Kirchenauffassung auf eine Denkform gestoßen war, nach der Kirche und Haus, Kirchengut und Hausgut, untrennbar zusammengehörten. Dadurch konnte es zu einem Vermischungsprozess kommen, in dem die germanische Auffassung zeitweise dominierte[137]. Der geschickt gewählte Begriff der Eigenkirche bezeichnet die Autonomie der Kirche vom Staat, die mittels Eigentum und Eigenherrschaft begründet wird. Die Eigenkirche ist „ein Gotteshaus, das dem Eigentum oder besser der Eigenherrschaft so unterstand, dass sich daraus nicht bloß eine Verfügung in vermögensrechtlicher Beziehung, sondern auch die volle Leistungsgewalt ergab"[138]. Die Reichweite des Eigenkirchenwesens ist umstritten[139]. So haben beispielsweise Hans Erich Feine und Hans Felix Schmid auch die Genossenschaftskirche in das Eigenkirchenwesen einbezogen[140]. Das Eigenkirchenwesen fügt germanisches Recht in die Kirche ein und beherrscht die Kirchenverfassung

134 *Schultze*: Vorwort, S. LI.

135 *Bader*: S. 24.

136 *Bader*: S. 24.

137 *Bader*: S. 25.

138 *Feine*: Kirchliche Rechtsgeschichte, S. 165.

139 *Stutz* in: ZRG 43 (1922), S. 415.

140 *Bader*: S. 26.

jahrhundertelang[141]. Fachlich sucht sich Heckel jedoch von dem Ausgangspunkt, den sein Habilitationsvater ihm aufzeigt, einen eigenen Weg zum Kirchenrecht. Während Stutz – wie auch seine Schüler Feine und Reicke – das Kirchenrecht als Germanist betreibt, sucht Johannes Heckel die Verbindung des Kirchenrechts mit dem öffentlichen Recht. Die Germanisten als Forscher im einheimischen deutschen Recht kombinieren die Kirchenrechtsgeschichte mit dem Bürgerlichen Recht. „Die Wurzeln des Eigenkirchenwesens sind vielmehr gemeingermanisch und liegen vermutlich im altgermanischen, ja indogermanischen Hauspriestertum des Hausvaters, im Hauskult des Hofesherrn, der Familien- und Hofangehörige in der Halle zu gemeinsamem Gottesdienst, Opfer und Mahl versammelte"[142]. Das Kirchenrecht ist Teil des Zivilrechts und vom Staat losgelöst zu betrachten. Dabei bleibt die Betrachtung des Kirchenrechts stets auf die äußerlichen Institutionen beschränkt. Heckel hingegen fasst das Kirchenrecht als Teil des Staatsrechts auf. Diese Ansicht ist historisch begründet, da die evangelische Kirchenverwaltung zunächst Teil der allgemeinen Verwaltung war, bevor sich die evangelische Kirche zu einer selbständigen Körperschaft entwickeln konnte. Der großartige Verdienst von Professor Ulrich Stutz liegt insbesondere in dem Nachweis, dass sich durch Jahrhunderte hindurch das offizielle, d.h. von den maßgeblichen kirchlichen Instanzen und insbesondere von Rom ausgehende Kirchenrecht solchen Angriffen ausgesetzt sah und dass sich aus diesem Gegeneinander bis tief in Spätmittelalter und Neuzeit hineinreichende Besonderheiten, eigenartige institutionelle Zwischengebilde entwickelten[143]. Das Eigenkirchenrecht hat in unendlich vielen Bereichen – so etwa auch im Patronatswesen – eine wichtige Rolle gespielt[144]. Zwar mag heute der Lehre von Stutz vorgeworfen werden, die Zusammenführung verschiedener rechtlicher Erscheinungen auf eine gemeinsame Wurzel sei zu idealistisch, zu einsträngig gedacht. Zu beachten ist jedoch zum einen, dass die Eigenkirchenlehre in einer Zeit begründet und entwickelt worden ist, in der der juristische Positivismus vorherrschte. Zum anderen hat die Lehre von der Eigenkirche die gesamte kirchenrechtliche Forschungswelt nachhaltig geprägt[145]. Die Bedeutung, die Heckel in der wissenschaftlichen Arbeit dem Verhältnis zwischen Kirche und Staat beimisst, zeugt deutlich von dem prägenden Einfluss durch Stutz. Heckel und Stutz pflegen einen regen wissenschaftlichen Gedankenaustausch, wobei Stutz die wissenschaftliche Arbeit Heckels betreut und seine Anmerkungen an Heckel weiter gibt.[146]

---

141 *Feine*: Kirchliche Rechtsgeschichte, S. 165.

142 *Feine*: Kirchliche Rechtsgeschichte, S. 166.

143 *Bader*: S. 27.

144 *Bader*: S. 28.

145 *Bader*: S. 28.; vgl. *Werle* in: Festschrift Karl Bader, S. 469.

146 vgl. beisp.weise Karte Heckel an Stutz vom 30.11.1926, UAZ 60.

Darüber hinaus darf man Stutz jedoch nicht auf die Eigenkirche reduzieren[147]. Stutz hat auf dem Gebiet der Rechts- und Verfassungsgeschichte viel anderes geleistet. Beispielsweise ist hier zu erwähnen, dass Stutz auf dem Gebiet des evangelischen Kirchenrechts „ein unerlässliches Gegengewicht gegen den das Recht aus der Kirche hinauskomplimentierenden Rudolf Sohm“[148] bilden konnte. Sohm gilt als derjenige Kirchenrechtler, der die „vielleicht stärkste Anregung und Befruchtung kirchenrechtlichen Denkens ... für beide Konfessionen“ vermittelt hat[149]. Gerade in der „Lebenswirklichkeit“ ist es aber auch Stutz zu verdanken, dass die Trennung der evangelischen und der katholischen Kirche überbrückt werden und zwischen den Forschern verschiedener Konfessionen ernsthafte Gespräche geführt werden konnten.[150]

Zusammenfassend lässt sich ein Zitat anführen: „Zu zeigen war, wie Stutz als einer von denen, die den müßigen Schulenstreit zwischen Germanisten und Romanisten überwinden halfen, sich um eine übernationale, europäische Rechtsgeschichte bemühte .... Noch stärker aber ging es mir darum aufzuzeigen, dass hier ein Mann, der die Verbindungswege in der Geschichte der Konfessionen gefunden hatte, ökumenisch zu denken gelernt hatte....[151]

Professor Stutz verkörpert den Typus eines konservativ ausgerichteten, national eingestellten Rechtsgelehrten[152]. Angesichts einer Abstammungsüberprüfung im Jahre 1936 durch die Universitätsverwaltung Berlin kann Stutz den rein arischen Stammbaum angeben. Er genießt auch während des Dritten Reiches hohes Ansehen bei der Landesführung und bei den Kollegen, sowohl in fachlicher und persönlicher, als auch in politischer Hinsicht.

Johannes Heckel ist nicht nur ebenfalls national eingestellt, sondern auch von der zielstrebigen Laufbahn des Habilitationsvaters beeindruckt. Der Einfluss von Stutz auf den jungen Heckel wirkt nachhaltig und eindrücklich.

Auf dem Lehrstuhl für deutsches Recht und Kirchenrecht bleibt Stutz bis zum Ausscheiden im Jahr 1936 nach wiederholter Verlängerung der Amtszeit über die Altersgrenze von 65 Jahren hinaus. Auch in den Jahren nach seinem Ausscheiden bleibt die Wirkkraft von Stutz ungebremst. Aus diesem Grund kommt es für die Familie und Freunde völlig unerwartet, als Stutz am 06.07.1938 unerwartet und plötzlich an den Folgen eines Schlaganfalls verstirbt. Der Einfluss des Wissenschaftlers und Lehrers Stutz sollte Johannes Heckel nachhaltig prägen. So schreibt das Lexikon der Neuen Deutschen Biographie der Bayerischen Akademie der

147 *Bader*: S. 29.

148 *Bader*: S. 29.

149 *Feine*: Kirchliche Rechtsgeschichte, S. 172.

150 *Bader*: S. 29.

151 *Bader*: S. 30.

152 Acta der Friedrich-Wilhelms-Universität zu Berlin, Stutz UAB 526, S. 9.

Wissenschaften: „Entscheidend war … die Begegnung mit Ulrich Stutz. Sie brachte die Wendung zum akademischen Lehramt.“[153]

2. Habilitation

Die Habilitation Heckels befasst sich mit der Thematik der evangelischen Dom- und Kollegiatstifter Preussens. Im Vorwort spricht Heckel dem Habilitationsvater sowie dem Evangelischen Oberkirchenrat Charlottenburg seinen besonderen Dank aus. Der Geheime Konsistorialrat Kanatz und der Präsident des evangelischen Ober-Kirchenrats und Vorsitzende des Deutschen Evangelischen Kirchenausschusses D. Moeller haben Heckel die Habilitation durch Bereitstellung von Mitteln und Zeit erst möglich gemacht[154]. Habilitationsgutachten waren nicht zu ermitteln. Ausgangspunkt ist die Ausbreitung der evangelisch-kirchlichen Rechtsordnung über das Reich.

In einem ersten Kapitel stellt Johannes Heckel die geschichtlichen Grundlagen dar. Zunächst gibt es nur wenige evangelische Stifter, der Großteil des Bodenbesitzes ist in katholischer Hand. Im Rahmen der Neubesetzung einer sogenannten Sedisvakanz kommt es jeweils zu der Frage, ob die Zugehörigkeit zur katholischen Kirche durch Wahl eines katholischen Anhängers erhalten werden, oder ob mit Rücksicht auf die politische Lage des geistlichen Fürstentums die Besetzung mit einem Anhänger der neuen Lehre vorgenommen werden soll. Johannes Heckel geht zunächst auf die Entwicklung der evangelischen Kirche von ihrem Ursprung aus ein. Die evangelische Kirche hatte sich aus der Widerstandsbewegung gegen die in alten Formen verhaftete und starr verfestigte katholische Kirchentradition entwickelt. Die Ämter, die aus der katholischen Kirche übernommen wurden, blieben zwar dem Namen nach erhalten, basierten aber auf Freiheit und Fürsorge. Sowohl Pfarrer als auch Bischof oblag die Aufgabe, die Gläubigen auf den rechten Weg zu Gott zu führen. „Auszuüben war dieses Bischofsamt durch das Mittel des Worts; Befehls- und Zwangsgewalt sollten den Bischöfen nicht zustehen“[155]. Im Einklang mit der in erster Linie seelsorgerischen Aufgabe der Bischöfe steht, dass sich der Bischof persönlich den geistlichen Aufgaben widmet, während die verwaltungstechnischen Aufgaben dem Statthalter überlassen werden. Daher ist der weltliche Besitz zunächst klein, die Macht der Kirche gering. Aus diesem Grund wird das Verhältnis der Aufgaben umgekehrt: Während der Bischof sich mit den weltlichen Aufgaben befasst, sollen Helfer die seelsorgerischen Tätigkeiten ausüben. Im Rahmen der Neubesetzung von Bistümern ist die evangelische

153 *Bautz*: Heckel, in: NDB.

154 *Heckel*. Kollegiatstifter, Vorwort.

155 *Heckel:* Dom- und Kollegiatstifter, S. 9.

Kirche auf diese Weise bemüht, den Grundbesitz auszubauen und an Macht und Eigentum zu gewinnen. Die Bistümer dienen zur Versorgung der Kirche, ebenso wie zur Schulung und Erziehung des Nachwuchses. Die Übernahme von Bistümern durch evangelische Bischöfe gestaltet sich wider Erwarten kompliziert, da die katholische Kirche sich gegen die Neubesetzung durch Andersgläubige wehrt. Im Rahmen des Dreißig Jährigen Krieges kommt es zu einer offenen Auseinandersetzung zwischen der alten Herrschaftsmacht der katholischen Kirche und der neu an Macht strebenden evangelischen Kirche, aus dem die Protestanten gestärkt hervorgehen. Die westfälische Kirche erkennt die evangelischen Bischöfe an, und räumt ihnen Sitz und Stimme auf den Reichstagen sowie die Teilnahme an den Visitationen ein. Die evangelischen Bischöfe sitzen auf der sogenannten Querbank im Reichstag, zwischen den weltlichen und den geistlichen Würdenträgern. Mittels einer speziellen Nachfolgeregelung im Falle des Todes eines Bischofs wird gesichert, dass das Bistum nicht an die katholische Kirche zurückfallen kann. Zusammenfassend lässt sich feststellen, dass die evangelische Kirche mittels hartnäckiger Durchsetzung ihrer Ziele schließlich an Bedeutung gewinnen kann und einen erheblichen Anteil der ursprünglich katholischen Bistümer in ihren Besitz bringt.

In einem zweiten Abschnitt schildert Johannes Heckel die Zeit vom Reichsdeputationshauptschluss bis zur Gegenwart. Der Reichsdeputationshauptschluss vom 25. Februar 1803 fördert die Säkularisation der kirchlichen Gebiete und stärkt die weltliche Herrschaft. Die Stifter werden in ihrer Selbständigkeit maßgeblich eingeschränkt und finanziell den weltlichen Fürstentümern untergeordnet. Grundsätzlich entsteht dadurch eine Verweltlichung der evangelischen Stifter, sie verlieren an Bedeutung für die Kirche und deren Aufgabe der Seelsorge.

a) Bewertung

Die Habilitationsschrift Heckels wird mit höchster Auszeichnung[156] bewertet. Johannes Heckel wählt mit der Thematik der evangelischen Stifter ein rechtsgeschichtliches Thema. Dies zeigt sein Interesse an der Vergangenheit und seine Hinwendung an das Gegebene, während er dem Neuen zunächst skeptisch gegenübersteht. Zudem ist in der Wahl des Themas auch erkenntlich, dass sich Johannes Heckel insbesondere mit den Machtverhältnissen zwischen Kirche und Staat auseinandersetzt. Die Beziehung zweier maßgeblicher Kräfte im Staat zueinander ist Gegenstand des wissenschaftlichen Interesses Heckels. Zudem ist auch das Thema der Herrschaft ein Gegenstand, der Heckel durch das gesamte Forschungsleben begleiten wird. Dies ist zum einen durch die Ausrichtung am Staatsrecht veranlasst. Andererseits liegt das Thema auch im Trend der geschichtlichen

156 Acta der Friedrich-Wilhelms-Universität zu Berlin, UAB h I 13, 149, S. 35.

Ereignisse. Zunächst steht die Machtfrage im deutsch-französischen Krieg zur Debatte, anschließend wird sie im innenpolitischen Bereich zwischen Kaiser und Parlament aktuell. Zu Beginn des 20. Jahrhunderts findet das Streben der Weltmächte seinen Ausdruck im ersten Weltkrieg.

b) Stil

Die Habilitation ist rein beschreibend und sachlich gehalten. Der juristisch gebildete Leser vermisst teilweise den Bezug zum Recht. Zwar ist die Thematik eine solche der Rechtsgeschichte, jedoch erwartet der Leser durchaus eine Bewertung der Vorgänge unter rechtlichen Gesichtspunkten. Diese kommt jedoch zu kurz. Zwar finden sich einzelne Kapitel zur „Verfassung" der Stifter, hiermit ist jedoch nicht die rechtliche Ordnung, sondern der Zustand der Stifter angesprochen. Der juristische Bezug kommt allein in der Darstellung des Machtgerangels zwischen der katholischen und der evangelischen Kirche sowie mit dem Staat zum Ausdruck. Zusammenfassend lässt sich feststellen, dass Johannes Heckel sich einer fachlichen und persönlichen Bewertung enthält.

3. Lehrtätigkeit in Berlin und Bonn

Heckel ist als Assistent von Stutz zunächst in Berlin tätig. Aufgrund seiner wissenschaftlichen Leistungen und Erfolge wird Heckel schließlich nach Bonn gerufen, wo er den von Stutz gelegten Anfang eines bedeutenden Lehrstuhls für Kirchenrecht fortführen kann.

a) Werdegang in Berlin

Nach Abschluss der Habilitation am 27.07.1923 ist Heckel bis zum Jahre 1926 als Privatdozent in Berlin tätig. Seine Tätigkeit nimmt Heckel unter dem Dekan Bruns auf, im darauf folgenden Dekanatsjahr leitet Rudolf Smend die Fakultät als Dekan. Mit Smend arbeitet Heckel hervorragend zusammen, was sich auf die Arbeit an der Zeitschrift AöR in späterer Zeit auswirken wird. Zunächst für ein Jahr erhält Heckel ein Stipendium „in Höhe der Hälfte des Unterhaltszuschusses [...], wie er Anwärtern auf Studienratsstellen im zweiten Ausbildungsjahr gewährt wird"[157]. Verbunden mit dem Stipendium ist die Vollzeittätigkeit als Privatdozent und die Abhaltung einer Vorlesung oder Übung im Umfang von drei Semesterwochenstunden. Am 14.11.1924 wird das Stipendium um ein Jahr bis

157 Acta der Königl. Friedrich-Wilhelms-Universität zu Berlin, betreffend Privatdozenten, UAB P III 3, U I 2205.

zum 30.11.1925 verlängert. Im Jahr 1925 wird Heckel von dem Kollegium des Evangelischen Oberkirchenrats um Beitritt ersucht, den er aber ablehnt, um sich der Wissenschaft vollständig widmen zu können. Die Juristische Fakultät weiß diese Haltung zu schätzen und beantragt bei dem Wissenschaftsministerium, Heckel auf die freiwerdende Stelle des Professor Lassar zu versetzen, um die Verdienste des Privatdozenten anzuerkennen. Professor Dr. Gerhard Lassar geht im Jahr 1926 als Extraordinarius für öffentliches Recht nach Hamburg. Als Nichtarier im Jahr 1934 entlassen, kehrt Lassar nach Berlin zurück, wo er sich 1936 das Leben nimmt. Carl Schmitt hat im Zusammenhang mit der Kandidatur Lassars für Bonn gesagt: „Lassar geht nicht gut“[158].

Dem Antrag der Universität wird stattgegeben, so dass Heckel am 09.05.1925 mit Wirkung vom 01.04.1925 Vorlesungen und Übungen auf dem Gebiet des Kirchenrechts übernimmt. Eine außerordentliche Professur für Staats- und Kirchenrecht als nichtbeamteter außerordentlicher Professor wird Heckel auf Antrag der Juristischen Fakultät zu Beginn des Jahres 1926 übertragen[159]. Die Vorlesungen Heckels sind sehr gut besucht. Er versteht es, den Studenten die Inhalte interessant und verständlich aufzubereiten, so dass er sich großer Beliebtheit bei den Studenten erfreut.[160]

Da Heckel „in seiner amtlichen Tätigkeit für die Universität und für mehrere Zentralbehörden, insbesondere das Ministerium für Wissenschaft, Kunst und Volksbildung abhängig [ist] von der Möglichkeit, in für ihn und seine wissenschaftliche Bibliothek ausreichenden Räumen arbeiten zu können“[161], ersucht der Dekan der juristischen Fakultät den Justizminister um eine bevorzugte Berücksichtigung bei der Vergabe von Dienstwohnungen. Als Folge wird das Stipendium Heckels um ein weiteres Jahr bei gleichzeitiger Erhöhung der Dienstbezüge verlängert.

b) Heinrich Triepel

An der Universität Berlin trifft Heckel auf Heinrich Triepel. Aus der zunächst wissenschaftlichen Zusammenarbeit entwickelt sich eine enge persönliche Beziehung. Heinrich Triepel, am 12.02.1868 als zweites Kind des Kaufmanns Gustav Adolf Triepel und der Mutter Mathilde Marie Henriette, geb. Kurz geboren[162], wächst in einem Umfeld liberaler Gesinnung – „und zwar auch in nationaler

---

158 *Mehring*: S. 170.

159 Akte Universitäts-Archiv Humboldt-Universität Berlin UAB 499, S. 157.

160 Informationen aus dem Gespräch mit Professor Dr. Martin Heckel am 09.12.2008.

161 Acta der Königl. Friedrich-Wilhelms-Universität zu Berlin, betreffend Privatdozenten, UAB P III 3, U 308.

162 *Gassner*: S. 26.

Hinsicht“[163] – auf. Der Vater Triepels steht beispielsweise für die Solidarität der Deutschen mit den Polen ein und verfasst sogar ein Gedicht über dieses Thema, das er in ganz Leipzig verteilen lässt. Anders als Heckel genießt Triepel daher bereits von klein auf eine liberale und tolerante Erziehung. Heinrich Triepel besucht die Teichmannsche Privatschule, die für die gehobenen Kreise vorbehalten ist. Im Jahr 1886 schließt Triepel das Gymnasium dann als Klassenbester ab. Nach dem Studium der Rechtswissenschaften in Freiburg i.B. und in Leipzig tritt Triepel im Jahr 1890 am Amtsgericht Leipzig in den juristischen Dienst ein. Gleichzeitig stellt Triepel die von Karl Bindig betreute Dissertation im Jahre 1891 fertig. Im Jahr 1893 erhält er die Venia legendi Staatsrecht, Völkerrecht und Verwaltungsrecht der Leipziger Universität. Nach Abschluss des Zweiten Staatsexamens im Jahr 1894 widmet sich Triepel nach anfänglicher Doppelbelastung aus praktischer Richtertätigkeit und wissenschaftlicher Lehre ganz dem, was ihn „in die erste Reihe der deutschen Völkerrechtsgelehrten“[164] bringen sollte: Völkerrecht und Landesrecht. Bereits 1900 erhält Heinrich Triepel einen Ruf nach Tübingen, im Jahr 1909 wechselt er nach Kiel und im Jahr 1913 nach Berlin für die Fächer des öffentlichen Rechts. Auch wenn damit ein lang ersehnter Wunsch in Erfüllung geht[165], wird Triepel schon in den frühen Jahren seiner Tätigkeit in Berlin mit Intrigen konfrontiert. Beispielhaft ist hier die Berufung Schückings von Marburg nach Berlin im Jahre 1919 zu nennen. Zusammen mit seinem Geistesverwandten Erich Kaufmann wird Triepel von Vertretern der „Deutschen Liga für Völkerbund“ beim Ministerium für Wissenschaft, Kunst und Volksbildung der Vorwurf gemacht „den Geist der Zeit und das wahre Interesse Deutschlands nicht genügend begriffen zu haben“[166]. Gegen diese Eingabe setzt Triepel sich mit einer Stellungnahme bei dem Reichsminister Erzberger zur Wehr, der durch die Einschaltung eines nur vermeintlich objektiven neutralen Gutachters eine Lösung schaffen will. Erst nach heftiger Auseinandersetzung ergeht eine Entschuldigung der Liga an Triepel und Kaufmann. Heckel lernt Triepel entsprechend der geschilderten Ereignisse als liberalen Mann kennen, der zu den eigenen Überzeugungen steht. Als die Einflüsse der nationalsozialistischen Ideologie zunehmen, zieht Triepel sich aus der Gegenwart zurück und weigert sich, den 1933 mit Ministerialerlass berufenen Carl Schmitt zu unterstützen.[167].

Eines der bedeutendsten Werke Triepels stellt zudem die Gründung der Vereinigung der Deutschen Staatsrechtslehrer im Jahr 1922 dar. Bis 1932 tagt die

163 *Gassner*: S. 27.
164 *Gassner*: S. 48.
165 *Gassner*: S. 79.
166 *Gassner*: S. 94.
167 *Gassner*: S. 100.

Vereinigung jährlich an wechselnden Orten und greift dabei aktuelle politische Themen auf, wie etwa den Föderalismus oder die Diktaturgewalt des Reichspräsidenten. Auch auf diesem Gebiet muss Triepel sich schließlich den nationalsozialistischen Machthabern beugen. Heckel ist in den Jahren bis 1933 politisch wenig aktiv, so dass sich die wissenschaftliche Arbeit nicht an den Zeichen der Zeit festmachen lässt.

c) Werdegang in Bonn

Im April 1928 wird Johannes Heckel als ordentlicher Professor auf den Lehrstuhl für öffentliches Recht, insbesondere Kirchenrecht in Bonn berufen und zum Direktor der Juristischen Seminare bestellt[168]. Bonn ist in dieser Zeit die zweitgrößte preußische Universität[169]. Als Rudolf Smend im Jahr 1922 nach Berlin wechselt, folgt Schmitt auf die vakante Stelle nach.[170] Im Jahr 1928 lernt Heckel Schmitt in Bonn kennen[171], kurz bevor dieser nach Berlin geht. Zunächst gibt es drei Seminare des Instituts: Zitelmanns Institut für internationales Privatrecht, Kaufmanns Seminar für wissenschaftliche Politik und das von Schmitt neu gegründete Politische Seminar. Im Jahr 1923 einigen sich Kaufmann und Schmitt auf die Gründung des Seminars für wissenschaftliche Politik. Schmitt liest Staatsrecht, Verwaltungsrecht und Völkerrecht, Politik und politische Ideengeschichte. Da Kaufmann seit 1922 fast ständig beurlaubt ist, wechseln die personellen Besetzungen sehr stark. Ernst Landsberg, Hans Schreuer, Heinrich Göppert und Fritz Schulz lehren neben Schmitt.[172] Der bei Triepel 1920 in Berlin promovierte Albert Hensel kommt 1920 auf Bestrebungen Kaufmanns nach Bonn. Das Verhältnis zwischen Schmitt und Hensel ist zwiespältig[173]. Obwohl Stutz das kirchenrechtliche Seminar aus Bonn nach Berlin mitgenommen hat, bleibt das kirchenrechtliche Institut in Bonn von Bedeutung. Johannes Heckel führt im Jahr 1928 das Institut zusammen mit Friedrich Heyer fort. Das kirchenrechtliche Institut in Bonn ist daher einem protestantischen und mit einem katholischen Wissenschaftler paritätisch besetzt[174]. Heyer ist neben der Dozententätigkeit auch mit der Teilnahme an den Konkordatsverhandlungen beschäftigt. Auch wenn die Zusammenarbeit Heckels mit Heyer gut verläuft, stoßen zwei gegensätzliche Charaktere und Einstellungen aufeinander. Während Heyer als überzeugter katholi-

168 Akte Universitäts-Archiv Humboldt-Universität Berlin, UAB 499, S. 209.
169 *Mehring*: S. 141.
170 *Mehring*: S. 141.
171 *Mehring*: S. 222.
172 *Mehring*: S. 141.
173 *Mehring*: S. 142.
174 *Waldhoff*: S. 6.

scher Christ die nationalsozialistischen Strömungen rundweg ablehnt und „sich zwischen innerer Immigration und maßvollen Akten des Widerstandes bewegte“[175], erarbeitet Heckel das eingeschränkte Trennungsmodell zwischen Staat und Kirche, das den Zugriff des Staats auch in kirchenrechtlichen Angelegenheiten zulässt und der weltlichen Obrigkeit damit einen erheblichen Einfluss eröffnet.

Auch hier gilt Heckel unter den Studenten als Professor, dessen Vorlesungen wahrzunehmen sich lohnt. Selbst frühe Vorlesungszeiten können die Zuhörerschaft nicht abhalten, sich das ansonsten bei Studenten eher wenig bekannte Fach des Kirchenrechts anzueignen.

Dies ist darauf zurück zu führen, dass Johannes Heckel neben besten fachlichen Qualifikationen auch solche auf pädagogischem Gebiet mitbringt. Er nimmt sich die Zeit, den Studenten die Inhalte nahe zu bringen und scheut auch nicht vor der Beantwortung individueller Fragen zurück.

1931 verleiht ihm die theologische Fakultät der Universität Berlin die Ehrendoktorwürde. Damit hat Heckel ein weiteres Ziel auf seinem Berufsweg erreicht: Wieder ist es ihm gelungen, über den Tellerrand des juristischen Fachs hinauszublicken und auch auf theologischem Wissenschaftsgebiet zu Ehren zu gelangen. Persönlich bedeutet diese Zweigleisigkeit Johannes Heckel sehr viel, da sie ihm die Vereinigung seiner beiden wichtigsten Interessensgebiete ebenso wie die Verwirklichung persönlicher Ziele ermöglicht.

Zu Beginn der Dreißiger Jahre fasst Heckel den Entschluss, sich darum zu bemühen, zusammen mit seiner Familie wieder in Bayern heimisch zu werden.

d) Verhältnis zu Kollegen

Auch das Verhältnis zu den Kollegen ist von Sympathie und gegenseitiger Achtung geprägt. Zwar ist Johannes Heckel eher zurückgezogen und bleibt gern für sich, jedoch sehen die Kollegen in ihm einen „sehr guten Lehrer“ von „ernstem und unerschütterlichen Charakter“[176]. Hierin zeigt sich die Zielstrebigkeit Heckels, die ihn schon in jungen Jahren ausgezeichnet hat. Zugleich wird aber an dieser Bezeichnung deutlich, dass Johannes Heckel durchaus ein willensstarker Mann ist, der seine Prinzipien und Werte verfolgt. Die Unerschütterlichkeit zeichnet einen Mann aus, der in seinen Entscheidungen Reife und Entschlusskraft beweist. Diese Feststellung wird für die Analyse des Verhaltens auf dem späteren Lebensweg von Bedeutung sein.

---

175 *Waldhoff*: S. 6.

176 Dekan der Juristischen Fakultät der LMU im Jahre 1933 anlässlich der Berufung Heckels, UAM Sen I 29.

II. Wissenschaftliche Arbeiten

Heckel bringt seine innere Überzeugung stets in den wissenschaftlichen Werken zum Ausdruck.

1. Werk

„Die Beilegung des Kulturkampfes in Preußen" ist aussagekräftig für die Untersuchung Heckels. Zunächst ist auf die Thematik des Werkes einzugehen: ebenso wie der Großteil der Aufsätze Heckels in der Zeit bis 1933 beschäftigt sich das untersuchte Werk mit dem Verhältnis zwischen Kirche und Staat. Heckel wählt dabei die katholische Kirche als Gegenpol der Staatsmacht. In Abwendung von dem Eigenkirchendenken seines Lehrers und Vorbildes Stutz vertritt Heckel den eingeschränkten Trennungsbegriff. Dies ist damit zu erklären, dass im Hinblick auf die Frage der Macht die katholische Kirche den höheren Rang innehat, als die evangelische Kirche. Das Themengebiet, das Johannes Heckel wählt, stammt zudem aus dem Herrschaftsbereich. Damit liegt es dem Verfassungsrecht nahe, das auf juristischem Gebiet Heckels Hauptarbeitsgebiet darstellt. Gleichzeitig wird deutlich, welchen Rang Heckel dem Thema der Herrschaft zumisst.

Der Stil, den Heckel zur Darstellung wählt, ist rein sachlich und beschreibend. Wertungen erfolgen nicht, eine Stellungnahme fehlt ebenfalls. Auch ist auffällig, dass Johannes Heckel die Vorgänge zur Beendigung des Kulturkampfes nicht juristisch beurteilt, sondern sich auf die historische Darstellung beschränkt. Diese in dem Werk Heckels bis zu Beginn des Dritten Reiches vorherrschende Distanz zum politischen Geschehen, ist – wie später noch ausführlich dargelegt werden wird – charakteristisch für Heckel in der Weimarer Republik.

2. Wirken nach außen

Johannes Heckel ist seinem Doktorvater treu, indem er zusammen mit diesem die Aufgabe des Mitherausgebers der Savigny-Zeitschrift für Rechtsgeschichte übernimmt. Obwohl Johannes Heckel sich dem Interesse nach eher auf dem Fachgebiet des Staats- und Kirchenrechts beschäftigt, wird er auch auf dem Gebiet der Rechtsgeschichte tätig. Im Jahr 1920 erscheint Heckels Aufsatz „Entwicklung der protestantischen Kirchenverfassung in Bayern r. d. Rh. Volkskirche", im Jahr 1924 erscheint die Darstellung der Entstehung des brandenburg-preußischen Summepiskopats. Die Rechtsgeschichte kommt dem Charakterzug Heckels nahe, sich zu den Untersuchungsgegenständen in Distanz zu setzen und eher den Rückblick als die Vorausschau zu suchen. Durch die Publikationen tritt Heckel an die

Öffentlichkeit und ist in der Lage, den Namen Heckel auf wissenschaftlicher Ebene zu einer bekannten Größe werden zu lassen.

III. Politisches Engagement

In ideeller Hinsicht gewinnt Johannes Heckel immer mehr Begeisterung für die Ideen des Nationalprotestantismus. Diese Strömung wird in der Gesellschaft zunehmend bedeutsam. Einer der führenden Vertreter – Bischof Ludwig Müller – wird mehr und mehr zum Vorbild Heckels auf theologischer Ebene. Mit zunehmender Bedeutung des nationalen Gedankens zu Beginn des zwanzigsten Jahrhunderts dringt das Sehnen nach einer gefestigten vereinten Gemeinschaft auch in die Kirchenpolitik ein. Im Jahr wird daher ein Deutscher Evangelischer Kirchenbund gegründet, in dem die 28 bisher voneinander separat bestehenden Landeskirchen zusammengefasst werden. Der Kirchenbund ist parlamentarisch-synodal gegliedert und dient zur Verfestigung eines einheitlichen evangelischen Glaubensbekenntnisses bei fortbestehender weitgehender Unabhängigkeit der einzelnen Landeskirchen. Im Vordergrund stehen der Wunsch nach der Vereinigung aller Christen unter dem Dach der evangelischen Kirche und die Ökumene.

Zugleich tritt in der evangelischen Kirche die Trennung zwischen den Deutschen Christen und der Bekennenden Kirche immer stärker hervor. Ein bedeutender Vertreter der Deutschen Christen ist auch der spätere Reichsbischof Ludwig Müller[177]. Als bekennender Nationalsozialist war Müller ein treuer Gefolgsmann Hitlers. Bereits 1920 tritt Müller in den Stahlhelm ein, 1931 erfolgte der Beitritt zur NSDAP. Ab 1933 war Müller Hitlers Vertrauensmann und folgte am 27.09.1933 Bodelschwingh in das Amt des Reichsbischofs nach. Heckel folgt Müller im Jahre 1933 in das „Lager“ der Deutschen Christen[178] und erklärt am 04.07.1933 gegenüber Müller die Bereitschaft[179], als juristischer Berater tätig zu werden[180]. Die Deutschen Christen „waren sich einig in der Bejahung des Nationalsozialismus einerseits und in der Erhaltung der protestantischen Kirche andererseits“[181]. Der Leiter des Kirchenbundes ist über das Verhalten Heckels zutiefst enttäuscht. Heckel bemerkt jedoch, er wolle „nicht das Korn sein, das zwischen beiden Mühlsteinen zermahlen werde“[182]. Damit bringt Heckel zum Ausdruck, den Weg des geringsten Widerstandes gehen zu wollen und opfert dafür auch seine bisherige Weltanschauung.

---

177 Biographisch-Bibliographisches Kirchenlexikon, Band XXIII, Müller.

178 *Kater*: S. 87.

179 *Scholder*: Bd. 2, S. 104.

180 *Waldhoff*: S. 7.

181 *Kater*: S. 57.

182 *Scholder:* S. 603.

Für Müller stellt die Niederlage Deutschlands im Ersten Weltkrieg einen Zusammenbruch „der eigenen Ideale“[183] dar. Im Sinne der Dolchstoßlegende ist Müller davon überzeugt, dass die Schuld an der Niederlage einer kleinen, organisierten Clique von „Schiebern und Schuften“ zu geben sei, die er als Juden identifiziert[184]. Für Müller ist die Weimarer Republik von Dekadenz und Auflösung der bürgerlichen Normen geprägt, „in den Nachkriegsjahren ist bei uns überall der jüdische Geist eingedrungen“[185]. So sehr dieser Antisemitismus der nationalsozialistischen Ideologie angehört, ist Müller jedoch bis in die dreißiger Jahre ein überzeugter Monarchist[186]. Durch seine Nähe zum Nationalsozialismus stellt Müller ein Vorbild im Rahmen der Vereinigung von Glaube und Nationalsozialismus dar. Seit 1933 Vertrauensmann Hitlers für Kirchenfragen, übernimmt der Bischof im September 1933 das Amt Bodelschwinghs als Reichsbischof. Johannes Heckel eifert dem wissenschaftlichen Vorbild nach, ohne zunächst selbst der Partei beizutreten. Noch bleibt sein Augenmerk hauptsächlich auf die wissenschaftliche Tätigkeit gerichtet. Dennoch lässt sich ein deutlicher Rechtsruck in der Haltung Heckels erkennen. Schon von klein auf der Linie des nationalen Strebens verhaftet, sieht sich Johannes Heckel von der Vorstellung eines einigen Reiches Gottes auf Erden in den Bann gezogen. Die intellektuelle Aufbereitung der nationalprotestantischen Gedanken reißt Heckel mit. Die in der Weimarer Republik entworfene Dolchstoßlegende und die Zwänge des Versailler Vertrages lassen die Demokratie als schwaches Gebilde erscheinen, das hinter der gesellschaftlichen Macht der Monarchie deutlich zurückbleibt. Die intensiven Beratungen zur Kirchenverfassung werden im Kapitel zur Nationalsozialistischen Zeit erläutert.

IV. Staatsrecht im Wandel

In der Weimarer Republik unterliegt die Staatsrechtslehre einem erheblichen Wandel. Während der Genese der Weimarer Republik begleitet Triepel die Beratungen des Verfassungsentwurfes. Besonders wichtig ist ihm, „dass die Freiheitsrechte der Bürger in der Reichsverfassung genau und umfassend festgestellt werden und hierdurch einen Schutz nicht nur gegenüber der Exekutive, sondern vor allem gegenüber der Gesetzgebung des Reichs und der Einzelstaaten empfangen“[187]. Triepel ist der Auffassung, das Recht verlange „seiner Natur nach ein

183 *Schneider*: S. 50.
184 *Schneider*: S. 50.
185 *Schneider*: S. 51.
186 *Schneider*: S. 52.
187 *Gassner*: S. 116.

weites Maß von Freiheit“[188] Im Rahmen der Tätigkeit als Mitglied der Ständigen Deputation des Deutschen Juristentages sieht Triepel die Aufgabe der Rechtswissenschaftler in der Verfestigung eines Rechtsstaats und der Demokratie. Als im Jahre 1933 die politische Lage eine solche Auffassung nicht mehr zulässt, veranlasst Triepel die Vertagung des Deutschen Juristentages[189]. In seinem Erstlingswerk „Interregnum“ zeichnet Triepel die Probleme einer Monarchie auf, deren Herrscher aus unterschiedlichen Gründen das Amt nicht mehr wahrnehmen kann. Ausgehend von dem Bild des Volkes als Träger der Staatsgewalt ist nach Triepel auch in Zeiten des Interregnums ein Fortbestehen des Staates möglich[190]. Ein weiterer Schwerpunkt der Forschung ist die Staatsverfassung, wobei Triepel zwischen der demokratisch-republikanischen und der konstitutionell-monarchischen Form unterscheidet. Im Geist seiner Zeit ist Triepel der letzteren zugeneigt.

In seinem Staatsrechtsdenken und dem Volksbegriff wird Johannes Heckel umso stärker von den persönlichen und wissenschaftlichen Einflüssen seines Umfeldes und seiner Zeit geprägt. Einleitend ist darauf hinzuweisen, dass in der Weimarer Republik zwar zunächst eine gewisse Verfassungsbegeisterung vorherrscht. Schon bald aber erkennen die Rechtswissenschaftler den strengen Formalismus und die starke Stellung des Parlaments als schwerfällig und starr[191]. Dadurch ergibt sich eine außerordentliche Skepsis gegenüber der neuen Verfassung. In dieser Zeit setzt sich nun auch Johannes Heckel mit dem Verfassungsbegriff auseinander.

1. Materieller Verfassungsbegriff

In einem Lager der neuzeitlichen Staatstheorie findet man den Gesetzespositivismus, der von einem starren und statischen Geltungsprinzip der Gesetze ausgeht.[192] Der Positivismus hat jedoch nicht automatisch die Begrenzung des Rechts auf das Bestehende zur Folge. Vielmehr ist nach Erich Kaufmann der Sinn des positiven Rechts darin zu sehen, „das positive Recht bewusst zu machen, zu formulieren, damit nach seinem normativen Inhalt zu sichern und seine ‚Herrschaft‘ – d.i. seine aktuelle Geltung – zu gewährleisten“.[193] Das positive Recht soll das objektiv-sittlich Gebotene formulieren und damit der individuellen Freiheit dienen. Voraussetzung für die Rechtsfindung ist dabei zunächst die Ermitt-

---

188 *Triepel*: S. 17.
189 *Gassner*: S. 131.
190 *Gassner*: S. 205.
191 *Becker*: S. 55.
192 *Rennert*: S. 270.
193 *Rennert*: S. 270.

lung des Gebotenen. Kaufmann unterscheidet auf diesem Weg zwischen Recht und Moral und ordnet die beiden Elemente als nicht völlig disparate, sondern einander verschwisterte Wege zur Umsetzung des sittlich Gebotenen ein[194]. Zu dem Verhältnis zwischen Recht und Moral hat sich Kaufmann ausführlich mit den bestehenden Lehren auseinandergesetzt, wobei er sich insbesondere mit Immanuel Kant und Friedrich Julius Stahl beschäftigt[195]. Anders als Stahl sieht Kaufmann in Recht und Moral nicht voneinander gelöste Elemente der Sittlichkeit, sondern sieht den Hauptunterschied der aus einer gemeinsamen Wurzel stammenden „Normen" in der jeweiligen Sanktion. Kaufmann hält Stahl entgegen, Stahl würde als das Wesentliche des Rechts lediglich die formale Seite seiner äußeren Erzwingbarkeit hervorheben, und ihm die inhaltlich-sittliche Verpflichtungskraft im Gegensatz zur Moral absprechen[196]. Für Kaufmann selbst ist nämlich neben der von der Gesellschaft durchsetzbaren Sanktion das Recht auch durch die Ausrichtung auf die Rechtsidee gekennzeichnet.

Eben diese Ausrichtung auf eine „Rechtsidee", einen überpositiven, abstrakten Wert, kennt Heckel ebenfalls. Wie bereits oben zum Ausdruck gebracht wurde, ist für Heckel das Recht an eine überpositive, göttliche Macht gebunden. Damit kann Heckel wohl in den Kreis der Idealisten eingeordnet werden.

Der Begriff des Volkes als Träger der Staatsgewalt und damit als Kern der Verfassung ist zum einen in der Weimarer Reichsverfassung niedergelegt[197]. Zum anderen wird der Volksbegriff aus dem philosophischen Gesamtzusammenhang gewonnen und zu einer Grundidee von Staat und Recht erhoben[198]. Kennzeichnend für den Volksbegriff der Weimarer Zeit ist damit die Abkehr von der Definition des Volkes als Summe von Staatsangehörigen und die Begründung eines „materiellen" Volksbegriffs[199]. Das Volk wird nicht mehr als formell – und normativ – definierbare Entität verstanden. Vielmehr machen nun „wesensnotwendige Eigenschaften"[200] das Volk aus. Das Volk ist als Souverän Träger der verfassungsgebenden Gewalt und der konstituierten Gewalten[201]. Die neue Staatsrechtslehre der Weimarer Zeit wendet sich zum objektiven Hegelianismus und der materialen Staatstheorie[202].

194 *Rennert*: S. 263.
195 *Rennert*: S. 263.
196 *Rennert*: S. 264.
197 *Lepsius*: S. 18.
198 *Lepsius*: S. 21.
199 *Lepsius*: S. 23.
200 *Lepsius*: S. 24.
201 *Lepsius*: S. 27.
202 *Stolleis*: S. 93.

Während Heckel den Volksbegriff zwar ebenfalls materiell definiert, dabei jedoch das Verfassungsgefüge zunächst unangetastet lässt, relativiert Smend die Begriffe von Verfassung und Rechtsstaatlichkeit. Smend begründet seine Integrationslehre auf die Frage, unter welchen Voraussetzungen angesichts der Zerrissenheit der Lebensverhältnisse politische Selbstgestaltung und Einheitsbildung im demokratischen Staat möglich sind[203]. Hervorzuheben ist die Beziehung des Staates zum Individuum. Die moderne Institutionentheorie sieht grundsätzlich im Staat den „Betrieb“ für besondere Zwecke der Individuen und zur Befriedigung individueller Bedürfnisse. Von dieser Basis wendet Smend sich ab. Das Ziel der Integrationslehre ist nach Smend, „durch radikale und ausschließliche Zurückführung aller staatlichen Wirksamkeit und Rechtsordnung auf einen immanenten Lebensvorgang alle heterogenen Reste monarchischer Ordnung aus dem nunmehr geforderten Verfassungsdenken auszuschließen.[204] Zwar ist der Staat fraglos auch für Smend „überempirisch notwendig“[205], jedoch ist der Staat darüber hinaus ein reales Gebilde, das dem Individuum als Pol gegenübersteht. Der Staat wird bei Smend daher – in Abkehr von der klassischen Institutionenlehre – nicht derivativ aus den Individuen hergeleitet, sondern diesen originär gegenübergesetzt. Der Staat ist damit nicht mehr eine Summe einzelner Vorstellungen und Wesen, sondern vielmehr selbst ein Ganzes, Einheitliches, mit einer geistigen Gestalt, die Smend als „nationale Individualität“ bezeichnet[206]. Jede Aktivität des Staates findet ihren tiefen Sinn darin, dass die Volksgemeinschaft damit ihr Wesen, ihre „nationale Eigenart“ bestimmt[207]. Der originäre Staatsbegriff wird auch bei Heckel deutlich, der den Staat als dem Einzelnen übergeordnetes Gebilde ansieht.

Drei wichtige Grundgedanken beherrschen die Struktur des Staatsaufbaus bei Smend: 1. Der Volkswille als der Gemeinschaft immanenter Charakter. 2. Ziel des Volkswillens ist die Selbstgestaltung der nationalen Individualität. 3. Durch das Streben zur Gestaltung wird Einheit und Eigenart ausgeformt.

Wie beim Individuum, so wird auch in der Selbstgestaltung der nationalen Individualität der Sinn des Gemeinschaftslebens errichtet, so dass der Volksgemeinschaft eine „Selbstzwecklichkeit“ zugesprochen wird[208]. Die geistige Gestalt der Volksgemeinschaft wird dadurch real, dass sie von den Individuen aktuell erlebt wird. Durch die rezeptive Erfahrung und die progressive Fortgestaltung eines Sinnzusammenhangs – nämlich des Gemeinschaftslebens – ergibt sich die Struktur

---

203 *Korioth*: S. 99.
204 *Korioth:* S. 104.
205 *Rennert*: S. 229.
206 *Rennert*: S. 132.
207 *Rennert*: S. 233.
208 *Rennert*: S. 237.

eines „geschlossenen Kreises“[209]. Das Gesamtgebilde erkennt Smend – ebenso wie die darin enthaltenen Einzelelemente – als überempirisch notwendig an. Als Wesenseinheit wohnen der Volksgemeinschaft auch eigene Wertrichtungen inne, wobei Smend beispielhaft Macht (oder: das Politische), Recht und Wohlfahrt benennt.[210] Da das Gesamtgebilde nur durch die Lebenssphäre der Individuen real werden kann, beruht die Volksgemeinschaft auf dem sittlichen Verhalten, dem „Leben“ vieler Einzelner[211]. Damit ist der übergeordnete Zweck der Einzelnen in der Integration zu sehen: Durch das Erleben der Gemeinschaft und das „Sich-Einbringen“ wird die Gemeinschaft erst real und erlebbar. Die von Smend vertretene Integrationslehre orientiert sich also auf das Ziel der Gestaltung der nationalen Individualität. Die Integration des Einzelnen in die Gemeinschaft ist das Mittel zum Zweck der „Wesensbestimmung und -durchsetzung“ der Volksgemeinschaft[212]. In Übereinstimmung mit Erich Kaufmann geht Smend zunächst von dem Organismusmodell aus, nach dem die Individuen die Gemeinschaft einerseits für die Eigenzwecke der Verwirklichung in Anspruch nehmen, andererseits auch von der Gemeinschaft für die öffentlichen Belange beansprucht werden. Aus der sittlichen Überlegenheit des Staates ergibt sich das Recht zur Inanspruchnahme, soweit und solange die Interessen der Einzelnen dabei nicht mehr als „zumutbar“ beeinträchtigt werden (Formel der zumutbaren Inanspruchnahme)[213]. Kein Problem stellt sich, wenn die Einzelnen dem Ganzen schon dadurch dienen, dass und indem sie ihre eigenen Zwecke verfolgen, wenn also Einzel- und Gesamtzweck parallel verlaufen. Erst wenn Eigenzwecke und Gemeinzwecke miteinander kollidieren, und der Staat zur unmittelbaren Inanspruchnahme des Individuums übergehen möchte, wird die Verteidigung der jeweiligen staatlichen Institution virulent. Während Erich Kaufmann die Inanspruchnahme dabei strikt auf das „zumutbare“ beschränkt hat, gestattet Smend zwar auch nicht jegliche Inanspruchnahme. Das „Zumutbare“ wird bei Smend jedoch nicht in abstracto, sondern nach einer Abwägung bestimmt. Smend geht dabei davon aus, dass dem Einzelnen das „sittlich notwendige (Stück) Lebensluft“ erhalten bleiben muss[214]. Als Sicherungsinstrument gegen die übermäßige staatliche Inanspruchnahme werden die dem Einzelnen zustehenden Grundrechte und das Prinzip der Gewaltenteilung gesehen. „Im Ensemble dieser Mechanismen sieht Smend den Niederschlag des Rechtsstaatsprinzips“[215]. Der Bedeutungsgehalt des Smendschen

---

209 *Rennert*: S. 240 f..
210 *Rennert*: S. 243.
211 *Korioth:* S. 134.
212 *Rennert*: S. 252.
213 *Rennert*: S. 254.
214 *Rennert*: S. 255.
215 *Rennert*: S. 255.

Rechtsstaatsprinzips ist jedoch der entscheidende und eigentlich bedeutsame Unterschied zu der Theorie Erich Kaufmanns. Das rechtsstaatliche Anliegen, Freiheit zur Selbstzwecklichkeit gegen überhand nehmende staatliche Inanspruchnahme zu sichern, ist bloßer „Kulturwert“[216]. Die Rechtsstaatlichkeit ist damit zum einen nicht als an-sich geboten zu betrachten, sondern wird nur aufgrund des Für-Richtig-Haltens der jeweiligen Individuen gewählt. Zum anderen geht Smend aber sogar noch ein Stück weiter: Rechtsstaatlichkeit ist nur deshalb und nur insofern geboten, als sie den Staat tatsächlich legitimiert und integriert.[217] Rechtsstaatlichkeit tritt daher hinter das Ziel der prinzipalen Integration zurück und verkommt zu einem bloßen Mittel der politischen Teilhabe. Gleichzeitig weist Smend jedoch im Gegensatz zu Carl Schmitt die Parlamentarismuskritik zurück. Da die Willensbildung des Volkes zu einer verstärkten Integration der Einzelnen führt, sind Wahlen, Abstimmungen und Verhandlungen Mittel der politischen Teilhabe[218].

Auch Johannes Heckel vertritt einen materiellen Verfassungsbegriff. Die Relativierung des Verfassungsbegriffs, wie Smend sie durchführt, geht Heckel jedoch nicht mit.

Der Verfassungsbegriff Smends stellt das Gegenstück der auf der Ordnungsdoktrin beruhenden dezisionistischen Verfassungslehre Carl Schmitts dar. Zwar setzt auch Carl Schmitt einen materiellen Verfassungsbegriff voraus und lehnt den Positivismus damit ab. Anders als Smend stellt er jedoch nicht das Volk in den Mittelpunkt der Verfassung, sondern die „Entscheidung“. Nach der dezisionistischen Lehre ist weniger der Inhalt einer Entscheidung von Bedeutung, sondern vielmehr die Tatsache der Entscheidung selbst. Der auf Hobbes und Wilhelm von Ockham zurückgehenden Lehre liegt die Anschauung zugrunde, dass ethische Werte und moralische Postulate keine platonischen, transzendenten Wesenheiten sind, sondern von den jeweiligen Gegebenheiten und Ereignissen bestimmt werden. Damit gibt es kein „Gut“ und „Böse“ im ethischen Sinne, sondern lediglich ein „im Einklang mit der Entscheidung“ und ein „entgegen der Entscheidung“. Der gedankliche Weg von der Entscheidung zur Übernahme von Macht und Führung ist schnell zurückgelegt. Der Schüler Schmitts, Ernst Rudolf Huber, führt den Gedanken des Führers als oberstes Prinzip fort. Schmitt und Huber gehören der „Kieler Schule“ an, einem Kreis jüngerer Rechtswissenschaftler, die sich als Wissenschaftler im Geiste des Nationalsozialismus verstehen und den Versuch unternehmen, „dem Nationalsozialismus etwas wie eine geistige Form zu geben“[219]. Durch die Relativierung der Werte und die Betonung der

216 *Rennert*: S. 255.
217 *Rennert*: S. 255.
218 *Korioth*: S. 135.
219 *Stolleis*: S. 279.

charismatischen Führungspersönlichkeit schafft der dezisionistische Verfassungsbegriff einen wohl bereiteten Nährboden für die nationalsozialistische Ideologie[220]. Zunächst ist festzustellen, dass Heckel zu Beginn seines wissenschaftlichen Wirkens insbesondere auf dem Gebiet der Kirchenrechtslehre und der Rechtshistorik tätig geworden ist. So erklärt Becker in seiner Dissertation über das Archiv für öffentliches Recht, Heckel sei „von Haus aus Kirchenrechtler"[221] und erst „seit Anfang der dreißiger Jahre, mit Eintritt in die Redaktion des AöR, als staatsrechtlicher Schriftsteller in Erscheinung"[222] getreten.

In der Konsequenz vertritt auch Johannes Heckel einen materiellen Verfassungsbegriff. Der entscheidende Unterschied gegenüber Smend ist jedoch die außerordentliche Bedeutung, die Heckel der Verfassung zumisst. Den Schritt vieler staatstheoretischer Denker seiner Zeit hin zum Realismus geht Heckel zunächst nicht mit. Während Kaufmann und Smend trotz der vielerlei Differenzen insoweit einig sind, dass die Wertgesetze den Dingen selbst anhaften und nicht erst durch das Denken erfasst und gebildet werden, findet Heckel die Wertgesetze in der Form eines göttlichen Wesens, das von der Welt losgelöst ist. Als Konsequenz der Akzeptanz eines übergeordneten göttlichen Wesens ist Heckel auch der Ansicht, die Macht des Staates über den Einzelnen müsse beschränkt und kontrolliert werden. Methode zur Wahrung des individuellen Freiraums und zur Abwehr des Staates ist die Anerkennung von Grundrechten in der Verfassung. Die Grundrechte sieht Heckel als dem Menschen als Wesen eigene, von Gott verliehene Rechte an, die vom Staat zu respektieren sind. Insoweit entsteht der Eindruck einer demokratischen Haltung und Einstellung. Zu bedenken ist in diesem Zusammenhang jedoch, dass die Grundrechte zwar einerseits zur Abwehr der Staatsgewalt dienen. Andererseits erfüllen die Grundrechte jedoch insgesamt gesehen auch den Zweck, die staatliche Macht insgesamt zu kontrollieren und den parlamentarischen Gesetzgeber zu beschränken.

Zusammenfassend lässt sich festhalten, dass Heckel zwar der Weimarer Verfassung in concreto durchaus skeptisch gegenüber steht. Die grundlegenden Verfassungsprinzipien – die Demokratie, die Anerkennung von Grundrechten und die Hervorhebung der Rechtsstaatlichkeit – erkennt Heckel jedoch nicht nur an, sondern misst ihnen auch erhebliche Bedeutung zu. Damit kann Heckel in der Weimarer Zeit als „in einem sehr konservativen und im nationalen Sinne noch republiktreu"[223] bezeichnet werden.

---

220 vor diesem Hintergrund ist auch verständlich, dass sich Hitler zunächst als „verfassungsfromm" darstellen konnte: vgl. *Stern*, S. 151.

221 *Becker*: S. 54.

222 *Becker*: S. 54.

223 *Waldhoff*: S. 7.

Während Smend den Verfassungsbegriff nahezu entleert, misst Heckel der Verfassung eine ganz erhebliche Bedeutung für den Staat zu. Heckel geht es „Um den Schutz der Verfassung. Die Durchsetzung einer neuen, autoritären Verfassung konnte und sollte auf diesem Weg nicht erreicht werden“[224]. Damit erkennt Heckel auch grundlegend die demokratische Ordnung an. Dennoch billigt er die Weimarer Verfassung in der konkreten Form nicht[225].

2. Stellung zur Weimarer Reichsverfassung

Die Weimarer Verfassung wird den Anforderungen der Staatsdenker an die materielle Verfassung nicht gerecht. In der zeitgenössischen Staatsrechtslehre wird dem Parlamentarismus der Weimarer Republik vorgeworfen, „dass er unfähig sei, das Volk zu repräsentieren und die wirklichen Interessen des Volkes zu vertreten“[226]. Einige wenige Staatsrechtslehrer stehen der Weimarer Republik freundlich gegenüber, unter ihnen auch Karl Rothenbücher, bei dem Heckel als Student Vorlesungen des Öffentlichen Rechts besucht hatte. Karl Rothenbücher, geboren 1880 in Augsburg und seit 1908 in München tätig, erregt insbesondere wegen seiner Broschüre „Der Fall Kahr“ aus dem Jahr 1924 Aufsehen. In dem Werk setzt sich Rothenbücher mit der Rolle des Regierungspräsidenten von Oberbayern, Gustav von Kahr, auseinander und beschuldigt Kahr des Hochverrats[227].

Heckel steht dem Parlamentarismus kritisch gegenüber. Mit der Abkehr vom Parlamentarismus verliert nicht etwa das Volk an Souveränität, sondern erhält eine neue Wertigkeit, „die aber nicht zur Diskussion und Disposition des Volkes steht, denn das Volk kann schlechterdings nicht über sein eigenes, gegebenes Wesen befinden, nicht die Werte, die es selber verkörpert, verändern“[228]. Diese Grundsätze werden bei Heckel – wie später noch zu zeigen sein wird – im Rahmen der Wehrverfassung noch stärker herausgebildet.

Nach Huber krankt die Weimarer Verfassung an einem „ganz bestimmten Sonderfall der Demokratie“[229]. Sie baue sich „auf dem Typus des etatistischen, liberalen, parteimäßig zerspaltenen Volk“[230] auf. „Ein solches Volk konnte natürlich nicht selbst herrschen, sondern bedurfte dazu eines Organs; man glaubte, im Reichstag ein geeignetes Organ geschaffen zu haben“[231]. Nach Huber liegt

224 *Becker*: S. 55.
225 vgl. *Forsthoff:* S. 189.
226 *Lepsius*: S. 27.
227 *Otto* in NDB; Karl Rothenbücher.
228 *Lepsius*: S. 27.
229 *Huber*: S. 15.
230 *Huber*: S. 15.
231 *Huber*: S. 15.

der Weimarer Verfassung ein *„etatistischer Volksbegriff*“[232] zugrunde. Das Volk wird nicht von Wesenselementen, sondern von der – formalen – Staatszugehörigkeit geprägt.[233] Der Weimarer Verfassung fehlt damit nach Huber ein „eigenes, schöpferisches Prinzip“[234]. Darüber hinaus ist die Staatsform der Demokratie von der Mehrheit abhängig. „Welchen Inhalt die politische Freiheit und Gleichheit aber hatte, das bestimmte wieder die Mehrheit. Die liberale Demokratie ist so das System eines politischen Relativismus. ... Aus diesem politischen Relativismus heraus erklärt sich auch, dass die liberale Demokratie nicht imstande war, ein gesundes Verhältnis von Volk und Staat herzustellen“[235].

Im Jahr 1921 erscheint die „Diktatur“ Carl Schmitts[236]. Schmitt untersucht die Entstehung des modernen Einheitsstaates und problematisiert die Bedingungen des bürgerlichen Rechtsstaates. Der Ton ist jedoch gemäßigt, eine „scharfe rechtspolitische Intervention gegen Weimar ist die Studie ... nicht“[237]. Smend ist nach der Lektüre des Werkes von Schmitt überzeugt und setzt sich für die Berufung Schmitts nach Greifswald und dann nach Bonn ein. Im Jahr 1923 verfasst Schmitt seine Parlamentarismuskritik, in der er das Versagen des Weimarer Parlamentarismus an der Aufgabe der Regierungsbildung darstellt[238]. Der Parteienstaat wird allgemein als negativ angesehen, da die Parteien zur „inneren Zerrissenheit, Ohnmacht und egoistischen Interessenpolitik“[239] führten.

Heckel empfindet ebenso wie die Mehrheit der Staatsrechtler seiner Zeit Skepsis und Vorbehalte gegenüber der Weimarer Verfassung. Zwar erkennt Heckel das demokratische Prinzip als solches an. Die Relativierung des Volksbegriffs und der Werte widerstreben Heckel jedoch.

Der Begriff des bundesstaatlichen Systems wird in der Weimarer Zeit gegenüber dem Deutschen Reich von 1872 neu definiert. Während die Verfassung des Kaiserreichs auf einem kompromissartigen Zusammenwirken untereinander vertraglich verbundener Bundesfürsten beruhte und die Einheit aus den Einzelstaaten hervorwächst, ist die nationalstaatliche Einheit Grundlage der Verfassung des Jahres 1919[240]. Das Prinzip der Bundestreue wird von Staatsrechtlern wiederaufgegriffen. Lassar bemerkt, dass für die Ausübung der Zuständigkeiten der „Rechtssatz der bundesfreundlichen Haltung für Reich und Länder unter Vorrang

232 *Huber*: S. 14.
233 *Huber*: S. 14.
234 *Huber*. S. 29.
235 *Koellreutter*: S. 8 f.
236 *Mehring*: S. 120.
237 *Mehring*: S. 123.
238 *Mehring*: S. 162.
239 *Stolleis*: S. 106.
240 *Korioth*: S. 184.

des Reichsinteresses" gelte[241]. Thoma stellt fest, dass auch die Weimarer Verfassung auf Loyalität und Reichstreue der Länderregierungen rechne[242]. Bilfinger weist die Bundestreue zunächst – wie zuvor Smend – dem politischen Bereich zu und erklärt sie zum materiellen Verfassungsrecht.[243] Smend selbst geht einen Schritt weiter und löst die Verfassung aus dem Gesamtzusammenhang des Rechts heraus, so dass der Staatsgerichtshof das Verhalten der Parteien unter dem Gesichtspunkt der Integrationstendenz, nicht aber die Einhaltung formaler Vorschriften zu überprüfen hat[244].

3. Rassebegriff

Auch der Rassebegriff unterliegt bereits in der Weimarer Republik einem Wandel. Zunächst ist der Begriff inhaltlich unbestimmt und dient zur Bezeichnung „für unterschiedliche Intensionen"[245]. Im juristischen Bereich wird der Begriff maßgeblich durch die „Rassengesetzliche Rechtslehre" Nicolais geprägt. Helmut Nicolai will dem Recht, das nach seiner Meinung in der Weimarer Republik sinnentleert sei, einen neuen Inhalt verleihen. Nach Nicolai ist Recht, was dem rassischen Rechtsgewissen entspringt. Dazu erfolgt eine Bindung an das gesellschaftliche, wirtschaftliche und geistige Leben des Volkes. [246] Damit wird dem Rechtspositivismus eine deutliche Absage erteilt und das Recht an die Gesinnung des Volkes geknüpft.

In der Weimarer Republik ist bei Heckel noch keine Beziehung zum Thema „Rasse" zu finden. Der Abkehr vom Rechtspositivismus lässt sich jedoch auch im Werk Heckels feststellen.

4. Verhältnis von Staat und Kirche

Das Bild, das Heckel von Staat und Kirche hat, wird nachhaltig von der Kirchenrechtslehre von Ulrich Stutz geprägt. Stutz, der – wie oben näher ausgeführt wurde – den Gedanken der Eigenkirche bis hin zur völligen Autarkie ausschöpft, hinterlässt bei Heckel tiefe Spuren. Das Verhältnis zwischen Staat und Kirche betrachtet Heckel auf der Grundlage eines eingeschränkten Trennungsmodells, nach dem die Kirche weitgehend autark von der staatlichen Organisation bleiben

241 *Korioth*: S. 197.
242 *Korioth*: S. 197.
243 *Korioth*: S. 199.
244 *Korioth*: S. 222.
245 *Lepsius*: S. 70.
246 *Lepsius*: S. 73.

soll. Die Unabhängigkeit der Kirche soll lediglich in Form eines „allgemeinen Gesetzes“, das „für die Gesamtnation als politische Kultur- und Rechtsgemeinschaft unentbehrlich“[247] ist, ihre Grenzen finden.

5. Urteil des Staatsgerichtshofs vom 25.10.1932

Aufschlussreich ist die Untersuchung des Aufsatzes zum Urteil des Staatsgerichtshofes vom 25.10.1932. In einem in der Zeitschrift AöR veröffentlichten Artikel setzt Johannes Heckel sich mit dem Urteil des Staatsgerichtshofes vom 25.10.1932 auseinander.[248] In dem Urteil hatte der Staatsgerichtshof anlässlich des „Preußenschlags“ vom 20.07.1932, bei dem die preußischen Minister aus ihrem Amt entfernt worden waren, entschieden, dass die Verordnung des Reichspräsidenten vom 20.07.1932 weitgehend mit der Reichsverfassung vereinbar sei. Damit war dem Reich die Macht gegeben, die gesamten staatlichen Machtmittel des Reichs und Preußens in einer Hand zusammenzufassen und die Politik des Reichs und Preussens in einheitliche Bahnen zu lenken“[249]. Das Land Preussen darf daher vom Reich „sequestriert“ werden. Art. 48 Abs. 2 WRV sieht vor, dass das Reich die Macht eines Landes zur Abwehr einer Gefährdung der Grundlagen des Verfassungslebens an sich ziehen kann. Nach dem Urteil des Staatsgerichtshofes soll nun aber auch ein Eingriff in die Länderhoheit möglich sein, wenn eine allgemeine Gefährdung der öffentlichen Sicherheit und Ordnung gegeben ist, ohne dass das betroffene Land eine Pflichtverletzung begangen haben müsste. Heckel führt in seinem Vortrag aus: „Der Staatsgerichtshof geht damit erheblich über die Grenzen hinaus, die aus Anlass des vorliegenden Streits in der Literatur zugunsten einer Reichsdiktatur gezogen worden waren. Denn sehe ich recht, so war hier eine Diktatur gegen ein Land nur unter der Voraussetzung als angebracht behauptet, dass das Land seine Pflicht zur Aufrechterhaltung der öffentlichen Sicherheit und Ordnung verletzt. Dagegen kommt es nach dem Urteil des Staatsgerichtshofs auf eine Pflichtverletzung nicht an.“[250] Heckel sieht in der Eingriffsfreiheit des Reichs eine ernsthafte Bedrohung der ländereigenen Rechte. „So hätten wir denn einen Staatsbau, der sozusagen auf einer Drehbühne montiert ist. Für ruhige Verhältnisse zeigt sie den zweistöckigen Bundesstaat, für die ‚geschwinden und fährlichen Zeitläufe‘ den einstöckigen Einheitsstaat. Und diese Drehbühne kreist nach dem Befehl des Reiches. Eine solche Wandlungsfähigkeit des deutschen Verfassungsbildes würde den elementären Anforderungen

247 *Waldhoff*: S. 7.
248 *Heckel*: AÖR 1933, S. 183.
249 *Heckel*: AÖR 1933, S. 185.
250 *Heckel*: AÖR 1933, S. 185.

an die Ordnungsfunktion unseres staatlichen Grundgesetzes widersprechen."[251] Daher widerspricht das Recht des Reiches zur Sequestration eines Landes auch ohne die Voraussetzung der Pflichtverletzung durch das Land – als „Diktatur des Reichs" bezeichnet – nach Heckel der Weimarer Reichsverfassung. „Der Atomzertrümmerung der deutschen Reichsverfassung ist damit ein weiterer Erfolg gelungen, der nur wegen der mangelnden Konsequenz des Staatsgerichtshofsurteils glücklicherweise nicht bis zum Ende fortgesetzt worden ist. Aber man kann nicht ungestraft Verfassung und Verwaltung in eins ziehen; daher hinkt das Urteil nach beiden Seiten."[252] Das Urteil des Staatsgerichtshofs ist auf die Lehre von der Verschiebung der Zuständigkeiten gegründet, wonach die Diktatur eine Kompetenzverschiebung zwischen Land und Reich bedeute.[253] Der Diktator könne in den Schranken der Verfassung jegliches Recht und jegliche Macht an sich ziehen. Der Verfassungsbegriff ist dabei rein formell auf die Reichsverfassung gestützt. Heckel kritisiert an dieser Begründungsmethode jedoch, dass die Lehre von der Verschiebung der Kompetenzen auf der Idee der Gewaltenteilung beruhe. Diese sei per se mit dem Staatsaufbau der Diktatur nicht vereinbar und daher ließen sich auch die Methoden der einen auf die andere Staatsform nicht übertragen. Zudem könne eine Kompetenzverschiebung nur zwischen gleichberechtigten Partnern stattfinden.[254] Daher sei die Begründung des Urteils juristisch nicht haltbar. In der Stellungnahme Heckels zu dem Urteil führt Heckel aus, der Staatsgerichtshof habe es unterlassen, die „Einhaltung der Diktatursphäre zu prüfen"[255]. Da auch die materielle Verfassung der Länder Teil der materiellen deutschen Verfassung sei, ist diese Verfassung für den Diktator unantastbar. In die materielle Verfassung eines Landes darf auch nicht im Zuge einer rechtmäßigen Diktaturaktion eingegriffen werden.

Dennoch lehnt Heckel das Diktaturrecht zum Eingriff in die Länderverfassung nicht grundsätzlich ab. Auf Art. 48 WRV ist die Zulässigkeit der Verfassungsaufsicht nach Heckel durchaus gegeben. In der Fortführung der Urteilsbesprechung stellt Heckel ausführlich die verschiedenen Arten der Aufsicht im Staat dar. Neben der Rechtsaufsicht geht er insbesondere auf die Verfassungsaufsicht ein. Gerade diese erlaubt nach Heckel nämlich grundsätzlich den Eingriff des Reichs in die Befugnisse der Länder, da die verfassungsrechtliche Gewalt des Reiches derjenigen der Länder übergeordnet sei. Voraussetzung für das Handeln der Verfassungsaufsicht ist jedoch stets ein Pflichtverstoß des betroffenen

---

251 *Heckel*: AÖR 1933, S. 186.
252 *Heckel*: AÖR 1933, S. 190.
253 *Heckel*: AÖR 1933, S. 193 f..
254 *Heckel*: AÖR 1933, S. 195.
255 *Heckel*: AÖR 1933, S. 199.

Landes. Heckel schließt mit den Worten: Auf keine dieser Fragen hat das Urteil eine sichere Antwort erteilt. Drei Momente scheinen mir dahingeführt zu haben: Ein bedenklicher Mangel staatlicher Gesamtschau; eine gewisse Unempfindlichkeit für den Unterschied der Verfassungssphäre und anderer Lebensbereiche des Staates; eine zu geringe Rücksicht auf die rechtshistorische Herkunft des deutschen Staatsrechts."[256] Aus diesem Vortrag Heckels geht hervor, dass Heckel grundsätzlich die Befolgung der Verfassung auch durch die staatlichen Organe selbst zum obersten Prinzip setzt. Zwar zieht Heckel in dem Aufsatz nicht in Zweifel, dass die Diktatur eine geeignete Staatsform sein könne. Wenn aber die Entscheidung für die verfassungsgebundene Demokratie gefallen ist, müssen auch die Grundsätze befolgt werden.

Obwohl Johannes Heckel das Urteil nicht uneingeschränkt gutheißt, sondern ernsthafte Kritik anbringt, schreibt Stolleis: „Carl Schmitt und Carl Bilfinger rechtfertigten das Urteil umgehend. Ihnen nahe stehende Öffentlichrechtler traten hinzu."[257] Zu den „nahe stehenden Öffentlichrechtlern" ist auch Johannes Heckel zu rechnen. Stolleis spricht damit an, dass die herrschende Meinung in der Literatur das Urteil letztlich rechtfertigt. Andere Hochschullehrer, wie beispielsweise Mayer, erklärten das Urteil als Verfassungsbruch[258].

Das Urteil des Staatsgerichtshofes ist auch im Zusammenhang mit der Lehre von der Abänderbarkeit der Weimarer Reichsverfassung zu verstehen. Jellinek, Anschütz und andre traditionelle Vertreter sind der Auffassung, die Verfassung könne im Rahmen des Art. 76 Weimarer Reichsverfassung wie jedes andere Gesetz geändert werden. Schmitt, Koellreutter und Triepel entwickeln hingegen aus der Verfassung selbst Schranken der Abänderbarkeit. Damit soll verhindert werden, dass eine liberalistische Bewegung mit einer ausreichenden Anzahl an Anhängern fundamentale Änderungen der Verfassung herbeiführen kann. Koellreutter versucht das Problem dadurch zu lösen, dass die nationalsozialistische Revolution als verfassungskonform und die kommunistische Bewegung als verfassungskonträr dargestellt wird[259]. Schmitt hält diese Ansicht jedoch nicht für brauchbar, da sie nicht genügend Sicherung verspreche. In dem genannten Urteil wird dem Staat Preußen die Möglichkeit eröffnet, die verfassungsrechtlich gesicherten Rechte der Länder auch ohne förmliches Gesetzgebungsverfahren zu beschneiden. Damit ist die Entscheidung zu Gunsten der verfassungsimmanenten Schranken – und zu Lasten des förmlichen Änderungsverfahrens – gefallen.

---

256 *Heckel*: AÖR 1933, S. 245.

257 *Stolleis*: S. 121.

258 *Stolleis*: S. 122.

259 *Stolleis*: S. 113.

6. „Diktatur, Notverordnungsrecht, Verfassungsnotstand“

In der AöR 1932 veröffentlicht Johannes Heckel eine Abhandlung zu dem Thema „Diktatur, Notverordnungsrecht, Verfassungsnotstand“.[260]

Zunächst geht Heckel auf die allgemeine Akzeptanz der Diktatur in der wissenschaftlichen und theoretischen Forschung ein. „Mit gewaltigem Anlauf ist die Diktatur von der Bekämpfung innerer Unruhen zur Wirtschafts- und Steuerdiktatur fortgeeilt, hat sich von da zur Verwaltungsdiktatur weiterentwickelt und steht heute im Begriff, Verfassungsdiktatur zu werden .... Aus dem dictator ad tuendem constitutionem scheint der dictator ad constituendam constitutionem zu werden. Das ist die verfassungsrechtliche Lage der Gegenwart.“[261]. Um die Verfassung gegen die Diktatur abzusichern, definiert Johannes Heckel zunächst das Diktaturziel. „Gegenstand des Diktaturschutzes ist die öffentliche Sicherheit und Ordnung“[262] und der Schutz der Verfassung. Die Verfassung definiert Heckel als materiellen Rechtsbegriff, der von der formellen Verfassungsurkunde losgelöst zu betrachten ist[263]. Beispielsweise ist auch das Budgetgesetz wichtiger Bestandteil der materiellen Verfassung.[264] „Zweifellos ist hiernach C. Schmitt im Recht gewesen, wenn er von Anfang an seine Betrachtung der Diktatur von dem formellen Verfassungsbegriff gelöst hat. Aber auch bei ihm ist die rechtsstaatliche Argumentation ... noch nicht überwunden.“[265] Da der Sinn des Diktaturrechts der Schutz der Verfassung gegen Angriffe von außen ist, ergibt sich als „Diktaturziel ... der Schutz des Staates gegen die aus seiner äußeren Lebenssphäre drohenden Gefahren für seinen Bestand oder für sein in der materiellen Verfassung und deren staatsrechtlichen Hilfsnormen geordnetes Verfassungsleben“[266]. Damit gilt für die Diktatursphäre die materielle Verfassung als „Unantastbar“[267]. „Von dem Ausschluss des Diktators aus der materiellen Verfassungsgesetzgebung gibt es nur eine Ausnahme: die Außerkraftsetzung bestimmter Grundrechte.“[268] Für das Ziel der Beseitigung von Diktaturgefahren steht gemäß Art. 48 WRV die Maßnahme zur Verfügung.

Entsprechend der in der Weimarer Zeit vorherrschenden Lehre vom nationalen Rechtsstaat kann das Staatsnotrecht ohne Schwierigkeiten integriert werden.

---

260 *Heckel*: AÖR 1932, S. 256.
261 *Heckel*: AÖR 1932, S. 260.
262 *Heckel*: AÖR 1932, S. 261.
263 *Heckel*: AÖR 1932, S. 265.
264 *Heckel*: AÖR 1932, S. 333.
265 *Heckel*: AÖR 1932, S. 267.
266 *Heckel*: AÖR 1932, S. 270.
267 *Heckel*: AÖR 1932, S. 270.
268 *Heckel*: AÖR 1932, S. 271.

Koellreutter definiert das Staatsnotrecht als Eingriffsbefugnis des Staates in die Individualrechte, „soweit [der Staat] rechtliche Sicherheiten für die Existenz der nationalen Lebensordnung treffen muss“[269].

Die Maßnahme ist ausschließlich an das Diktaturziel gebunden und „verträgt … keine andere Bindung … als an dieses Ziel; sonst könnte die Diktaturaktion gehemmt und ihr Erfolg vereitelt werden.“[270] Der Diktator ist auch nicht mehr an den Grundsatz der Verhältnismäßigkeit gebunden. Vielmehr steht es im pflichtgemäßen Ermessen, inwieweit solche Gesichtspunkte beachtet werden. Die Stellung des Diktators im System der Verfassung erweist sich als problematisch. Wie Heckel feststellt, liegt die Ursache dafür in dem Versuch, den Diktator in das System der Gewaltenteilung einzugliedern. „Diktatur ist nicht ‚Vollziehende Gewalt‘, sie ist noch weniger ‚außerordentliche Gewalt‘, die zu den ordentlichen Gewalten der Gewaltenteilungslehre hinzugedacht werden könnte, denn deren System ist verfassungstheoretisch geschlossen und verträgt keine Ergänzung. Sondern Diktatur ist oberste staatliche Herrschaftsübung.“[271] Als Kontrollorgan der Diktatur dient die politische Kontrolle durch den Reichstag. Gegenstand der Kontrolle ist dabei jedoch nicht die Diktaturaktion selbst, sondern lediglich deren Dauer. „Dem Verlangen einer Teilaufhebung darf sich der Diktator widersetzen, wenn dadurch nach seiner Meinung der Gesamterfolg der Diktaturabwehr gefährdet wird.“[272] An die Aufhebung der Diktatur schließt sich die Überleitung des Ausnahmezustandes in den Normalzustand an. Damit findet der öffentliche Vollzug der Gesetze wieder statt.

Das öffentliche Leben unter der Diktatur entspricht den im Rahmen der Verfassungsdefinition gelegten Grundsätzen. Ebenso wie der Diktator durch seine Maßnahme vorübergehend die Gesetze verdrängen kann, behauptet der Diktator auch im Rahmen der alltäglichen Staatshandlungen gegenüber den offiziellen Organen den Vorrang.[273] In diesem Zusammenhang steht auch die Macht des Diktators, Grundrechte vorübergehend außer Kraft zu setzen. „Die Rechtsstaatsidee darf nicht von vornherein gegen den Schutz der Verfassung als Ganzes ausgespielt werden.“[274]

Streng von der Diktatur zu unterscheiden ist das Notverordnungsrecht. „Denn das Notverordnungsrecht ist ein provisorisches Gesetzgebungsrecht der Regierung zur Regelung eines dringenden Notstandes an Stelle des augenblicklich nicht

269 *Schmidt*: S. 62.
270 *Heckel*: AÖR 1932, S. 281.
271 *Heckel*: AÖR 1932, S. 286.
272 *Heckel*: AÖR 1932, S. 291.
273 *Heckel*: AÖR 1932, S. 295.
274 *Heckel*: AÖR 1932, S. 301.

aktionsbereiten Parlaments."[275] Das Notverordnungsrecht reicht nicht weiter als das formelle Gesetz und wird von der legislativen wie der judikativen Gewalt überwacht.

Die Begrenzung des Staatsnotrechtes beruht im Rechtsstaat. Koellreutter spricht sich daher gegen eine extensive Ausweitung des Staatsnotrechtes aus[276]. Die Überschreitung der Grenzen von Notverordnungsrecht und Diktaturrecht tritt dann ein, wenn eine Diktaturgefahr mit einer Verfassungsstörung zusammentrifft. Beispielsweise ist dies der Fall, wenn ein oberstes politisches Reichsorgan in seiner von der Verfassung vorausgesetzten Aktionsfähigkeit gehemmt ist.[277] In einer solchen Situation ist es Recht und Pflicht der übrigen Staatsorgane, die Staatsgewalt so auszuüben, dass der ihnen anvertraute Zweck erfüllt werden kann. Die Notstandsaktion muss sich dabei „soweit irgend möglich"[278] im Rahmen der Verfassung halten. Sollte die Notstandslage bis zu einer Verfassungslähmung gehen, so benötigt der Staat eine Verfassungsänderung. Daran hat das Volk beteiligt zu werden, indem der Reichspräsident nach Einleiten der Maßnahme die Zustimmung des Volkes einholt. Erfolgt diese, so ist die Maßnahme gerechtfertigt. Wird sie hingegen abgelehnt, so bedeutet das, dass die Maßnahmen verworfen werden und der Reichspräsident zurücktreten muss.[279]

Anhand dieser Ausführungen wird deutlich, dass Johannes Heckel zwar den Schutz der Verfassung befürwortet, andererseits jedoch dem Diktator das Recht zu weiten Eingriffen gibt. Zwar beschränkt Heckel das Diktaturrecht auf äußere Gefahrabwehr, durch den erlaubten Grundrechtseingriff wird jedoch auch diese Schranke verwässert. Ein solcher Staatsaufbau ist – denkt man ihn konsequent weiter – eine geeignete Grundlage für den nationalsozialistischen Staat. Beachtenswert ist jedoch, dass der Schein der Verfassungsmäßigkeit durchweg aufrecht erhalten bleibt.

Dieter Grimm beschreibt in seinem Aufsatz „Verfassungserfüllung – Verfassungsbewahrung – Verfassungsauflösung"[280] die Vorgehensweise Heckels zur Überwindung der Verfassungskrise und vergleicht sie mit der Methode Carl Schmitts. Durch die Unterscheidung der formellen von der materiellen Verfassung sei es Johannes Heckel gelungen, einzelne Vorschriften der Verfassung außer acht zu lassen, ohne dass darin notwendig ein Bruch der Verfassung liegt".[281] „Darin stimmen Heckel und Schmitt überein."[282] Die Differenzierung zwischen

---

275 *Heckel*: AÖR 1932, S. 306.
276 *Schmidt*: S. 62.
277 *Heckel*: AÖR 1932, S. 311.
278 *Heckel*: AÖR 1932, S. 311.
279 *Heckel*: AÖR 1932, S. 314 ff.
280 *Grimm*: S. 183.
281 *Grimm*: S. 193.
282 *Grimm*: S. 193.

materieller und formeller Verfassung – so wie Heckel sie vornimmt – ist jedoch nicht mit der Unterscheidung Schmitts zwischen Verfassung und Verfassungsgesetz gleichzusetzen. Da die Verfassungsentscheidung bei Schmitt außerhalb des positiven Rechts liegt und das Verfassungsgesetz nur „der mehr oder weniger gelungene Ausdruck der Verfassung ist“[283], wird das positive Recht bei Schmitt von einer informellen und textlich nicht greifbaren Verfassung her relativiert. Dadurch gewinnt Schmitt einen größeren Gestaltungsspielraum als Heckel. Schmitt nimmt aus der Verfassung die Verfassungsentscheidung heraus und sieht im Fall der Lähmung des Parlaments den Zerfall der Verfassung in zwei widersprüchliche Verfassungen, die erste mit den organisatorischen Bestimmungen, die zweite mit den Grundrechten als Inhalt. Da die für eine Koexistenz der beiden Verfassungen günstigen Bedingungen in der Krise entfallen sind, können nur noch die Grundrechte Geltung beanspruchen[284]. Durch die Relativierung der Verfassung und die Außerkraftsetzung der organisatorischen Bestimmungen erlangt die Politik weitgehende Freiheit. Auch nach Heckels Auffassung ist das Handeln des Diktators zur Überwindung der Krise gerechtfertigt. Obwohl Heckel einen materiellen Verfassungsbegriff vertritt, bleibt die Verfassungsentscheidung im Rahmen des positiven Rechts. Die Verfassung behält dabei also ihre Geltung, kann aber in Einzelsituationen verdrängt werden. Daran wird die Nähe zu Carl Schmitt und dessen Schüler Ernst Rudolf Huber erkennbar, wenn Heckel auch vor 1933 noch die grundsätzliche Unantastbarkeit der Verfassung fordert.

V. Privatleben

Auch privat ist die Zeit nach dem Ablegen des Zweiten Juristischen Staatsexamens für Heckel eine bewegte und ereignisreiche Zeit. Die Kriegsjahre prägen Johannes Heckel in persönlicher und sozialer Hinsicht. Er verspürt das Bedürfnis, den Mitmenschen zu helfen und sucht nach dem wahren Bekenntnis des evangelischen Glaubens. Im Jahr 1921 heiratet er Luise Binder. Am 25.05.1924 kommt sein erstes Kind, die Tochter Ursula Heckel, zur Welt. Die beiden Söhne Johannes und Martin werden am 11.08.1927 und am 22.05.1929 geboren. Johannes Heckel und seiner Ehegattin gelingt es, den Kindern ein eben solch warmes Heim zu gestalten, wie der junge Johannes es zu Hause erleben durfte. Als im Jahr 1932 der Vater Heckels verstirbt, verliert Johannes Heckel einen guten Freund und eine feste Stütze auf seinem Lebensweg.[285]

283 *Grimm*: S. 193.

284 *Grimm*: S. 194.

285 Information aus dem Gespräch mit Herrn Professor Dr. Martin Heckel vom 09.12.2008.

Johannes Heckel bleibt stets in engem Kontakt zu seinem Bruder Theodor Heckel. Im Jahr 1924 erhält der Theologe Theodor Heckel eine Pfarrstelle in Solln, wo er sich mit seiner Ehefrau Gertrud Binder niederlässt. Die Arbeit im Sollner Raum entwickelt sich zur Lebensaufgabe Theodor Heckels[286]. Im Jahr 1927 wird Theodor Heckel vom Deutschen Evangelischen Kirchenausschuss das theologische Referat als Oberkonsistorialrat im Kirchenbundesrat angeboten[287]. Theodor Heckel zieht daraufhin mit seiner Ehegattin nach Berlin, wo Johannes Heckel ihm die Eingewöhnung deutlich erleichtert.

VI. Wissenschaftliche Tätigkeit

1. Savigny-Zeitschrift für Rechtsgeschichte

Zu Beginn des zwanzigsten Jahrhunderts wird Stutz Mitherausgeber der Savigny-Zeitschrift für Rechtsgeschichte[288]. Die Zeitschrift, gegründet im Jahr 1815 durch Friedrich Carl von Savigny und C.F. Eichhorn, wird seit 1861 in kontinuierlich erscheinenden Jahresbänden geführt. Im Jahr 1880 trägt die Zweiteilung in eine Germanistische und eine Romanistische Abteilung zur engeren Verbindung mit der Savigny-Stiftung[289] bei. Die Zeitschrift etabliert sich als ein fester Bestandteil der rechtshistorischen Forschung.

Im Jahre 1911 begründet Heckel zusammen mit Ulrich Stutz die kanonistische Abteilung der Savigny-Zeitschrift für Rechtsgeschichte. Über viele Jahre hinweg veröffentlicht Heckel maßgebliche Schriften. Im Rahmen der Veröffentlichungen in der Zeitschrift für Rechtsgeschichte kommt es hin und wieder auch zu einem wissenschaftlichen „Gerangel“[290]. Beispielsweise bewirbt Meinecke sich zugleich mit Heckel um einen Aufsatz zum Kulturkampf in Preußen. Heckel äußert gegenüber Stutz: „Ich bin froh, dass mir dies Gebiet gesichert ist“.[291] Auch über die Autoren der Zeitschrift tauscht sich Heckel mit Stutz aus. Er hält Stutz auf dem Laufenden über die Korrekturen an den Beiträgen Reickes und Richters sowie Grünhuts, der ihm als „zielbewusst bekannt“ sei.[292]

---

286 *Kunze*: Theodor Heckel, S. 65.

287 *Kunze*: Theodor Heckel, S. 85.

288 *Schultze*, Alfred: Vorwort, S. X.

289 Informationen des Böhlau-Verlages, http://www.boehlau.at/default.aspx?bookid=0323-4142.

290 Brief Heckel an Stutz vom 21.11.1928, UAZ 60.

291 Brief Heckel an Stutz vom 21.11.1928, UAZ 60.

292 Brief Heckel an Stutz vom 09.10.1931, UAZ 60.

2. Archiv des öffentlichen Rechts (AöR)

Seit Beginn des Jahres 1931 arbeitet Johannes Heckel an der Herausgabe des Archivs des öffentlichen Rechts neben Otto Koellreutter und Heinrich Triepel, den Heckel aus seiner Zeit in Berlin bereits als hervorragenden Wissenschaftler auf dem Gebiet des öffentlichen Rechts kennt. Das AöR ist die wissenschaftlich angesehenste Zeitschrift ihres Fachs[293]. Zur Seite stehen den drei Herausgebern Albrecht Mendelssohn Bartholdy und Rudolf Smend. Das Archiv des öffentlichen Rechts ist eine Zeitschrift für Staatsrecht und Verwaltungsrecht, welche neben rein wissenschaftlichen Untersuchungen und Lehrtexten auch aktuelle politische Themen aufgreift und zu diesen unter juristischem Blickwinkel Stellung nimmt. Begründet von Paul Laband und Felix Stoerk wird die Zeitschrift unter der wirtschaftlichen Leitung des Verlegers Siebeck und dessen Sohnes zu Beginn des 20. Jahrhunderts zu einem bekannten und maßgeblichen Sprachrohr der deutschen Justiz auf dem Gebiet des öffentlichen Rechts[294].

a) Gesellschaftliche Bedingungen der Veröffentlichung

Schon vor Ende der Weimarer Republik wird die Presse zunehmend von staatlichen und politischen Organen kontrolliert und beherrscht. Zu Beginn des Dritten Reiches erreicht die Kontrolle jedweder Art von öffentlichen Druckwerken ihren Höhepunkt. Vier staatliche Institutionen wachen über die Veröffentlichung regelmäßig erscheinender Werke: der Bund nationalsozialistischer deutscher Juristen (BNSDJ), das Reichsministerium für Volksaufklärung und Propaganda, die Parteiamtliche Prüfungskommission zum Schutze des NS-Schrifttums, sowie die Reichsstelle zur Förderung des deutschen Schrifttums[295]. Während der BNSDJ insbesondere die Inhalte und fachlichen Wertungen der Veröffentlichungen mit den Idealen der nationalsozialistischen Herrschaft vergleicht und sie auf ihre Gefährlichkeit für die nationalsozialistische Ideologie hin überprüft, knüpfen die anderen Prüforgane verstärkt an öffentlichkeitswirksame Merkmale der Druckwerke an und kontrollieren diese im Hinblick auf Vermarktung und Verbreitung. Demzufolge erfolgt eine Eingliederung der Periodika in die Kategorien „wissenschaftlich" oder „pressebezogen"[296]. Nach dieser Einstufung richtet sich die Intensität der Zensur, ebenso wie die Zuteilung von Papierkontingenten und Drucklizenzen. Während wissenschaftliche Werke prinzipiell als ungefährlich angesehen und daher nur in weiten Abständen einer detaillierten Überprüfung unterzogen wer-

293 *Stolleis*: S. 301.
294 *Becker*: S. 49.
295 *Becker*: S. 10.
296 *Becker*: S. 13.

den, dafür aber bei der Zuteilung der vorhandenen Materialkontingente weniger stark berücksichtigt werden, stehen pressebezogene Medien unter strenger Aufsicht der Partei und ihrer Organe. Ab 1933 wird die Neuherausgabe von Zeitschriften jeglicher Art verboten, um sicherzugehen, dass nicht unter der Tarnung des wissenschaftlichen Mantels propagandistische Schriften veröffentlicht werden[297]. Als im Jahre 1934 der BNSDJ in die Rechtsabteilung der Reichsleitung der NSDAP integriert wird, übernimmt endgültig die Partei die direkte Kontrolle über juristische Fachzeitschriften[298]. Das AöR gilt während der gesamten Zeit des Dritten Reichs stets als wissenschaftliches Werk, so dass es gelockerter Kontrolle durch die Parteiorganisationen unterliegt. Zunächst ist ein Druck von außen auf die Gestaltung der Inhalte gar nicht zu spüren.

Johannes Heckel ist mit der Abteilung „Abhandlungen" betraut, welche den wichtigsten und seitenmäßig größten Teil der Zeitschrift ausmacht[299]. Heinrich Triepel ist für die Texte für den Abschnitt „Aus der Praxis des Staatsrechts" zuständig, Koellreutter übernimmt den Literaturteil. Dieser stellt das Waisenkind der Zeitschrift dar, so dass Koellreutter sich in seinem Ehrgefühl gegenüber den anderen Mitherausgebern zurückgesetzt fühlt und ein Mitspracherecht bei der Gestaltung deren Abteilungen für sich in Anspruch nimmt.

b) Ausrichtung der Zeitschrift

Koellreutter geht mit dem nationalsozialistischen Gedankengut weitgehend konform und ist ständig darum bemüht, die politischen Vorgänge juristisch zu untermauern und eine Staatstheorie zu begründen, welche das Handeln der nationalsozialistischen Bewegung rechtfertigt und legalisiert.

Die Zeitschrift erhält zunehmend Konkurrenz von anderen Werken, welche sich zum Teil vertieft mit Spezialgebieten des öffentlichen Rechts auseinandersetzen, wie zum Beispiel dem Wehrrecht oder der Sozialpolitik. Die Kontrolle der Nationalsozialisten über die juristischen Veröffentlichungen wird immer stärker[300]. Um die Stellung der Zeitschrift auf dem Markt behaupten zu können, drängen der Verleger Siebeck und Koellreutter darauf, die Zeitschrift als Organ der antipositivistischen, deutschen Richtung zu sehen und germanistische Tendenz einzuarbeiten[301]. Der Druck zum Wandel ist umso größer, als andere Verlage freie Mitarbeiter des AöR abwerben. Aus diesem Grund schlägt Johannes Heckel im Jahre 1932 vor, Sonderhefte von geringerem Umfang mit politischem Inhalt

297 *Becker*: S. 17.
298 *Becker*: S. 31.
299 *Becker*: S. 46 ff.
300 vgl. *Göppinger*: S. 59 ff.
301 *Becker*: S. 46 ff.

separat herauszugeben, um zumindest auf diese Weise die stetige Präsenz der Zeitschrift auf dem Markt gewährleisten zu können und zumindest den Hauptteil der Zeitschrift nicht als Politikorgan missbrauchen zu müssen. Triepel lehnt die Maßnahme jedoch vehement mit dem Argument ab, die inhaltliche Qualität falle wirtschaftlichen Zwecken zum Opfer. Er verfolgt auch ungebeugt die Ansicht, die juristischen Wertungen einer demokratischen Grundhaltung dürften nicht einer Politisierung im Sinne der nationalsozialistischen Ideologie zum Opfer fallen, sondern es gelte, diese offen zu vertreten und zu bewahren, selbst auf die Gefahr der Schließung der Zeitschrift hin. Diese Haltung wurzelt in der antipositivistischen Auffassung Triepels, der von einer über den Gesetzeswortlaut der Verfassung hinausreichenden Wirkung der demokratischen Grundrechte ausgeht[302].

Koellreutter hingegen vertritt den Standpunkt, die nationalsozialistische Ideologie lasse sich staatsrechtlich durchaus rechtfertigen. Die Beseitigung der Weimarer Verfassung sei notwendig, um einen starken mächtigen Staat begründen zu können und das Recht habe dem Staat zu dienen, um die Macht zu stützen.

Johannes Heckel bekennt sich zunächst zu Heinrich Triepel und erklärt seine Solidarität mit diesem von ihm geschätzten und geachteten Wissenschaftler. Als Siebeck zu erkennen gibt, dass die Zeitschrift Triepel wegen dessen Bekennung zu demokratischen Werten nicht mehr länger tragen will, kündigt Johannes Heckel an, er werde im Falle eines Ausscheidens Triepels ebenfalls kündigen.

Diese Ansicht vertritt er jedoch nur im Freundeskreis und ist darum bemüht, nach außen im wissenschaftlichen Bereich durchaus mit den ideologischen Zielen der Partei konform zu gehen und ihnen in juristischer Hinsicht den Weg zu ebnen.

c) Anpassung

Teils aus Überzeugung, teils aus Opportunismus sieht sich Heckel bereits Anfang 1932 dazu veranlasst, Sonderbeiträge zur Reichsreform herauszubringen, um den neuen Entwicklungen Rechnung zu tragen und den „‚liberalistischen' Makel"[303] einer „demokratischen Tradition"[304] zu beseitigen. Auf politischer Ebene lässt sich eine schleichende Nationalisierung feststellen. Das Gedankengut der nationalsozialistischen Ideologie, das eine einheitliche arische Nation anstrebt, wird schon im Jahre 1920 mittels der Propaganda der NSDAP zunehmend verbreitet[305]. So ist bereits am 25.02.1920 in Punkt 4 des Programms der NSDAP zu lesen: „Staatsbürger kann nur sein, wer Volksgenosse ist. Volksgenosse kann nur sein, wer deutschen Blutes ist, ohne Rücksichtnahme auf Konfession. Kein

302 *Stolleis*: S. 192.
303 *Becker*: S. 58.
304 *Becker*: S. 58.
305 *Hofmann*: S. 31.

Jude kann daher Volksgenosse sein."[306] Damit ist erkennbar, dass bereits in der „Blütezeit der Weimarer Republik" verstärkt antisemitische Strömungen zu spüren sind.

Siebeck sieht die Zukunft der Zeitschrift nur dann als aussichtsreich, wenn man sich von der „unklaren Integrationslehre und der ebenso unklaren ‚geisteswissenschaftlichen' Methode Smends und Holsteins"[307] abwende. Heckel kommt der Aufforderung des Verlegers nach, indem er zum einen Beiträge mit „der neuen Situation entsprechenden staatstheoretischen Auffassungen"[308] organisiert und zum anderen gegenüber Koellreutter äußert: „Wir werden schon an die Grundfragen herangehen müssen, wie ich heute Smend schrieb: das Entscheidende ist nicht, dass ‚integriert' wird, sondern wie integriert wird. Und da liegen die sachlichen Differenzen. Das bloße Maulspitzen tuts nicht mehr, es muß gepfiffen werden."[309]. Aus diesem Brief spricht das Bestreben Heckels, die staatsrechtlichen Beiträge der nationalsozialistischen Ideologie und den damit zusammen hängenden Veränderungen der staatsrechtlichen Grundlagen Rechnung zu tragen. Die Situation wird zunehmend schwieriger, da die Zeitschrift aufgrund der nach wie vor gemäßigten Haltung immer mehr an Attraktivität verliert. Schädlich ist auch die Mitarbeit jüdischer Redakteure, wie beispielsweise Albrecht Mendelssohn Bartholdy. Als namhafte Wissenschaftler, wie etwa Ernst Forsthoff oder Carl Bilfinger ihre Abstandnahme vom Archiv des öffentlichen Rechts erklären, da Mendelssohn auf der Titelseite genannt werde, sehen sich Triepel und Heckel gezwungen, Mendelssohn den Abschied zu verkünden. Dies geschieht unter dem Vorwand der Rettung der Zeitschrift[310]. Um die Zukunft der Zeitschrift abzusichern entschließt sich Siebeck mit der Billigung Heckels schließlich, das erste Heft des Jahres 1934 „mit nationalsozialistischem Zug"[311] hervorzubringen. Durch den Abdruck einer parteioffiziellen Mitteilung wird die Haltung des AöR nach außen hin bekannt gemacht. Dennoch kann die zunehmende Konkurrenz anderer staatsrechtlicher Zeitschriften nicht geleugnet werden, die immer stärker existenzbedrohliche Ausmaße annimmt. Nachdem eine Zusammenarbeit mit dem Bund Nationalsozialistischer Deutscher Juristen aufgrund interner Machtstreitigkeiten gescheitert ist, findet Heckel nur wenige Autoren für die Beiträge des Jahres 1934. Heckel begegnet dieser Entwicklung mit erheblichen „Bemühungen um eine stärkere nationalsozialistische Färbung"[312]. Für diese

306 *Hofmann*: S. 31.
307 *Becker*: S. 68.
308 *Becker*: S. 68.
309 *Becker*: S. 68.
310 *Becker*: S. 87.
311 *Becker*: S. 95.
312 *Becker*: S. 113.

nimmt er auch die Entfremdung von Triepel in Kauf, der nach wie vor an der Meinung festhält, eine wissenschaftliche Zeitschrift dürfe „zu Tagesfragen nur mit einer gewissen Distanz“[313] Stellung nehmen. „Zum Schrecken von Heckel, Koellreutter und Siebeck“[314] weigert sich Triepel, der nationalsozialistischen Ideologie durch wissenschaftliche Grundlagen den Rücken zu stärken.

Der Verleger kommuniziert daher gegenüber Triepel, dass die weitere Zusammenarbeit sich schwierig gestalten werde, da politisch eine Beschäftigung nationalkonservativer Mitarbeiter nicht mehr vertretbar sei. Gleichzeitig spitzt sich die wirtschaftliche Lage derart zu, dass Siebeck sich zu einer Umgestaltung des AöR unter stärkerer Ausrichtung auf die nationalsozialistische Propaganda gezwungen sieht. Heckel nutzt die Zeit des Umbruchs, um sich aus der Redaktion zu verabschieden. Veranlassung für diesen Schritt ist jedoch nicht etwa die Distanzierung Heckels vom nationalsozialistischen Gedankengut, sondern die berufliche und persönliche Zukunft: Heckel bewirbt sich um eine Professur in München, die ihn an einer Fortsetzung der Leitung des AöR hindert. Diesen Grund gibt Heckel auch gegenüber dem Verleger Siebeck und dem Kollegen Koellreutter an. Koellreutter sieht dem Abschied Heckels mit Enttäuschung entgegen, da er überzeugt ist, Heckel sei dem Radikalismus zugetan und daher für die politische Ausrichtung der AöR ein geeigneter Mitherausgeber. Gegenüber Triepel und Smend sieht die Lage jedoch anders aus. Koellreutter teilt Siebeck denn auch mit: „Ich würde die übrigen Herren ganz kurz und bündig vor die Frage stellen, ob sie sich dem Schritt von Heckel anschließen wollen“[315]. „Mit Triepel wird es nichts mehr … bei Smend habe ich der Fakultät in M. (vertraulich!) erklärt, dass der nicht in Frage käme“[316]. Noch bevor der Verleger dem Vorschlag Koellreutters nachkommen kann, legen Triepel und Smend aus eigenem Willen das Amt in der Redaktion des AöR nieder.

Johannes Heckel ist als Herausgeber des AöR anfangs zögerlich um die Anpassung an die gesellschaftlichen Erfordernisse bemüht. Die nationalsozialistische Ideologie wird akzeptiert, um die Zukunft der Zeitschrift zu sichern. Aus diesem Verhalten spricht Opportunismus.

3. Kirchenlaufbahn

Das Staatskirchenrecht der Weimarer Verfassung ist im Rahmen der Untersuchung Heckels von Bedeutung. „Die ausschlaggebende Entscheidung über das

---

313 *Becker*: S. 77.
314 *Becker*: S. 110.
315 *Becker*: S. 119.
316 *Becker*: S. 119.

Weimarer Staatskirchenrecht fiel mit dem Beschluß vom 17. März 1919, dass dem Reich das Recht zustehen sollte, im Wege der Gesetzgebung Grundsätze für die Rechte und Pflichten der Religionsgesellschaften aufzustellen (Art. 9 b Nr. 1, später Art. 10 Nr. 1 WRV). Diese *Kompetenzerweiterung zugunsten des Reiches* beließ den Ländern zwar die Gesetzgebungs- und Vertragszuständigkeit auf dem Gebiet des Staatskirchenrechts, gab aber dem Reich das Vorrecht für die Regelung der Grundlagen".[317] Darüber hinaus ist eine weitere entscheidende Weichenstellung für das Staatskirchenrecht der Weimarer Verfassung in der Entscheidung zu sehen, die kirchenrechtlichen Hauptsätze in der Verfassung selbst und nicht etwa in einem untergeordneten Gesetz festzulegen. Schließlich ist als dritte Grundlagenentscheidung die Organisation der Kirchen als Körperschaften des öffentlichen Rechts zu sehen. Mit dieser Qualifizierung waren eine übergeordnete Verantwortung des Staates und die besondere Staatsaufsicht verbunden.[318] Im Zusammenhang mit dem Staatskirchenrecht der Weimarer Republik ist insbesondere auch die in Art. 139 Abs. 3 der WRV geregelte Unterwerfung der Kirche unter die Schranken des für alle geltenden Gesetzes. Nach dem in der Weimarer Zeit vorherrschen Verständnis ist der Sinngehalt des Art. 139 WRV so zu verstehen, dass nur Ausnahme- und Verbotsgesetze ausgeschlossen sind, nicht aber staatliche Vorschriften in Beziehung auf die Religionsgesellschaften. Damit sind die staatlichen Gesetze und Normen auch für die Religionsgesellschaften bindend, solange es sich nicht um nachteilige Sondergesetze im Stil des preußischen Kulturkampfes handelte. Daraus wird ersichtlich, dass der Staat die Kirche zwar als Teil der Verfassung, also als Grundlage des Staatsaufbaus, anerkennt, jedoch dadurch auch eine gewisse Herrschafts- und Kontrollmacht innehat. Vor diesem Hintergrund erfordert die Beziehung zwischen Staat und Kirche eine neue Definition, der Heckel seine wissenschaftliche Forschung widmet.

Nach Beendigung seines Referendariats im Jahre 1919 übt Johannes Heckel zunächst die Aufgaben eines Konsistorialassessoren im bayerischen evangelischen Kirchendienst aus. Der Eintritt in das Protestantische Oberkonsistorium in München stellt eine Möglichkeit für Heckel dar, seine beiden Interessengebiete Religion und Recht in Einklang zu bringen. Das Konsistorium befasst sich als Kirchengericht mit Streitigkeiten innerhalb der kirchlichen Organisation, insbesondere mit Disziplinarverfahren und Arbeitsrechtsstreitigkeiten[319]. Eine Außenwirkung über die Grenzen der Kirche hinaus hat der Richterspruch nicht. Als

317 *Badura*, Peter: Staatskirchenrecht als Gegenstand des Verfassungsrechts, in: Handbuch des Staatskirchenrechts, § 6, S. 231.

318 *Badura*, Peter: Staatskirchenrecht als Gegenstand des Verfassungsrechts, in: Handbuch des Staatskirchenrechts, § 6, S. 232.

319 § 5 II Kirchengerichtsgesetz der Evangelischen Kirche in Deutschland (KiGG.EKD).

Konsistorialassessor ist Johannes Heckel Mitarbeiter in einem Richterkollegium, in dem er sowohl mit Juristen als auch mit Theologen und Vertretern anderer Berufsrichtungen zusammenarbeitet. Die Vorsitzenden Richter am Konsistorium haben die Befähigung zum Richteramt nach dem Deutschen Richtergesetz[320]. Die übrigen Richter können allen Schichten und Berufsgruppen entstammen. Das Kirchengericht stellt daher ein außerordentliches Gericht dar, welches den juristischen Sachverstand mit den moralisch-ethischen Werten der Kirche und der Gesellschaft zusammenführt. Diese Tätigkeit beeinflusst Heckel bei der Auswahl späterer Aufsatzthemen und Untersuchungsgegenstände[321]. Die Mitarbeit an diesem außerordentlichen Gericht ist nicht nur eine Gelegenheit, die in Referendariat und Studium erlangten Kenntnisse in der Praxis umzusetzen, sondern ermöglicht daneben vertiefte Einblicke in das Zusammenwirken von Staat und Kirche.

Über die fachliche Eignung hinaus ist Voraussetzung für die Mitarbeit am Kirchengericht auch eine ethische Wertschätzung der evangelischen Glaubensinhalte. Der Gerichtsassessor Johannes Heckel wird am 15.10.1919 bei seiner Aufnahme in das Gericht vereidigt. Der Eid lautet wie folgt:

> „Ich gelobe vor Gott, mein Amt in Bindung an die Heilige Schrift und an das Bekenntnis meiner Kirche und getreu dem in der Evangelischen Kirche in Deutschland geltenden Recht auszuüben und nach bestem Wissen und Gewissen ohne Ansehen der Person zu urteilen."[322].

Das Richtergelöbnis bindet den Assessor an Gott und Recht, deren Vermittlung die evangelische Kirche ausüben soll. Ein solches Gelöbnis bringt, wird es ernst genommen, große Verantwortung mit sich. Die Tatsache, dass Johannes Heckel nach seiner Ausbildung zunächst einen solchen Berufseinstieg wählt, spiegelt die innere Verbindung zur Religion und die ernsthafte Glaubensüberzeugung wider.

Der Präsident des Oberkonsistoriums Friedrich Veit, seit 1921 Kirchenpräsident, ist evangelischer Theologe und legt großen Wert auf die Bewahrung der ethischen Werte. Dies ist auch der Grund für seinen Rückzug aus dem Amt im Jahre 1933. Er lehnt die Ideologie des Dritten Reichs strikt ab und ist zu einer Kooperation nicht bereit.

Am 01.11.1920 übernimmt Johannes Heckel das Amt des Konsistorialassessors beim Evangelischen Konsistorium der Mark Brandenburg. Diese Tätigkeit lässt sich mit seinen wissenschaftlichen Studien und Arbeiten im Rahmen von Promotion und Habilitation vereinbaren, so dass er bis zum 31.03.1924 in diesem Amt verbleibt. Anschließend ist er für vier Jahre Konsistorialassessor auf Wartegeld.

---

320 § 3 I KiGG.EKD.

321 Interessante Forschungen unternimmt Heckel im Rahmen der Zwei-Reiche-Lehre; vgl. Lex charitatis, 1953; Cura religionis, ius in sacra, ius circa sacra, 1938; Kirchengut und Staatsgewalt, 1952.

322 § 10 I KiGG.EKD.

Das Wartegeld wird in der Zeit vor 1953 den staatlichen und kirchlichen Beamten dann ausgezahlt, wenn sie wegen Stellenauflösung oder -zusammenlegung ihr Amt verlieren. Es wird über drei Monate gezahlt und gleicht in der Höhe dem bisher bezogenen Gehalt. Auch nach den drei Monaten darf der Beamte die Amtsbezeichnung mit dem Zusatz „i.W." weiter führen, bis er entweder ein neues aktives Amt übernimmt oder endgültig aus der Beamtenlaufbahn ausscheidet.

Johannes Heckel ist unter dem Einfluss nationalen Denkens groß geworden, er hat noch vor Beginn seiner juristischen Ausbildung die Schrecken des Kriegs erlebt. Diese Eindrücke prägen nicht nur sein persönliches Wesen, sondern auch die Haltung gegenüber Staat und Recht. Der Ausgangspunkt seines Denkens findet sich in seiner Ausrichtung auf den evangelischen Glauben. Das Recht ist von Gottes Willen geprägt und hat sich an diesem Willen zu orientieren. Heckels Haltung nach außen ist zunächst aber völlig neutral. Im Unterschied zu vielen anderen Juristen seiner Zeit ist Heckel kein lautstarker Verfechter des demokratischen Staats. Zwar vertritt auch er die Auffassung, die Verfassung enthalte für jedermann verbindliches Recht, jedoch bedient er sich eines materiellen Verfassungsbegriffes[323] und stellt sich damit dem Positivismus entgegen.

Als im Jahr 1926 die Gründung eines katholisch-kirchenrechtlichen Seminars mit öffentlichen Mitteln geplant wird, teilt Heckel seinem Lehrer Stutz unter Hinweis auf strenge Vertraulichkeit die daraus für Heckel resultierende Enttäuschung mit[324]. Für Heckel stellt sich die Frage, wie die evangelische Kirche nun reagieren solle. Ziel ist zunächst die Beantragung öffentlicher Mittel beim Landtag, um ebenfalls ein Institut gründen zu können. Auch im Zusammenhang mit dem Entwurf einer Kirchenverfassung findet reger Gedankenaustausch zwischen Heckel und Stutz statt. Heckel äußert seinen „Ärger über das Ministerium"[325].

---

323 *Becker:* S. 54.

324 Brief Heckel an Stutz vom 28.02.1927, UAZ 60

325 Brief Heckel an Stutz vom 20.01.2930, UAZ 60.

Kapitel 4: Werdegang während des Dritten Reichs ab 1933

I. Beruf

1. Stationen/Ämter

Als im Jahre 1932 Professor Karl Rothenbücher stirbt und der Lehrstuhl im Jahr 1933 neu zu besetzen ist, bewirbt sich Johannes Heckel um die nun frei gewordene Stelle als ordentlicher Professor am Lehrstuhl für Kirchenrecht und Staatsrecht. Mit ihm sind weitere Größen der juristischen Wissenschaft an der Stelle interessiert. An den Universitäten macht sich der zunehmende Einfluss der nationalsozialistischen Ideologie bemerkbar. Carl Schmitt propagiert zunehmend die Ausrichtung der Lehre an den nationalsozialistischen Idealen und die Neuordnung der juristischen Ausbildung. Er ist darum bemüht, seinen Einfluss auf andere Rechtsgelehrte möglichst zu vertiefen, und sie von seiner Ansicht zu überzeugen. Um die ideologischen Grundlagen des Nationalsozialismus schon im Studium an die jungen Rechtswissenschaftler zu vermitteln, besteht Carl Schmitt trotz seiner politischen Verpflichtungen und der daraus resultierenden Zeitknappheit darauf, die Vorlesungen zum Staatsrecht selbst durchzuführen[326]. Der Einfluss der nationalsozialistischen Ideologie ist also auch an den Universitäten deutlich zu spüren. Voraussetzung zur Promotion ist beispielsweise aus diesem Grund auch seit Mitte der 30er Jahre die arische Abstammung der Doktoranden, Dissertationsthemen wie das „Primat des Volkes“ sind in der Juristischen Fakultät vornehmlich beliebt[327]. Die jüdischen Professoren werden entlassen. Im Jahr 1936 wird unter der Führung von Carl Schmitt auf der Tagung „Das Judentum in der Rechtswissenschaft“ zur „Reinigung“ der Geister und der Bibliotheken aufgerufen[328]. Auf dem Gebiet des Staats- und Verwaltungsrechts sind insbesondere Hans Kelsen, Erich Kaufmann, Hermann Heller, Gerhard Lassar und Walter Jellinek von der „Säuberung“ durch die Nationalsozialisten betroffen[329]. Mit Beginn des Dritten Reiches macht sich die Ver-

---

326 Akte Universitäts-Archiv Humboldt Universität Berlin, Jur.-Fak. 499, S.20.

327 Akte Universitäts-Archiv Humboldt Universität Berlin, Jur.-Fak. 499, S.96 ff..

328 *Stolleis*: S. 253.

329 *Stolleis*: S. 254.

breitung nationalsozialistischen Gedankenguts auch in der Berliner Universität bemerkbar. Jüdische Professoren werden entlassen und durch Professoren nationaler Gesinnung ersetzt. Im Jahr 1935 wird Triepel vom Reichs- und Preußischen Minister für Wissenschaft, Erziehung und Volksbildung kraft Gesetzes wegen Erreichung der Altersgrenze von seinen amtlichen Verpflichtungen entbunden und zwar, obwohl Triepel die Verlängerung der Lehrzeit beantragt hatte. Begründet wird dies mit der „jüdischen Versippung" und dem Eintreten für jüdische Kollegen und Studenten[330]. Da Triepel nicht geneigt ist, sich den nationalsozialistischen Ideen anzupassen, wird nicht nur der Antrag auf Verlängerung der Amtszeit abgelehnt, sondern die nationalsozialistische Universitätsleitung verhindert auch die Ehrung Triepels anlässlich seiner runden Geburtstage[331]. Immerhin erhält Triepel am 02.07.1941 eine Ehrung von der Leipziger Universität zur Begehung des goldenen Doktorjubiläums. Heinrich Triepel bleibt auch im Dritten Reich unverrückbar seiner Auffassung von Demokratie und Rechtsstaat treu. Im Jahr 1945 erkrankt er aufgrund einer Augenoperation, so dass er sich aus dem öffentlichen Leben zurückzieht. Im Jahr 1946 verstirbt Heinrich Triepel in Untergrainau, wohin er sich nach der Zerstörung des Hauses in Charlottenburg durch einen Bombenangriff zurückgezogen hatte. Im Jahr 1935 wird Smend wegen des dauernden Eintretens für jüdische Schüler nach Göttingen zwangsversetzt[332].

a) Hintergrund: Nationalsozialistische Akademie für Deutsches Recht

Um die Hintergründe der Stellenbesetzung an den bayerischen Universitäten verstehen zu können, ist es erforderlich, in der gebotenen Kürze auf die Geschichte der Nationalsozialistischen Akademie für Deutsches Recht einzugehen, die maßgeblich auf die Stellenbesetzung einwirken kann. Auf Initiative des späteren Bayerischen Justizministers Hans Frank – zum damaligen Zeitpunkt in der Position Reichsjustizkommissar, Reichsleiter der Rechtsabteilung der NSDAP und Führer des Bundes Nationalsozialistischer Deutscher Juristen (BNSDJ) – wird am 26.06.1933 unter Einbeziehung wirtschaftlicher und wissenschaftlicher Kreise die Akademie für Deutsches Recht gegründet[333]. Die Aufgabe der Akademie ist die Neugestaltung des deutschen Rechtslebens[334]. Nicht nur Gelehrte, sondern auch Prominente und Politiker gehören zur Akademie. Die Akademie verfolgt das Ziel der Rechtspflege im nationalsozialistischen Sinn[335]. Professor

---

330 *Gassner*: S. 102.

331 *Gassner*: S. 104.

332 *Gassner*: S. 101.

333 *Adlberger:* Kisch, S. 165.

334 *Mehring*: S. 327.

335 *Göppinger*: S. 58.

Eduard Eichmann, seit 1927 Mitglied der philosophisch-philologischen Klasse der Bayerischen Akademie der Wissenschaften, gilt als Begründer der Münchner Kanonistischen Schule. Der damalige Dekan der juristischen Fakultät an der Ludwig-Maximilians-Universität München – Wilhelm Kisch – überzeugt die Kollegen von der juristischen Fakultät noch im Jahr 1933, der Akademie beizutreten. „Ich bin der Meinung, dass wir uns als Wissenschaftler der Mitarbeit in einer solchen Organisation nicht versagen können, und demgemäß hat meine Fakultät ebenso wie die hiesige Staatswirtschaftliche, ihre Bereitschaft kundgegeben."[336] Der Beitritt der Fakultät zur Akademie bedeutet zunächst einen Verzicht auf eigene Mitwirkungsrechte, da die Akademie auf die Besetzung von Vakanzen Einfluss nimmt und die Lehrmethoden festlegt. Jedoch hat der Beitritt auch die für die Fakultät erstrebenswerte Nebenfolge, an den Aufgaben der Akademie beteiligt zu werden und auf diese Weise – wenn auch mittelbar – an der Ausrichtung der Rechtslehre mitzuwirken. Im Zuge der Gleichschaltung wird Fakultäten, die zu einem Beitritt nicht bereit sind, nach und nach jeglicher Einfluss auf Lehrinhalte und Personalentscheidungen entzogen. Indem Kisch diese Vorzüge anpreist, kann er die Kollegen von der Notwendigkeit der Zusammenarbeit mit der Akademie überzeugen. Für Heckel hat dies die Konsequenz, dass die Besetzung des Lehrstuhls sich nicht maßgeblich nach dem fachbezogenen Willen der Universitätsgremien, sondern nach der politischen Entscheidung der Akademie – und damit indirekt nach der Entscheidung Franks – richtet. An dieser Stelle schon wird deutlich, dass die Konformität mit der nationalsozialistischen Ideologie unbedingt Voraussetzung für die Ernennung zum ordentlichen Professor an der LMU München ist. Die Rechtslehre der Akademie steht dem Denken Carl Schmitts nahe. Die Wissenschaft soll auf die Einfachheit und Lebensnähe, auf „die Volksverbundenheit des deutschen Rechtes"[337] Wert legen. Zudem ist die Akademie als das „juristische Gewissen des deutschen Volkes"[338] gedacht, die das Rechtsleben in Deutschland kontrollieren soll. Angesichts dieser sehr ehrgeizigen Aufgabe sieht sich Johannes Heckel mit hohen Anforderungen an den Kandidaten konfrontiert. Umso dringender muss sein Bemühen sein, sich mit der nationalsozialistischen Ideologie konform zu zeigen, um die Kriterien der Akademie erfüllen zu können.

Im Jahr 1936 wird von der Akademie unter wesentlicher Leitung von Koellreutter und Heckel zusammen mit der Kunstakademie die Ausstellung „Deutsches Recht" organisiert, die jedoch wenig Anklang findet. Unter anderem wird die

336 *Adlberger:* Kisch, S. 169.
337 *Adlberger:* Kisch, S. 177.
338 *Adlberger:* Kisch, S. 177.

Ausstellung von Schülern besucht, die im Rahmen der Kunsterziehung im Sinne der NS-Ideologie das „Deutschtum“ nahegebracht erhalten.[339]

b) Bewerbungsverfahren

Lange Zeit wird im Rahmen des Auswahlverfahrens Professor Dr. Rudolf Smend als Favorit gehandhabt, an zweiter Stelle steht Carl Schmitt zusammen mit Professor Koellreutter[340]. Schmitt, 1888 in Plettenburg geboren, ist seit 1933 ordentlicher Professor in Köln und später in Berlin und Bonn. Er gilt als einer der führenden Denker und Wissenschaftler auf dem Gebiet der Staatstheorie. Bereits im Jahre 1910 verfasst er das Werk „Über Schuld und Schuldarten“, welches sich mit der Frage nach Schuld aus rechtlich-moralischem Gesichtspunkt auseinandersetzt. 1931 entsteht die Schrift „Der Hüter der Verfassung“. Einige wichtige Aufsätze, unter denen der bekannteste „der Begriff des Politischen“ aus dem Jahre 1927 sein dürfte, vergrößern seinen Ruhm und machen seinen Namen nicht nur unter Fachleuten bekannt. Carl Schmitt steht ganz im politischen Trend der Zeit. Ideologisch folgt er der nationalsozialistischen Strömung und untermauert sie wissenschaftlich. In Fachkreisen bezeichnet man seine Werke als „temperamentvolle Schriften“, wodurch zum einen die Durchsetzungskraft seines Geistes zum Ausdruck kommt, zum anderen aber auch das mutige Bekennen zu neuen staatstheoretischen Ansätzen, die sich von der bisher herrschenden Meinung abwenden und als umstürzlerisch im Sinne der in der Weimarer Republik geschaffenen Grundlage von Verfassung und Demokratie anzusehen sind. Hans Frank setzt sich denn auch persönlich für die Berufung Schmitts an die Universität München ein[341]. Aufgrund seiner Nähe zur Partei und seinem Engagement für deren Arbeit ist er jedoch zeitlich sehr gebunden. Daher wird ein Einsatz an der Universität München von dem beratenden Kollegium nicht für sinnvoll erachtet, wie aus den Berufungsakten hervorgeht. Mehring stellt den Vorgang hingegen anders dar. Der Dekan Kisch wünsche Smend als Nachfolger für Rothenbücher, die halbe Fakultät setzt Schmitt zusammen mit Koellreutter an die zweite Stelle[342] und weist darauf hin, dass Schmitt auf dem Gebiet des Kirchenrechts nicht aktiv ist. Am 03.06.1933 setzt sich jedoch Frank für die Berufung Schmitts ein. Daraufhin wird eine Doppelbesetzung Schmitt und Koellreutter mit einer Neoordnung der Lehrstühle geplant. Offenbar nutzt Professor Calker, der ehemalige Doktorvater Schmitts, die enge Bekanntschaft mit Frank auch, um Schmitt für die Stelle in München zu empfehlen[343].

339 *Zuber*: S. 131; S. 479.
340 *Mehring*: S. 329.
341 *Mehring*: S. 329.
342 *Mehring*: S. 329.
343 *Mehring*: S. 329.

Schmitts Berufung ist damit beschlossen. Am 02.08.1933 führt Schmitt denn auch konkrete Verhandlungen zum Münchner Ruf, das definitive Angebot datiert vom 31.08.1933. Am 01.09.1933 erhält Schmitt jedoch einen Ruf nach Berlin und empfindet „diese Berufung auf einen Berliner Lehrstuhl als die höchste Auszeichnung, die mir in meinem Beruf zu teil werden kann“[344]. Der Dekan der Juristischen Fakultät der LMU im Jahre 1933, Professor Kisch, befürchtet, dass Schmitt im Falle seiner Berufung zu oft von der Universität entfernt sein könne, um Zwecken der Reichsregierung zu dienen und Aufgaben für diese zu erfüllen.

An die Stelle dieses Kandidaten für eine Professur an der LMU tritt nun Johannes Heckel. Seine zahlreichen Veröffentlichungen in der Savigny-Zeitschrift[345] und seine Mitarbeit am Archiv des öffentlichen Rechts haben ihn weit über Berlin und Bonn hinaus bekannt gemacht und verleihen ihm einen Ruf als führender Rechtswissenschaftler nicht nur im Kirchenrecht, sondern auch auf dem Gebiet des Verwaltungs- und Verfassungsrecht. Im Zusammenhang mit der Neubesetzung des Lehrstuhls für Kirchenrecht und Staatsrecht an der Universität München bittet der Nationalsozialistische Lehrerbund Stutz um eine Beratung. Stutz schlägt darauf hin Heckel als Kandidaten vor.[346]

Rudolf Smend nimmt den Ruf nach München nicht an, so dass sich das Kollegium für Johannes Heckel entscheidet. Der Dekan der Juristischen Fakultät unterbreitet den Berufungsvorschlag dem Bayerischen Justizminister Hans Frank, welcher diesen mit dem Ministerpräsidenten und Minister des Innern von Preußen, Herrmann Göring, berät. Nach dessen Billigung kann Johannes Heckel zum ordentlichen Professor an den Lehrstuhl für Kirchenrecht und Staatsrecht an der LMU als Nachfolger Rothenbüchers berufen werden.

c) Vereidigung zum ordentlichen Professor an der LMU München

Im Februar teilt der Dekan Kisch Heckel diesen Ruf mit, welchen jener unverzüglich annimmt. Am 20.06.1934 wird Johannes Heckel mit Wirkung ab dem 01.09.1934 zum Professor an der LMU ernannt.

Er schwört am 28.08.1934 den Diensteid, der wie folgt lautet:

> „Ich schwöre: Ich werde dem Führer des Deutschen Reiches und Volkes, Adolf Hitler, treu und gehorsam sein, die Gesetze beachten und meine Amtspflichten gewissenhaft erfüllen, so wahr mir Gott helfe.“

---

344 *Mehring*: S. 331.

345 nähere Nachweise hierzu siehe unter dem Kapitel „Werk“

346 vgl. Brief Heckel an Stutz vom 20.12.1933, UAZ 60.

Bezeichnend an diesem Eid ist die Bezugnahme auf den Führer. Er ist es, demgegenüber sich der Beamte zu Treue und Loyalität verpflichtet. Im Gegensatz zu dem Richtergelöbnis, welches Heckel im Jahre 1919 beim Antritt seiner Stelle als Konsistorialassessor ablegte, stehen nicht Recht und Gott im Vordergrund, sondern das Gesetz und der Führer. Schon diese Formulierung schafft einen markanten Unterschied: 1919 galt es, dem „Recht" gemäß zu handeln, nun stellt das „Gesetz" die Richtschnur dar. Dies ist nicht nur mit der Tatsache zu erklären, dass es sich bei der Professorentätigkeit um eine Anstellung im weltlichen Verwaltungsbereich handelt. Zwar liegt gerade im Kirchendienst nahe, dass oberster Bezugspunkt stets nur Gott und sein Recht sein können, während dies in einer staatlichen Verwaltung grundsätzlich anders sein kann. Oberster Bezugspunkt ist der Chef der Verwaltung. In der Nationalsozialistischen Diktatur musste sich daraus zwangläufig der Führer als Bezugspunkt ergeben.

Dennoch ist vom juristischen Standpunkt aus eine andere Gewichtung vorzunehmen. Die Frage nach dem Unterschied zwischen Recht und Gesetz ist eine Thematik, die in der Rechtswissenschaft von jeher diskutiert wird und nicht endgültig gelöst werden kann. Eine ausführliche Darstellung dieser Diskussion würde den biographischen Rahmen dieser Arbeit sprengen. Daher sei nur kurz erwähnt, dass der Streit bei der Idee des Positivismus ansetzt: Der Positivist sieht als Recht, was in Gesetz und Norm kodifiziert ist. Das Recht ist folglich Wandel und Zeitgeist stets unterworfen.

Demgegenüber berufen sich die Gegner des Positivismus auf eine transzendente Macht, die ein abstrakt geltendes „Recht", im Sinne von „Richtig" aufstellt, und welche es im Idealfall zu erkennen und in kodifiziertes Gesetz zu binden gilt.

Johannes Heckel ist nun mit Sicherheit nicht als Positivist zu bezeichnen. Seine philosophische und ethische Betrachtung der sozialen und rechtlichen Zusammenhänge schaffen ihm ein Weltbild, welches über die strikt blinde Befolgung von Wort und Schrift hinausgeht. Aus seiner Sicht heraus besteht eine Bindung des Menschen an ein höheres Recht. Anders ließe sich Heckels Rechtsauffassung nicht mit der Religion vereinbaren. Zwar vertritt Heckel zunächst die Position der Zwei-Reiche-Lehre, welche kirchliche und staatliche Macht voneinander strikt trennt, jedoch bedeutet dies nur, dass es sich um zwei voneinander getrennte Bereiche handelt, nicht aber, dass auch jegliche Beeinflussung untereinander ausgeschlossen ist. Mit einer positivistischen Anschauung kann Johannes Heckel also nicht rechtfertigen, dass er den Eid auf den Führer schwört, weshalb es dafür einer anderen Begründung bedarf.

Diese lässt sich zum einen in einer ideologisch parteikonformen Einstellung vermuten. Sähe Johannes Heckel den Führer als berechtigten und gottgewollten Anführer des Deutschen Volkes an, so ist leicht einsehbar, warum er sich jetzt diesem verschreibt und in der Person Hitlers das abstrakte Recht zu finden glaubt.

Andererseits ist es wohl voreilig, einem bloßen Lippenbekenntnis zugleich die Wirkung eines echten Bekenntnisses eigener Überzeugung beizulegen. Vielmehr ist ja durchaus auch denkbar, dass Heckel den Eid geschworen hat, ohne der Formel großen Wert beizumessen, um die zur Aufnahme als Professor nötigen Formalitäten zu erfüllen. Dies ist aber angesichts des Charakters Heckels fern liegend: Stets um Klarheit und Genauigkeit bemüht, weiß Johannes Heckel um die Bedeutung dessen, was er im Zusammenhang mit dem Diensteid äußert. Johannes Heckel erkennt sehr wohl, was es mit der Formulierung des Diensteides zur Übernahme in den Professorendienst auf sich hat. Auch der Widerspruch, der sich zu dem von ihm im Jahre 1919 geleisteten Gelöbnis ergibt, ist Heckel bewusst. Aus Zwecken des beruflichen Fortkommens und der wissenschaftlichen Ehre heraus stimmt er aber zumindest formal den Anforderungen, die an einen Professor gestellt werden, zu und leistet den Diensteid entsprechend. Die innere Anschauung der Gegebenheiten kommt bei der bloßen Wiedergabe der vorgeschriebenen Worte nicht zum Ausdruck. Die äußere Angepasstheit muss nicht automatisch tatsächliche Übereinstimmung bedeuten, schließt eine solche aber auch nicht aus.

Im Januar des Folgejahres nimmt der Rektor der Ludwig-Maximilians-Universität – Professor Eischmann – Professor Heckel das Handgelübde ab:

> „Ich verspreche hiermit auf Handschlag, wenn von einer ausländischen Regierung ein Ruf an mich ergeht, diesem keine Folge zu geben noch überhaupt in Verhandlungen mich einzulassen, bevor ich den Universitätsbehörden oder dem bayerischen Staatsministerium für Unterricht und Kultus Anzeige hiervon erstattet habe.“

Damit ist die Beziehung zur Münchener Universität gefestigt. In München lebt Johannes Heckel sich rasch ein und führt seine wissenschaftliche Arbeit fort.

Im August 1934 gibt er eine öffentliche Erklärung ab, in einer Loge, logenähnlichen Organisation oder Ersatzorganisation einer solchen nicht Mitglied zu sein. Wenig später erklärt er zudem, nie einer Beamtenorganisation angehört zu haben. Hieran wird erkennbar, dass es im Zusammenhang mit der Ausübung des Berufs durchaus darauf ankommt, sich den staatlichen Vorgaben nicht zu widersetzen und an die „Spielregeln“ des Führers zu halten. Jegliche Mitgliedschaft in einem Verein oder Verbund, welcher Freiheit vom Staat propagiert oder Rechte der Bürger gegen den Staat geltend machen will, ist einem Fortkommen hinderlich. Die Logen sind Gruppenverbände der Freimaurer, welche sich als Vertreter von liberalen Idealen zusammenschließen, um ihre Rechte zu verwirklichen und ihrer Weltanschauung gemäß zu leben. Der Beamtenbund ist die Vereinigung der deutschen Beamten zur Wahrung ihrer Rechte gegenüber dem Staat als Arbeitgeber. Solche Verbände gefährden den Anspruch des Staates auf alleinige Herrschaft und bringen zum Ausdruck, dass die Mitglieder sich nicht blindlings der Staatsgewalt unterordnen wollen. Derartiges kann in einer Diktatur nicht geduldet werden. Daher ist es für Heckel maßgeblich, dass er einem solchen Verbund nicht angehört.

Damit steht dem beruflichen Fortkommen Heckels aus der Sicht des Staates nichts entgegen. Im Wintersemester 1937/1938 liest Heckel die vierstündige Vorlesung „Verfassung“ und die zweistündige Übung dazu und veranstaltet ein kirchenrechtliches Seminar[347].

d) Institut für Verwaltungswissenschaften

Im Jahre 1937 bildet der Reichsinnenminister Wilhelm Frick eine nationale Sektion in dem Internationalen Institut für Verwaltungswissenschaften, welchem die Reichsregierung zu Beginn des Jahres beigetreten ist.[348] Unter der Führung von Staatssekretär Stuckart und dem Direktor der Akademie für Deutsches Recht Berlin Dr. Lasch wirkt die nationale Sektion an der Zusammenarbeit des Reiches mit anderen Staaten im Bereich des Verwaltungsrechts und der Verwaltungsorganisation mit. In diese nationale Sektion wird am 08.02.1937 Johannes Heckel berufen. Hier kommt zum Ausdruck, dass Johannes Heckel neben der wissenschaftlichen Arbeit im nationalen Bereich stets auch an internationalem Recht interessiert ist. Dies wird in seinen Forschungsarbeiten in Frankreich im Rahmen von Archivforschungen für das Auswärtige Amt weiter zum Ausdruck kommen. Mit der Billigung durch den Direktor der Akademie für Deutsches Recht ist Heckel in den Kreis derjenigen Professoren erhoben, die als „zuverlässige, dem Nationalsozialismus deutlich nahe stehende Personen“[349] gelten. Im Zusammenhang mit der Arbeit im Ausschuss für Religionsrecht der Akademie tritt Johannes Heckel deutlich für die enge Verbindung zwischen Kirche und Staat ein. Der Führer des Staates habe aufgrund der absoluten Stellung auch bei der Besetzung von Kirchenämtern mitzuwirken.[350] Darin liegt eine deutliche Abkehr von der während der Weimarer Republik vertretenen Auffassung einer unabhängigen, einzig Gott verpflichteten Kirche.

e) Stellvertretender Dekan

Nach seinem Beitritt zur NSDAP[351] im Jahre 1938 wird Johannes Heckel ab 01.11.1938 neuer Stellvertretender Dekan der Juristischen Fakultät. Wenig später wird er in den Gebührenerlassausschuss der Universität als Vertreter der Juristischen Fakultät berufen. Johannes Heckel nimmt neben seinen reinen wissen-

347 Vorlesungsverzeichnis der Ludwigs-Maximilians-Universität München Wintersemester 1937/1938: http://epub.ub.uni-muenchen.de/824/1/vvz_lmu_1937-38_wise.pdf.

348 *Stolleis*: S. 376.

349 *Adlberger:* Kisch, S.173f..

350 *Winter*: S.67 ff.

351 siehe hierzu Ausführungen unter „politisches Engagement“

schaftlichen Aufgaben eine Vielfalt darüber hinausgehender Ämter wahr. Hierin zeigen sich wiederum seine Strebsamkeit und sein Ehrgeiz, die ihn dazu veranlassen, sein Hauptaugenmerk auf die berufliche Laufbahn und den beruflichen Erfolg zu richten. Im Folgejahr wird er zum Mitglied des Prüfungsamts und des Prüfungsausschusses für Diplomvolkswirte an der Universität München als Fachvertreter für Staats-, und Verwaltungsrecht bis zum 31.03.1940 ernannt. Mitte des Jahres wird Johannes Heckel Mitglied des Vorstands der Ministerialkanzlei, deren Inspektor Dietel ihn mit der Führung der Vorstandsgeschäfte des Lehrstuhls für Völkerrecht, Öffentliches Recht und Volkskunde betraut. Die Übernahme höchster Ehrenämter bewirkt, dass der Ruf Professor Heckels weit über München hinaus wächst. Er nimmt aktiv an der Verwaltung und Organisation der universitären Aufgaben teil und wird der Ludwig-Maximilians-Universität unverzichtbar. Als er im Oktober 1939 zum Wehrdienst einberufen werden soll, verschafft ihm der Dekan ein Freistellungsattest. Aus zwingenden Gründen der Reichsverteidigung wird er vom aktiven Heeresdienst befreit, um kriegswichtige Aufgaben der Verwaltung des Ministeriums für Wissenschaft, Erziehung und Volksbildung erfüllen zu können. Hilfreich ist ihm in diesem Zusammenhang auch die Durchführung einer Vorlesung zum Wehrrecht. Indem Johannes Heckel ein zeitpolitisches Thema in den Rang der Wissenschaft erhebt, geht er nicht nur mit der politischen Einstellung nach außen hin konform, sondern trägt auch zur geistigen und wissenschaftlichen Konsolidierung bei. Johannes Heckel setzt sich dezidiert mit der Thematik auseinander und richtet eine Vorlesung an diesem Thema aus. Sie ist in folgender Weise gegliedert:

1. Die Wehrlehre (d.h. die Lehre vom Wehren), ein Hauptbestandteil der Lehre vom Staat (Staatslehre)!
2. Gegenstand der Wehrlehre: Methoden und Mittel, mit denen ein Staat anderen seinen Willen aufzuzwingen versucht oder solche gegen ihn gerichtete Versuche abwehrt.
3. Mittel der staatlichen Bezwingungsversuche: Waffenkrieg, Wirtschaftskrieg, Seelenkrieg; vereint: der totale Krieg.

Die Einrichtung eines Seminars für Wehrrecht gestaltet sich zunächst nicht ohne Schwierigkeiten, da sie organisatorische Umstellungen erfordert. Jedoch ist dem Dekan daran gelegen, Johannes Heckel an der Universität München zu halten. Um seine Einberufung zum Militärdienst zu verhindern und sein Interesse an München zu steigern, wird ihm der Wunsch gewährt.

Heckel regt zudem die Umbenennung des Lehrstuhls an und schlägt vor, den „Lehrstuhl für Kirchenrecht und Staatsrecht" in „Lehrstuhl für Staatsrecht, Wehrrecht und Kirchenrecht" umzubenennen. Auffällig ist dabei die Umkehrung der Reihenfolge in der Aufzählung der Fächer. Im Gegensatz zu der ursprünglichen

Bezeichnung steht an erster Stelle das Staatsrecht, das Kirchenrecht steht am Schluss. Einerseits ist zu bedenken, dass in der Bezeichnung der Lehrstühle die Reihenfolge nicht zwingend eine Wertung zum Ausdruck bringt. Jedoch besteht aus eben diesem Grund eben keine Veranlassung, die Reihenfolge zu ändern. Durch die Umkehrung der Reihenfolge entsteht der Eindruck, die Reihenfolge bringe doch eine Wertung zum Ausdruck. Den Schwerpunkt bildet das Staatsrecht, welches dem Kirchenrecht vorgeht. Damit ist impliziert, dass auch die Forderungen des Staates denen der Kirche vorgehen und der Führer oberstes Prinzip ist. Der Lehrstuhl und dessen wissenschaftliches Arbeiten sind in erster Linie am Staat und dessen Institutionen ausgerichtet.

Auffällig ist darüber hinaus, dass dem Wehrrecht, welches eigentlich dem Staatsrecht unterfällt, neben dem Staats-, und dem Kirchenrecht ein eigenes Seminar gewidmet und es im Namen des Lehrstuhls geführt wird. Wehrrecht ist für Johannes Heckel eine Materie, die sein besonderes Interesse erweckt. Hierbei handelt es sich nicht nur um einen bloßen Vorwand, um nach außen hin den Eindruck der Konformität mit der Staatsideologie zu erwecken. Vielmehr ist das Wehrrecht zentraler Gegenstand der Forschung Heckels, was auch mit seiner Auffassung vom Staatsrecht und dessen Bedeutung zusammenhängt. Nur so lässt sich der Eifer erklären, mit dem Heckel die Einrichtung des wehrrechtlichen Seminars verficht. Die neue Wertung Heckels im Rahmen der Staatsrechtswissenschaft kommt auch im Zusammenhang mit dem Bericht auf der Arbeitstagung der Reichsfachgruppe Hochschullehrer des Bundes Nationalsozialistischer Deutscher Juristen am 20.12.1934 zum Ausdruck. Der Vortag „Staats- Verwaltungs- und Kirchenrecht im Dritten Reich“[352] stellt Heckels Meinung dar, kein Fach sei von der nationalsozialistischen Revolution so betroffen, wie die Rechtswissenschaft. Der totale Wille des Führers beherrsche Recht und Leben.

Der neue Lehrstuhl heißt schließlich „Lehrstuhl für Verfassungsrecht, insbesondere Wehrrecht, und Kirchenrecht“. Mit derartigen Zugeständnissen der Universität an die Vorstellungen Heckels gelingt es dem Dekan, Johannes Heckel in München zu halten.

Im April des Jahres 1940 lehnt Johannes Heckel auch folgerichtig einen Ruf an die Universität Berlin ab. Der seit dem Tod von Stutz nicht mehr ständig besetzte Lehrstuhl für Kirchenrecht an der Humboldt-Universität zu Berlin soll – so schlägt die juristische Fakultät unico loco vor – an Professor Heckel vergeben werden. „Prof. Heckel ist heute als der erste Kirchenrechtslehrer in Deutschland anerkannt“[353]. In seinem Antwortbrief führt Heckel aus, „dass die Möglichkeiten wissenschaftlicher Entfaltung – selbst bei Gewährung des von mir für Berlin

---

352 *Heckel*: Staats- Verwaltungs- und Kirchenrecht.

353 Acta der Friedrich-Wilhelms-Universität zu Berlin, Stutz, UAB 526, S. 9.

erbetenen Lehrauftrages – in München für mich sehr viel günstiger sind als in Berlin“[354]. Grund für die Entscheidung Heckels ist in erster Linie die Möglichkeit, in München neben dem Kirchenrecht auch das öffentliche Recht zu lehren. Insbesondere das Staatsrecht mit Berücksichtigung des Wehrrechts liegt Heckel am Herzen. Bezeichnend ist, dass der Staatsrat und Professor in Berlin Carl Schmitt während der zähen Verhandlungen zwischen Heckel und der Universität Berlin zwar gegen eine Begrenzung des Fachbereichs auf das Kirchenrecht spricht, die Kandidatur Heckels aber ablehnt[355]. Hintergrund für die ablehnende Haltung der Partei ist nach der Auffassung der Kollegen die „Selbstständigkeit der Kirche und ihr Eigenleben“, die Heckel vehement verteidigt[356]. Den Ruf auf den Lehrstuhl für „Deutsche Rechtsgeschichte, Kirchenrecht, Bürgerliches Recht und Handelsrecht“[357] nimmt schließlich im Herbst des Jahres 1940 Professor Reicke aus Marburg an, der bereits in den Jahren 1933 bis 1936 eine außerordentliche Professur an der Universität Berlin inne gehabt hatte.

f) Universitätsleben

Im Jahr 1933 befinden sich die Universitäten in einer prekären Lage. Die wirtschaftliche Lage ist angespannt[358]. Die Studentenschaft ist weitgehend radikalisiert, der NS-Studentenbund ist außerordentlich aktiv[359]. Circa ein Jahr vor Heckel erhält Koellreutter einen Ruf nach München. Der Thüringische Minister für Volksbildung Wächtler bescheinigt Koellreutter die „Abkehr vom liberalistischen Denken und die Notwendigkeit einer autoritativen Staatsführung schon zu einer Zeit verkündet“ zu haben, „als dieses Bekenntnis Mut verlangte“[360]. Am 26.11.1883 in Freiburg geboren, studiert Koellreutter Rechtswissenschaften an den Universitäten Rom, Grenoble, Berlin und Freiburg. 1908 promoviert Koellreutter mit dem Thema „Richter und Master. Ein Beitrag zur Würdigung des englischen Zivilprozesses“ an der Universität Freiburg. 1913 habilitiert er sich eben dort. Während des Ersten Weltkrieges dient Koellreutter an der Westfront und wird mit dem Eisernen Kreuz 1. Klasse, dem Ritterkreuz des Zähringer Löwens sowie mit dem Ritterkreuz des Karl-Friedrich-Verdienstordens ausgezeichnet[361]. Im August 1920 lernt Koellreutter Carl Schmidt kennen, der ihm ein „lebenslanger freund-

---

354 Acta der Friedrich-Wilhelms-Universität zu Berlin, Stutz, UAB 526, S. 46.
355 Acta der Friedrich-Wilhelms-Universität zu Berlin, Stutz, UAB 526, S. 37.
356 Zeugnis des Professor Eichmann, Spruchakte: S. 122.
357 Personal-Akten des ordentl. Professors Dr. Siegfried Reicke, UAB 61, S. 28.
358 *Stolleis*: S. 250.
359 *Stolleis*: S. 287.
360 *Schmidt*: S. 16.
361 *Stolleis*: S. 324 f..

feindlicher Gefährte“ wird[362]. 1921 nimmt Koellreutter einen Ruf der Universität Jena an, ab 1923 ist er als nebenamtlicher Richter am Thüringer Oberverwaltungsgericht tätig. Bereits während der relativen Stabilität der Republik artikuliert Koellreutter deutliche Vorbehalte gegenüber dem demokratischen System, insbesondere gegenüber dem Parteienstaat. Er setzt sich für weitergehende Zentralisierung und Stärkung der Macht des Reichspräsidenten ein. Folgerichtig vertritt Koellreutter im Jahr 1930 das nationalsozialistisch regierte Thüringen vor dem Staatsgerichtshof, als das Land die Zuschüsse für die Landespolizei streicht. Hintergrund ist die Aufnahme von Nationalsozialisten in die Polizei. Das Reich gibt letztlich nach. Von der Abneigung gegenüber dem Parteibegriff ausgenommen ist die NSDAP. Sie ist nach Koellreutter das politische Mittel der Führung.[363]

Seit 1933 ist Koellreutter Mitglied der NSDAP. Die NSDAP sieht Koellreutter jedoch als „ausserverfassungsrechtlichen Gegenspieler des Parteienstaates“[364]. Ohne Beteiligung der Fakultät wird Koellreutter aufgrund parteiinterner Beziehungen im Jahr 1933 auf das staats-, verwaltungs- und kirchenrechtliche Ordinariat an der Universität München berufen. Bereits im folgenden Jahr wird er zum stellvertretenden Dekan ernannt, da die NSDAP große Hoffnungen in ihn setzt. Als Angehöriger des Disziplinarausschusses der Universität geht Koellreutter jedoch auch gegen NS-Studenten vor, die den Hochschulfrieden stören. Gleichzeitig wendet er sich gegen die Vorlesungen emeritierter Professoren, mit dem Argument, sie seien für die Einführung in das aktuelle politische Denken nicht geeignet. Staatsphilosophie solle nur von denen gelesen werden, deren politische Grundhaltung eindeutig nationalsozialistisch sei. In diesem Sinne verfasst Koellreutter beispielsweise das Werk „Leviathan und totaler Staat“, 1938.

Während der Kriegsjahre wendet sich Koellreutter zunehmend von der nationalsozialistischen Ideologie ab. Möglicherweise ist dies zurückzuführen auf die Einlieferung eines angeheirateten Onkels in das Konzentrationslager Theresienstadt. Als er im Jahr 1944 bei dem Gauleiter um Entlassung des Ehepaars bittet, da von den hochbetagten Menschen keine Gefährdung des Staates ausgehe, muss sich Koellreutter judenfreundliche Absichten vorwerfen lassen. 1945 wird Koellreutter amtsenthoben und aufgrund der nationalsozialistischen Mitwirkung bis zum Jahr 1949 inhaftiert. Zu diesem Zeitpunkt wird er in den Ruhestand versetzt und 1952 formal emeritiert. Im Jahr 1953 erscheint eine Monographie „Deutsches Staatsrecht“, 1955 eine „Staatslehre im Umriss“. Zudem kommentiert Koellreutter Entscheidungen des Bundesverfassungsgerichts in der Zeitschrift „Die öffentliche Verwaltung“. 1972 verstirbt Koellreutter in Freiburg.[365] Nach der Berufung Heckels an die Univer-

362 *Mehring*: S. 119.

363 *Schmidt:* S. 93.

364 *Schmidt*: S. 38.

365 *Stolleis:* S. 234 f..

sität München hält Heckel Stutz auch über die Geschehnisse in München auf dem Laufenden. Beispielsweise teilt er mit, dass Planitz als Kandidat im Rahmen einer Neubesetzung vorgesehen ist[366]. Auffällig ist auch die Ansicht Heckels, er sei über die Auffassung der Münchener Professoren in Bezug auf die nationalsozialistische Ideologie erstaunt. „Mehr als die Hälfte stehen offenbar dem Nationalsozialismus mit der größten Vorsicht entgegen … Ich sehe es als meine Aufgabe an, den jungen Leuten (*gemeint sind die Studenten, Anm. d. V.*) Vertrauen in die politische Leitung beizubringen."[367] An dieser Stelle wird deutlich, dass Heckel die oben angeführte anfängliche Skepsis gegenüber dem nationalsozialistischen Gedankengut rasch ablegt und für die nationalsozialistische Lehre eintritt.

Mit der klaren Bekennung zur nationalsozialistischen Ideologie geht Heckel einen Schritt weiter als der „typische Professor"[368]. Das Verhalten des „durchschnittlichen Juristen" lässt sich an dem Beispiel des Justizministers Franz Gürtner hervorragend beleuchten[369]. Als sich nach dem ersten Weltkrieg die anfängliche Verfassungsbegeisterung gelegt hat, erkennt Gürtner die zunehmende Schwäche der parlamentarischen Demokratie. Als Ausweg aus den drückenden Schulden des Versailler Vertrages stellt sich die aktive Unterstützung der national-konservativen Kräfte dar. Integrität und Festigkeit der Beamtenschaft sind für Gürtner Stütze der Macht. Dabei ist er keineswegs an einer Schreckensherrschaft mit absolutistischer Gewalt orientiert. Vielmehr lautet die Devise Gürtners: „Das Recht nutzt dem Volke. Darum muss das Recht gesucht werden."[370]. Der Grundsatz Franks, „Recht ist, was dem Volke nützt"[371] wird dabei in sein Gegenteil verkehrt: Gürtner betrachtet das Recht nicht als Mittel zum Zweck, sondern als anzustrebenden Zweck. Diese Haltung hat zur Folge, dass Gürtner den Säuberungsaktionen der nationalsozialistischen Herrschaft skeptisch gegenüber steht. Immer wieder versucht er, den Einfluss seines Amtes geltend zu machen, um hochqualifizierte Juristen vor einer Entfernung aus dem Amt zu bewahren. Schrittweise gelingt es den Vollziehern der Ideologie Hitlers, die Vereinheitlichung des Rechts herbeizuführen und auch den Verwaltungsapparat der Gleichschaltung zu unterwerfen. Im Anschluss daran wird die nationalsozialistische Säuberung im Justizapparat und unter den Anwälten verwirklicht: Jüdische Juristen verlieren die Zulassung zum Anwalts- oder Richteramt, werden aus den Stellen entfernt oder weichen selbst dem Druck von Kollegen und Vorgesetzten. Auch vor diesem Hintergrund mag

---

366 Karte Heckel an Stutz vom 06.06.1934, UAZ 60.

367 Brief Heckel an Stutz vom 31.12.1935, UAZ 60.

368 *Adlberger*: Kisch, S. 110.

369 *Gruchmann*: S. 9.

370 *Gruchmann*: S. 68.

371 *Gruchmann*: S. 68.

Heckel dazu veranlasst worden sein, die nationalsozialistische Ideologie zu akzeptieren und sogar zu fördern. Gürtner hat denn auch wenig Erfolg mit seinem Bemühen, so dass er schließlich resigniert und nur aus Verantwortungsbewusstsein im Amt verbleibt. Gürtner ist der „Fels in der Brandung“[372], der das Fähnlein der Gerechtigkeit bis zuletzt aufrecht erhält ohne aktiv Widerstand zu leisten. Diese Einstellung bewahrt Gürtner sich bis zu seinem Tod im Jahr 1941. Anschließend wirken die nationalsozialistischen Mächte immer stärker auf den Justizapparat ein. Neben der personellen Säuberung wird nun auch die inhaltliche Säuberung des rechtlichen Wirkens vorgenommen. Dies kommt insbesondere in der Sonderbehandlung von Straftaten zum Ausdruck, die im Namen der Reinigung des Volkes von der jüdischen Rasse begangen werden. Die Straftäter werden von den Parteivorgesetzten nicht oder nur geringfügig zur Rechenschaft gezogen, da „die heutigen Verhältnisse dem alten formellen Recht vorgingen“[373]. Der Rechtsbruch wird staatlich nicht geahndet, die Rechtsbeugung selbst wird ebenfalls stillschweigend geduldet. An den Universitäten ist die „Mehrzahl der Hochschullehrer … tatsächlich unpolitisch oder verstand sich jedenfalls so“[374].

Angesichts dieser Sachlage kann die Haltung Heckels zunächst als reiner Opportunismus gewertet werden, der der Gefahr der personellen Säuberung durch die Anpassung an das Regime entgehen will. Zu beachten ist jedoch, dass die Aussage Heckels gegenüber Stutz im Zusammenhang mit der politischen Einstellung der Kollegen im privaten Bereich stattfindet. Aus den Worten Heckels kommt innere Überzeugung zum Ausdruck.

2. Haltung zur Studienreform

Am 20. und 21.12.1934 findet im Festsaal des Preußenhauses in Berlin eine Arbeitstagung der Reichsfachgruppe Hochschullehrer des Bundes Nationalsozialistischer Deutscher Juristen statt[375]. Auf Einladung des Reichsfachgruppenleiters Staatsrat Professor Dr. Carl Schmitt kommen über 170 rechts- und wirtschaftswissenschaftliche Hochschullehrer in Berlin zusammen um den richtungsweisenden Vorgaben des Reichsjuristenführers Reichsminister Dr. Hans Frank und des Staatssekretärs im Reichsjustizministerium Dr. Roland Freisler zuzuhören. Ein Vorgang, der durch die Studienreform herbeigeführt wird, ist die Umbenennung des Studienfaches „Verwaltungsrecht“ in „Verwaltung“.[376] Der Streichung

---

372 *Gruchmann* S. 79.
373 *Gruchmann*: S. 339.
374 *Stolleis*: S. 251.
375 *Heckel*: Staats- Verwaltungs- und Kirchenrecht, Vorbemerkung.
376 *Stolleis*: S. 372.

des Begriffs „Recht“ kommt eine hohe Bedeutung zu: es wird bewusst eine liberale, dem individuellen Rechtsschutz verpflichtete Linie „abgeknickt“.[377] Anlässlich dieser Tagung, dessen Gegenstand die Studienreform bildet, hält Johannes Heckel den Vortrag „Staats-, Verwaltungs- und Kirchenrecht im Dritten Reich“.

Zu Beginn führt Heckel aus, dass der Nationalsozialismus eine umfassende Neudefinition des Staatsbegriffes erforderlich mache. Der traditionelle Staatsbegriff trage den Gedanken des „status“ – also des Beständigen – in sich. Hingegen ist die „politische Kampfgemeinschaft des Nationalsozialismus, dieser Stürmende „Heerbann des Werdenden“ Bewegung, kein status.“[378] An die Stelle des Staates rückt nach Heckel in der nationalsozialistischen Politik das Volk. Das Volksrecht darf daher nicht mehr vom Staat aus konstruiert werden. Als neuen Begriff für die rechtliche Einheit wählt Heckel das „Reich“.

Durch den neuen Staatsbegriff ist nach Heckel in erster Linie die Wissenschaft des öffentlichen Rechts betroffen. „Kein Fach ist durch die nationalsozialistische Revolution so einschneidend und umfassend neu gestaltet worden wie sie. Kein Begriff, keine Rechtseinrichtung, keine Norm, die nicht in eine neue Sinnordnung eingereiht werden müsste.“[379]

Daher muss die Lehre des öffentlichen Rechts an die veränderte geistesgeschichtliche Lage angepasst werden. Zentraler Begriff soll künftig das „Volk“ sein, weshalb Heckel als Titel der Vorlesungen im öffentlichen Recht die „Verfassung des deutschen Volkes“ vorschlägt. Die Verfassung beinhaltet zwei Elemente: die Verfassung im technischen Sinn und das Recht des politischen Dienstes. Erstere umfasst die Einrichtungen des Staates. Als neue Körperschaft des öffentlichen Rechts, als *die* Körperschaft, tritt die Partei zu den bisherigen Einrichtungen hinzu. Die Partei besitzt einen begrenzten Zuständigkeitsbereich, in diesem Aufgabengebiet ist ihre Macht jedoch autark. „Die Rechtsetzungsgewalt der Partei ist ausschließlich. … Die Rechtsetzungsgewalt der Partei ist originär“[380].

Die Ordnung des politischen Dienstes befasst sich mit dem Gefolgschaftsverhältnis in Bewegung, Heer und Beamtentum. Prägend ist das völkische Gemeinschaftsstreben.

Als eigene Disziplin des öffentlichen Rechts betrachtet Heckel das Kirchenrecht. Auch in diesem Bereich hat die nationalsozialistische Revolution zu umfassenden Veränderungen geführt. „Schon sinkt das bisherige System der hinkenden Trennung von Staat und Kirche in die Vergangenheit hinab. Ein neues Verhältnis zwischen ihnen wächst auf dem Boden der deutschen Volksordnung

377 *Stolleis*: S. 372.
378 *Heckel*: Staats- Verwaltungs- und Kirchenrecht, S. 11.
379 *Heckel*: Staats- Verwaltungs- und Kirchenrecht, S. 13.
380 *Heckel*: Staats- Verwaltungs- und Kirchenrecht, S. 21.

empor."[381] Zwar sei die Kirche in Bezug auf die Inhalte des Glaubens und die Vermittlung göttlichen Wirkens autonom. Die Freiheit der Kirche müsse aber dort enden, wo die Existenz und Substanz des Volkes betroffen sind.

Damit stehen die Thesen Heckels im krassen Widerspruch zu der noch in der Weimarer Republik vertretenen Auffassung, Staat und Kirche seien strikt zu trennen. Heckel ordnet sich der nationalsozialistischen Herrschaft auch in wissenschaftlicher Hinsicht unter und stellt den Führer als absolutes Prinzip voran.

Im Jahre 1936 finden am 18. Januar eine erste Vorbereitungssitzung zur Organisation des Juristentages und eine Besprechung über die Auswirkungen der Studienreform statt. Eckhardt protestiert gegenüber Schmitt wegen der Referentenliste, da sechs der acht Referenten keine echten Nationalsozialisten seien. Dazu gehörten Johannes Heckel und Werner Weber.

3. Wirken auf nationaler und internationaler Ebene

In München hat Heckel die Möglichkeit, den Lehrstuhl für Öffentliches Recht nach seinen Vorstellungen zu gestalten und seine wissenschaftlichen und ideologischen Ziele umzusetzen. Er kennt die Kollegen, welche ihm wohl gesonnen sind. Das soziale Umfeld ist im Dritten Reich zur Gewährleistung jeglichen Fortkommens im privaten und beruflichen Leben besonders wichtig.

a) Savigny-Zeitschrift

Heckel bekennt sich zur nationalsozialistischen Ideologie, wie im Zusammenhang mit der Arbeit an der Savigny-Zeitschrift für Rechtsgeschichte deutlich wird. In der Korrespondenz über die Arbeit für die Zeitschrift für Rechtsgeschichte schildert Heckel nämlich gegenüber Feine seine Meinung, dass ein Bewerber – von Planitz – für die Aufnahme in die Redaktion wohl weniger nach der fachlichen und wissenschaftlichen Leistung ausgewählt werde, als vielmehr die „Anlagen den Ausschlag geben werden"[382]. Heckel bringt zum Ausdruck, dass von Planitz aufgrund der persönlichen Fehde mit dem Reichsminister Frank wohl für die Zeitschrift als Mitherausgeber nicht in Frage käme. Daraus geht hervor, dass Heckel keineswegs im Unklaren über die Auswirkungen der politischen Haltung auf das berufliche Fortkommen und das wissenschaftliche Arbeiten war. Im Rahmen der Korrespondenz zur Vorbereitung der Festschrift für Ulrich Stutz schreibt Heckel an den Verleger Böhlau im Hinblick auf die mögliche Erweiterung der Gratulationsliste: „Zu einer Erweiterung dieses Kreises gebe ich

381 *Heckel*: Staats- Verwaltungs- und Kirchenrecht, S. 28.
382 Brief Heckel an Feine vom 16.04.1938, UAZ vom 24.04.1996.

nun und nimmermehr meine Zustimmung, am allerwenigsten, wenn man sie durch Subskription wahllos jedem ersten Besten gewährt. Wie? Soll ein Jude, eine Koryphäe des Weimarer Systems u.s.w. durch einen Bakschisch die Möglichkeit haben, Seite an Seite mit nationalsozialistischen politischen Leitern öffentlich auftreten zu können? Und wir wollten etwas derartiges verantworten? Nehmen Sie es mir nicht übel, wenn ich Ihnen versichere, dass mir schon der Gedanke an eine entfernte Möglichkeit dieser Art die Zornader schwellen lässt."[383]

Nach dem Eintritt Feines in die Redaktion der Zeitschrift, wird die Zusammenarbeit zwischen Feine und Heckel noch enger, was er auch gegenüber Stutz erfreut bemerkt[384]. In den Jahren vor dem Krieg wird die Redaktionsarbeit schwieriger und die Herausgabe der Drucke unsicher. Heckel bringt daher in der Korrespondenz mit Stutz seine Freude über die Fertigstellung der Druckausgaben im Jahr 1937 zum Ausdruck.[385]

Regen Austausch pflegt Heckel mit Stutz auch über die Gestaltung der einzelnen Beiträge für die Zeitschrift. Obwohl Stutz im Jahr 1937 die Hauptverantwortung der Herausgabe auf Heckel übertragen hat[386], tritt Heckel regelmäßig an Stutz mit der Bitte „zu einem Gang durch die Flur" heran, „um mit mir zu sehen, wie die Saat steht"[387]. Im Rahmen des Habilitationswunsches des Autors Otto Mayer äußert Heckel seine Meinung, dass Mayer aufgrund seiner politischen Einstellung in München wohl nicht mit einer Förderung rechnen könne, „ohne sich menschlich untreu zu werden".[388] „Hat doch sogar Klebel trotz seiner günstigen politischen Vergangenheit es hier nicht zur Dozentur gebracht."[389] Ernst Klebel, einer der bedeutendsten Mitarbeiter in der Forschung des Schwabenspiegels, ist als österreichischer Staatsbürger zwar national eingestellt. Das Schrifttum Klebels ist jedoch vorwiegend rechthistorisch geprägt und trägt der nationalsozialistischen Ideologie damit nicht Rechnung. Otto Mayer ist als wissenschaftlicher Assistent auf dem Gebiet der Rechtsgeschichte nach Einschätzung von Heckel und Stutz ein beachtenswerter Mann. Da die politische Einstellung Mayers jedoch nicht der Ideologie des Nationalsozialismus entspricht, hat Mayer außerordentliche Schwierigkeiten, die eigene Karriere fortzusetzen[390]. Stutz bemüht sich – im Austausch und in Zusammenarbeit mit Heckel – um Unterstützung Mayers. Beispielweise bietet Heckel an, das Redaktionshonorar für die

383 Brief Heckel an Böhlau vom 17.03.1938, UAZ vom 24.04.1996.
384 Brief Heckel an Stutz vom Dezember 1936 (genaues Datum nicht erkennbar), UAZ 60.
385 Karte Heckel an Stutz vom 31.12.1937, UAZ 60.
386 vgl. Brief Heckel an Stutz vom 12.06.1938, UAZ 60.
387 Brief Heckel an Stutz vom 12.06.1938, UAZ 60.
388 Brief Heckel an Stutz vom 24.06.1938, UAZ 60.
389 Brief Heckel an Stutz vom 08.06.1938, UAZ 60.
390 Nähere Informationen zu dem Verlauf dieses Vorgangs konnten nicht ermittelt werden.

Arbeit an der Savigny-Zeitschrift teilweise für eine Studienreise Mayers aufzuwenden, da Mayer „mir so treu und über das pflichtmässige Mass hinaus geholfen“[391] hat. Auch Stutz trägt diese Haltung mit. Dem als Nachfolger von Stutz im Rahmen der Herausgabe der Zeitschrift vorgesehene Otto Mayer möchte Stutz eine geeignete und den fachlichen Leistungen entsprechende Stellung verschaffen. Den Versuch, Mayer in der Akademie für deutsches Recht unterzubringen, sieht Stutz jedoch als „wenig aussichtsvoll“ an, da „der immer unsachliche und skrupellose Kehr wieder für eine seiner Kreaturen wühlt und von Heymann natürlich sekundiert wird.“[392]

Die Zeitschrift veröffentlicht auch nach 1933 noch zahlreiche Artikel jüdischer Autoren. Beispielsweise wird das Werk des Juden Professor Kuttner „mit Worten höchsten Ruhms bedacht“[393]. Stephan Kuttner, 1907 als Sohn des Zivilrechtlers Georg Kuttner in Bonn geboren, entstammt einem jüdisch-protestantischen Elternhaus. Obwohl Kuttner 1932 zum Katholizismus konvertiert, verhindert das nationalsozialistische Regime seine Habilitation. Des Weiteren werden in der Zeitschrift für Rechtsgeschichte Artikel von politisch Verfolgten veröffentlicht. Beispielsweise ist Professor Schreiber, 1882 in Rüdershausen bei Duderstadt geboren und als Zentrumsmitglied bis 1933 im Reichstag, zu nennen. Als Gegner des Regimes wird Schreiber 1935 aus Münster entfernt. Schreiber ist insbesondere im kirchengeschichtlichen Bereich tätig. Professor Jedin, 1900 in Oberschlesien geboren, lehrt bis 1933 in Breslau, bis ihm die venia legendi entzogen wird, da seine Mutter jüdischer Abstammung ist. Feine bescheinigt Heckel im Jahr 1947, im Rahmen der Arbeit für die Zeitschrift „nie einen Unterschied zwischen arischen und nichtarischen Mitarbeitern gemacht“[394] zu haben. Auch habe Heckel zusammen mit Feine „politisch Verfolgten … bereitwilligst unsere Zeitschrift zur Verfügung gestellt, um die wissenschaftliche Kraft dieser Männer – entgegen den Wünschen des Regimes – der Forschung zu erhalten[395].

Aus dem genannten wird deutlich, dass Heckel im Dritten Reich durchaus eine antisemitische Haltung einnimmt und auch persönliche Beziehungen zu Gunsten des beruflichen Fortschritts hintanstellt. Andererseits ist auch erkennbar, dass Heckel die wissenschaftliche Leistung ohne Ansehen der Person würdigt und damit gegebenenfalls auch gegen die Regeln des Regimes verstößt. Heckel erkennt die Schwächen des nationalsozialistischen Machtapparates und kämpft dagegen an. Beispielsweise erklärt er gegenüber einem Studenten, der Verwaltungsapparat

391 Brief Heckel an Stutz vom 16.05.1938, UAZ 60.
392 Brief Stutz an Heckel vom 07.06.1938, UAZ 60.
393 Spruchakte: S. 81.
394 Spruchakte: S. 108.
395 Spruchakte: S. 108.

sei durch die nationalsozialistischen Machthaber „vernichtet“ und müsse wieder aufgebaut werden[396].

Daran wird erkennbar, dass Heckel zwar einerseits der nationalsozialistischen Ideologie folgt, um die eigene Karriere nicht zu gefährden, andererseits jedoch auch persönlich mit Kollegen Kontakt aufrecht hält, die dem nationalsozialistischen Regime nicht hundertprozentig folgen. Darüber hinaus stellt Heckel die wissenschaftliche vor die politische Anerkennung. Daher wird unter der gemeinschaftlichen Leitung der Zeitschrift von Heckel und Stutz Horst Karl Ferdinand Edler von Planitz – trotz persönlicher Konflikte mit dem Minister Frank – mit der Leitung der germanischen Abteilung der Savigny-Zeitschrift betraut. Planitz, seit 1933 als Landrat von Zellerfeld tätig und bereits seit 1932 in der NSDAP, ist zwar dem nationalsozialistischen Regime zugetan, mit dem Reichsminister Frank jedoch zerstritten.

Gegenüber Mitgliedern der ZRG schreibt Heckel im Jahr 1939, dass die Produktion auch in den Kriegsjahren aufrechterhalten werden müsse. „Die feindliche Propaganda würde gemäß dem Gesetz des totalen Krieges nicht zögern, jene Beschränkung als Erlahmen der wissenschaftlichen Schöpferkraft des deutschen Volkes hinzustellen und in dem Seelenkrieg gegen unser Vaterland wirksam auszuwerten.“[397]

Aus diesen Darstellungen spricht zum einen die Bedeutung, die die Tätigkeit im Rahmen der wissenschaftlichen Veröffentlichungen für Propaganda und Beeinflussung der Volksmeinung besitzt. Darüber hinaus kommt zum Ausdruck, dass Heckel an dem totalen Krieg mit Eifer beteiligt ist. Die Juden erachtet er als nicht würdig, mit hochkarätigen Politikern des Nationalsozialismus und Wissenschaftlern von oberstem Rang Gemeinsamkeiten zu erleben, wie an den Vorbereitungen zur Gratulantenliste im Rahmen der Festschrift Stutz erkennbar geworden ist.

b) Internationale Ebene

Auch auf internationaler Ebene gelingt es Johannes Heckel, sich einen guten Namen zu schaffen. Er nimmt aus wissenschaftlichem Anlass Kontakt mit Italien, Frankreich, England, Nordamerika, Holland, Schweden, Ungarn, Rumänien und Griechenland auf. Zudem gehört er dem „Institut des Sciences administratives“ in Brüssel an und arbeitet in der deutschen Sektion dieser Einrichtung wissenschaftlich mit. Im Jahre 1941 beantragt Johannes Heckel Akteneinsicht in Unter-

---

396 Zeugnis des Wolfgang Klix, Student bei Heckel, Spruchakte: S. 113.

397 Brief Heckel an die Forschungsgemeinschaft Deutscher Wissenschaft vom 25.11.1939, UAZ vom 24.04.1996.

lagen über die Kirchenpolitik der französischen Republik seit 1870. Er sieht Frankreich als „bedeutendsten und gefährlichsten Gegenspieler“ der deutschen Diplomatischen Kräfte.

Zum einen fällt auf, dass Johannes Heckel den seit dem deutsch-französischen Kulturkampf schwelenden Hass gegen die Franzosen aufgreift, ohne diesen näher zu begründen. Erklärbar ist die Haltung gegen die Franzosen mit historischen Ereignissen, welche zur deutsch-französischen Erbfeindschaft geführt haben: Zwischen den bedeutendsten Großmächten des europäischen Festlands herrscht seit jeher tiefes Misstrauen, welches nicht nur im einfachen Volk verbreitet ist, sondern auch vor namhaften Wissenschaftlern und Denkern nicht Halt macht.

Des Weiteren ist zu bemerken, dass Johannes Heckel der Ansicht ist, die Überlegenheit des Deutschen Reiches schlage sich auch in der Kirchenpolitik nieder. Das Gefühl der Überlegenheit ist nicht nur auf die politische Macht begrenzt, sondern erstreckt sich auf die ethische Ebene. In den Folgemonaten ist Heckel intensiv mit dem Studium ausländischer Politik und ausländischen Rechts befasst, welches ihm erneut eine so genannte „UK-Stellung“ (Unabkömmlichkeitsstellung für den Wehrdienst) verschafft. Am 18.07.1942 verfasst er den Schlussbericht über seine Parisreise. Anschließend bestellt der Rektor der Universität Münchens Heckel zum Bearbeiter von Spezialfragen bei der Archivkommission des Auswärtigen Amts in Paris. Auf diese Weise soll Johannes Heckel die im Ausland gewonnenen Erfahrungen und Erkenntnisse weiter einsetzen und für den deutschen Staat auswerten.

Die Beziehung zum Ausland sichert Johannes Heckel auch in der Folgezeit eine bedeutende Stellung. Er wird im Jahre 1943 zu einem Vortrag auf der Tagung der Deutschen Gesandtschaft in Pressburg eingeladen. Wenig später erhält er einen Eilauftrag vom Auswärtigen Amt zur Vornahme von Archivforschungen in Paris. Er ist mit Aufgaben betraut, die maßgeblich das Verhältnis zwischen den beiden Staaten betreffen. Zudem sind die Forschungsarbeiten auch Grundlage für die Ideologie des Dritten Reiches, indem sie die Gedanken der Rassenherrschaft der Arier stützen.

Johannes Heckel übernimmt die Aufgaben nicht nur aus Pflichtbewusstsein. Auch persönlicher Forscherehrgeiz treibt ihn zur Übernahme dieser Aufgaben. Seinem beruflichen Fortkommen ist dieses Verhalten sehr zuträglich. Im Jahre 1944 wird Heckel auf Antrag des Rektors der Universität mit der vorübergehenden Leitung des Instituts für deutsche Rechtsgeschichte beauftragt.

4. Beruflicher Aufstieg

Der Aufstieg des Professor Heckel ist beachtlich. Neben der hochqualifizierten wissenschaftlichen Arbeit ist dafür zum einen die Betätigung in öffentlichen Ämtern verantwortlich. Diese verschafft Heckel einen Bekanntheitsgrad, der über das normale Maß hinaus geht und ihm weitere Ämter beschert. Zum anderen erfüllt Heckel auch die Voraussetzungen, die im Dritten Reich auf jeder Ebene an berufliches Fortkommen geknüpft sind: Mitgliedschaft in der Partei, ideologische Konformität und wissenschaftliche Rechtfertigung der politischen Handlungen und Haltungen. Zugleich setzt sich Heckel jedoch auch gegen die nationalsozialistische Ideologie für Mitarbeiter ein, wenn diese aus Sicht Heckels wissenschaftlich wertvolle Leistungen erbringen. Aus diesem Grund verhilft Heckel dem Assistenten Wegerer zu einem Forschungsstipendium, obwohl der Assistent nicht der nationalsozialistischen Ideologie verhaftet ist[398].

Bis zum Ende des Dritten Reiches hat Johannes Heckel eine ansehnliche berufliche Laufbahn vollendet.

Umso härter trifft ihn am 05.11.1945 die Mitteilung des Bayerischen Staatsministeriums für Unterricht und Kultus, dass er auf Weisung der Militärregierung vom 18.10.1945 bis auf Weiteres vom Dienst enthoben sei.

5. Verhältnis zu den Kollegen

Das persönliche Verhältnis Johannes Heckels zu den Kollegen steht ganz im Zeichen seines Charakters. Heckel bleibt stets freundlich und kooperativ, ohne sich auf feste Bindungen einzulassen. Das kollegiale Verhältnis ist auf Sachlichkeit gegründet. An der Universität München trifft Johannes Heckel auf Professor Dr. Koellreutter, mit dem er auch im Rahmen des AöR eng zusammengearbeitet hat. Zudem hat Heckel Kontakt mit Professor Dr. Riezler, der Heckel als „mustergültig in streng wissenschaftlicher Art“[399] bezeichnet. Auch zu Professor Dr. Eichmann[400] und zu dem Dekan der evangelisch-lutherischen Fakultät Professor Langenfass[401] steht Heckel in einem kollegialen Verhältnis.

Zu Feine hegt Heckel ein ganz persönliches Verhältnis, so dass die Korrespondenz zwischen Heckel und Feine ebenfalls bedeutender Gegenstand dieser Untersuchung ist. Im vertraulichen Gedankenaustausch kommt die persönliche Haltung Heckels hervorragend zum Ausdruck. So ist es auch in einem Brief von Heckel an Feine, dass Heckel erstmals die Floskel Heil Hitler auch in der persönlichen Korrespondenz verwendet[402]. Am 29.07.1940 schreibt Heckel an Feine, um sich nach dem Wohlbefinden der Familie Feines zu erkundigen. Im Weiteren führt Heckel in Bezug auf das Kriegsgeschehen aus, „Die Münchner Bevölke-

398 Zeugnis des Professor Riezler, Spruchakte: S. 124.
399 Spruchakte: S. 19.
400 Spruchakte: S. 24.
401 Spruchakte: S. 33.
402 Brief von Heckel an Feine vom 13.08.1938, UAZ vom 24.04.1996.

rung hat das Attentat auf ihre königlich bayerische Ruhe nicht so sehr als Kriegshandlung aufgefasst, sondern als eine gemeine Frozzelei und ist seitdem auf die Westmächte heftig eingeschnappt“[403].

Nach außen hin vermittelt Johannes Heckel die Konformität mit der nationalsozialistischen Ideologie. Am 11.11.1940 teilt der Dekan dem Wehrbezirks-Kommando mit, Johannes Heckel besitze eine „tadellose Gesinnung, Charakter und Lebensführung“ und habe eine „positive Einstellung zum Nationalsozialismus“[404]. Zudem sei er sehr „energisch und zielbewusst“ und „besitzt wertvolle Führeranlagen“[405]. Das Verhältnis zu den Kollegen scheint somit von gegenseitiger Achtung und Anerkennung geprägt zu sein. Jedoch bringen die Worte des Dekans auch zum Ausdruck, dass Johannes Heckel seinen Beruf mit Strenge und Disziplin ausübt. Die Unnahbarkeit stellt sich als Fortsetzung seiner schon in Jugendzeiten bewiesenen Zielstrebigkeit dar.

Heckel hat ein gutes Verhältnis zum Dekan der juristischen Fakultät, Professor Dr. Edmund Mezger. Darauf ist auch das Bestreben Mezgers zurückzuführen, Heckel als guten Nationalsozialisten darzustellen und an der Universität München zu halten. Im Rahmen der Tätigkeit für die Akademie für Deutsches Recht trifft Heckel auch auf den Strafrechtskollegen Professor Dr. Exner.[406] Ohne an dieser Stelle auf die dem Nationalsozialismus das Wort redende Verbrechertheorie Exners eingehen zu wollen[407], ist festzustellen, dass Heckel auch im sozialen Umfeld dem rassischen Denken ausgesetzt ist und sich daher durch seinen Konformismus „in bester Gesellschaft“ befindet.

II. Wissenschaftliche Arbeit: „Julius Stahl“

In der Zeit des Nationalsozialismus ändert sich der Untersuchungsgegenstand der Werke Heckels radikal: zunächst mit rechtsgeschichtlichem Schwerpunkt hat sich Heckel stets mit dem Kirchenrecht auseinandergesetzt. Während der Zeit des Krieges verlegt er seinen Schwerpunkt auf ein Spezialgebiet des Staatsrechtes. Dies ist, wie er in seinem Schreiben an die Entnazifizierungsbeamten selbst ausführt, zunächst irritierend. Jedoch beruft sich Heckel auf den Kunstgriff zur Täuschung der nationalsozialistischen Zensur. Dem aufmerksamen Leser stellt sich die Sachlage anders dar: um vor der Zensur bestehen zu können, bekennt sich Heckel in seinen Werken zum Nationalsozialismus. Darüber hinaus kommt

403 Brief Heckel an Feine vom 29.07.1940, UAZ vom 24.04.1996.

404 Brief des Dekans an das Wehrbezirks-Kommando vom 11.11.1940.

405 Brief des Dekans an das Wehrbezirks-Kommando vom 11.11.1940.

406 *Sebald*: S. 85 ff.

407 vgl. zur Person von Exner: *Sebald*.

aber, wie bereits dargelegt, neben dem reinen Lippenbekenntnis auch echte Überzeugung zum Ausdruck. Die nationale und konservative Einstellung Heckels lässt ihn ein tapferes, starkes Heer und ein großes Herrschaftsgebiet als erstrebenswert sehen. Nach der nationalsozialistischen Herrschaft findet Heckel zu seinem eigenen Forschungsschwerpunkt zurück, bleibt aber bei dem Thema der Macht und des Reiches. Dies trägt seiner Loyalität gegenüber Obrigkeit und Befehlsrecht Rechnung.

1. Tagung der Forschungsabteilung Judenfrage

Im Rahmen der ersten Tagung der Forschungsabteilung Judenfrage des Instituts für Geschichte des neuen deutschen Rechts hält Johannes Heckel den Vortrag „Der Einbruch des jüdischen Geistes in das deutsche Staats- und Kirchenrecht durch Friedrich Julius Stahl“, in welchem er sich mit dem Leben des konvertierten Juden Stahl befasst. Heckel beschreibt das Leben des „Rassejuden“ Stahl, der in dem Versuch scheitert, sich nach der Bekennung zum Christentum als deutscher Staatsrechtslehrer in einen Deutschen zu verwandeln. Laut Heckel ist das „Rassebewusstsein“ eines Volkes maßgeblich für dessen Verhalten gegenüber anderen Völkern. Da die Juden sich als elitäres, von Gott erwähltes Volk betrachten, lehnen sie andere Menschen ab. Daher seien die Juden mit dem deutschen Volk nicht vereinbar. „Denn wer erkennt nicht die Neigung des Juden zur Rabulistik, zur Verzerrung der Tatsachen, wenn Stahl die einfache Wahrheit, dass in Deutschland die Juden deutsch reden, in den grotesken Satz verdreht: Deutschland spricht der Juden Sprache.“[408]

2. Leben und Werk Stahls

Julius Stahl, im Jahre 1802 in Würzburg als Julius Golson geboren, entstammt einem begüterten Elternhaus, in dem die jüdische Religion traditionell gepflegt wird. Aufgrund seiner hervorragenden Begabung strebt Stahl ein Leben als Wissenschaftler an. Daran sieht er sich jedoch durch das Edikt von Bayern vom 10.06.1813 gehindert, das jüdische Bürger von öffentlichen Ämtern ausschloss. Um dieses Hindernis zu umgehen, konvertiert Stahl zum Christentum, da das Edikt allein auf den Glauben, nicht aber auf die gebürtige Zugehörigkeit abstellt. Nach dem Studium der Rechtswissenschaften wird Stahl schnell aufgrund seiner hervorragenden wissenschaftlichen Leistungen auf juristischem und philosophischem Gebiet bekannt. Im Jahr 1840 ruft der preußische König Stahl an seinen Hof.

---

408 *Heckel:* Friedrich Stahl, S. 517.

Wie Heckel in seinem Vortrag darlegt, spiegelt das Werk Stahls dessen Leben wider. Den Übertritt zum Christentum habe Stahl lediglich aus formellen Gründen gewählt, um eine Karriere als Wissenschaftler durchleben zu können. „Stahls Übertritt war keine bewusste Absage an sein ‚Volkstum'“[409], da Stahl sich des Rassengegensatzes nicht ausreichend bewusst gewesen sei. Nach Heckel ist Stahl ein Musterbeispiel für die Andersartigkeit des jüdischen rassischen Denkens. Denn Stahl sehe die Andersartigkeit zwischen Deutschen und Juden einzig und allein im Glauben, nicht jedoch in der Abstammung begründet. Daher seien die beiden Religionen untereinander beliebig austauschbar. Die Auffassung eines „Judenchristentums“[410] durchdringt auch Stahls staatstheoretische Lehre. So geht Stahl von der Einheit eines sittlichen Reichs aus, das Göttliches und Menschliches umschließt. Als weiteres Zeichen des jüdischen Denkens bezeichnet Heckel das Fehlen des Gemeinschaftsbegriffes bei Stahl. „So fällt für Stahl ein spezifisch germanischer Zug des lutherischen Reichsgottesbegriffs aus, nämlich die Entdeckung der Gemeinschaft und ihrer verfassungsbestimmenden Kraft“[411].

Durch diese Feinheiten wird in dem wissenschaftlichen Werk Stahls stets die Abstammung Stahls deutlich. Zwar fühlt Stahl sich als konservativen Vertreter des echten deutschen Freiheitsgedankens. Dennoch liegt „zwischen dem deutschen Freiheitsbegriff und demjenigen Stahls eine Kluft, die nicht zu vergleichen ist mit dem Gegensatz konservativ und liberal“[412]. Denn während der deutsche Freiheitsbegriff ohne „den Korrelatbegriff des Volkes“[413] nicht zu denken sei, steht der Mensch für Stahl allein im Streben nach Gott. Dementsprechend ist auch das Recht bei Stahl nicht als vereinende, sondern nur als abwehrende Komponente wirksam. „Bei solcher Armut und Veräußerlichung des Rechtsbegriffes“[414] ist für Heckel nicht nachvollziehbar, dass Stahls Werke Anerkennung finden konnten. Er erklärt die Wirkung jedoch damit, dass die deutsche Staatsrechtslehre den inhaltsleeren Rechtsbegriff Stahls selbst mit Leben angefüllt und daher die Lehre Stahls nur im Ansatz rezipiert habe.

Das Volk stellt nach Stahl einen dreifachen Begriff dar: a) Blutgemeinschaft, b) ethische Merkmale wie Sprache und Sitten, c) Staatsgewalt. Da letztere den höchsten Rang der drei Elemente einnimmt, bezeichnet Heckel den Volksbegriff Stahls als abstrakt und unpersonifiziert. Aus diesem Grund sei das Werk Stahls gescheitert. „Der Leidenschaft des abstrahierenden Zergliederns hatte Stahl am deutschen Volk so gefrönt und dessen Substanz so zerredet, dass sie – der eigenen

409 *Heckel*: Friedrich Stahl, S. 515.
410 *Heckel*: Friedrich Stahl, S. 525.
411 *Heckel*: Friedrich Stahl, S. 530.
412 *Heckel*: Friedrich Stahl, S. 533.
413 *Heckel*: Friedrich Stahl, S. 533.
414 *Heckel*: Friedrich Stahl, S. 535.

Zugehörigkeit Stahls zum deutschen Volk nicht mehr entgegenstand. Vor uns steht der jüdische Assimilant, der um seiner Selbstbehauptung willen für sein Recht am deutschen Volk plädiert und darum einen Volksbegriff aufstellt, welcher die Assimilation einschließt. Dreimal hat Stahl mit seiner Philosophie des Rechts einen umfassenden Beweis dafür angetreten, dass diese Assimilation wirklich bis in die tiefe der jüdischen Seele hinabreichen kann.“[415]. Heckel stellt fest, dass Stahl das deutsche Recht auf jüdische Weise durchexerziert und damit zerpflückt habe. Mit der Methode der Abstraktion habe der Jude Stahl beweisen, dass die bloße Konversion nicht ausreichen könne, um den personifizierten Volksbegriff des echten deutschen Rechts durchdringen zu können.

3. Bewertung

Aus dem Vortrag Heckels spricht ein verächtlicher Stil, der die Überlegenheit des deutschen Christen gegenüber dem jüdischen Juden zum Ausdruck bringt. Dem jüdischen Volk sei der Begriff der Ehre fremd. Von Disziplin und Pflichtbewusstsein haben die Juden „keine angeborene Kenntnis, sondern von außen“[416] seien die Werte an sie herangetragen worden. Auch fachlich sei der Jurist Stahl den deutschen Berufsgenossen nicht gewachsen. Heckel äußert in beinahe mitleidvollem Ton, bei „solcher Armut und Veräußerlichung des Rechtsbegriffs“[417] Stahls überrasche es, dass dessen Theorien überhaupt Anerkennung gefunden haben. „Als Deutscher steht man hier vor einem Rätsel“[418].

In dem klaren Bezug auf die Andersartigkeit der Juden tritt Heckels antisemitische Haltung hervor. Diese äußert sich zwar nicht in einem antisemitischen Aktivismus, zeugt aber von Heckels „antisemitischen Ressentiment“[419].

In der Ablehnung der Juden distanziert sich Heckel auch entschieden von den Wissenschaftlern und Politikern, die das Werk Stahls gelobt und geehrt haben. Geradezu verärgert klingt die Darstellung der Wirkung von Stahl auf führende Historiker. „Triumphierend erlebte Stahl jetzt die Wahrheit seiner politischen Voraussagen; stolz sah er sich in dem Kreis konservativer, altpreußischer Politiker, die doch zumeist einen angeborenen Widerwillen gegen das Judentum hatten, als unentbehrlicher Helfer willkommengeheißen und in die politische Arena geführt. So wurde Stahl beides: Theoretiker konservativer Politik und Politiker konservativer Theorie. In seiner Person zollte die konservative Partei, wie die meisten

415 *Heckel*: Friedrich Stahl, S. 540.
416 *Heckel:* Friedrich Stahl, S. 132.
417 *Heckel:* Friedrich Stahl, S. 535.
418 *Heckel:* Friedrich Stahl, S. 534.
419 vgl. Verteidigungsschrift Heckel.

übrigen Parteien, dem Judentum ihren Tribut"[420]. An dieser Stelle zitiert Heckel in der Fußnote seinen Freund und Kollegen Hans Erich Feine, der in dem Werk „Das Werden des deutschen Staates" zur Frage der Andersartigkeit der jüdischen Rasse nicht dezidiert Stellung nimmt[421]. Feine stellt eher nüchtern fest, die Ereignisse im Jahr 1933 hätten den „Neuausbruch des Kampfes zweier entgegengesetzter Staatsanschauungen"[422] hervorgerufen. Umgekehrt fand der Vortrag Heckels seinerseits Aufnahme in die „Verfassungsgeschichte" Feines, der sich die Auffassung Heckels dadurch gewissermaßen zu eigen zu machen scheint.

Das von antisemitischem Hass geprägte Bild, das Heckel von Julius Stahl zeichnet, steht im Gegensatz neuer Darstellungen der Persönlichkeit Stahls[423]. Dem Kirchenpolitiker Stahl wird die ehrliche Überzeugung von der christlichen Religion und die Bekennung zum Rechtsstaat bescheinigt[424]. Zwar mag auch diese Beurteilung nicht von subjektiven Eindrücken frei sein, jedoch ist auffällig, dass Stahl gerade die Werte zu verkörpern scheint, die Heckel in der Weimarer Republik selbst noch an erste Stelle stellte.

Zusammenfassend lässt sich der Vortrag Heckels als Hetzrede gegen die jüdische Rasse bezeichnen, die nicht nur als andersartig und verachtenswert geschildert wird, sondern auch aufgrund der Tendenz zur „Zerlegung" der deutschen Einheit als drohende Gefahr für das einige Deutschland dargestellt wird.

4. Rezeption

Auffällig ist die Rezeption, die der Vortrag Heckels in der zeitgenössischen und der späteren Literatur empfangen hat. Hans-Georg Hermann bezeichnet den Aufsatz Heckels über den Juden Stahl als „von antisemitischer Polemik strotzend"[425].

Der Vortrag Heckels entspricht jedoch der allgemeinen Haltung in der Forschungsabteilung. Nach Auffassung der Beteiligten ist der Wahrheitsbegriff subjektiv an den Rassebegriff zu binden[426], so dass auch Recht und Gerechtigkeit relativiert werden. Entsprechend wird Heckel auch in einem Werk über Carl Schmitt zitiert, da Schmitt eine vergleichbare Auffassung gegenüber Julius Stahl vertreten hat[427]. Schmitt selbst sieht in Stahl einen „Joll Jonson aus dem Münchner

---

420 *Heckel*: Friedrich Stahl, S. 507.
421 *Hermann*: Hans Erich Feine, S.280.
422 *Feine*: S. 453.
423 *Link*: S. 67.
424 *Link*: S. 62 u. 73.
425 *Hermann*: S. 279.
426 *Bracher*: S. 378.
427 *Gross*: S. 200, FN 50.

Ghetto[, der] unter dem Tarnungsnamen Julius Stahl den geistigen Führer des preußischen Konservativismus spielt"[428]. Darüber hinaus hält Mitte der dreißiger Jahre in der Staatsrechtswissenschaft ein deutlich spürbarer Antisemitismus Einzug[429]. Der Antisemitismus zeichnet sich dadurch aus, dass die darauf beruhenden wissenschaftlichen Ergebnisse und Feststellungen einer objektiven Überprüfung oder Diskussion nicht zugänglich sind. So schreibt Dreier in Bezug auf den Vortrag Heckels über Julius Stahl:

„Diese Anti-Haltung war aber auch anders. Denn anti-liberale, anti-parlamentarische und anti-föderale Positionen lassen sich wissenschaftlich darlegen, begründen und auch kritisieren. Für anti-semitische Aussagen gilt dies nicht. Man kann nur behaupten, dass jemand aufgrund seiner „Rassezugehörigkeit" die vorgebliche Tiefe des deutschen Rechts nicht verstünde oder jüdisches Denken zersetzend wirke; wissenschaftlich zu diskutieren ist das nicht."[430]. Für Dreier ist mit der Steigerung des Anti-semitismus ein deutlicher Abstieg der Wissenschaft verbunden. Dies kommt insbesondere in der auch auf die Wissenschaft ausstrahlende „Gleichschaltung" zum Ausdruck. Die Minderwertigkeit der Juden wird – entgegen echter wissenschaftlicher Methodik – als gegeben vorausgesetzt und ist nicht diskutabel. Johannes Heckel steht daher im Einklang nicht nur mit der allgemeinen öffentlichen Meinung, sondern insbesondere auch der wissenschaftlichen Ausrichtung.

In der zeitgenössischen Literatur sind jedoch auch ganz andere Wertungen zu finden. Hugo Sinzheimer wirft Johannes Heckel eine „Oberflächlichkeit der neudeutschen Rechtswissenschaftler"[431] vor, die er auf die mangelnde philosophische Hintergrundkenntnis Heckels zurückführt. Jedenfalls kommt in der Stellungnahme Sinzheimers zum Ausdruck, dass die Bewertung der Juden durch Heckel der wissenschaftlichen Verdienste Stahls nicht gerecht wird. Auch wenn in der Bemerkung Sinzheimers kein offener Affront liegt, so ist doch die klare Distanzierung von den Aussagen Heckels erkennbar. Sinzheimer selbst stellt in seinem Werk die Leistung Stahls im Zusammenhang mit dem „Ringen um das Naturrecht"[432] in den Vordergrund. Er schildert, dass Stahl zu der Überzeugung gekommen sei, das Naturrecht sei nur als ideales Recht, nicht als positives Recht verwirklichbar und die „abstrakte Philosophie ist eine Philosophie der Auflösung"[433]. „Doch ist Stahls Geist zu reich, um sich dabei zu beruhigen"[434]. Daher

428 *Blasius*: S. 680.

429 *Dreier*: Leitsätze des Berichterstatters in „Die deutsche Staatsrechtslehre in der Zeit des Nationalsozialismus", S. 29.

430 *Dreier*: Leitsätze des Berichterstatters in „Die deutsche Staatsrechtslehre in der Zeit des Nationalsozialismus", S. 30.

431 *Sinzheimer*: S. 240, FN 2.

432 *Sinzheimer*: S. 13.

433 *Sinzheimer*: S. 13.

wendet sich Stahl schließlich der geschichtlichen Rechtsschule zu, denn „die historische Schule hat von der schematischen und mechanischen Auffassung des Rechtszustandes befreit“[435]. Damit kommt zum Ausdruck, dass Sinzheimer Stahl als einen Staatsdenker beschreibt, der nach der tiefen Erkenntnis des werdenden Rechts sucht. Die von Heckel polemisierte zerstörerische Wirkung Stahls mag allenfalls insofern zu finden sein, als Stahl bei der Suche nach dem wahren Recht die Grenzen des Positivismus und des materiell Gesetzen erkennt und sich dem Schöpferischen zuwendet. Da auch Heckel der Begriff eines überpositiven göttlichen Wesens ja durchaus vertraut ist, erscheint der Vorwurf des Zersetzenden an Stahl außerordentlich befremdlich. Der Widerspruch, den Heckel dabei in der eigenen Lehre auftreten lässt, zeugt von dem deutlichen Antisemitismus.

Weiter hebt Sinzheimer hervor, dass Stahl ein System des Staatsaufbaus gefunden habe, auf dem die Grundgedanken des Bismarckschen Reiches beruhten[436]. Als konservativer und nationaler Kämpfer für die deutsche Einheit richtet sich auf eine konstitutionelle Monarchie. Denn Stahl bleibt bei dem ihm von Heckel zum Vorwurf gemachten Auflösungsgedanken nicht stehen, sondern erreicht eine „Überwindung der Auflösung in Lehre und Leben und Zeit“[437]. Zwar sind dynamische Kräfte für Stahl Grundlage eines lebendigen Rechts, Voraussetzung für einen realisierbaren Staat ist jedoch eine sinnvolle, umschließende Einheit.[438] An diesen Ausführungen wird erkennbar, dass die Vorwürfe Heckels wissenschaftlich nicht begründbar sind. Über die antisemitische Haltung kann auch der „ruhige, sachliche, gänzlich undemagogische Ton“[439], in dem der Vortrag nach Augenzeugenberichten gehalten worden ist, nicht hinwegtäuschen. Unter dem Mantel der Wissenschaftlichkeit bringt Heckel seinen Antisemitismus zum Ausdruck. Von der Polemik unberührt bescheinigt jedoch Heckels Schüler Christoph Link Heckel eine scharfsinnige Analyse des Stahlschen staats- und Kirchenrechtsdenkens[440].

III. Wissenschaftliche Arbeit: „Führerrede“

Von unvergleichbarer Brisanz im Rahmen der Betrachtung von Heckels Persönlichkeit ist der Beitrag „Die Führerrede und das sog. Ermächtigungsgesetz vom

434 *Sinzheimer*: S. 13.
435 *Sinzheimer*: S. 14.
436 *Sinzheimer*: S. 47.
437 *Sinzheimer*: S. 49.
438 *Sinzheimer*: S. 49.
439 Spruchakte, S. 102.
440 *Link*: Deutsche Juristen, S. 59-83.

30. Januar 1937. Eine verfassungsrechtliche Studie.", der im Jahr 1937 in der Zeitschrift „Deutsche Verwaltungsblätter" veröffentlicht wurde.

Heckel stellt zunächst fest, dass die Führerrede vom 30.01.1937 eine der bedeutendsten Reden Hitlers darstellt. „Wir Deutschen erleben heute in unserer Mitte einen großen Anfänger und Beweger neuer Zeiten"[441]. Aufgrund der herausragenden Stellung dieser Rede sei sie geeignet, „derjenigen Wissenschaft die bahn zu weisen, welche der politischen Tat des Führers am nächsten zu folgen berufen ist, nämlich dem Verfassungsrecht"[442].

Die Rede, in der Hitler auf die ersten vier Jahre des nationalsozialistischen Regimes zurückblickt, wird von Heckel in Bezug zur Wissenschaft gesetzt.

Eins der größten Themen der Führerrede sei die Legalität der nationalsozialistischen Revolution. Die Legalität als solche stellt Heckel außer jeden Zweifel. Untersuchungsgegenstand ist einzig der Sinn der Legalität, also die Frage, ob eine Revolution sich an das vorrevolutionäre Verfassungsrecht halten müsse. Heckel stellt fest, dass der Rahmen der vorgesetzlichen Normen nur solange für den Revolutionär maßgeblich sei, wie auch der Unterdrücker sich an die Normen hält. Darüber hinaus können auch solche Normen für den Revolutionär keine Bedeutung erlangen, die den Bestand und die Art des Volkes bedrohen. „Es mag dann sein, dass sich die herrschende Macht tausendmal sog. ‚legaler' Mittel in ihrem Vorgehen bedient, so ist dennoch der Selbsterhaltungstrieb der Unterdrückten immer die erhabenste Rechtfertigung für ihren Kampf mit allen Mitteln. Die Legalität, von der hier die Rede ist, hat ihren minderen Rang in den Augen des völkischen Revolutionärs, weil sie eine vom politischen Gegner gewollte und gehandhabte Legalität ist."[443] Heckel nennt eine solche Legalität die „Legalität der Andersdenkenden". Da die „Weimarer Legalität" auch zu dieser Art zu zählen sei, ist der Revolutionär nicht an die Gesetze und Ordnungen der Weimarer Zeit gebunden. Sobald die Revolution die bestehende Ordnung überwunden hat, tritt eine völlig neue „Legalität im Sieg" anstelle der bisherigen Normen. Huber macht an dieser Stelle Heckel den Vorwurf, von einer Fortgeltung der Weimarer Verfassung auch nach der nationalsozialistischen Revolution auszugehen. Denn da Heckel die Überwindung der bestehenden Ordnung und die „Kapitulation des Weimarer Parteienstaates" fordere, setze Heckel zugleich voraus, dass der Weimarer Parteienstaat noch als eine politisch handlungsfähige, wenn auch zur Kapitulation bereite, Macht bestand"[444]. Damit gilt: „was nationales Recht ist, bestimmt

441 *Heckel:* Führerrede, S. 49.
442 *Heckel:* Führerrede, S. 49.
443 *Heckel:* Führerrede, S. 50.
444 *Huber*: S. 49.

nach der Machtübernahme der Nationalsozialismus"[445]. Wie Heckel feststellt, sind „heute … Partei und Wehrmacht die beiden für ewig verschworenen Garanten der Behauptung des Lebens unseres Volkes."[446] In der neuen Verfassung gelte zentral das personhafte Prinzip. „Die Raschheit und die Gewalt, mit der sich das neue Prinzip bei uns durchgesetzt hat, beweist, dass es einem echten Bedürfnis … der deutschen ‚Rassenseele' entgegenkam"[447].

Eine herausragende Stellung in der Volksordnung nimmt das Führeramt ein. Das Amt des Führers ist von jeder institutionellen Bindung an Staatsorgane losgelöst und als absolut zu betrachten. „So ist denn das Führeramt überhaupt durch keine irdische Instanz an Adolf Hitler übertragen worden, sondern durch jene höhere Macht, welche die Geschicke der Völker lenkt"[448]. Der Führer kann daher nicht mit einem Herrscher oder einem Diktator gleichgesetzt werden, sondern trägt ein „politisch-charismatisches Amt eigener und neuer Art"[449]. Das Amt des Führers ist durch folgende Aspekte charakterisiert:

1. Das Amt des Führers ist nicht als Kompetenz zu verstehen, sondern als Mission. Daher ist die Macht auch nicht in einzelne Komponenten zerlegbar, sondern absolut.
2. Die Amtsgewalt kennt keine Zuständigkeitslücken, so dass der Führer jederzeit in jeden Bereich eingreifen darf. Die bisher übliche Konstruktion eines Notstandsrechts ist nicht mehr erforderlich.
3. Das Amt des Führers steht über den staatlichen Kompetenzen und kann daher jede andere Kraft verdrängen.
4. Die Führergewalt besitzt die Rechtsnatur einer ordentlichen Gewalt.
5. Die Führergewalt ist total.
6. Die Amtsgewalt des Führers ist einheitlich.

Heckel erkennt hiermit die nationalsozialistische Führerverherrlichung vollumfänglich an. Aufgrund der allumfassenden Macht des Führers gelten auch die Grundsätze des Gesetzgebungsverfahrens der Weimarer Zeit nicht mehr. Die Gesetzesinitiative liegt ausschließlich beim Führer.

Heckel beendet seine Rede mit dem Hinweis, der Führer habe die Errichtung einer Verfassung angekündigt. Nach Ansicht Heckels wird eine solche Verfassung mit keiner bisherigen Verfassung vergleichbar sein. Dies sei zum einen dadurch begründet, dass die Verfassung aus einer Hand komme und daher keinen Kompromiss widerstreitender politischer Prinzipien darstelle. Zum anderen werde in

---

445 *Heckel:* Führerrede, S. 51.
446 *Heckel:* Führerrede, S. 55.
447 *Heckel:* Führerrede, S. 55.
448 *Heckel:* Führerrede, S. 59.
449 *Heckel:* Führerrede, S. 60.

der Verfassung abermals das personale Prinzip zum Ausdruck kommen, so dass eine „Verfassung aller Deutschen“[450] entstehe.

Mit dem Vortrag über die Führerrede bekennt sich Heckel klar zu der nationalsozialistischen Ideologie. Darüber hinaus stellt Heckel die Vorgänge der nationalsozialistischen Revolution als nicht nur rechtens, sondern existentiell erforderlich dar. Damit geht er über die von Triepel und dessen Schüler Ulrich Scheuner vertretene Legitimation der Verfassung noch einen Schritt hinaus. Scheuner veröffentlicht im Jahre 1934 in der AöR einen Aufsatz mit dem Titel „Die nationale Revolution“[451], in dem er die Überwindung des Individualismus durch den Gemeinschafts- und Volksgedanken durch die Machtergreifung als legitim und legal darstellt. Auch Triepel billigt das Ermächtigungsgesetz in seinem Aufsatz „Die nationale Revolution und die deutsche Verfassung“[452]als „echte deutsche Art“, „Revolutionen in aller Form Rechtens zu veranstalten“[453]. Dennoch weist Triepel – wie auch Scheuner – auf die „ungesetzlichen oder in ihrer Gesetzlichkeit bestreitbaren Einzelakte“ hin. Johannes Heckel hingegen nimmt die “radikalste Interpretation“[454] vor, indem das Ermächtigungsgesetz als „Kapitulation des Weimarer Verfassungsstaates“[455] bewertet wird.

IV. Wissenschaftliche Arbeit: Wehrverfassung und Wehrrecht des großdeutschen Reiches

Wie bereits dargelegt, wird anhand der wissenschaftlichen Tätigkeit die Haltung Heckels gegenüber den geistigen und ideellen Strömungen des Dritten Reiches deutlich. Dies setzt schon bei der Themenauswahl an: Während Johannes Heckel noch zu Beginn seiner Lehrtätigkeit in München eher verhalten am politischen Leben teilnimmt und sich vor allem auf dem Gebiet des Kirchenrechts und der Rechtsgeschichte wissenschaftlich betätigt, wagt er sich im Jahre 1939 an eine Thematik heran, die bisher ein Randgebiet seines Wirkens darstellt. Das Wehrrecht gehört zum allgemeinen Staatsrecht, nimmt aber in diesem großen Bereich eine spezielle Stellung ein, die durch die Anwendung eigener Rechtsnormen und Wertungen gekennzeichnet ist. Aufgrund dessen soll im Folgenden das Werk „Wehrverfassung und Wehrrecht des Großdeutschen Reiches“ aus dem Jahr 1939 untersucht werden. Neben der Themenwahl ist es im Hinblick auf die in-

450 *Heckel:* Führerrede, S. 64.
451 *Scheuner*: S. 899.
452 *Triepel*: S. 1.
453 *Triepel*: S. 2.
454 *Dreier*: Leitworte des Berichterstatters, S. 23.
455 *Dreier*: S. 23.

haltlichen Ausführungen und auch im Hinblick auf Stil und Methodik Heckels außerordentlich aussagekräftig.

Die Bedeutung, die Johannes Heckel gegen Ende der dreißiger Jahre dem Wehrrecht widmet, kommt auch in der Korrespondenz mit dem Mitherausgeber der Savigny Zeitschrift für Rechtsgeschichte Ulrich Stutz zum Ausdruck. Johannes Heckel bittet seinen Lehrer, die Organisation für die „Kirchenrechtliche Abhandlung Festschrift U. Stutz" zu übernehmen, da er sein „wehrrechtliches Ms überarbeiten und endlich zum Druck bringen" müsse, „um dann für die Zeitschrift ganz frei zu sein".[456] Das Werk über die Wehrverfassung stellt daher eine besondere Arbeit dar, zu deren Gunsten anderweitige Tätigkeiten – zeitweise – zurückzutreten haben.

„Wehrverfassung und Wehrrecht des Großdeutschen Reiches" (1939)

1. Vorwort

Im Vorwort leitet Heckel zu seinem Untersuchungsgegenstand hin. Auffällig ist, dass Heckel als Kirchenrechtler, der erst im Laufe der Zeit zum Staatsrecht gekommen ist[457], sich so intensiv mit dem Wehrrecht auseinandersetzt. Zwar ist diese Monographie nicht die einzige Schrift Heckels mit dem Thema Wehrrecht[458], jedoch ist sie wegen ihrer Komplexität und Umfassenheit von besonderer Bedeutung. Dies mag zum einen an der aktuellen Brisanz des Themas liegen, deutet jedoch auch auf die persönliche Neigung Heckels zu diesem Thema hin. Heckel hat ja, wie oben bereits ausgeführt, auch auf die Umbenennung des Lehrstuhls hingewirkt, so dass die Wahl seines Untersuchungsgegenstands nunmehr im Einklang mit der Schwerpunktsetzung der Lehre steht. Zwar könnte die Wahl des Themas aus reinem Opportunismus geschehen sein. Andererseits wendet Heckel aber bei seiner Darstellung eine Überzeugungskraft und einen Umfang auf, der über eine reine Pflichtübung weit hinausgeht. Daher ist von der auch inneren Neigung zu dem Thema auszugehen. Eine ähnliche Darstellung in kürzerer Form bietet Heckel in seinem Aufsatz „Wehrrecht und Wehrbeamtentum", in dem Heckel auch die „Ostmark" als Teil des deutschen Reiches anerkennt und sich für die großdeutsche Lösung ausspricht. Ebenso ist in diesem Zusammenhang die Rezension zu dem Werk „Die allgemeine Wehrpflicht – Wehrgesetz und Durchführungsbestimmungen" zu erwähnen, die Heckel in der AöR 1936 erscheinen lässt.[459] Die Staatsrechtler C. Wagner und Dr. H.F. Röder haben als Vorläufer

---

456 Brief Heckel an Stutz vom 24.06.1938, UAZ 60.

457 *Becker*: S. 54.

458 Siehe hierzu das Schriftenverzeichnis.

459 *Heckel*: AöR 1936: S. 123.

eines wehrrechtlichen Kommentars die einzelnen Vorschriften der Wehrgesetze und einige Erläuterungen zusammengestellt. Heckel bezeichnet den „rechtlichen Ausbau der neu errungenen Wehrfreiheit" als herausragendes Werk und eine „höchst verantwortungsvolle Aufgabe". Die „architektonische und technische Schöpfungskraft" der militärrechtlichen Praxis sei zum Ausdruck gebracht. „Daran ändern manche fachlichen und grundsätzlichen Bedenken nichts, die gegen die heutige Lösung einzuwenden wären". Damit stellt Heckel die Darstellung des vom Führer geleiteten Wehrrechts in den Vordergrund. Die kritische wissenschaftliche Auseinandersetzung wird demgegenüber als weniger relevant betrachtet. Diese Äußerung passt nicht mit der sorgfältigen Vorgehensweise Heckels zusammen. Sie ist darauf zurückzuführen, dass Heckel das Wehrrecht des Führers inhaltlich nicht kritisch durchleuchtet wissen will.

An dieser Stelle ist darauf hinzuweisen, dass Heckels Wehrverfassung von dem Werk „Wehrgeistiges Schrifttum" von Friedrich Haselmayr Einflüsse aufweist. Beispielsweise wird dies in der Schilderung des totalen Krieges deutlich[460]. Haselmayr, 1933 zum bayerischen Landtagsabgeordneten und Stellvertreter des Reichsleiters Franz von Epp gewählt, gründet im Jahr 1935 die Arbeitsgemeinschaft für Wehrgeistige Forschung. Bereits an der Rezeption des Werkes wird Heckels Nähe zum Nationalsozialismus deutlich.

a) Inhalt

Inhaltlich setzt Johannes Heckel sich in seinem Vorwort zu dem Werk „Wehrverfassung und Wehrrecht des Großdeutschen Reiches" das Ziel, die Wehrordnung „aus dem eigenen Sinn und Willen des Nationalsozialismus"[461] zu begründen. Althergebrachte Wehrordnungen seien aufgrund der gegebenen Umstände nicht tauglich zur Darstellung des nationalsozialistischen Wehrrechts. Damit stellt Heckel fest, dass die ideologische und rechtstheoretische Grundlage des Dritten Reichs sich auf der Basis der bisherigen Rechtstheorie nicht erklären lässt. Noch während seiner Tätigkeit als Mitherausgeber des AöR hatte Heckel die Auffassung vertreten, die nationalsozialistische Politik lasse sich rechtlich mit einer demokratischen Grundordnung in Einklang bringen, wenn eine entsprechende Auslegung vorgenommen werde. Von dieser Ansicht rückt er nun deutlich ab, indem er der nationalsozialistischen Wehrordnung und der Wehrverfassung eine eigene gedankliche Grundlage zuordnet.

460 Haselmayr: S.2.

461 *Heckel*: Wehrverfassung, Vorwort, S. 5.

Er erkennt die „revolutionären Ziele und Formen der deutschen Gegenwart“[462] in vollem Umfang an, ist sich der Nähe zur Politik voll bewusst und hegt den Wunsch, „politisch aufgeschlossene Kreise des Volkes in ein Kerngebiet der Verfassung des Großdeutschen Reiches einzuführen“[463]. Mit seinem Werk beabsichtigt Heckel auch eine Huldigung all derer, die sich im Krieg – wobei er den Ersten Weltkrieg mit einbezieht – für das deutsche Volk geopfert haben.

b) Sprache

Gegenüber der sonst schlichten Sprache mutet die Ausführung Johannes Heckels zur Würdigung seiner Kameraden des Ordens der Bayerischen Tapferkeitsmedaille verwunderlich an. Er bezeichnet sie als „Gemeinschaft kühnster Krieger des alten Heeres“, die „stets der deutschen Wehr zugetan“[464] sei. Diese schwülstige Formulierung erweckt den Eindruck, der Verfasser habe mit ihr die Absicht verbunden, seine innige Verbundenheit darzulegen. Heckel, selbst Träger der Bayerischen Tapferkeitsmedaille, bekennt sich zu den Kameraden und würdigt die gemeinsame Gesinnung.

2. Erforderlichkeit einer neuen Verfassung

Zu Beginn des nationalsozialistischen Regimes wird in der Staatsrechtslehre die Notwendigkeit der nationalsozialistischen Revolution und der Begründung eines neuen Rechtsdenkens dargestellt. Huber stellt sich im „Verfassungsrecht“ die Frage, ob die Weimarer Verfassung noch gelte[465]. In der Staatsrechtslehre gehen die Meinungen darüber auseinander. Wegen der behaupteten Legalität der nationalsozialistischen Revolution wird teilweise die Auffassung vertreten, der nationalsozialistische Umsturz stelle nicht eine „Revolution im Rechtssinne“, sondern eine „stimmungsmäßige Revolution“ dar[466]. Eine andere Meinung geht von der formalen Fortgeltung der Weimarer Verfassung aus, dass lediglich der nationalsozialistische Geist über die Weimarer Verfassung triumphiert, diese jedoch nicht zerstört habe[467]. Schließlich wird auch die Konstruktion der Verfassungsüberlagerung herangezogen, um die Fortgeltung der Weimarer Verfassung – parallel zur nationalsozialistischen Ideologie – zu begründen. Nach Huber vertritt jedoch Schmitt

462 *Heckel*: Wehrverfassung, Vorwort, S. 5.
463 *Heckel*: Wehrverfassung, Vorwort, S. 5.
464 *Heckel*: Wehrverfassung, Vorwort, S. 6.
465 *Huber*: S. 46.
466 So die herrschende Meinung der Justiz, zit. bei *Huber*, S. 46.
467 *Huber*: S. 46.

„die allein zutreffende Ansicht, dass die Weimarer Verfassung nicht nur dem Geiste nach, sondern auch formal zu gelten aufgehört hat, und dass das völkische Recht ‚auf seiner eigenen Grundlage ruht'"[468]. Die Einleitung der „Wehrverfassung" steht mit dieser Haltung im Einklang. Der erste Satz beginnt mit einer Bezugnahme auf „die Tat Adolf Hitlers vom 16. März 1935"[469] – gemeint ist die Verabschiedung des Gesetzes für den Aufbau der Wehrmacht – durch die „das im Nationalsozialismus geeinte deutsche Volk"[470] „nach Jahren der Ohnmacht und Schande [...] seine Ehre und Freiheit unter den Völkern wiedergewonnen"[471] habe. Den Krieg sieht Heckel als notwendiges Mittel, Freiheit und Leben für ein Volk zu gewinnen. Die „große nationale Tat"[472] schlägt sich in der Rechtsordnung nieder. Im Falle der nationalsozialistischen Revolution, die „auf allen Lebensgebieten des Volkes zu einem Umbruch geführt [hat], dessen Größe schon aus den Anfängen zu ahnen ist"[473] handelt es sich nicht nur um eine „Rechtserneuerung", sondern um eine „Rechtsschöpfung"[474], da von dem „Militärrecht, welches das Versailler Diktat Deutschland aufgezwungen und das Adolf Hitler bei der Berufung in das Kanzleramt antraf"[475] nicht mehr viel übrig geblieben sei. Heckel nimmt zunächst eine Neueinteilung des Wehrrechts vor, da die bisher übliche Gliederung eine unpassende Schwerpunktsetzung vornehme. Das Wehrstrafrecht wird der Literatur nach als Hauptordnung gesehen, während das Wehrstaats-, oder –gestaltungsrecht nur einen „Restbegriff"[476] darstellt. Für Heckel steht jedoch das Wehrstaatsrecht im Mittelpunkt, auf dessen Analyse er sich konsequenterweise im Verlauf seines Werkes beschränkt. Zur Seite steht diesem die Disziplinarordnung, welche teils auch in das Wehrstrafrecht übergreift, dennoch aber „so eng mit [dem Gestaltungsrecht] verbunden ist, dass es im Zusammenhang mit ihm behandelt werden muss"[477]. Zugleich nimmt Johannes Heckel eine Neudefinition des Begriffes Wehrstaatsrecht vor. Das Wehrstaatsrecht ist die organisatorische Rechtsgrundlage des Militärwesens, wobei es neben der rein militärischen Komponente auch „eine Menge Rechtsstoff, der im zivilen Raum heute zum Verwaltungsrecht zählt"[478], umfasst.

468 *Huber*: S. 47.
469 *Heckel*: Wehrverfassung, Einleitung, S. 13.
470 *Heckel*: Wehrverfassung, Einleitung, S. 13.
471 *Heckel*: Wehrverfassung, Einleitung, S. 13.
472 *Heckel*: Wehrverfassung, Einleitung, S. 13.
473 *Heckel*: Wehrverfassung, Einleitung, S. 13.
474 *Heckel*: Wehrverfassung, Einleitung, S. 13.
475 *Heckel*: Wehrverfassung, Einleitung, S. 13.
476 *Heckel*: Wehrverfassung, Einleitung, S. 13.
477 *Heckel*: Wehrverfassung, Einleitung, S. 19.
478 *Heckel*: Wehrverfassung, Einleitung, S. 20.

Im Folgenden soll eine graphische Darstellung des Wehrrechts im Sinne Heckels die Komplexität und Vielschichtigkeit des von ihm gewählten Untersuchungsgegenstandes verdeutlichen.

Der Aufwand und die Ausführlichkeit, die Johannes Heckel auf die Definition seines Untersuchungsgegenstandes verwendet, machen die zentrale Stellung des Wehrrechts in der Rechtsordnung des Dritten Reiches deutlich.

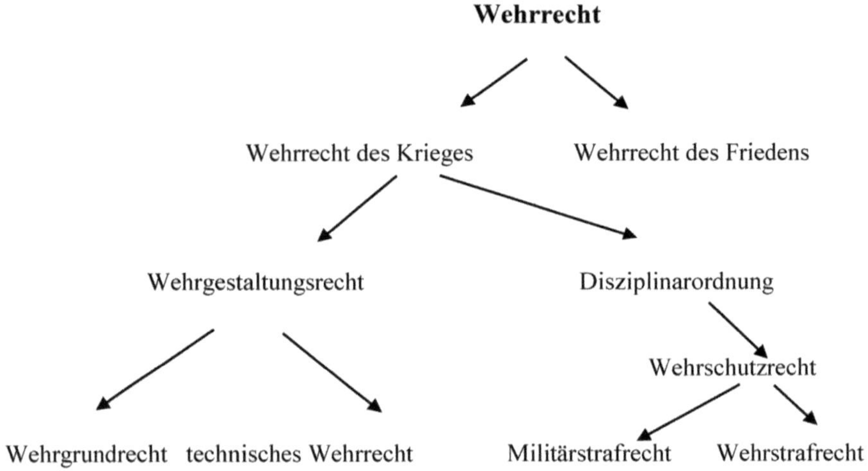

Die Neuordnung des Rechts im Dritten Reich hat laut Heckel zur Folge, dass die deutsche Wehrverfassung auf zwei gänzlich neue Gesetze zu stützen ist: zum einen „das Gesetz über den Aufbau der Wehrmacht vom 16. März 1935", zum anderen „das Wehrgesetz vom 21. Mai 1935"[479]. Ergänzend stehen diesen Normtexten weitere Gesetze zur Seite, die „teils den Aufbau der Wehrmacht vervollständigen, teils das übrige Volk in den Dienst der Landesverteidigung stellen"[480]. In Abkehr von seiner noch 1933 vertretenen Auffassung, dass die Weimarer Reichsverfassung zumindest in einzelnen Vorschriften weiter gelte[481], vertritt Heckel nunmehr die Ansicht, „eine Prüfung dieser Bestimmungen ergibt jedoch, dass sie sämtlich durch nationalsozialistisches Recht überholt oder außer Kraft gesetzt sind. Am deutlichsten ist dies bei Art. 133 der Weimarer Reichsverfassung. So ehrenwert die Motive zur Erwähnung der Wehrpflicht in Art. 133 gewesen sein mögen, mehr als ein papierener Protest war ihnen nicht entsprungen. Mit der Wehrhaftmachung der Nation durch den Nationalsozialismus hat er

479 *Heckel*: Wehrverfassung, Einleitung, S. 20.
480 *Heckel*: Wehrverfassung, Einleitung, S. 21.
481 *Becker*: S. 54.

nichts gemein, und deshalb ist Art. 133 der Weimarer Reichsverfassung für das heutige Wehrrecht gänzlich bedeutungslos.“[482]. Der Nationalsozialismus hat nach Heckel auch die Rechtsstruktur neu begründet. „Heute sind die letzten Reste des Föderalismus beseitigt, und damit sind zugleich die antiföderalistischen Gegenpositionen der Verfassung hingefallen. Selbstverständlich hat das Reich auch heute das Recht und die Pflicht, sich zu verteidigen. Aber dies in einer deutschen Verfassung festzulegen, wäre ganz unangebracht; denn jenes Recht ist völkerrechtlicher, nicht innerstaatlicher Natur“[483]. Indem Heckel das Recht zur Verteidigung des Volkes auf völkerrechtlicher Ebene verankert, erhebt er dieses zum Grundrecht eines jeden Volkes. Das Wehrrecht, welches innerstaatlich den Verteidigungsapparat regelt, erhält damit auch außenpolitische Bedeutung. Dieser Rang erfordert eine grundsätzliche Neuordnung des Rechts. Die demokratische Verfassung der Weimarer Republik ist durch „die neue Zeit restloser Durchsetzung der nationalsozialistischen Führerverfassung“[484] abgelöst, „die der nationalsozialistischen Volksführung gemäß ist“[485]. „Mit dem neuen Amt [des Führers] ist die oberste Führung der Wehrmacht wesensnotwendig verbunden: man kann nicht Volksführer sein, ohne das Volk als Wehrgemeinschaft zu führen“[486]. „Mit Recht hat daher das Wehrgesetz vom 21.Mai 1935 § 3 Abs.1[487] ohne Anknüpfung an die Weimarer Verfassung die rechtliche Stellung des Führers zur Wehrmacht neu umschrieben“[488]. Huber beschreibt die Ablösung der Weimarer Republik wie folgt: „Die Eroberung der Macht durch die nationalsozialistische Bewegung war eine wirkliche Revolution. Sie war nicht nur eine Revolution im weltanschaulichen und geistigen Sinne, wenn auch der Kern des Umbruchs in einer radikalen Abkehr von Individualismus und Liberalismus, von Materialismus und Marxismus bestand. Aber dieser geistige Umbruch hat in den Ereignissen von 1933 auch zu einem politischen und rechtlichen Umsturz geführt. ... Die nationalsozialistische Revolution hat die Weimarer Verfassung als Gesamtsystem beseitigt“[489].

482 *Heckel*: Wehrverfassung, Einleitung, S. 21f..
483 *Heckel*: Wehrverfassung, Einleitung, S. 22.
484 *Heckel*: Wehrverfassung, Einleitung, S. 22.
485 *Heckel*: Wehrverfassung, Einleitung, S. 22.
486 *Heckel*: Wehrverfassung, Einleitung, S. 23.
487 § 3 des Wehrgesetzes vom 21.Mai 1935 lautet: „Oberster Befehlshaber der Wehrmacht ist der Führer und Reichskanzler“.
488 *Heckel*: Wehrverfassung, Einleitung, S. 23.
489 *Huber*: S. 44.

3. Bewertung

Mit der Distanzierung von den demokratischen Grundlagen und Wertungen der Weimarer Reichsverfassung macht Heckel deutlich, dass das Dritte Reich auf einer aus sich selbst heraus begründeten Rechtsordnung basiert und somit in der Tat eine „Novation“[490] des Rechts stattgefunden hat. Johannes Heckel bekennt sich in dieser Einleitung zu dem Recht des Dritten Reiches und setzt seine Legitimation als selbstverständlich voraus. Zwar wird diese Haltung nicht unmittelbar deutlich, da der Stil des Textes berichtend und feststellend ohne konkrete Stellungnahmen des Autors ist. So stellt Johannes Heckel fest, dass „in Deutschland die Machtübernahme durch den Nationalsozialismus auf allen Lebensgebieten des Volkes zu einem Umbruch geführt“[491] habe, ohne dies direkt als gut oder schlecht zu beurteilen. Jedoch wird an einzelnen Formulierungen subtil erkennbar, dass Heckel der nationalsozialistischen Revolution durchaus positiv gegenübersteht. Die Antithese aus der nationalsozialistischen „Ehre und Freiheit unter den Völkern“[492] und der „Ohnmacht und Schande“[493] der Weimarer Republik spricht für sich, ebenso wie die Bemerkung, das neue Wehrgesetz von 1935 habe „mit Recht“[494] die veralteten Gesetze der Weimarer Zeit abgelöst. Anhand dieser Stilmittel wird erkennbar, dass Johannes Heckel für das nationalsozialistische Recht eintritt. Die Sprache Heckels ist von plakativen und markanten Ausdrücken geprägt, häufig verwendet er Gegenüberstellungen und Vergleiche zwischen der Situation in der Weimarer Zeit und derjenigen im Dritten Reich. Oftmals erscheint die Wortwahl auch für den sachlichen Stil einer wissenschaftlichen Abhandlung zu bildhaft und plakativ. Die nationalsozialistische Ideologie hat sich nicht durch eine schrittweise Entwicklung im „Fluß der Geschichte“[495] verbreitet, sondern „da ist ein Ende und ein neuer Anfang. Der jungen Wehrmacht flattern die Fahnen des Nationalsozialismus voran als die Wahrzeichen eines neuen, des völkischen Reichs“[496]. Zwar hat sich die deutsche Wehrmacht im Nationalsozialismus von „dem Militärrecht, welches das Versailler Diktat Deutschland aufgezwungen und das Adolf Hitler bei der Berufung in das Kanzleramt antraf“[497] gelöst, „um so stärker ist jedoch die Tradition, welche die nationalsozialistische Wehrmacht mit der alten Armee und Marine verbindet. Viele Fäden spinnen sich

490 *Heckel*: Wehrverfassung, Einleitung, S. 22.
491 *Heckel*: Wehrverfassung, Einleitung, S. 13.
492 *Heckel*: Wehrverfassung, Einleitung, S. 13.
493 *Heckel*: Wehrverfassung, Einleitung, S. 13.
494 *Heckel*: Wehrverfassung, Einleitung, S. 23.
495 *Heckel*: Wehrverfassung, Einleitung, S. 14.
496 *Heckel*: Wehrverfassung, Einleitung, S. 14.
497 *Heckel*: Wehrverfassung, Einleitung, S. 13.

von einem stolzen Heute zu einer ruhmreichen Vergangenheit. Die deutsche Wehrmacht weiß um den Wert der Geschichte und zumal der Geschichte des früheren Heeres; denn das ist die Geschichte ihres eigenen Werdens. Von dort strömen ihr noch heute Lehren und Kräfte zu, von dort ertönt täglich die heilige Stimme, der beschwörende Ruf, die tiefernste Mahnung der Gefallenen an ihre jungen Kameraden im feldgrauen Rock. Kein schöneres Zeichen für das Band, das die Tradition um das alte Heer und die junge Wehrmacht knüpft, als die Liebe und Treue, mit der unsere Wehrmacht die Feldzeichen der alten Armee hütet und ehrt."[498]. Dieser schwülstige, tautologische Stil erweckt den Eindruck, der Autor habe sich sehr bemüht, die vertretene Meinung zu stützen und zu verdeutlichen. Das kann zum einen aus dem Charakter der im Dritten Reich herrschenden Mentalität stammen, die mit Pomp und Gloria inhaltliche Leere überdecken und die Menschen beeindrucken und mitreißen will.

Zum anderen bringt der Verfasser auch seine persönliche Emotionalität zum Ausdruck. Mit der Erneuerung des Rechts verbindet Heckel die Hoffnung auf eine neue Klarheit und Strukturierung bei gleichzeitiger Bewahrung traditioneller Werte. Heckel folgt hierin der Rechtstheorie Carl Schmitts, der ein „konkretes Ordnungsdenken"[499] in der „völkischen Gesamtordnung"[500] anstrebt.

Zugleich lässt sich das Bemühen erkennen, die dargestellten Inhalte nicht nur dem Wissenschaftler und Gelehrten nahe zu bringen, sondern auch dem politisch engagierten Laien die Inhalte des Wehrrechts zu vermitteln und ein breiteres Publikum – das Volk – anzusprechen.

4. Volksbegriff

Gegen Ende der Weimarer Republik hatte die Entwicklung eines neuen Volksbegriffes eingesetzt[501]. Das Volk soll nicht mehr formell definiert werden, als eine Anzahl von Menschen mit derselben Staatsangehörigkeit, sondern dem Volksbegriff wird eine eigene Wertigkeit beigemessen[502]. Das politische Leben besteht bei Huber aus einem Zusammenwirken von hoheitlicher Führung und Volksgenossenschaft. Nach Huber ist das Volk daher „durch die Einheitlichkeit der Art"[503] gekennzeichnet. Mit der Objektivierung des Volkes geht Heckel noch einen Schritt über die Auffassung des Kollegen Koellreutter hinaus, der den

498 *Heckel*: Wehrverfassung, Einleitung, S. 13.
499 *Rüthers*: S. 63.
500 *Rüthers*: S. 65.
501 *Lepsius*: S. 17 ff.
502 *Lepsius*: S. 17.
503 *Huber*: S. 153.

Staat als autoritär, aber nicht total sehen will. Heckel hingegen spricht dem Volk die Individualität ab und steht damit dem totalen Staatsbegriff Schmitts nahe. Indem Heckel das Volk als Kernstück der Verfassung begreift, verleiht er dem Volk eben diese neue Wertigkeit. Damit steht Heckel dem Volksbegriff Liermanns nahe, der das Volk als „Gemeinschaft" bezeichnet[504]. Liermann vertritt einen Dualismus zwischen Staat und Volk. Das Volk verfügt über eine eigene Persönlichkeit und ist gegenüber dem Staat als formellem Gebilde höherrangig. Bei Koellreutter ist der Begriff „Nation" für die geistige Gemeinschaft vorrangig[505]. Der Dualismus führt dazu, „dass in allen Fällen, in denen es zu einem Gegensatz zwischen Staat und Volk kommt, auf alle Fälle die Volksidee der Staatsidee voranzugehen hat"[506]. Heckel steht daher mit der Stellung des Volkes als Zentrum der Verfassung der Rechtsphilosophie der Postweimarer Zeit nahe. Ernst Rudolf Huber leitet aus dem Volksbegriff die Unbrauchbarkeit öffentlicher Wahlen her. Da Volk etwas anders sei als die Summe der Staatsangehörigen, scheide die Ermittlung des Volkswillens durch Wahlen nach dm Mehrheitsprinzip aus. So könne man den wirklichen Willen des Volkes nicht finden, da der Wille des Volkes als einer objektiven Gegebenheit von der subjektiven Überzeugung einzelner zu unterscheiden sei[507].

Johannes Heckel prägt einen Volksbegriff, der im Einklang mit der nationalsozialistischen Ideologie steht. Das Volk als Objekt des Rechtes hat nur durch seine Funktion als Träger der Verfassung Bedeutung für den Staat. Rechtsträger im individuellen Sinne gibt es nicht. Mit dem Bezug der Verfassung auf das Volk steht Heckel dem staatstheoretischen Ansatz Hubers nahe.[508] Für Huber ist ebenfalls der Staat „das Volk selbst in seiner politischen Gestalt"[509]. Das erste Kapitel des Werkes befasst sich mit der „Wehrmacht als Gestalt nationalsozialistischer Volksordnung"[510]. Auch hier wird die Beziehung zum Volk als zentrales Element des politischen Lebens hergestellt. Die politische Betrachtungsweise eines Gegenstandes setzt, so Heckel, diesen stets in Beziehung zur Verfassung des Staates. „Je nachdem diese Beziehung wichtiger oder weniger wichtig ist, gibt es Grade der politischen Bedeutung. Strukturelemente von oberstem politischem Rang zählen zur Verfassung eines Gemeinwesens. Sie sind politisch im prägnanten Sinne des Wortes"[511]. Für Heckel bildet im Dritten Reich „das Volk als sendungsbewusste

504 *Lepsius*: S. 19.
505 *Schmidt*: S. 45.
506 *Lepsius*: S. 20.
507 *Lepsius*: S. 147.
508 vgl. *Kahl*: S. 245.
509 *Kahl*: S. 245.
510 *Heckel*: Wehrverfassung, S. 29.
511 *Heckel*: Wehrverfassung, S. 29.

Einheit den Kernbegriff der Verfassung"[512]. Politik ist demzufolge alles, was sich mit dessen Existenz, Substanz und völkerrechtlicher Gestalt befasst. Konsequenterweise schafft Johannes Heckel einen neuen Verfassungsbegriff: „Im Gegensatz zu dem formalen und materiellen Verfassungsbegriff des 19. Jahrhunderts kann man diese einheitliche politische Grundordnung als Verfassung im substanziellen Sinn bezeichnen"[513]. Kernstück der Verfassung im substantiellen Sinn ist das Volk. Die Bezugnahme auf das Volk hat jedoch keine Demokratisierung der Verfassung zur Folge. Während nämlich die demokratische Grundordnung jegliches Handeln an Gesetz und Recht misst und an die Grundrechte des Volkes bindet, kommt es nach Johannes Heckel „auf den materialen Leistungseffekt an. Je stärker eine Einrichtung oder Verfahrensweise zur Erreichung des sachlichen Zieles beiträgt, desto wichtiger ist sie."[514] Das Volk ist nur als Rechtsobjekt Teil der Verfassung, nicht als Rechtssubjekt. Diese Materialisierung des Volkes schlägt sich auch in der Wehrordnung nieder: „Das Heerwesen ist der Träger des Charakters eines Volkes und seiner Zeit"[515]. Das Volk besitzt nicht per se einen Wert, sondern es hat durch Geschlossenheit und Kraft die gemeinsamen Ziele voranzutreiben.

5. Rolle des Wehrrechts

Im Dritten Reich gewinnt das Wehrrecht stark an Bedeutung. Die Rechtfertigung der Gewalt wird auch auf intellektueller Ebene vorgenommen. Sorels „Betrachtungen über die Gewalt" enthalten eine Rechtfertigung und Verteidigung der Gewalt[516]. Auch wenn Sorel ein Gegner des totalen Staates ist und den Individualismus befürwortet, legt Sorel mit dem Gewaltbegriff eine Grundlage für das politische Handelns des frühen zwanzigsten Jahrhunderts. Gewalt wird als notwendiges Pendant zur Macht dargestellt. „Die innere Ordnung eines Gebildes muss aufrecht erhalten werden können"[517].

Schmitt stellt in der Broschüre „Staatsgefüge und Zusammenbruch des Zweiten Reiches" die Gründe für den Untergang der Weimarer Republik dar und führt diesen auf den „Kampf gegen den Soldatenstaat" zurück. Die Rettung Deutschlands konnte nach Schmitt nur durch den politischen Soldaten Hitler kommen[518].

---

512 *Heckel*: Wehrverfassung, S. 29.
513 *Heckel*: Wehrverfassung, S. 29.
514 *Heckel*: Wehrverfassung, S. 30.
515 *Heckel*: Wehrverfassung, S. 31.
516 *Barth*: S. 98.
517 *Barth*: S. 99.
518 *Mehring*: S. 344.

Schmitt plädiert für den Abbau des Konstitutionalismus und die Stärkung der soldatischen Traditionen.[519] Johannes Heckel greift die Postulate Schmitts „begeistert" auf.[520] Koellreutter schreibt dem Wehrgesetz von 1935 den Status eines „Verfassungsgesetzes"[521] zu. Analog zur englischen Verfassungsentwicklung ist nach Koellreutter die Kodifizierung von Normen nicht maßgeblich für die Entstehung einer Verfassung. „Alle Verfassungskonstruktionen und die sich aus ihnen ergebenden Streitfragen ... sind im Führerstaate sinnlos geworden."[522] Huber nennt die Verfassung eine „ungeschriebene lebendige Ordnung, in der die politische Gemeinschaft des deutschen Volkes ihre Einheit und Ganzheit findet"[523]. Auf der Grundordnung der ungeschriebenen Werte sind einige formellgesetzliche Einzelbestimmungen, die als „Grundgesetze des nationalsozialistischen Staates"[524] bezeichnet werden können. Im Gesamtgefüge der Verfassung nimmt das Wehrrecht eine bedeutende Rolle ein. „So ist die Wehrverfassung starken politischen Impulsen ausgesetzt. Aber sie gibt ihrerseits solche Anstöße auch zurück. Wie wenig andere Einrichtungen des nationalen Lebens baut sie am Gesamtgefüge des Volkes mit."[525] Die zentrale Stellung der Wehrverfassung im Rahmen des staatlichen Wirkens äußert sich zudem in ihrer Bedeutung für die Außenpolitik. „Dasein und Art einer Wehrmacht werden von den Notwendigkeiten diktiert, die sich aus der Umwelt des Staates ergeben"[526]. „Die Wehrmacht muss imstande sein, den staatlichen Lebensraum und die auf ihm sich abspielende Lebensbetätigung der Bevölkerung gegen Gewalt von außen zu schützen; sie soll aber darüber hinaus auch noch fremde Staaten abhalten, Rechte des eigenen Staates oder eigener Staatsangehöriger im dortigen Bereich oder in neutralen Gewässern zu verletzen"[527]. Die Aufgabe der Wehrmacht vermengt sich im Rahmen des modernen Krieges mit denen des Volkes: „Heute ist die Last des Kampfes in Angriff und Abwehr auf breitere Schultern gelegt. Denn jetzt stehen nicht nur die im Waffenhandwerk ausgebildeten Truppen gegeneinander, sondern die Völker im ganzen"[528]. Mit diesem Wandel geht derjenige der „Methoden und Mittel des Krieges"[529] einher. Statt des bloßen „Waffenkrieges"[530] der Soldaten untereinander

519 *Mehring*: S. 345.
520 *Mehring*: S. 345.
521 *Koellreutter*: S. 18.
522 *Koellreutter*: S. 19.
523 *Huber*: S. 55.
524 *Koellreutter*: S. 19.
525 *Heckel*: Wehrverfassung, S. 31.
526 *Heckel*: Wehrverfassung, S. 32.
527 *Heckel*: Wehrverfassung, S. 32.
528 *Heckel*: Wehrverfassung, S. 32.
529 *Heckel*: Wehrverfassung, S. 33.
530 *Heckel*: Wehrverfassung, S. 33.

tritt in der modernen Kriegsführung der „Wirtschaftskrieg, Seelenkrieg (Propagandakrieg)“[531] ein. Aufgabe einer Wehrverfassung ist es nun, diese Probleme in den Griff zu bekommen und „den Gefahren des ‚totalen Krieges‘“[532] zu begegnen. Dabei gilt es, die politische von der militärischen Betrachtungsweise staatlichen Handelns strikt zu trennen. Während erstere sich auf die Organisation des Staates und seine Heeresform bezieht, setzt letztere an der technischen Umsetzung und Gestaltung politischer Ideen an. Eine Vermengung beider Betrachtungsweisen führt „zu irrigen Typenbildungen: Der Soldat wird zum politischen Führer, die Wehrordnung ‚zum existenziell wichtigsten Bereich völkischen Lebens‘, der politische Kämpfer zu einer Unterart des Soldaten und der ‚Soldatenstaat‘ zum politischen Ideal. Diese militarisierende Methode der Jurisprudenz ist ebenso unfruchtbar und gefährlich wie ihr Gegenstück in der liberalen Staatsrechtslehre, die zivilistische Methode [...]. Sie bürdet der Wehrmacht Aufgaben und Verantwortlichkeiten auf, die ihrem militärischen Beruf nicht entsprechen, ihre Kraft zersplittern und ihre Schlagfertigkeit schwächen.“[533]. Die Trennung führt jedoch nicht zu einer völligen Unabhängigkeit von Politik und Militärwesen: die militärrechtliche Komponente entwächst der politischen, indem die „Wehrmacht aus dem Volk in seiner ganzen Breite hervorgeht“[534]. Heckel greift damit den Gedanken Schmitts auf, es sei entscheidend, dass „das deutsche Heer ... selbst die Funktion der staatstragenden Schicht übernommen hatte“[535]. „Wenn [...] das Volk nicht nur waffenmäßig, sondern auch politisch den Ausschlag gibt“[536] kann man „von Volkswehr in verfassungsrechtlichem Sinn“[537] reden.

a) Bezugspunkt des Wehrrechts

Der Volksbegriff der nationalsozialistischen Ideologie findet sich auch in Heckels Werk. Heckel nennt das Volk als Bezugspunkt für die Wehrverfassung und das Wehrrecht. Die Verantwortung für das Geschehen liegt allein beim Volk, das erstmals in der Geschichte Deutschlands als „Volk in Waffen“[538] an den militärischen Entwicklungen unmittelbar beteiligt ist. Doch beschränkt sich die Bedeutung des Volkes nicht auf die militärische Mitwirkung. Wie in Kriegszeiten, so ist auch im Frieden das Volk maßgebliches Verfassungselement, denn „wer vom Volk im

531 *Heckel*: Wehrverfassung, S. 34.
532 *Heckel*: Wehrverfassung, S. 34.
533 *Heckel*: Wehrverfassung, S. 37.
534 *Heckel*: Wehrverfassung, S. 37.
535 *Blasius*: S. 663.
536 *Heckel*: Wehrverfassung, S. 37.
537 *Heckel*: Wehrverfassung, S. 37.
538 *Heckel*: Wehrverfassung, S. 38.

Kriegsfall entscheidenden Einsatz verlangt, wer es hier zur höchsten Tätigkeit und Hingabe aufruft, der kann es im Frieden nicht einfach zur passiven Masse erklären"[539]. Vorraussetzung für ein starkes Volksheer ist die „unbedingte Hingabe an die Person des Monarchen"[540]. Ohne diese kann eine starke einheitliche Führung des Heeres nicht erfolgen. Das Heer gerät dann in einen Bereich „außerhalb der konstitutionellen Ordnung"[541], in dem es seine Macht nicht voll entfalten kann. Daher gilt es, eine Wehrverfassung zu schaffen, die die bestehende Lücke füllt. Die starke Stellung des Volkes als Gemeinschaft ist kennzeichnend für die nationalsozialistische Ideologie, ohne dass von einer einheitlichen Begriffsbildung die Rede sein kann[542].

b) Aufgaben des Heeres

Das Heer hat zunächst volkserziehenden Verdienst, indem es den Charakter und Geist des Volkes prägt und formt. Maßgeblich ist „der konkrete Begriff des lebendigen Volkes"[543]. Wegen der erziehenden Wirkung der Heeresmacht ist nach Schmitt auch das Volk in seiner Existenz maßgeblich von der Einigkeit und dem Zusammenhalt im Heer abhängig. „Staat und Gesellschaft, Heer und Wirtschaft, Soldat und Bürger"[544] bilden eine Einheit, die die Gesamtstruktur des politischen Gemeinwesens bildet. Konsequenterweise führt Schmitt – wie der Großteil der Staatsdenker im Dritten Reiche – die Niederlage des Deutschen Reichs im Ersten Weltkrieg auf die „revolutionäre Zermürbung"[545] des Heeres durch die liberalistischen Kräfte zurück. Darüber hinaus begründet Schmitt die Niederlage jedoch mit der „Systemlegende" des Zweiten Reiches und sucht die Ursache in dem fehlerhaften Verhältnis zwischen Regierung und Heer. Das Heer müsse der Alleinherrschaft des Monarchen unterstehen und der Stärkung des Monarchen dienen.[546] Da die Weimarer Republik ebenso wie zuvor das Deutsche Reich den Einsatz des Heeres, die „Erklärung von Krieg und Frieden"[547], von der Zustimmung des Reichstages abhängig gemacht habe, sei es zu einer Spaltung des mächtigen „preußischen Soldatenheeres" und des bürgerlichen Verfassungsstaates gekommen. [548] Daran wird der Einfluss des Heeres auf das Wohl des Volkes erkennbar. Nach

539 *Heckel*: Wehrverfassung, S. 38.
540 *Heckel*: Wehrverfassung, S. 42.
541 *Heckel*: Wehrverfassung, S. 44.
542 *Lepsius*: S. 128.
543 *Huber*: S. 151.
544 *Blasius*: S. 667.
545 *Blasius*: S. 669.
546 *Blasius*: S. 673.
547 *Blasius*: S. 673.
548 *Blasius*: S. 674.

Koellreutter ist „jedes Volk, das sich als politische Gemeinschaft empfindet, … auch von dem Willen durchdrungen, diese Lebensgemeinschaft gegen fremde Angriffe zu schützen“.[549]

Daneben eint das Heer das Volk durch die „kriegerische Bewährung der Monarchie im Kampf mit der Demokratie“[550] und hat eine moralisierende und ordnende gesellschaftliche Wirkung. Heckel steht damit wiederum dem Heeresbegriff Schmitts nahe, der das Heer als „staatstragende Organisation“[551] bezeichnet. In dieser Hinsicht spricht Heckel von der „rechtsbildenden und -erhaltenden Kraft“[552], die „wegen ihrer volkserhaltenden Wirkung den Haß der Feindmächte auf sich zog“[553]. Diese Kraft ist stark genug, um auch liberalistischen Tendenzen zu widerstehen, wenngleich auch dies nur durch eine Distanzierung von der Politik im Allgemeinen möglich ist. „Der Nationalsozialismus hat [aber] diese Fesseln zerbrochen“[554]. Damit ist die Wehrmacht wieder ein Teil des täglichen Lebens geworden, sie stellt die „einzige im Rechtssinn völkische Wehr auf der Welt“[555] dar. Als solche wird sie von den ethischen und politischen Werten des Volkes geprägt, was sich in zwei „Geboten“[556] äußert:

Erstens muss der Volksgenosse als Ausdruck der deutschen Ehre „nach dem Maß seiner Kräfte sich mit Blut und Gut für das Vaterland“[557] einsetzen, zweitens ist die Teilnahme am Kampf für Ehre und Wohl aufgrund des völkischen Artbegriffs nur den Volksgenossen vorbehalten. Um die erstgenannte Pflicht zu erfüllen, bedarf es der allgemeinen Wehrpflicht. Diese ist jedoch nicht auf den Einsatz an der Waffe beschränkt, sondern geht darüber hinaus bis hin zu Teilnahme am totalen Krieg, bei dem „alle geeigneten Volksgenossen – auch außerhalb der Streitmacht – ohne Rücksicht auf Alter und Geschlecht in den Dienst der Verteidigung gestellt werden“[558] und „nicht nur mit ihrer Person, sondern auch mit ihrer gesamten Habe“[559] herangezogen werden. Auch Koellreutter sieht in der Wehrmacht mehr als nur die Ausübung des Kriegsdienstes. „Die Verwirklichung der alten soldatischen Tugenden: Kameradschaft, Disziplin und Treue“.[560] Aus zeitgenössischen Kriegstagebüchern geht hervor, dass es „so etwas wie

549 *Koellreutter*: S. 94.
550 *Heckel*: Wehrverfassung, S. 44.
551 *Blasius*: S. 663.
552 *Heckel*: Wehrverfassung, S. 44.
553 *Heckel*: Wehrverfassung, S. 45.
554 *Heckel*: Wehrverfassung, S. 46.
555 *Heckel*: Wehrverfassung, S. 47.
556 *Heckel*: Wehrverfassung, S. 47.
557 *Heckel*: Wehrverfassung, S. 47.
558 *Heckel*: Wehrverfassung, S. 48.
559 *Heckel*: Wehrverfassung, S. 48.
560 *Schmidt*: S. 94.

militärische Primärgruppenbildungen bis zum Schluss des Krieges gegeben hat“[561]. Die Art der gemeinschaftlichen Haftung bezeichnet Johannes Heckel als „Wehrpflicht im jüngeren Sinn“[562], die im Gegensatz zum auf das Soldatenheer beschränkten „Militärrecht“ als „Wehrrecht“ bezeichnet wird. Das Wehrrecht fordert dem Einzelnen die schwerste aller *Pflichten* ab, indem es den Einsatz des persönlichen Lebens fordert. Gleichzeitig beinhaltet das Wehrrecht jedoch auch genau diese Hingabe als höchstes *Recht* des Menschen und als Ausdruck höchster Ehre. Erst durch den Einsatz für das Volk gewinnt der Mensch seine Daseinsberechtigung als deutscher Reichsbürger. Aus diesem Grund ist das Wehrrecht auch der arischen Rasse vorbehalten.

Im verfassungsrechtlichen Sinne zeichnet sich die Volkswehr insbesondere durch die Tatsache aus, dass sie im Gegensatz zu den föderalistischen Heeresgruppen des 19. Jahrhunderts einheitlich im ganzen Reich besteht.

In der Aufopferung des Individuums für das Volk ist nach der nationalsozialistischen Staatslehre nicht die „Vernichtung der individuellen Freiheit, sondern … die Gestaltung einer neuen Sozialordnung“ [563]zu sehen.

c) Zusammenfassung

In diesem ersten Kapitel bringt Heckel zum Ausdruck, dass sich das Dritte Reich in seiner Organisation im verfassungsrechtlichen Sinn durch zwei Hauptmerkmale von den bisherigen Volkskomplexen unterscheidet: Zum einen durch die völlige Hingabe des Einzelnen an die große Macht der Gemeinschaft, zum anderen durch die daraus resultierende Gleichartigkeit und Gleichschaltung. Huber spricht von dem „Prinzip der völkischen Ganzheit“[564]. Indem Heckel die Vorteile und Vorzüge dieses Staatsaufbaus hervorhebt und nur diesen als ehrbar und achtenswert bezeichnet, schließt er sich an die nationalsozialistische Ideologie an und gesteht ihr die Macht und das Recht zu, die Menschheit zu beherrschen und in ihrem Sinne zu erziehen. Von diesem Ansatz ist der Weg zu einem eigenen rassischen Begriff der Menschenwürde nicht weit. Würdig ist, wer als Teil der Volksgemeinschaft geboren wird und sich dieser wiederum opfert.

Noch in der Zeit seines Studiums und Referendariats hatte Johannes Heckel in seinem Eid bei Antritt des Kirchendienstes geschworen, sich an Gott und Recht zu orientieren. Der neue Bezugspunkt ist das Volk, welches wiederum per se keine eigene Wertigkeit erlangt, sondern lediglich aufgrund seiner Wirkung im Staat von Bedeutung ist. Genau diese Deutung steht im Einklang mit dem

---

561 *Müller*: Wehrmacht, S. 536.

562 *Heckel*: Wehrverfassung, S. 48.

563 *Schmidt*: S. 95.

564 *Huber*: S. 159.

zuvor Ausgeführten. Der Mensch ist, was er ist, erst indem er eine Leistung an die Gemeinschaft erbringt und in dieser aufgeht. Genauso ist das Volk als solches nur wertvoll, wenn es zum Gesamtgefüge beiträgt. Von seinem ursprünglichen Menschenwürdebegriff und den Glauben an die höhere Macht Gottes rückt Heckel in diesem Sinne somit völlig ab. Der neue Gott heißt Nationalsozialismus und ist dem Staate nicht etwa übergeordnet, sondern vielmehr inhärent.

Indem Heckel diese Assoziationen aufwirft, verbündet er sich mit der nationalsozialistischen Ideologie und rührt für diese auf rechtlichem Gebiet die Werbetrommel.

d) Wehrmacht und Verfassung

Im zweiten Kapitel untersucht Johannes Heckel die Stellung der Wehrmacht im Verfassungsgefüge des Dritten Reiches.

Ausgangspunkt ist die Aufgabe der Wehrmacht, als Schutz gegen den Feind zu dienen, die Landesverteidigung sicherzustellen und den Lebensraum des Volkes zu sichern[565]. Die Wehrmacht „schützt Volk und Staat gegen ihre äußeren Feinde“[566]. Das Wehrrecht dient zur Vollstreckung des Völkerrechts „auf dem Schlachtfelde“[567]. Ein großer Staat ist ohne ausreichende Schutzwehr dem feindlichen Treiben anderer Staaten ausgesetzt und darf sich nicht auf Neutralität und internationale Garantien verlassen. In diesem Zusammenhang erklärt Heckel mit Graf von Moltke, dass „eine Politik des Friedens [...] sich nur durchführen (lässt), gestützt auf ein starkes und kriegsbereites Heer. [...]. Die Armee ist es, welche der diplomatischen Aktion Nachdruck und Rückhalt gewährt, aber nur so lange, wie sie auch wirklich bereit und imstande ist, da einzutreten, wo der friedliche Zweck nicht erreicht werden kann“[568]. Hinzu kommt die Abwehr des inneren Feindes. Das Heer ist der „Waffenträger der Nation“[569]. An dieser Stelle zeichnet Heckel, Bezug nehmend auf die Darstellung Haselmayrs[570], auch die Gefahren auf, die der Feind für das deutsche Volk bedeutet: „Es muss ferner damit gerechnet werden, dass Luftangriffe auf Regierungssitze, auf wichtige zivile staatliche Institute, auf staatliche Versorgungseinrichtungen“[571] vorgenommen werden.

Zur Abgrenzung von Waffenträgern kraft Amtsauftrag, wie etwa der Polizei, bezeichnet Heckel die Wehrmacht als „in kriegsmäßiger Waffenübung und –

565 *Huber*: S. 46.
566 Meißner u. Raisenberg: S. 123.
567 *Heckel*: Wehrverfassung, S. 55.
568 *Heckel*: Wehrverfassung, S. 55.
569 *Heckel*: Wehrverfassung, S. 55.
570 *Haselmayr*: Wehrgeistiges Schrifttum.
571 *Heckel*: Wehrverfassung, S. 33 f..

führung stehende Mannschaft des Volkes“[572]. Sie wirkt durch Dasein, Zusammensetzung und in ihr herrschendem Geist auf das Verfassungsleben ein. Jede Präsentation der Wehrmacht ist eine verfassungsrechtliche Veranstaltung.

Durch die gleichmäßige Inanspruchnahme eines jeden Einzelnen kreiert die Wehrmacht einen Akt von Gleichheit und Gerechtigkeit. Dieser besteht in der Hingabe des Einzelnen und der Aufopferung für die Gesamtheit, was als „soldatische Erziehungsschule des deutschen Volkes“[573] bezeichnet werden kann. Die Wehrmacht ist im Leben des Volkes allgegenwärtig. Der Historiker Friedrich Meinecke zeigt sich daher auch entsetzt, dass das Regime des Dritten Reiches wesentlich von „der Gesinnung und dem Willen“ der Armee abhängig gewesen sei.[574]

Heckel begründet die zentrale Stellung der Wehrmacht mit deren verfassungsrechtlicher Bedeutung[575].

aa) Stellung der Wehrmacht

Aufgrund der außerordentlichen Bedeutung der Wehrmacht im Dritten Reich ist für Heckel die Untersuchung der Stellung im Verfassungsgefüge ein wichtiger Untersuchungsgegenstand. „Niemals ist die Militarisierung allen Lebens so radikal durchgeführt, niemals vorher ein so einseitiger Macht- und Kampfwille geschichtlich wirksam geworden“[576]. Nach Schmitt hat der Staat als maßgebende politische Einheit eine ungeheure Befugnis bei sich konzentriert: die Möglichkeit Krieg zu führen und damit offen über das Leben von Menschen zu verfügen“[577]. In der Zeit bis zum Dritten Reich gilt das Heer stets als Teil der Exekutive. Die Ausübung des soldatischen Berufs gestaltet sich als Kumulation von Verwaltungsakten. „Ein Leutnant z.B., der den Befehl gibt, eine Kanone abzufeuern, ‚verwaltet‘ mittels eines ‚Verwaltungsakts‘ als ‚Anstaltsorgan‘ in der persönlichen Rechtsstellung eines ‚unmittelbaren Staatsdieners‘ eine ‚öffentliche Sache‘ so, daß eine Staatsausgabe entsteht! Seine Tätigkeit unterscheidet sich juristisch in nichts von derjenigen eines beamteten Laternenanzünders, der in der Großstadt die Straßenbeleuchtung in Gang bringt“.[578] Damit verkümmert das Heer zu einer belanglosen Nebensache.

Ein Ansatzpunkt zur Aufwertung der Wehrmacht ist die Idee Otto Mayers, der neben den drei bekannten staatlichen Kräften Judikative, Exekutive und

572 *Heckel*: Wehrverfassung, S. 56.
573 *Heckel*: Wehrverfassung, S. 58.
574 *Müller*: Wehrmacht, S. 347.
575 Die Bedeutung der Wehrmacht im der Politik des Dritten Reiches spiegelt sich in der Staatsrechtslehre wieder.
576 *Müller*: Wehrmacht, S. 353.
577 *Mehring*: S. 211.
578 *Heckel*: Wehrverfassung, S. 60.

Legislative einen vierten Bereich schaffen will, in dem er all die Elemente unterbringt, die der „Natur nach unbedingt und an Rechtsschranken nur notdürftig gebunden"[579] sind. Problematisch an dieser Ansicht ist die Lösung der Wehrmacht aus dem Gefüge von Gesetz und Kontrolle. Demgemäß kann es ein Wehrrecht im eigentlichen Sinne nicht geben.

Einen anderen Ansatzpunkt stellt die Theorie von Steins dar, welche das Heer als „Teil des Volkswesens"[580] sieht und neben der außenpolitischen Bedeutung des Heeres auch die innenpolitische Funktion betont. Dennoch bindet auch von Stein das Heer vom Rechtsgefüge des Staates los. Durch die Erfüllung seiner Pflichten nach außen wird das Heer zu einem eigenständigen Organismus, welcher sich ein eigenes Rechtsgefüge schafft. Die Wehrmacht zerfällt damit in zwei Komponenten: nach außen tritt das Herr als selbständiger Rechtsträger auf, im Innern soll es aber Teil des Volkswesens sein. Damit wird die „Geschlossenheit einer Streitmacht"[581] in Frage gestellt.

Um dieses Problem zu verhindern geht Rudolf Smend noch einen Schritt weiter und sieht das Heer als „Lebensform des Staatsvolks" statt als bloße „Veranstaltung oder Werkzeug"[582].

Auf diesem Konstrukt aufbauend stellt Johannes Heckel fest, die Wehrmacht sei in ihrer „außen- und innenpolitischen Wirkungsweise"[583] eine Einheit. Sie ist geprägt durch eine Wechselwirkung zwischen Kriegsgeschehen und Stärke des Staates im Innern. Ein Sieg gegen feindliche Staaten stärkt den inneren Zusammenhalt, welcher wiederum ein starkes Heer bedingt.

bb) Funktion der Wehrmacht im Staat

Gegenüber anderen Zweigen des nationalen Lebens nimmt die Wehrmacht daher eine verbindende Funktion ein. Während die politische Ausrichtung des Volkes der nationalsozialistischen Partei obliegt, ist für kulturelle und wirtschaftliche Elemente die Verwaltung zuständig, welche sich nach Heckel grundsätzlich an der Ordnung der Rassen zu orientieren hat. Einrichtungen des Staates, welche das Volk nach außen repräsentieren, sind insbesondere der auswärtige Dienst und die Wehrmacht. Im Dritten Reich zeichnet sich das Staatsrecht dadurch aus, dass die gesamte staatsrechtliche Dogmatik neu gefasst werden soll[584]. Dem „Staat" als juristische Persona hat daher eine „Gemeinschaft" zu folgen, die von

---

579 *Heckel*: Wehrverfassung, S. 61.
580 *Heckel*: Wehrverfassung, S. 62.
581 *Heckel*: Wehrverfassung, S. 64.
582 *Heckel*: Wehrverfassung, S. 64.
583 *Heckel*: Wehrverfassung, S. 65.
584 *Stolleis*: S. 327.

der Rechtsform gelöst ist[585]. Die Ansichten über die neue Begrifflichkeit gehen weit auseinander. Während treue Nationalsozialisten den Staat als Rechtsform gänzlich auflösen wollen, stellen sich die Traditionalisten, die zwar die Gemeinschaft des Volkes anerkennen, den Staat aber nicht gänzlich vernichtet wissen wollen, auf den Standpunkt, dass der Staat als Rechtsform gewahrt werden muss. Koellreutter attackiert daher heftig die nationalsozialistischen Wissenschaftler Schmitt und dessen Schüler Huber und Forsthoff[586]. Auch Heckel versteht sich als Nationalist, der den Staat als Bezugspunkt aufrechterhält. Daher sind Staatsaufbau und Staat maßgebliche Grundlage für eine funktionierende Gemeinschaftsordnung mit festen Institutionen. Diesen Institutionen kommt die Aufgabe zu, das Volk als geschlossenes Ganzes abzubilden. Die Wehrmacht hat vereinenden und repräsentativen Charakter, weshalb das Wehrrecht eine ganz besondere Stellung im Staatsrecht erhalten muss.

Indem Heckel der Wehrmacht eine besondere Stellung im Staat zuweist, trägt er auch der neuen Entwicklung im Kriegswesen Rechnung. Im Verlauf des zwanzigsten Jahrhunderts gewinnt die Kriegsführung „Kreuzzugscharakter“ und betrifft nicht nur die Armeen, „sondern auch die Völker“[587].

Heckel trägt mit der These der zentralen Bedeutung des Wehrrechts unmittelbar der nationalsozialistischen Ideologie Rechnung, indem er die Wehrhaftigkeit des Volkes zur Voraussetzung eines einigen und geeinten Volkes macht.

Somit ist auch das Verhältnis zwischen Wehrrecht und politischer Führung von außerordentlicher Bedeutung. „Als ultima ratio status muss die Wehrmacht unbedingt zur Verfügung des Volksführers stehen“[588]. Trotz der engen Verbundenheit ist aber das Militär von der Politik zu differenzieren. „Die Wehrmacht ist das schneidigste Mittel der Führung, hat aber nicht selbst zu führen“[589]. Im Verhältnis der beiden Elemente muss der Führer stets die Oberhand behalten. Die Wehrmacht wird damit wieder, anders als noch bei Smend, Werkzeug und Mittel zum Zweck. Damit löst Heckel auch den Kritikpunkt, den er an der Theorie Smends gesehen hatte. Durch die Unterordnung der militärischen unter die politische Macht bezieht Heckel das Wehrrecht in das Staatsrecht mit ein und lässt es nicht mehr in einer eigenen Rechtsform auftreten. Es entsteht eine „unbedingte und ungeteilte Abhängigkeit der Wehrmacht vom politischen Führer“[590], die jedoch für diesen auch die Pflicht mit sich bringt, die Wehrmacht in ihrer Aktivität und Effektivität zu fördern und zu stützen. Der politische Führer muss demnach auch

585 *Stolleis*: S. 327.
586 *Stolleis*: S. 329.
587 *Stolleis*: S. 37.
588 *Heckel*: Wehrverfassung, S. 67.
589 *Heckel*: Wehrverfassung, S. 68.
590 *Heckel*: Wehrverfassung, S. 69.

zwingend Fachmann für Heeressachen sein. Eine richtige Führerentscheidung muss sowohl politische als auch militärische Aspekte abwägen.

Um eine Zentrierung der Macht zu gewährleisten, ist Ausschließlichkeit der Wehrmacht als Träger der Heereskräfte Voraussetzung. Ein nicht-militärischer Amtsträger darf die Aufgaben der Armee nicht wahrnehmen. Gleichzeitig ist die Wehrmacht gegenüber allen außerhalb ihrer Reihen stehenden Personen und Institutionen autark. „Die Pflicht zur vollständigen Erfüllung ihrer Aufgabe gibt der Wehrmacht das Recht, im Rahmen der Gesetze frei über Art und Maß“[591] der Erziehung des Volkes für die militärischen Zwecke zu befinden. Im außermilitärischen Bereich hat die Wehrmacht den anderen staatlichen Institutionen Respekt und Achtung entgegenzubringen und deren Maßnahmen zu akzeptieren. Es herrscht grundsätzlich das Prinzip der Gleichordnung im Rahmen einer engen Zusammenarbeit für das gemeinsame Ziel: „den Bestand und das Wohl der Nation“[592]. Die Differenzierung wird äußerlich durch Symbole kenntlich gemacht, so dass die Unterscheidung zwischen den militärischen und den übrigen staatlichen Organisationen auch für den Außenstehenden ein leichtes ist.

Die strikte Unterordnung der Wehrmacht unter die politische Führung ermöglicht es Heckel, die Allgewalt des Führerbefehls zu erklären. Die Wehrmacht als Teil des Volkes muss dem obersten Führer unterstehen. Die Absolutheit des Führerbefehls ist damit rechtlich legitimiert.

cc) Stellung der Wehrmacht im Staatsaufbau

Johannes Heckel schreibt der Wehrmacht im Staatsaufbau eine wesentliche Bedeutung zu, indem er sie in den Rang einer obersten Staatsbehörde erhebt. Die Bindung an den Führer ist zum einen denklogische Folge seines Bestrebens, die militärische Kraft als einheitsschaffende Gewalt darzustellen. Nur bei gemeinsamer Führungsspitze ist ein Gleichlauf in ideologischer und politischer Hinsicht gewährleistet. Zum anderen löst Heckel die militärische Gewalt damit aus jeder rechtlichen Kontrolle. Er schafft auf diese Weise wiederum eine neben den drei Staatsgewalten bestehende Kraft, was er ja zunächst an den überbrachten Theorien kritisiert. Jedoch vermeidet er die völlige Lösung der Armee von anderen staatlichen Organisationen, indem er das Heer nicht nur aus den anderen Gewalten herausnimmt, sondern auch einer neuen Herrschaft zuführt, nämlich der des Führers. Auf diese Weise kann eben doch ein Wehrrecht entstehen. Recht ist, was der Führer angibt. Diese Konstruktion passt mit dem Dualismus zusammen, den Heckel in Bezug auf Militär und Politik schafft. Zwar sind die einzelnen

---

591 *Heckel*: Wehrverfassung, S. 71.
592 *Heckel*: Wehrverfassung, S. 72.

Staatsinstitute durchaus eigenständig, dies bedeutet jedoch nicht, dass sie auch unabhängig voneinander sind.

Demgemäß sieht Heckel die „Scheidung im Aufbau [zwischen der Partei und dem Militär] tiefer als gegenüber den Organisationen des kulturell-wirtschaftlichen Lebens“[593]. Jede Organisation hat ihre selbständige Aufgabe. „Aber gerade in deren Erfüllung gehören Partei und Wehrmacht zusammen“[594]. “Der Partei als Hüterin der nationalsozialistischen Weltanschauung ist die Gestaltung des politischen Willens der Nation und die politische Erziehung des Volkes anvertraut. Soweit in der Wehrmacht eine politische Schulung geschieht, muss sie sich deshalb in Übereinstimmung mit der Partei halten. Umgekehrt ist es die Pflicht der Partei, durch ihre Arbeit am Volk einen festen Rückhalt für die Wehraufgabe der Streitmacht zu schaffen.[595]. Eine Wechselwirkung ist maßgeblich für eine funktionierende Staatsführung. Die Wehrmacht, so betont Johannes Heckel, hat nicht nur die Aufgabe, das Volk nach außen hin zu schützen, sondern es ist „eine der vornehmsten Aufgaben der politischen Führung des Volkes, dessen Mitglieder auch außerhalb der Streitmacht körperlich und seelisch auf die Höhe der Wehrmacht zu heben und wehrfest zu machen. Wir nennen dies zum Unterschied von der soldatischen Erziehung die wehrgeistige Erziehung“[596]. Diese soll dazu führen, dass sich ein „hochherziger Nationalcharakter“[597] im Volke bildet. Die Aufgabe der Erziehung obliegt zuerst der Partei, da es sich um eine „politische Mission ersten Ranges“[598] handelt. Von klein auf sollen die Staatsbürger im Sinne der Wehrmacht erzogen werden. Damit teilt Heckel den politischen Organisationen wie HJ (Hitlerjugend), SA (Sturmabteilung), NSKK (nationalsozialistisches Kraftfahrkorps) und NSFK (nationalsozialistisches Fliegerkorps) eine über die bloße politische Bedeutung hinausgehende Stellung als Vermittler von Moral und Ethik zu. Die Partei wird zum Zentrum jeglicher Bildung und Erziehung, sie stellt das Maß der Dinge dar.

Mit diesen Ausführungen stärkt Heckel die Macht der Parteiorganisationen, indem er ihnen die maßgebliche Aufgabe der Erziehung zuschreibt. Darüber hinaus rechtfertigt er auf rechtlicher Basis die Einwirkung der Partei in das Privatleben. Durch die Erziehung im ideologischen Sinne der Partei kann ein starkes und gesundes Volk geschaffen werden.

---

593 *Heckel*: Wehrverfassung, S. 73.
594 *Heckel*: Wehrverfassung, S. 73.
595 *Heckel*: Wehrverfassung, S. 74.
596 *Heckel*: Wehrverfassung, S. 75.
597 *Heckel*: Wehrverfassung, S. 75.
598 *Heckel*: Wehrverfassung, S. 75.

dd) Rechtsform

Die Form der Wehrmacht muss in diesem Zusammenhang neu definiert werden. Heckel verwirft den Begriff der „Anstalt" als zu sehr verhaftet in Gedanken des verwaltungsrechtlichen Aufbaus, der von „Hausordnung" und „Untertanen" geprägt sei. Die Form der Mannschaft bezeichnet eine Organisation von Amtsträgern, weshalb sie zwar Behörden, nicht aber das Heer bezeichnen kann. Auch über den Begriff der Gemeinschaft geht die Wehrmacht hinaus.

Johannes Heckel zieht aus diesen Gründen als Bezeichnung der Rechtsform der Wehrmacht den Begriff der Genossenschaft in Betracht. Sie bestehe zum einen in einer Pflichtgenossenschaft. Die gemeinsame Pflicht sei der Dienst eines nationalen Gesamtzwecks. Zu dem Bezugspunkt der Pflicht trete derjenige des Volkes. Damit liege auch eine völkische Genossenschaft vor. Ihre Existenz steht und fällt mit den Befehlen des Führers, der allein das Recht hat, sie zu gründen und zu lösen. „Die völkische Genossenschaft ist also ein Personenverband, dessen Mitglieder im freiwillig und gemeinschaftlich übernommenen, vom Volksführer gewollten Dienst an einer lebensnotwendigen Aufgabe der Nation verbunden sind."[599]. Die Verfassung dieser Genossenschaft ist unverbrüchlich, sie besitzt Rechtsfähigkeit trotz ihrer Konstruktion als Personengesellschaft. Denn „die nationalsozialistische Rechtslehre [...] räumt dem deutschen Trieb zu genossenschaftlicher Organisation auch da sein volles Recht ein, wo er zur Bildung von Verbänden führt, die zwar den Charakter einer Personengemeinschaft tragen, aber nicht rechtsfähig sind"[600]. Die Lösung aus den kodifizierten rechtlichen Formen stellt eine Sonderbehandlung nationalsozialistischer Organisationen dar, die deren besondere Bedeutung hervorhebt und die Unvergleichbarkeit mit übrigen staatlichen Einrichtungen betont. Die Wehrmacht kann nicht als Genossenschaft im klassischen Sinne bezeichnet werden, da sie sich durch eine Zwangsmitgliedschaft auszeichnet. Zudem basiert ihr Funktionieren nicht auf einem gemeinsam verwirklichten Willen, sondern „das eiserne Gebot [...] ist Mittel der Führung"[601]. Der Zwang, mit dem in der Wehrmacht geherrscht wird, ist dazu nötig, eine große Menschenmenge dazu zu bewegen „unter den schwierigsten Verhältnissen, unter Leiden und Entbehrungen, Gesundheit und Leben an die Ausführung eines gegebenen Befehls zu setzen"[602].

Die Wehrmacht ist also zwar eine Personengesamtheit, die im völkischen Zusammenwirken tätig wird. Beherrscht wird sie aber von Macht und Befehl, die

---

599 *Heckel*: Wehrverfassung, S. 86.
600 *Heckel*: Wehrverfassung, S. 88.
601 *Heckel*: Wehrverfassung, S. 89.
602 *Heckel*: Wehrverfassung, S. 90.

von den Beteiligten das äußerste Opfer abverlangen. Daher kann die Wehrmacht nur als Rechtstyp eigener Art bezeichnet werden, die bislang vorhandenen Strukturen öffentlicher Gesellschaften lassen sich auf die Armee nicht anwenden. Die Wehrmacht ist eine „zum Waffenkampf nach den Erfordernissen des Krieges bestimmte und ausgerüstete, gemäß strengem Befehlsprinzip verfasste Personeneinheit“[603].

Auffällig ist an dieser Stelle, dass die Elemente „Personengesamtheit“ und „Befehl und Zwang“ kombiniert und zu einer Rechtsform geschmolzen werden. Die gesetzlich vorgesehenen Rechtsformen sehen eine solche Konstruktion nicht vor. Beruht die Mitgliedschaft auf Zwang, handelt es sich um eine Körperschaft des öffentlichen Rechts, die losgelöst von den einzelnen Mitgliedern per se Rechtsmacht besitzt. Schließen sich hingegen Personen zusammen, so beruht dies auf einem freiwilligen Entschluss. Die Idee, eine Zwangsgesellschaft dennoch über ihren Personenbestand und nicht als Körperschaft zu definieren, ist neu. Johannes Heckel bringt damit zum Ausdruck, dass jedes Mitglied des Volkes von der Wehrpflicht betroffen ist, dass es also auf die Personen, und nicht etwa auf das Institut, ankommt. Gleichzeitig besitzen diese Personen aber nur als Kollektiv einen Wert. Bezeichnend ist in diesem Zusammenhang auch die Wortwahl zur Definition der Wehrmacht. Heckel spricht von einer „Personeneinheit“, nicht, wie aus juristischer Sicht zu erwarten wäre, von einer „Personenmehrheit“. Damit kommt der Rang des Volkes als Kollektiv, in dem der Einzelne „verschmilzt“, zum Ausdruck. Die Eigenartigkeit der Rechtsform bedarf eines eigenen Rechts. Ihre Nähe zur nationalsozialistischen Bewegung stellt sie durch Nationalsymbole, Uniform und Reichskriegsflagge nach außen dar. Zugleich bekundet die Wehrmacht damit den Willen, sich in den Dienst der Politik zu stellen.

Den ersten Abschnitt seines Werkes schließt Heckel mit der Feststellung der rechtlichen Eigenart des Wehrrechts und der Wehrmacht. Dadurch vermeidet er, dass sich das Handeln der Wehrmacht am Gesetz messen lassen muss. Für das Militärwesen gelten die Maßstäbe der Verfassung nicht. Alleiniger Maßstab ist der Führerbefehl. Die verfassungsimmanenten Werte werden bezüglich des Führerhandelns schlichtweg ausgeblendet. Die besondere Stellung der Wehrmacht und die fehlende Verbindlichkeit der Gesetze tragen dem nationalsozialistischen Gedankengut Rechnung,

603 *Heckel*: Wehrverfassung, S. 90.

6. Waffendienst

Den zweiten großen Abschnitt seines Werkes betitelt Johannes Heckel als „Waffendienst". Der Waffendienst ist einer von drei organisatorischen Strukturelementen der Wehrmacht neben Verwaltung und Militärgerichtsbarkeit.

a) Pflicht zum Waffendienst

Der Waffendienst ist zu differenzieren nach der allgemeinen Pflicht des Volkes, „ohne Unterschied nach Geschlecht und Alter, Blut und Gut restlos einzusetzen"[604] und der Pflicht Fremdblütiger, dem Reich Treue entgegenzubringen. Die Pflicht der Fremdblütigen beruht auf der Verbundenheit zum Reich auf Grundlage der Staatsangehörigkeit. Voraussetzung für ein Mitwirken in der Wehrmacht ist also jedenfalls die Staatsangehörigkeit. Gegenüber den Fremdblütigen genießen die echten Volksgenossen einen bevorzugten Rang in Bezug auf die Verteidigung des Vaterlandes.

b) Blut- und Bodentheorie

Ein die nationalsozialistische Ideologie maßgeblich kennzeichnendes Element ist der Rassebegriff[605]. Als Rasse wird das „gesamte körperliche, seelische und geistige Wesensgefüge sowohl eines Einzelnen als eines Volks"[606] bezeichnet und „Reinheit der Rasse anstreben heißt, die Klarheit, Einheitlichkeit und Kraft dieses Wesensgefüges beim Einzelnen und beim Volk anstreben."[607] Heckel statuiert im Rahmen der Adressierung der Pflicht zum Waffendienst die Blut- und Bodentheorie des Nationalsozialismus. Die Pflicht an der Waffe obliegt dem Volk. Zu dessen Bestimmung wählt Heckel den natürlichen Volksbegriff und betrachtet das Volk als ganzheitliches Wesen. Das Volk definiert sich nicht nach Personen- und Kulturkreis, sondern nach „Blut und Boden"[608]. Das Merkmal des Deutschen ist die deutsche „Rassenseele"[609]. Von ihr ausgehend sind die Menschen in drei Personengruppen einzuteilen: Deutschblütige, Artverwandte und Artfremde. Für die Artfremden kann nicht das Recht gelten, das für Deutschblütige und Artverwandte zur Anwendung kommt. Es besteht ein Sonderrecht für Fremdblütige, das Mitverantwortung und Mitbestimmung an den Geschicken des Reichs ausschließt.

---

604 *Heckel*: Wehrverfassung, S. 96.
605 *Lepsius*: S. 79.
606 *Lepsius*: S. 79.
607 *Lepsius*: S. 79.
608 *Heckel*: Wehrverfassung, S. 98.
609 *Heckel*: Wehrverfassung, S. 98.

Neben der Rasse ist der Raum maßgeblich zur Bestimmung des Volkes. „Aus der Förderung erbgesunder und rassisch wertvoller, kinderreicher Familien wird auch die Sicherstellung eines hierfür ausreichenden Lebensraums gefordert".[610] Die beiden Elemente Blut und Boden ergänzen einander und vereinen das deutsche Volk. Hinzu kommt als Krönung ein gemeinsamer Volkswille, der auf die Umsetzung der völkischen Sendung gerichtet ist. Der Volksbegriff ist gesamtdeutsch, so dass die Sprache zum Kennzeichen des Deutschen wird. Ebenso einheitlich bestimmt das gemeinsame Ethos die deutsche Rasse. Das Ethos des Deutschen besteht in dem „völkischen Sozialismus"[611], der durch eine neue Form der Gleichheit geprägt ist. Die Gleichheit beruht auf dem gemeinsamen Bezug zu Volk und Führer, zu der „Treue des Dienstes am Volk"[612].

Zusammenfassend beschreibt Heckel das Volk als Gemeinschaft nach Rasse, politischer Reichszugehörigkeit und persönlicher Ehre. Die Anknüpfung an die Blut- und Bodentheorie des Nationalsozialismus verdeutlicht die Haltung Heckels zu den Ideen des nationalen, patriotistischen Völkerbegriffes.

c) Wehrpflicht

Der Volksbegriff bestimmt die für die Berechtigung zur Teilhabe in der Wehrmacht maßgeblichen Kriterien. Aus diesem Grunde darf nur der Rassedeutsche an der Wehrpflicht teilhaben. Für Fremdblütige, die zum Schutze des Vaterlandes beizutragen haben, gilt ein Sonderrecht. Zu diesem Kreis zählt Heckel insbesondere die Juden, die seit Jahrzehnten von dem deutschen Staatsgebilde profitieren und als Gegenleistung zur Loyalität verpflichtet sind. Zwar ist diese Einschränkung im Gesetz nicht verankert. Vielmehr begründet das Gesetz die Wehrpflicht für jeden Deutschen. "Jedoch überkommene Rechtstechnik darf dort nicht auf Gehör rechnen, wo sie außerstande ist, den vollen Sinngehalt eines neuen politischen Werdens in sich aufzunehmen"[613].

Problematisch ist für Heckel daher auch die Bestimmung des „Deutschseins" mittels der Staatsangehörigkeit. Zwar definiert § 18 I des Wehrgesetzes den Begriff des Deutschen als „Deutscher im Sinne dieses Gesetzes ist jeder Staatsangehörige"[614]. Heckel hält jedoch aufgrund des Gesetzeszwecks eine korrigierende Auslegung des Wortlauts für angebracht. Das Deutschsein im Sinne des Gesetzes soll nicht auf der Staatsangehörigkeit, sondern auf der Rassezugehörigkeit beruhen. Da der Zweck des Wehrrechts auf die Inanspruchnahme der Betrof-

---

610 *Lepsius*: S. 79.
611 *Heckel*: Wehrverfassung, S. 102.
612 *Heckel*: Wehrverfassung, S. 102.
613 *Heckel*: Wehrverfassung, S. 103.
614 *Heckel*: Wehrverfassung, S. 105.

fenen zum Schutze des Volkes gerichtet ist, kann ein Fremdblütiger davon nicht betroffen sein. Denn der Schutz kann nur demjenigen obliegen, der die deutsche Ehre besitzt und zum Dienst am Volk geeignet ist. Heckel stützt seine Auslegung auch auf die Tatsache, dass der Fremdblütige nicht rechtsfähig sei, weshalb ihm die Ausübung des Wehrdienstes faktisch unmöglich gemacht ist. Angesichts dessen kann auch nicht eine Wehrpflicht des Fremdblütigen bestehen, da der Grundsatz gilt: „impossibilii nulla est obligatio".

Die Staatszugehörigkeit ist nur ein weiteres Kriterium neben dem Rassegedanken. Mittels der Definition des Begriffes „deutsch" im Sinne der nationalsozialistischen Rasselehre fundamentiert Heckel die Differenzierung nach der Rasse rechtlich und spricht den Menschen unterschiedlicher Rasse mehr oder weniger Ehre zu. Er teilt die Menschen der Rasse gemäß in Klassen ein.

Für diejenigen, welche die gesetzlichen Kriterien erfüllen, gilt die Wehrpflicht unbedingt. Daher ist festzuhalten:

1. Ohne Staatsangehörigkeit keine Wehrpflicht.
2. Jeder rassisch in Betracht kommende Staatsangehörige ist grundsätzlich wehrpflichtig."[615]

Die Staatsangehörigkeit erhält der Einzelne entweder kraft Geburt, oder kraft Hoheitsaktes in Form der Einbürgerung. Der Verlust vollzieht sich entweder durch familienrechtliche Vorgänge, durch Ausscheiden auf Antrag oder durch Ausstoßung aus der Volksgemeinschaft. Die Ausstoßung tritt ipso iure ein, wenn ein Tatbestand vorliegt, der als Verrat am Volk zu bezeichnen ist. Als Beispiel für eine derartige Verwirkung der Staatsangehörigkeit nennt Heckel den Verstoß gegen die Pflicht, sich dem Wehrdienst zur Verfügung zu stellen. Neben der Verwirkung kann die Staatsangehörigkeit auch aberkannt werden.

7. Ehrbegriff

Die Staatsangehörigkeit ist zwar notwendige, aber nicht allein hinreichende Voraussetzung zur Begründung der Wehrpflicht. Vielmehr setzt die „Geschlossenheit der völkischen Wehrmacht"[616] eine nationale Ehrauffassung voraus, die für die Würdigkeit zur Wehrpflicht maßgeblich ist. Das nach außen wirksame Zeichen der Wehrmachtsangehörigen ist die Distanz zu Demokratie und Politik, die soldatische Gesinnung[617]. Darüber hinaus ist die Wehrhoheit nach Auffassung Hubers zur „Wahrung der Ehre und Sicherheit des Deutschen Volkes"[618]

615 *Heckel*: Wehrverfassung, S. 105.
616 *Heckel*: Wehrverfassung, S. 113.
617 *Müller*: Wehrmacht, S. 357.
618 *Huber*: S. 435.

erforderlich. Zu unterscheiden sind die Wehrwürdigen, die Minder-Wehrwürdigen und die Wehrunwürdigen. Wehrehre ist als solche zwar im Gesetz nicht definiert. Johannes Heckel definiert sie daher in Abgrenzung zum bürgerlichen Ehrbegriff als streng auf die Einhaltung des Gesetzes gerichtetes Streben. Wer wehrunwürdig ist „sinkt in einen Stand minderer Freiheit hinab"[619], ihm stehen ein Reichsbürgerbrief und die politischen Rechte nicht zu. Der Verlust der Ehre hat den Verlust der Rechte zur Folge. Der Betroffene hat nicht nur keine Wehrpflicht, sondern auch kein Wehrrecht. Dennoch kann der Unwürdige einseitig in Form einer Zwangsdienstpflicht zum Wehrdienst herangezogen werden.

Die Wehrwürdigkeit kann verwirkt oder aberkannt werden. Das Verfahren zum Verlust der Wehrwürdigkeit richtet sich nach der Form, in der sich der Verlust vollzieht: Wird die Wehrwürdigkeit verwirkt, so ergeht ein deklaratorisches Urteil eines Strafgerichts. Dies ist der Fall, wenn eine staatsfeindliche Tat festgestellt wird. Die Wehrwürdigkeit kann aber auch als Nebenstrafe im Militärrecht aberkannt werden oder strafweise als Nebenfolge einer anderen militärischen Strafe erlöschen. Dann handelt es sich um ein konstruktiv wirkendes Urteil des Strafgerichts.

Wehrunwürdigkeit liegt vor bei einem Straftäter, der gerichtlich verurteilt ist. Des Weiteren ist auch derjenige wehrunwürdig, der Maßnahmen der Besserung und Sicherung, § 37 RStrGB, unterliegt. Zusätzlich ist die Wehrwürdigkeit auch an die bürgerliche Ehre geknüpft. Wird diese aberkannt, erlischt auch die Wehrehre.

a) Bewertung

Johannes Heckel schafft mit seiner Definition der Wehrwürdigkeit ein ganz spezifisches Kriterium zur Beurteilung des einzelnen Volksmitglieds. Zunächst knüpft diese Bewertung an die Rechtstreue an. Die Rechtstreue ist ein vom Einzelnen steuerbares Verhalten, weshalb an diesem Kriterium zunächst kein Anstoß zu nehmen ist. Wer sich nicht an die Gesetze hält und so seine bürgerlichen Pflichten verletzt, verliert auch bis zu einem gewissen Grad seine Rechte. Soweit diese Gegenseitigkeit auf rechtlicher Ebene bleibt, ist sie auch nicht zu beanstanden. Jedoch geht Johannes Heckel einen Schritt weiter. Er erkennt dem Straftäter nicht nur das Recht zur Teilnahme im Militär ab, sondern auch die Würde. Die Würde ist jedoch nach der rechtsstaatlichen Auffassung ein unverzichtbares, wesensimmanentes Merkmal des Menschen. Indem Heckel also die Wehrunwürdigkeit begründet, erkennt er dem Betroffenen einen Teil des Menschseins ab. Heckel sieht den Wehrunwürdigen als rechtlos an. Die Verknüpfung der Men-

619 *Heckel*: Wehrverfassung, S. 114.

schenwürde mit einer bestimmten menschlichen Handlung widerspricht der religiösen Weltanschauung des jungen Heckel. Während in frühen Jahren für Heckel Gott der Maßstab der Dinge und Verleiher der Menschenwürde war, gilt es jetzt, sich die Menschenwürde durch Gesetzeskonformität zu verdienen. Über die Einhaltung der Gesetze wacht der Führer. Dadurch wird letztlich auch der Führer zum Verleiher der Menschenwürde.

Zur Aberkennung der Wehrwürdigkeit und damit der menschlichen Ehre bedarf es zwar eines gerichtlichen Verfahrens und eines richterlichen Urteils. Dadurch erhält die Vorgehensweise bei der Aberkennung durchaus einen rechtsstaatlichen Charakter. Jedoch ist zu beachten, dass die Menschenwürde nicht dispositiv ist. Der Einzelne kann nicht einmal selbst darauf verzichten, erst recht also kann sie ihm nicht durch Dritte aberkannt werden.

Indem Johannes Heckel die Verbindung zwischen Wehrwürdigkeit und persönlicher Ehre schafft und diese Verbindung bis hin zur Berechtigung als Träger von Menschenrechten führt, stellt er das Wehrrecht vollständig in den Dienst der nationalsozialistischen Ideologie. Die Würdigkeit des Menschen bestimmt sich nach Kriterien, die die Partei festlegt.

Heckel benennt keinen Grund, aus dem die Partei das Recht herleiten kann, die Menschenwürde zu verleihen und über sie zu verfügen. Als Begründung für die Macht der Partei kommt allenfalls das Streben nach dem gemeinsamen Volkswohl in Betracht. Wer eine Gefahr für das Wohl des Volkes darstellt, muss aus dem Volk entfernt werden. Ein wesensimmanentes Recht des Menschen auf Leben und Würde gibt es damit nicht. Das Volk wird objektiviert.

b) Differenzierung der Verlustgründe

Mit der Differenzierung der Verlustgründe für die Wehrwürdigkeit zeichnet Heckel die Grundsätze Koellreutters zur Erlangung der Volkszugehörigkeit nach. Koellreutter führt als Gründe für den Verlust der Volkszugehörigkeit beispielsweise die Nichterfüllung oder Verletzung der Wehrpflicht an.[620] Ein durchschnittlicher Gesetzesverstoß führt zu Aberkennung oder Erlöschen der Wehrwürdigkeit, je nachdem, ob es sich um einen Soldaten oder einen Zivilisten handelt. Der Soldat hat Anspruch auf ein gesondertes Aberkennungsverfahren, da er bereits seine Dienste dem Volk zur Verfügung gestellt hat und daher zu respektieren ist.

Die Verwirkung der Wehrwürdigkeit bedarf zwar ebenfalls eines gerichtlichen Verfahrens, so dass ein rechtsstaatlicher Charakter der Feststellung gegeben ist. Das die Verwirkung feststellende Urteil ist jedoch konstitutiv und wirkt ex tunc. Dadurch treten im Falle der Feststellung der Wehrunwürdigkeit tiefergreifende Folgen ein, als im Falle der Aberkennung oder des Erlöschens. Voraussetzung

---

620 *Koellreutter*: S. 81.

für die Verwirkung ist daher auch die schwerste Verfehlung gegen den Staat: „eine Tat, die geeignet und nach dem Willen des Täters dazu bestimmt ist, den Bestand und die Sicherheit des nationalsozialistischen Staates zu untergraben oder zu gefährden“[621] wird als staatsfeindliche Tat gewertet und führt zur Verwirkung der Wehrwürdigkeit. Eine Konkretisierung des Begriffes staatsfeindliche Tat ist pauschal nicht möglich. Heckel stellt jedoch klar, dass die Straftat eine Erheblichkeitsschwelle überschreiten muss, die weit über der „leichteren Verfehlung“[622] angesiedelt ist. Orientierungspunkt ist die Höhe der verhängten Strafe. Als Richtmaß für die Folge der Verwirkung der Wehrwürdigkeit gibt Heckel eine Freiheitsstrafe von neun Monaten an.

c) Befreiung

In Einzelfällen kann eine Befreiung von der Wehrunwürdigkeit erfolgen. Im Falle von Straftaten, die an der Grenze zur Herbeiführung der Wehrunwürdigkeit liegen, ist eine Dispension im Rahmen eines erneuten Urteilsverfahrens möglich. Die Befreiung ist unbedingt und ex tunc auszusprechen, so dass die Lage vor Herbeiführen der Wehrunwürdigkeit wieder eintritt.

aa) Minder-Wehrwürdigkeit

Ein Minder-Wehrwürdiger wird je nach Schwere seiner Verfehlung entweder aus dem aktiven Wehrdienst entfernt oder in einer Sonderabteilung erzogen. Die Absonderung von anderen Mitgliedern der Wehrmacht ist Folge einer leichteren Verfehlung, die zwar kein Verbrechen gegen das Volk darstellt, deren Täter aber einen schlechten Einfluss auf andere Wehrmachtsmitglieder haben könnte. Der Schwerpunkt in dieser Sonderabteilung liegt nicht auf Bestrafung, sondern auf Erziehung des Täters. Nach der Ableistung der Wehrzeit in der Sonderabteilung ist die Rückkehr in das allgemeine Heer, zunächst in den Reservedienst, vorgesehen.

bb) Sonderstellung der Juden

Die Juden stellen neben den Wehrunwürdigen und den Minder-Wehrwürdigen eine ganz eigene Kategorie Mensch dar. Sie bedürfen einer Sonderbehandlung.

Der Begriff des Juden ist nach § 5 des Reichsbürgergesetzes vom 15.09.1935 i.V.m. der Ersten Verordnung des Führers und Reichskanzlers vom 14.11.1935 zu definieren[623].

---

621 *Heckel*: Wehrverfassung, S. 125.

622 *Heckel*: Wehrverfassung, S. 126.

623 Jude ist hiernach der Volljude, der Abkömmling dreier volljüdischer Großeltern und der jüdische Mischling ersten Grades.

In der Staatslehre des Dritten Reichs ist der Rassebegriff nicht notwendig mit Antisemitismus verbunden[624]. Dennoch ist die judenfeindliche Einstellung auch unter den Wissenschaftlern vorherrschend. Nach der Integrationslehre Smends dienen die Merkmale, in denen ein Volk übereinstimmt, zur Herstellung der Einigkeit und Integration[625]. Koellreutter bezeichnet die „gesetzgeberische Lösung des Judenproblems im nationalsozialistischen Staate [als] nötig, um die Bildung einer völkischen deutschen Führerschaft sicherzustellen"[626]. Daher ist die „Rassenpflege ... eine der wichtigsten Aufgaben der nationalsozialistischen Gesetzgebung"[627]. Dabei hebt auch Koellreutter – wie Heckel – hervor, dass die Juden nicht einmal die Stellung einer nationalen Minderheit innehaben, sondern als besondere „Judenfrage" behandelt werden müssen[628].

Ein Jude hat aufgrund seiner angeborenen Ehrlosigkeit weder ein Wehrrecht noch eine Wehrpflicht. Auch freiwillig ist der Eintritt in den Wehrdienst nicht möglich. „Dieses Verbot gilt absolut. Befreiung gibt es nicht."[629] Untersagt ist den Juden jedoch nur der Dienst an der Waffe. Einer besonderen Dienstpflicht unterliegen sie im Krieg sehr wohl, so dass das Deutsche Reich zum eigenen Zwecke über die Juden verfügen darf. Auch die Wehrsteuer haben die Juden zu zahlen, da diese nicht den aktiven Dienst im Heer voraussetzt, sondern als allgemeine Mitwirkungspflicht im Staat gestaltet ist. Judenmischlinge, die nicht zu denen ersten Grades gehören, obliegt die Teilnahme am Heeresdienst, sie „folgen nicht der ‚ärgeren Hand'"[630]. Ihre rechtliche Stellung unterscheidet sich aber darin von den übrigen Wehrpflichtigen, dass sie nur zu niederen Aufgaben eignen.

Die Klassifizierung der Menschen und insbesondere die Zuweisung einer Sonderstellung an die Juden bringt die antisemitische Haltung Heckels zum Ausdruck.

8. Wehrdienst

Die Wehrpflicht wird im Wehrdienst erfüllt. Der Wehrdienst ist zum einen eine waffenmäßige Dienstleistung, also die tatsächliche Ausführung der Heeresaufgaben. Zum anderen bezeichnet der Begriff Wehrdienst auch das rechtliche Verhältnis des Soldaten zum Staat[631].

---

624 *Lepsius*: S. 72.
625 *Korioth*: S. 135.
626 *Schmidt*: S. 104.
627 *Schmidt*: S. 105.
628 *Schmidt*: S. 107.
629 *Heckel*: Wehrverfassung, S. 132.
630 *Heckel*: Wehrverfassung, S. 133.
631 Mit dem Wehrdienst hängt der militärische Verwaltungsdienst eng zusammen, der die Organisation des Militärs betrifft, vgl. *Heckel*, Wehrverfassung: S. 134.

a) Voraussetzungen für den Wehrdienst

Voraussetzungen zur Erfüllung der Wehrpflicht, die Heckel als „gebotenen Wehrdienst“ in Abgrenzung zur freiwilligen Teilnahme im Heer bezeichnet, sind folgende:

a) Wehrberechtigung,
b) Alter und Zugehörigkeit zu dem aufgerufenen Jahrgang,
c) Tauglichkeit,
d) Erfüllung der Arbeitsdienstpflicht,
e) Fehlen von Wehrhindernissen.

Wenn die Voraussetzungen für die Wehrpflicht gegeben sind, wird der betroffene Kandidat zum aktiven Dienst eingezogen. Sollte er nicht oder nicht uneingeschränkt tauglich sein, so wird er in einer der Reserveabteilungen eingewiesen. Zur Differenzierung der Reservegruppen besitzt die Wehrmacht ein System einander nachgeordneter Reserveabteilungen, etwa Reserve I, Reserve II, Ersatzreserve I und Ersatzreserve II. Maßgebliche Kriterien für die Zuweisung in die einzelnen Gruppen sind zum einen Alter und Gesundheit, zum anderen auch moralische Reinheit und Ehrbarkeit[632].

Eine Ausnahme vom Wehrdienst gilt für die Kleriker höherer Weihen. Diese werden der Ersatzreserve II zugeteilt und im Frieden nicht in das Heer berufen. Die katholische Kirche kennt in ihrer Satzung das „privilegium immunitatis“[633], wonach Geistliche dem weltlichen Recht nicht uneingeschränkt unterliegen. Johannes Heckel erklärt dieses Institut ausdrücklich für nicht staatlich anerkennenswürdig, und gesteht der Kirche nur im Hinblick auf den aktiven Wehrdienst in Friedenszeiten ein Sonderrecht zu.

Daran wird der alleinige Rechtsanspruch des Staates deutlich, der sich auch vor historischen, erprobten Regeln nicht beugen will. Entscheidendes Kriterium für die Befreiung von der Wehrpflicht ist folglich auch nicht die bloße Zugehörigkeit zur katholischen Kirche als Amtsträger, sondern die Eingliederung dieses Geistlichen in das kirchliche Recht. Erst durch diesen Akt kann der Geistliche dem Zugriff des staatlichen Rechts entzogen werden. Fällt die Geltung des kanonischen Rechts durch Verlust des entsprechenden Amtes fort und wird sie nicht durch Ausübung eines höheren oder gleichrangigen Amtes ersetzt, so lebt die Wehrpflicht in vollem Umfang wieder auf.

---

632 Die besondere Bedeutung des Wehrdienstes kommt auch bei dem Verglich mit den Beamten in der Wehrverwaltung zum Ausdruck, die als beamte reine „Vollzieher“ des Führerwillens sind und keinen aktiven Beitrag zur Gestaltung des Volkes leisten, vgl. *Heckel*: Wehrverfassung, S. 134.

633 *Heckel*: Wehrverfassung, S. 143.

Die Ausnahme von dem Wehrdienst ist ohnehin auf höhere Ämter und auch auf Friedenszeiten beschränkt. Heckel zieht sie zudem grundsätzlich in Zweifel, gesteht aber der Kirche in sofern eine Sonderstellung zu, als die Kirche die Beteiligung nur im Regelfall ausschließt, für den Kriegsfall jedoch eine Gestattung der Teilnahme am Wehrdienst zugesteht.

b) Wehrdiensthindernisse

Rechtlich stehen der Teilnahme am Wehrdienst gesetzlich definierte Wehrhindernisse entgegen. Einige Wehrhindernisse sind dispensibel, können also durch einen Befreiungsakt beseitigt werden, andere bleiben dauerhaft bestehen. Auffällig ist die diffizile Unterscheidung der Eignung für den Wehrdienst. Sie zeigt, welch erhebliche Bedeutung die Wehrpflicht und das Wehrrecht haben. Über die reine Betätigung im Heer hinaus ist die Betätigung im Heer ein Zeichen von Würdigkeit und Ehre. Der Einzelne wird nur über seinen Einsatz für das Volk im Heer definiert, eine Wertigkeit per se wird ihm nicht zugestanden.

Heckel stellt sich mit dieser Konstruktion ganz in den Dienst der nationalsozialistischen Ideologie, die nur den Führer als zentrale Macht und den Dienst am Volk als erste Pflicht und oberstes Recht anerkennt. Gerade in Bezug auf das Kirchenrecht stellt Heckel sich in Widerspruch zu seinen früheren Lehren, in denen er Gott und deren weltlichen Vermittler als obersten Gesetzgeber anerkennt.

c) Auslese und Musterung

Dem aktiven Wehrdienst geht ein Stadium voraus, das rechtlich als vorsoldatisches Wehrverhältnis bezeichnet werden kann. Es erstreckt sich auf das Auswahlverfahren für den aktiven Wehrdienst.

Mit Vollendung des 18. Lebensjahres tritt die Wehrmündigkeit ein und das Vorwehrverhältnis beginnt. Im Anfangsstadium trifft den Einzelnen noch keine Pflicht. Diese setzt erst mit Bekanntmachung der Musterungspflicht ein[634]. Das Oberkommando der Wehmacht gibt die betroffenen Jahrgänge jeweils bekannt, welche sich dann der Musterungsbehörde zur Verfügung zu stellen haben. Mit der Bekanntmachung wird für die Mitglieder des betroffenen Jahrgangs die militärische Befehlsgewalt maßgeblich. Die Bekanntmachung wirkt daher rechtsgestaltend auf das Verhältnis des Einzelnen zum Staat ein und unterwirft ihn einem neuen Machtkreis.

Wer als tauglich befunden ist, steigt in die Reihen der Aushebungspflichtigen auf, die bereits der vorsoldatischen Wehrüberwachung unterliegen. Nach Ver-

---

634 Die Einberufung zu Musterung stellt noch keinen wehrrechtlichen, sondern einen polizeirechtlichen Akt dar, vgl. *Heckel*: Wehrverfassung, S. 144 ff.

kündung des Gestellungsbefehls wird der Aushebungspflichtige einrückungspflichtig und unterliegt den wehrrechtlichen Gesetzen. Erst mit der Einstellung als Soldat endet das vorsoldatische Wehrverhältnis und beginnt das aktive Wehrverhältnis.

Die Untauglichen oder bedingt Tauglichen werden der Ersatzreserve zugeteilt, wodurch das vorsoldatische Verhältnis ebenfalls beendet wird. Der positive Bescheid in der Musterung gilt als Privileg[635].

Verstöße gegen die Musterungsverordnung werden im vorsoldatischen Wehrverhältnis als Ordnungswidrigkeit mit Geldstrafe oder Haft geahndet. Als kriminelle Vergehen werden Taten gewertet, die dem Entzug der eigenen Person aus der Wehrpflicht dienen. Hierunter fällt auch die Selbstverstümmelung.

Die Ahndung der Selbstverletzung als Straftat spiegelt die Objektivierung des Menschen im Nationalsozialismus wider. Der Täter wird bestraft, weil er sich der Pflicht entzieht, für das Volk zu kämpfen. Das Wohl des Einzelnen tritt hinter dem Gesamtzweck zurück. Heckel beschreibt das Verfahren der Musterung ausführlich und unter Hervorhebung des rechtsstaatlichen Charakters. Durch die Darstellung der einzelnen Hürden, die der Wehrpflichtige zu überwinden hat, wird die Beteiligung an der Wehrmacht als ehrenvoll und begehrenswert geschildert. Damit folgt Heckel der nationalsozialistischen Verherrlichung des Militärs.

Die Genauigkeit, mit der Johannes Heckel das Verfahren zur Musterung und Aushebung beschreibt, spiegelt seine innere Beziehung zu diesem Thema des Wehrrechts wider. Er nennt die einzelnen beteiligten Behörden und deren Aufgaben und ist stets darum bemüht, die Differenzierung zwischen den militärischen und den staatlichen Behörden darzustellen. Damit kommt zum Ausdruck, dass die militärische Führung einem separaten rechtlichen Bereich zuzuordnen ist. Die Differenzierung liegt Heckel am Herzen. Das Wehrrecht ist ein autarkes Rechtsgebiet, das zwar mit anderen Rechtsgebieten interagiert, als selbständiger Rechtskomplex aber auch allein bestehen kann. Damit flieht Heckel vor der Verantwortung, im Rahmen der wehrrechtlichen Ausführungen zu staatlichen Handlungen und politischen Aktionen konkret Stellung nehmen zu müssen.

Des Weiteren betont Johannes Heckel die einzelnen Stufen der Würde und Ehre. Der Unterschied der Wehrwürdigen zu den Wehrunwürdigen wird wiederholt herausgestellt, so dass eine schon fast zwanghafte Betonung der deutschen Rassenehre hervortritt. Indem den Juden ein eigener Abschnitt gewidmet wird, tritt diese ethnische Gruppe als „Abart“ hervor. Die Juden sind eine „absonderliche Gruppe“. Diese Darstellung ist bewusst zur Differenzierung und Distanzierung des deutschen Volkes von der Menschenrasse der Juden gewählt. Den Wehrunwürdigen widmet Heckel zwar einige Worte, nicht jedoch ein eigenes

635 *Müller*: Wehrmacht, S. 356.

Kapitel, während die Juden gesondert dargestellt werden. Sie sind damit auch formell ausgegrenzt.

9. Rechtsfigur des Einspruchs im Wehrrecht

Entsprechend seiner Methode, das Wehrrecht vom üblichen Staatsrecht zu trennen, schafft Heckel für das Vorgehen gegen den Bescheid der Musterungsbehörde eine Rechtsfigur, die „unser Recht sonst nicht kennt"[636]. Der Einspruch ist zwar als Rechtsmittel durchaus bekannt. Heckel spricht dem wehrrechtlichen Einspruch aber die Natur des Rechtsmittels ab und bezeichnet ihn als „das technische Mittel, um einen zwischen gleich geordneten Stellen bestehenden Gegensatz amtlicher Auffassungen über Rechts- und Ermessensfragen sachgemäß durch eine höhere Instanz zu beseitigen"[637]. Einspruchsberechtigt sind die beteiligten Behörden und der Wehrpflichtige. Gegenstand des Einspruchs ist der Vollzug der Entscheidung. Die Entscheidung selbst kann nicht mit dem Einspruch angegriffen werden, sondern nur mit der Beschwerde durch den Wehrpflichtigen. Die Beschwerde ist in den meisten Fällen jedoch wegen Unanfechtbarkeit der Entscheidung unzulässig, so dass dem Betroffenen nur das Vorgehen gegen den Vollzug mittels des Einspruchs bleibt.

Die Unterscheidung zwischen Einspruch und Beschwerde verstärkt die grundsätzliche Unantastbarkeit der Behördenentscheidung. Allenfalls kann der Vollzug ausgesetzt werden, die Entscheidung selbst nur in wenigen Fällen.

Im Falle eines positiven Bescheids hat nun der Wehrpflichtige einen Antrag auf Übernahme in den Wehrdienst zu stellen. Angesichts der ihm obliegenden Pflicht mutet dieses Verfahren seltsam an. Jedoch soll, so Heckel, gewährleistet sein, dass der Wehrpflichtige sich freiwillig für den Dienst an der Waffe zur Verfügung stellt, ohne durch Rechts- oder Willensmängel beeinflusst worden zu sein. Scheinbar wird auf diese Weise ein rechtsstaatliches Verfahren gewahrt, das die eigene Bereitschaft des Betroffenen zum Ausdruck bringen soll. Die Wehrpflichtigen, die für tauglich befunden sind, werden ausgehoben. Die Ausstellung eines Wehrscheins berechtigt zum Eintritt in den aktiven Dienst.

10. Der aktive Dienst

Im Abschnitt über den aktiven Dienst an der Waffe geht Heckel insbesondere auf die Kompetenzen und Zuständigkeiten ein. Dabei ist hervorzuheben, dass „das

636 *Heckel*: Wehrverfassung, S. 163.
637 *Heckel*: Wehrverfassung, S. 164.

Kompetenzchaos in Staat und Verwaltung … als ein Strukturprinzip des Nationalsozialismus“ gilt[638]. „Diese institutionelle Konfusität wird durch die letzte Entscheidungsgewalt Hitlers zusammengehalten, der durch erneute Sonderbevollmächtigungen Kompetenzstreitigkeiten fallweise schlichen konnte[639]. Einen eigenen Abschnitt widmet Johannes Heckel dem Thema des aktiven Dienstes an der Waffe. Es lohnt sich, dieses Kapitel besonders zu untersuchen, da Heckel hier die Rechtsnatur des soldatischen Wehrverhältnisses darlegt. „Soldat“ ist, wer als Offizier, Unteroffizier oder Mannschaft im aktiven Dienst steht. Unterschieden wird zwischen Führern, Führergehilfen und Geführten. Alle tragen gemeinsam den Namen „Soldat“, wie die Volksmitglieder gemeinsam den Namen „Volksgenossen“ tragen. „Soldat ist mithin der zu kriegsmäßiger Waffenübung und -führung im aktiven Dienst der Wehrmacht stehende deutsche Mann“[640].

Im Rahmen der Verfassung erhält der Soldat eine ganz eigene Stellung. Die Wehrmacht hat sich zur einer Säule des Dritten Reichs etabliert[641]. „Er teilt seine Aufgabe mit niemand und wiederum niemand mit ihm. Dies besonders zu betonen ist angesichts des Wortes vom ‚politischen Soldaten‘ juristisch notwendig; denn es möchte scheinen, dass der ‚militärische Soldat‘ und der ‚politische Soldat‘ nur zwei verschiedene Erscheinungsweisen eines einheitlichen Typus Soldat seien. Allein nichts wäre juristisch irriger. Bei dem Wort politischer Soldat liegt der Nachdruck in dem Beiwort, nicht in dem Hauptwort. Der politische Soldat ist Politiker, und zwar ein Politiker, der seine Aufgabe als disziplinierter Kämpfer erfüllt. Dieser Politiker und der Soldat sind in dem kämpferischen Geist, der beide beseelen muß, einander verwandt, aber nicht in der rechtlichen Gleichartigkeit des ‚soldatischen Charakters‘[642]. Der militärische Soldat hat seine Aufgaben im Waffendienst. Dabei gilt als Waffendienst jeder der Wehrmacht dienende Dienst. Es gelten also der Grundsatz der Universalität und der Grundsatz der vollen Inanspruchnahme des Soldaten. Der Soldat steht rechtlich in einem Wehrdienstverhältnis.

In der Staatslehre des Dritten Reiches ist das Verhältnis von Staat und Politik von erheblicher Bedeutung. In der Integrationslehre Smends soll die Staatstheorie auch politische Theorie sein, verstanden als Lehre von der Gestaltung des menschlichen Zusammenlebens unter bestimmten geschichtlichen Voraussetzungen[643]. Zwischen Staat und Politik besteht nach Smend ein stetiges Austauschverhältnis. Nach der Lehre Schmitts setzt der Begriff des Staates den Begriff des

---

638 *Lepsius*: S. 120.
639 *Lepsius*: S. 120.
640 *Heckel*: Wehrverfassung, S. 178.
641 *Müller*: Wehrmacht, S. 369.
642 *Heckel*: Wehrverfassung, S. 178.
643 *Korioth*: S. 139.

Politischen voraus[644]. Das Politische ist zwar ein konstituierendes Merkmal des Staates, nicht jedoch umgekehrt. Schmitt bezeichnet die Begriffsdefinition bei Smend daher auch als ungeschickt[645]. Für Schmitt vollzieht sich die Einheitsbildung von außen her, von der erforderlichen Abgrenzung zum essentiell anderen, dem Feind[646]. Die Trennung zwischen politischem und militärischem Soldatenbegriff ist in Kongruenz zu sehen mit der Methode Heckels, eine deutliche Trennlinie zwischen Militär und Politik zu ziehen. Von der Politik distanziert sich Heckel, so dass er zu der nationalsozialistischen Ideologie nicht explizit Stellung nehmen muss. Der Begriff des politischen Soldaten wird dementsprechend auch nicht näher vertieft. Stattdessen geht Heckel auf die rechtliche Stellung des militärischen Soldaten genauer ein. Der Soldat ist Angehöriger der Wehrmacht. Das Dienstverhältnis des Soldaten ist ein öffentlich-rechtliches, da „mit ihm eine Leistung vollzogen wird, die der Volksführer als für das ‚öffentliche Gemeinwesen' lebensnotwendig fordert"[647]. Heckel schlägt an dieser Stelle vor, statt des Begriffes „öffentlich-rechtlich" den des „völkischen" Rechtsverhältnisses zu wählen. Der Begriff „völkisch" bringe die existenzielle Bedeutung des Wehrdienstes für das Bestehen und Leben des deutschen Volkes zum Ausdruck.

Die Bezugnahme auf den „soldatischen Charakter" zeigt die Überzeugung Heckels von der ethischen Wertigkeit des Soldaten. Das Dienstverhältnis des Soldaten wird von zwei Hauptpflichten geprägt: Dienst und Treue. Damit ist das Rechtsverhältnis des Soldaten maßgeblich durch seine Aufgabe, den Dienst am Volk, geprägt. Johannes Heckel distanziert sich von der bisher geltenden Rechtsauffassung, das Soldatendienstverhältnis unterliege als besonderes Gewaltverhältnis einer erhöhten Freiheitsbeschränkung. Das besondere Gewaltverhältnis beruht auf dem Grundsatz, dass der im Staatsdienst stehende Bürger die Bürgerrechte dem Staat gegenüber nicht geltend machen kann, da sie im Verhältnis zum Dienstherrn eingeschränkt sind. Indem Heckel dieses Institut des besonderen Gewaltverhältnisses verwirft, schafft er nicht etwa Raum für die persönliche und zivile Freiheit des Soldaten. Er hält vielmehr eine liberale Bewertung des soldatischen Dienstverhältnisses als solche verfehlt und geht davon aus, dass sich „Freiheit" und „Wehrpflicht" schon naturgemäß ausschließen. Dennoch unterliegt der Soldat nicht deswegen den staatlichen Pflichten, weil er unterworfen ist, sondern weil er einem höheren Ziel dient. „Denn so gewiß ‚Gehorsam die Grundlage der Wehrmacht' ist, so ist doch der militärische Befehl nur ein Mittel, um die Aufgabe der Wehrmacht zu verwirklichen"[648].

---

644 *Korioth*: S. 143.

645 *Korioth*: S. 144.

646 *Korioth*: S. 146.

647 *Heckel*: Wehrverfassung, S. 180.

648 *Heckel*: Wehrverfassung, S. 181.

Der Verzicht auf jegliche Freiheitsrechte des Soldaten trägt dem nationalsozialistischen Ideal der völligen Unterwerfung unter die Staatsgewalt Rechnung.

a) Begründung des Wehrdienstverhältnisses

Das Wehrdienstverhältnis wird begründet durch die Ernennung zum Soldaten. Zur Bekräftigung dient der Fahneneid: „Ich schwöre bei Gott diesen heiligen Eid, dass ich dem Führer des Deutschen Reiches und Volkes Adolf Hitler, dem Obersten Befehlshaber der Wehrmacht, unbedingten Gehorsam leisten und als tapferer Soldat bereit sein will, jederzeit für diesen Eid mein Leben einzusetzen.“[649]. Dem Eid misst Heckel keine große juristische Bedeutung bei. Er sei rein politisch zu werten und habe praktisch keine Auswirkungen. Dennoch habe der Eid symbolische Wirkung, indem er die Gefolgschaft unter einer gemeinsamen Gesinnung vereine und an den Führer binde. Verfassungsmäßig liegt der Sinn des Fahneneids also in der Bildung einer Eidgenossenschaft der Soldaten.

Johannes Heckel hebt ausdrücklich hervor, dass der Eid auf den Führer und nicht auf die Verfassung geleistet wird. Dies ist Folge des personalen Zuges des deutschen Wehrrechts. Gleichzeitig verleiht der Bezug auf Gott dem Eid eine religiöse Feierlichkeit, die unter historischem Blickwinkel von Bedeutung ist.

Auffällig ist, dass Heckel den Bezug auf Gott nicht als Hinwendung und Verpflichtung gegenüber einer höheren Macht sieht, sondern lediglich als althergebrachten Kult wertet, der dem Ritual nach wertvoll ist. Dies kommt den keltischen Kultideen des Nationalsozialismus nahe, die in der Religion mehr das Mystische, als das höhere Wesen selbst verehren.

Gehorsam und Tapferkeit als höchste Pflichten des Soldaten korrespondieren mit den höchsten Tugenden Manneszucht und Mannesmut.

Heckel erwähnt, dass der Eid die Treue des Soldaten nicht nennt. Er erklärt dies damit, dass die Treuepflicht inhaltlich im Eid derart verwoben sei, dass ausdrückliche Erwähnung nicht erforderlich sei. Der Eid bindet den Soldaten lebenslang.

Diffizil stellt sich die Rechtsnatur der Einstellung im Falle eines freiwillig Wehrtätigen dar. Einer Ansicht nach ist das Einstellen durch einen öffentlichrechtlichen Vertrag begründet. Eine andere Ansicht sieht den Gleichordnungsgedanken eines Vertrages als unpassend an und wertet die Einstellung daher als zweiseitigen Verwaltungsakt. Zweiseitig ist der Verwaltungsakt deshalb, weil eben nicht ein einseitiges Handeln der Staatsgewalt durchgeführt wird, sondern der Freiwillige den Verwaltungsakt von sich aus herbeiführt. Heckel lehnt beide Ansichten ab, da sie die Beteiligung des Soldaten hervorheben. Auch die dritte

---

649 *Heckel*: Wehrverfassung, S. 182.

Meinung in der Literatur kann vor Heckel nicht standhalten. Diese geht davon aus, dass der Einstellungsakt ein Verwaltungsakt auf Unterwerfung ist. Durch den Verzicht auf die individuelle Freiheit gegenüber eingreifendem Staatshandeln ermöglicht der freiwillige Soldat den Erlass eben dieses Verwaltungsaktes. Dieser Auffassung liegt ein individualistisches Freiheitsverständnis zu Grunde, dass sich mit dem nationalsozialistischen Absolutheitsanspruch nicht verträgt.

Daher bezeichnet Heckel die freiwillige Meldung als Antrag auf Erlass eines Verwaltungsaktes. Zwar bringt der Antrag die Bereitwilligkeit des freiwilligen Soldaten zum Ausdruck, die Durchführung des Einstellungsaktes bleibt aber allein dem Staat zugeordnet.

Heckel betont auf diese Weise die Bedeutung des staatlichen Handelns zur Mitwirkung an der Wehrmacht. Selbst dem Freiwilligen ist es nicht möglich, auf einer gleichgeordneten Ebene mit dem Staat zu verhandeln, sondern er ist auf die Billigung seines Antrags angewiesen. Die Unterwerfung des Menschen unter den Staat wird daran besonders deutlich.

b) Rechtsmängel der Einstellung

Unterlaufen bei der Einstellung in den aktiven Dienst Fehler, so ist zwischen „vorgängigen“ und „nachgängigen“[650] Mängeln zu unterscheiden. Ein Mangel, der das Dienstverhältnis beeinflusst, ist ein Bestandsmangel.

Die Bestandsmängel treten als substantieller Mangel oder Verfahrensfehler auf.

Als Beispiel eines substantiellen Mangels nennt Heckel den Mangel „rassischer, politischer und sittlicher Eigenschaften“[651]. Er führt zur Nichtigkeit des Einstellungsaktes. Der Verwaltungsakt muss rückgängig gemacht werden. In der Zwischenzeit hat der Soldat in Bezug auf den Dienst an der Waffe zwar Treuepflichten gegenüber dem Staat. Ansprüche außerhalb des Waffendienstes, etwa vermögensrechtlicher Art, bestehen aber nicht.

Eine obligatorische Aufhebung der Einstellung tritt in den Fällen ein, in denen der Eintritt in den aktiven Dienst gegen ein gesetzliches Verbot verstößt. Der Eingezogene ist zwar nach der Einstellung „Soldat mit allen Pflichten und Rechten“[652], ihm muss aber die Soldatenstellung durch die Behörde wieder entzogen werden.

Mängel der Einstellung, die durch einen Interessengegensatz im dienstlichen Verhältnis des Soldaten entstehen, führen zu einem fakultativen Aufhebungs-

650 *Heckel*: Wehrverfassung, S. 190.
651 *Heckel*: Wehrverfassung, S. 191.
652 *Heckel*: Wehrverfassung, S. 192.

anspruch. Die Behörde muss den Verwaltungsakt Einstellung nicht rückgängig machen, sondern kann mittels freien Ermessens über ihr Einschreiten entscheiden. In den Fällen der fakultativen Lösung des Wehrverhältnisses geht es um die Frage der Zweckmäßigkeit einer Entscheidung, nicht um deren Rechtmäßigkeit.

aa) Einzelne Mängel

Im Folgenden geht Johannes Heckel auf einzelne Mängel des Wehrverhältnisses ein und bewertet sie hinsichtlich der Wirkung auf den Bestand und die Lösbarkeit des Wehrverhältnisses. Zudem werden die Mängel nach ihrer rechtlichen Art in materielle oder Verfahrensfehler eingeteilt.

bb) Fremdblütigkeit

Der schwerstwiegende Mangel des Wehrverhältnisses ist die Fremdblütigkeit. Sie ist bei Juden gegeben und führt zu der Nichtigkeit des Wehrverhältnisses. Die Juden gehören nicht der deutschen Rasse an und sind daher auch nicht verpflichtet, im Frieden Dienst an der Waffe zu leisten. Die Pflicht besteht aber nur dann nicht, wenn der Jude ausdrücklich aus der Wehrmacht entlassen ist. Solange hat er seinen Dienst zu leisten. Zwar liegt währenddessen eine Rechtsverletzung des Juden vor, der zum Wehrdienst ohne gesetzliche Grundlage herangezogen wird, jedoch muss die individuelle Beschwer dem Interesse des Volkes an einer rechtssicheren Lage gegenüber zurückweichen. Zweifel empfindet Heckel angesichts der Frage, ob die deutschen Kameraden den Juden als Soldaten behandeln müssen, solange seine Wehrpflicht nicht verneint ist. Dagegen spricht die Tatsache, dass den Soldaten „etwas vom völkischen Denken aus Ungeheuerliches zugemutet“[653] wird, wenn dem Juden die Rechtsstellung eines Kameraden oder etwa eines Vorgesetzten zukommt. Andererseits ist mit dem Wehrverhältnis eine Außenwirkung auf Dritte gegeben. Die außen stehenden Soldaten werden angewiesen, der Ausübung der Befehlsgewalt durch welche Person auch immer, Folge zu leisten. Bis Abhilfe geschaffen ist, müssen die Soldaten den Anordnungen gehorchen.

Die Trennung von Wirkung der Einstellung im Verhältnis gegenüber dem betroffenen Einzelnen und dem Verhältnis nach außen entspricht dem Gedanken des Nationalsozialismus, dass nach außen hin strikte Befehlsgewalt gilt und die Anordnungen befolgt werden müssen, unabhängig von deren Rechtmäßigkeit.

---

653 *Heckel*: Wehrverfassung, S. 194.

cc) Wehrunwürdigkeit

Werden Wehrunwürdige eingestellt, so tritt ipso iure die Nichtigkeit des Wehrverhältnisses ein. Auch der Wehrunwürdige hat aber zunächst die Pflichten eines Soldaten zu erfüllen. Für ihn gelten die gleichen Regeln wie für den Fremdblütigen. Anschließend geht Heckel auf die Wehrdienstausnahmen und nichtdeliktischen Wehrdiensthindernisse ein. Die wichtigste Ausnahme von der Wehrpflicht ist der bereits angesprochene Dienst der höheren Weihen. Ein Wehrdiensthindernis, das sowohl vorgängig als auch nachfolgend eintreten kann ist die Amtsunfähigkeit. Wird ein Straftäter in Unkenntnis von der Tat in den Wehrdienst eingestellt, so muss das Dienstverhältnis gelöst werden. Begeht der Wehrpflichtige erst nach Einstellung in den Wehrdienst eine Straftat, die die Amtsunfähigkeit nach sich zieht, tritt die Lösung des Wehrverhältnisses automatisch mit Rechtskraft des Urteils ein. Die Amtsunfähigkeit kann in der Art oder in der Höhe der Strafe begründet sein. Grundsätzlich dauert die eingetretene Amtsunfähigkeit unbegrenzt fort. Das Wehrgesetz lässt jedoch eine Befreiung von dem Wehrhindernis zu, sodass erneut Wehrpflicht eintritt.

Der Wehrpflichtige, dessen Tätigkeit das Wehrhindernis entgegensteht, kann entlassen werden, hat aber auf die Entlassung keinen Rechtsanspruch. Denn das Hindernis wirkt nur zu Lasten des Betroffenen, nicht zu seinen Gunsten. Zwar sieht das Gesetz grundsätzlich die Pflicht der Behörde vor, die Entlassung durchzuführen, daraus kann der Einzelne aber kein Recht ableiten. Man kann diesen Fall wohl mit einer gesetzlichen Regelung des heutigen Verwaltungsrechts vergleichen, die eine gesetzliche Normierung darstellt, ohne ein subjektiv-öffentliches Recht des Betroffenen zu verleihen.

Korrekter Weise kann die Wehrmacht die Wiedereinberufung anordnen, die nach der Entlassung zur Befreiung vom Wehrhindernis und damit zur Rechtmäßigkeit der Einstellung führt.

Neben der Amtsunfähigkeit ist der Verlust der bürgerlichen Ehre ein Wehrhindernis. Der Verlust tritt ebenfalls als Nebenfolge einer Straftat ein. Die Straftaten, an die sich das Wehrhindernis anschließt, sind insbesondere solche Taten, die im Zusammenhang mit militärischen Pflichten stehen. Fahnenflucht oder Herausforderung zum Zweikampf seien als Beispiel genannt. Dadurch kommt zum Ausdruck, dass in der Wehrmacht Ordnung und Recht zu herrschen hat. Wer diese Prinzipien gefährdet, muss ausgesondert werden. Solange die Entlassung nicht erfolgt, trägt nach Auffassung Heckels der Betroffene soldatische Pflichten. Die Rechtssicherheit hat im Interesse des Volkes gegenüber den Rechten Einzelner Vorrang. Zwar wird dies zum Teil auch anders gesehen, Heckel betont jedoch die hohe Bedeutung einer klaren Rechtslage in der Wehrmacht, die allein die Streitfähigkeit gewährleisten könne.

c) Verfahrensmängel

Bezüglich der Verfahrensmängel sind Bestimmungswidrigkeiten von Gesetzesverstößen zu differenzieren. Bestimmungswidrigkeiten liegen vor, wenn instruktionelle Vorschriften ohne Gesetzescharakter verletzt werden. Sie stellen geringwertige Verstöße dar und können in der Regel geheilt werden. Dies ist beispielsweise im Vorfeld der Einstellung in den Wehrdienst der Fall. Denn der Eintritt in den aktiven Dienst an der Waffe soll möglichst ohne Mangel vonstatten gehen.

d) Die Beendigung des aktiven Dienstes

Nach Erörterung des Eintritts in den aktiven Dienst und dessen Bedingungen setzt sich Johannes Heckel mit der rechtlichen Betrachtung auseinander, wie und unter welchen Umständen der aktive Dienst beendet werden könne.

Heckel betont in seiner Darstellung der Begründung und Beendigung des Dienstverhältnisses stets die Bedeutung der Rechtssicherheit. Das Dienstverhältnis des Soldaten muss nach außen klar feststehen, damit die Bedeutung des Soldatenamtes nicht durch äußere Unklarheiten unterlaufen wird. Die Genauigkeit, mit der Johannes Heckel die Anforderungen an das Dienstverhältnis schildert, bringt dessen hohe Bedeutung zum Ausdruck. Zudem unterscheidet Heckel die verschiedenen Folgen von Verfahrensmängeln. Hierbei wird sein Bestreben deutlich, das Dienstverhältnis rechtlich auf sichere Grundlagen zu stellen und einem juristisch akzeptablen Fundament zuzuführen. Heckel versucht, die nationalsozialistische Ideologie mittels einer rechtlichen Verfassung juristisch zu legitimieren. Die Anerkennung des Wehrhindernisses der höheren Weihen wird dem Bedürfnis gerecht, zwischen Staat und Kirche zu differenzieren. Die Selbstverständlichkeit, mit der Heckel von dieser Trennung ausgeht, spiegelt seinen Respekt vor kirchlichen Ämtern wieder.

11. Offizierverhältnis

Das Dienstverhältnis der Offiziere unterscheidet sich in der Funktion als Führer von dem Dienstverhältnis der Soldaten. Die „Bestimmung des Offiziers“[654] ist es, „Führer in der Wehrmacht und Erzieher zur Wehrhaftigkeit“[655] zu sein. „In der restlosen Hingabe an diese Aufgabe muss er seinen Soldaten vorzuleben und vorzusterben wissen“[656].

654 *Heckel*: Wehrverfassung, S. 221.
655 *Heckel*: Wehrverfassung, S. 221.
656 *Heckel*: Wehrverfassung, S. 221.

Auffällig ist, dass Heckel die Pflichten des Offiziers als Vorbild und Beispiel herausstellt. Der Offizier ist Lehrer seiner Untergebenen, was in erster Linie zu stärkeren Pflichten führt. „Drei Erfordernisse sind in den Pflichten des deutschen Soldaten als Grundlage soldatischen Führertums genannt: Verantwortungsfreude, überlegenes Können, unermüdliche Fürsorge."[657] Der „Offizier hat den militärischen *Pflichten* in ausgezeichnetem Grade zu genügen, und das Bewusstsein dieser gesteigerten Verantwortlichkeit gibt der Berufsehre der Offiziere das Gepräge"[658]. Aus diesem Grund wird die Pflichterfüllung des Offiziers auch mit besonderer Strenge überwacht.

Die Pflichten zeichnen den Offizier aus und heben ihn aus dem Heer der Soldaten heraus. Die Pflicht wird nicht etwa als Last gesehen, sondern als Ehre und Achtung vor dem Offizier.

Als Pendant dazu hat der Offizier dann auch höhere Befugnisse. „Der Zusammenklang der geschilderten gehobenen Pflichten und Rechte schließt die Gesamtheit der Offiziere innerhalb der Wehrmacht zu einer von einheitlichem Ethos erfüllten Führerschaft zusammen"[659]. Die Gruppe der Offiziere stellt daher eine Elite in der Wehrmacht dar. Der Entschluss, dieser Kategorie beizutreten, kann nur freiwillig erfolgen und bedeutet die Wahl des Heeresdienstes zum Beruf. Denn die dem Offizier obliegenden Pflichten kann nur der erfüllen, der sich gänzlich aus freien Stücken dem Wehrdienst widmet.

Kriterium zur Aufnahme in den Offizierdienst ist die moralische Eignung. Der Bewerber muss eine „psychologische Untersuchung, die ein zuverlässiges Bild der geistigen Fähigkeiten, der Willenskraft, des Charakters und der persönlichen Anlage zum Offizierberuf geben soll"[660] bestehen. Nach bestandener Prüfung wird der Kandidat keineswegs sofort in den Offizierdienst übernommen. Vielmehr führt die bestandene Prüfung zusammen mit dem Antrag auf Beginn der Offizierkarriere zu einer Anwartschaft des Bewerbers, bei weiterer Bewährung in das Offizierkorps aufgenommen zu werden. Den Begriff der Anwartschaft verwendet Heckel hier nicht im juristischen Sinne, denn es erwächst kein Rechtsanspruch. Die dennoch entstehende Bindung ist einseitig: der Bewerber kann auf die Aufnahme in den Offizierdienst nicht mehr verzichten, die Übernahme durch den Staat kann aber ausbleiben, wenn das dienstliche Interesse es erfordert.

Nach ausreichend langer Bewährungszeit im aktiven Dienst kann der Kommandeur den Kandidaten als Offizier vorschlagen, wenn der Bewerber sich entsprechend bewährt hat. Gegen diesen Vorschlag kann das gesamte Offizierkorps

657 *Heckel*: Wehrverfassung, S. 222.
658 *Heckel*: Wehrverfassung, S. 222.
659 *Heckel*: Wehrverfassung, S. 223.
660 *Heckel*: Wehrverfassung, S. 226.

Veto einlegen. Die Gesamtheit der Offiziere wird also an der Entscheidung über die Zusammensetzung der Wehrmacht beteiligt.

Der Akt der Ernennung zum Offizier hängt eng mit der Ausübung des militärischen Oberbefehls zusammen. Heckel stellt zunächst Meinungen aus der Weimarer Zeit dar, die den Akt der Offiziersernennung teils als Ausübung der Kommandogewalt, teils als Begründung eines gegenseitigen Dienstverhältnisses bewerten. Die Ansicht, der Ernennungsakt stelle rein die Ausübung von Hoheitsgewalt dar, lehnt Heckel mit dem Argument ab, dass der Offizier persönlich und mit voller Überzeugung an den Dienstherrn gebunden sein müsse. Diese Bindung lasse sich einseitig nicht herstellen.

Andererseits tritt aber das Band zwischen Staat und Offizier auch nach außen. „Indem der Führer den Offizier in das militärische Führerkorps aufnimmt, legt er ihm zugleich die Befehlsgewalt bei, die jedem Offizier kraft Ranges über andere Soldaten zukommt." Bei der Ernennung handelt es sich jedoch nicht um einen doppelten Akt aus Anstellung und Übertragung eines Dienstauftrages. Vielmehr hängt die Ausübung der Militärsgewalt unmittelbar mit der Übertragung des Amtes zusammen. Bei einem Offizier lässt sich nicht zwischen Grund- und Wehrverhältnis unterscheiden. Die Ernennung stellt sich als „Akt der Volksführung mit notwendigen Folgen für die militärische Befehlsgewalt"[661] dar.

Die Ernennung wird mit Bekanntgabe wirksam. Deklaratorisch wird dem Offizier ein Patent überreicht, das als zivilrechtliches Beweispapier gilt. Die Ernennung hat insbesondere drei Auswirkungen: zum einen führt sie die Eingliederung in das Offizierkorps herbei, zum anderen lässt sie ein Bereitschaftsverhältnis zum Empfang und zur Ausführung militärischer Befehle entstehen, und schließlich verleiht sie dem Offizier Führungsbefugnisse.

Fehler bei der Ernennung führen, anders als beim einfachen Soldaten, in der Regel zur obligatorischen Lösbarkeit des Dienstverhältnisses. Zudem gibt es ein spezielles „Führungshindernis, welches das Aufsteigen in die Führerstellung unmöglich macht. Es ist das Hindernis des *jüdischen Bluteinschlags*"[662].

Die optische Hervorhebung der Worte zeigt, welche Bedeutung Johannes Heckel ihnen beimisst. Er stellt das Kriterium des jüdischen Bluteinschlags damit als schon äußerlich markant heraus. In dieser optischen „Kennzeichnung" liegt eine Stigmatisierung der Juden. Die jüdischen Mischlinge werden „markiert". Indem Heckel also in seinem Werk das Schriftbild für die Benennung der jüdischen Mischlinge verändert, geht er konform mit der „Abstempelung" der Juden durch den Judenstern. Er liegt ganz im Fahrwasser der nationalsozialistischen Ideologie. Schmitt zitiert Heckel im Rahmen der Tagung über das Judentum in

661 *Heckel*: Wehrverfassung, S. 228.
662 *Heckel*: Wehrverfassung, S. 232.

der Rechtswissenschaft[663]. Heckel selbst nimmt aber an der Tagung nicht teil. Auch Smend sagt ab.[664] Dieses Verhalten ist jedoch weniger darauf zurückzuführen, dass Schmitt als zu radikal angesehen worden wäre, als vielmehr auf die sinkende Popularität Schmitts[665].

Dementsprechend ist es für Heckel selbstverständlich, dass jüdische Mischlinge „nicht Vorgesetzte in der Wehrmacht werden"[666] können. In der nationalsozialistischen Ideologie ist der Umgang mit Juden als solcher ohnehin zu meiden. Erst recht die Begründung der Ehe[667]. Jegliche Übertragung von Befehlsgewalt, sei sie auch noch so kurzzeitig, ist verboten. Eine Befreiung von diesem Hindernis der Mischblütigkeit ist nicht möglich. Im Rahmen des Beamtenrechts kann für Ehegatten von Mischblütigen der Eintritt in den Beamtenstatus zugelassen werden. Die Übertragung auf den Wehrdienst lehnt Heckel jedoch mit dem Argument ab, das Wehrrecht erfordere besondere persönliche Autorität. „Diese kann nicht in vollem Umfang geltend machen, wer durch Bande des Blutes so eng mit Artfremden zusammenhängt, wie es bei jenen Personen noch zutrifft. Wenn das Volk wirklich von dem Rassegedanken durchdrungen ist, kann in solchen Fällen sich kein Führer-Gefolgschaftsverhältnis bilden. Zu demselben Ergebnis führt die Rücksicht auf die einheitliche Struktur des Offizierkorps. Die Pflicht dieser soldatischen Führerschaft, den nationalsozialistischen Rassegedanken vorzuleben, verträgt sich nicht mit der Aufnahme von Ehegatten jüdischer Mischlinge als gleichberechtigten Kameraden.[668]

An dieser Stelle zieht Heckel zum ersten Mal ausdrücklich die nationalsozialistische Ideologie in die Wehrmacht hinein. Zwar schimmert, wie an den jeweiligen Stellen dargestellt, regelmäßig der „Touch" des Nationalsozialismus durch die Zeilen Heckels hindurch, jedoch trennt er das Wehrrecht streng von der Politik, was er auch immer wieder zu betonen bemüht ist. Daher ist es umso irritierender, wenn Heckel die Verwirklichung des Rassegedankens im Militär anstrebt und sogar mit weit reichenden Folgen für den Betroffenen verbindet. Nach Auffassung Heckels ist es Pflicht der militärischen Führungskräfte, die nationalsozialistische Ideologie im Hinblick auf den Rassegedanken im Rahmen ihrer Offiziertätigkeit umzusetzen. Ein Offizier, der den Rassegedanken nicht realisiert, ist kein guter Offizier. Mit dieser Klassifizierung tritt Heckel einen deutlichen Schritt näher an die nationalsozialistische Ideologie heran, als bisher offenbart. Statt das Wehrrecht losgelöst von der Politik zu beschreiben, schafft er nun unmittelbar einen

663 *Mehring*: S. 373.
664 *Mehring*: S. 375.
665 *Mehring*: S. 375.
666 *Heckel*: Wehrverfassung, S. 232.
667 *Huber*: S. 369.
668 *Heckel*: Wehrverfassung, S. 232.

Zusammenhang zwischen Wehrrecht und Ideologie. Dabei ist dieser Zusammenhang nicht einmal vom Gesetz her vorgegeben, so dass Heckel sich nicht auf reine Gesetzeswiedergabe berufen kann. Unter dem Blickwinkel der nationalsozialistischen Ideologie kommt Johannes Heckel dann auch zu dem Schluss, das Offizierverhältnis könne jederzeit gelöst werden, wenn der Einzelne seinen Pflichten aus dem Dienstverhältnis nicht mehr nachkommt. „Das Interesse des Einzelnen tritt völlig hinter der Rücksicht auf die Schlagfertigkeit der Wehrmacht zurück“[669]. Zuständig für Ernennung und Entlassung des Offiziers ist denn auch der Führer und Reichskanzler persönlich. „Das Gefolgschaftsverhältnis zum Führer und Reichskanzler ist rechtlich von Seiten des Gefolgsmannes schlechthin unzerreißbar, während der Führer und Reichskanzler es um der Wehrmacht willen jederzeit zu lösen befugt ist.

12. Pflichten und Rechte des Soldaten

Schon die Überschrift des sechsten Kapitels zeigt, dass die Pflicht für den Soldaten im Vordergrund steht. Erst danach kann er sich auf Rechte berufen. Da das Wehrgesetz die Rechte und Pflichten des Soldaten nicht abschließend regelt, sind ergänzend das Militärstrafgesetzbuch und die Disziplinarstrafordnungen heranzuziehen. Auch die Verordnung des Reichspräsidenten von Hindenburg vom 25.05.1934 „Die Pflichten des deutschen Soldaten“ ist von herausragender Bedeutung. Jedoch kann diese Pflichtenlehre nur als „Unterweisung“[670] gewertet werden, da sie rechtlich nicht verbindlich ist und keine Strafbewehrung aufweist.

Dem Wehrrecht liegen die drei Leitgedanken Dienst, Ehre, Freiheit zu Grunde. Heckel betont, dass die Pflicht für den Soldaten allem vorangehe. „Allein untrennbar von den Pflichten sind die Rechte des deutschen Soldaten.“[671]. Die Rechte des Soldaten bestimmen ebenso wie die Pflichten die soldatische Moral und Ethik. „Aus Dienst, Ehre und Freiheit vollendet sich das Recht des deutschen Kriegers“[672]. Das Recht des Soldaten ist Grundlage des Volkslebens, das auf dem Gedanken der Volksfreiheit beruht. Die Freiheit des Einzelnen ist Voraussetzung für die Bildung einer Persönlichkeit, die wiederum Voraussetzung ist für die Achtung von Ehre und Freiheit. Nur wenn der Soldat freier Rechtsträger ist, kann ihm Ehre zuteil werden.

Entsprechend der Bemühungen Heckels, Wehrrecht und Politik auseinander zu halten, sieht er die politische Betätigung des Soldaten als verboten an. Schon

669 *Heckel*: Wehrverfassung, S. 233.
670 *Heckel*: Wehrverfassung, S. 237.
671 *Heckel*: Wehrverfassung, S. 237.
672 *Heckel*: Wehrverfassung, S. 237.

verfassungsrechtlich ist der Soldat auf die militärischen Aufgaben beschränkt und hat die Trennung von der Politik zu beachten. Die Trennung von Wehrmacht und Politik entspricht der Grundhaltung Heckels. Zwar ist er im Ersten Weltkrieg überzeugter Soldat und engagiert sich auch später stets für die nationale Sache, politische Aktivitäten beschränkt er aber auf den wissenschaftlichen Bereich. Politische Betätigung ist „jedes Handeln, das von dem Willen getragen ist, auf die Herbeiführung, Fort- oder Umbildung einer bestimmten Verfassungslage hinzuwirken und zu diesem Zweck insbesondere die Führung des Reichs und Volkes in ihrem Bestand oder in ihrer Zielsetzung zu beeinflussen“[673]. Den Begriff der politischen Betätigung legt Heckel also eng aus. Er fasst nicht jegliches Auftreten im öffentlichen Leben darunter, sondern lediglich die Einflussnahme in richtungsbestimmender Weise.

Die Ansicht Heckels, dass Politik notwendig von Wehrmacht zu trennen sei, steht ganz in seinem Bestreben, die Politik und das Wehrrecht gesondert zu betrachten und nicht miteinander zu vermischen. Dennoch gesteht Heckel ein, dass Ausnahmen gemacht und einzelne Bindeglieder zwischen Wehrmacht und Politik geschaffen werden müssen.

Die Stellung unmittelbarer wehrrechtlicher Berater zum Führer entbindet „diejenigen [...], die „von dem Führer und Reichskanzler Adolf Hitler zu seiner Beratung, insbesondere in der obersten Führung der Wehrmacht, berufen sind“[674] von dem Verbot politischer Betätigung. „Sie haben nicht nur das Recht, sondern sogar die Pflicht, an den großen Entscheidungen über das Schicksal der Nation mitzuwirken“[675]. Die Aufgabe des Betroffen in der Politik kann aber stets nur als Randbereich der Pflichten bewertet werden.

Die Trennung von Politik und Wehrmacht in der personellen und rechtlichen Hinsicht bedeutet jedoch nicht, dass die Wehrmacht als Institut kein politischer Faktor ist. Die Wehrmacht ist als „völkische Machtordnung (...) für den Führer ganz unentbehrlich“[676]. Gerade deshalb muss die politische Haltung der Wehrmacht unbedingt zuverlässig sein. Der Einzelne jedoch darf sich nur der Gesamtausrichtung der Wehrmacht anpassen, eigene politische Aktivitäten sind untersagt[677]. Wahlrechte und Staatsbürgerrechte ruhen, solange nicht der Führer in Einzelfällen Ausnahmen zulässt. „Denn die Aufstellung als Abgeordneter liegt heute in der Hand der NSDAP, welche keinem Soldaten ein Mandat anvertrauen

673 *Heckel*: Wehrverfassung, S. 253.
674 *Heckel*: Wehrverfassung, S. 254.
675 *Heckel*: Wehrverfassung, S. 254.
676 *Heckel*: Wehrverfassung, S. 254.
677 Wegen der totalen Hingabe an die Wehrmacht ist auch die Befreiung von öffentlichen Pflichtämtern vorgesehen, vgl. *Heckel*: Wehrverfassung, S. 255.

darf, ohne dass es der Führer und Reichskanzler will."[678] Dementsprechend ist auch der aktive Dienst in der NSDAP verboten, Parteimitgliedschaft allerdings ist gestattet, ruht aber während der Ausübung des aktiven Dienstes.[679]

Die Darstellung der soldatischen Pflichten[680] und Rechte[681] nimmt Johannes Heckel sehr genau. Er ist darum bemüht, das Dienstverhältnis zu konkretisieren und zu definieren.[682] Insbesondere fällt die Distanzierung des Soldaten von der politischen Betätigung auf. Die politische Aktivität kann nur auf besondere Gestattung des Führers erfolgen. Indem Heckel diesen Sachverhalt besonders herausstellt, gibt er nicht nur die Inhalte des Wehrgesetzes wieder. Vielmehr ist ihm daran gelegen, das Wehrrecht von der Politik abzusondern. Gleichzeitig gesteht Heckel dem Führer und Reichskanzler das Recht zu, die Trennung zu durchbrechen und Einigkeiten herzustellen. Damit wird ein gewisser Schlangenweg Heckels deutlich: Zwar ist ihm einerseits nicht wohl bei dem Gedanken, die Armee als politisches Werkzeug zu sehen. Insbesondere darf nicht ein Einzelner die Politik ergreifen. Andererseits erkennt er aber die Stellung Hitlers als alleiniger Führer jeglicher Institutionen des Staates, einschließlich Wehrmacht, an. Daher muss eine Durchbrechung der rechtlichen Trennung von Wehrmacht und Politik möglich sein. Um die Vereinigung in größtmöglichem Maße unter Kontrolle zu halten, kann nur der Führer persönlich sie gestatten. Damit wird dessen Stellung noch bedeutsamer. Heckel hebt die Position Hitlers hervor, ohne konkret dazu Stellung zu nehmen. Er spricht die Verhältnisse als gegeben an und stellt sie nicht in Frage. Dies zeigt die Bereitschaft, sich der Ideologie des Nationalsozialismus zu beugen. Gleichzeitig ist aber auch ein deutlicher Enthusiasmus für die politische Ideologie zu spüren. Der Gedanke an die Ehre des Soldaten und aufopfernder Unterstützung des Volkes begeistert Heckel persönlich.

---

678 *Heckel*: Wehrverfassung, S. 256.

679 Die absolute Kontrolle über den Soldaten resultiert unter anderem in dem Erfordernis einer Führererlaubnis im Heiratsfall, vgl. *Heckel*: Wehrverfassung, S. 257.

680 Die Unterscheidung von Haupt- und Nebenpflichten (bsp. Verschwiegenheit) bringt die totale Einbindung des Soldaten zum Ausdruck, vgl. *Heckel*: Wehrverfassung, S. 256 ff.

681 Die soldatischen Rechte stellen sich nicht als subjektiv-öffentliche Rechte dar, weil sie keine Abwehrrichtung „gegen" den Staat aufweisen, sondern als „persönliche" Rechte, vgl. *Heckel*: Wehrverfassung, S. 244.

682 Das Dienstverhältnis vereinnahmt den Soldaten einschließlich der Angehörigen, die ebenso einer Nebendienstgenehmigung bedürfen, wie der Soldat selbst, vgl. *Heckel*: Wehrverfassung, S. 256 ff.

13. Aufbau der Streitmacht

Einen weiteren Abschnitt seines Werkes widmet Johannes Heckel dem Aufbau der Streitmacht.[683] Oberster Befehlshaber ist der Führer und Reichskanzler. Ihm untergeben ist das Oberkommando der Wehrmacht als militärischer Stab des Führers. In der Darstellung Heckels über den Aufbau der Streitmacht kommt das nationalsozialistische Verständnis vom Führerbegriff zum Ausdruck. Der Führer wird nicht nur idealisiert, sondern verkörpert auch die höchsten Werte des Volkes und wird damit gleichzeitig zu einer idealistischen und realistischen Kategorie[684].

Besonders betont Heckel die Trennung der politischen von den militärisch-technischen Aufgaben. Da die Bündelung der politischen Aufgaben in zentraler Hand erforderlich ist, müssen die miltärisch-technischen Aufgaben auf andere Kräfte verteilt werden. Gerade Ideologie und Verfassung der Wehrmacht sollen unter unmittelbarer Kontrolle des Führers stehen. Daher darf nur eine kleine Gruppe oberster Befehlshaber hier Mitspracherechte haben.

a) Führung

„Die Wehrmacht ist nach strengem Führerprinzip aufgebaut. Ein Wille beherrscht die ganze Ordnung des Waffendienstes; alle Leitung und Zucht wird in seinem Namen gehandhabt. Dieser Wille verkörpert sich in Adolf Hitler. Die oberste Befehlsgewalt über die Wehrmacht ist einer der wichtigsten Bestandteile seines Amtes als Volksführer."[685] Deutlich wird die Personalisierung der Bindung der Wehrmacht. Das Militär ist nicht an eine Institution des Staates oder an eine ideelle Größe wie Recht und Gesetz gebunden, sondern folgt dem Willen eines Einzelnen. Wie oben dargestellt, unterliegt auch die rechtliche Gestaltung dem obersten Befehlshaber.

Johannes Heckel stellt einen Vergleich zwischen der nationalsozialistischen Führungsstruktur und der monarchischen Vergangenheit des deutschen Reiches an. Zunächst erwähnt er die Gleichartigkeit der Trennung von der „Vollgewalt"[686] des Oberbefehlshabers von jeglichem parlamentarischen Einfluss.

Der elementare Unterschied liegt nach Heckel aber in den unterschiedlichen Ordnungen des Volkes, von denen im Amt des Führers die „Zusammenballung

683 Der Aufbau ist nach Heckel im juristischen Sinn und im technischen Sinn zu untersuchen. Der rechtliche Aufbau betrifft das Verfassungsgefüge, während der technische die Organisation im Staat betrifft, vgl. *Heckel*: Wehrverfassung, S. 284.

684 *Lepsius*: S. 95.

685 *Heckel*: Wehrverfassung, S. 285.

686 *Heckel*: Wehrverfassung, S. 286.

politischer und militärischer Rechte“[687] stattfindet. Der Monarch der vergangenen Zeiten „kam vom Heer her“[688]. Der Soldatenkönig des 19. Jahrhunderts konnte seine Stellung als Alleinbefehlsinhaber nur mittels Militärgewalt erlangen und behalten. „Das Heer war [...] diejenige Ordnung des Volkes, welcher der Fürst vor anderen lebensverbunden war“[689]. Die Bedeutung des Heeres für den staatlichen Machtapparat war an der Einbindung in das kulturelle Leben zu messen. Militärparaden galten als Volksschauspiel ersten Ranges, die Uniform stellte ein „Ehrenkleid“[690] dar. „Die militärischen Revuen, die Friedrich der Große persönlich Jahr für Jahr abhielt, hatten innen- und außenpolitisch dieselbe Kraft des Zeugnisses für Preußens geschlossene Führung und seinen staatlichen Machtwillen wie heute ein Parteitag der NSDAP. für das Dritte Reich“[691]. Das Heer war werbende und prägende Kraft der monarchischen Staatsform. „In diesem Sinne konnte man bis zum Ende der deutschen Monarchie mit einem der Spätantike entstammenden Sprichwort sagen: Den Kaiser macht das Heer.

Anders der Führer! Den Führer macht das Volk. Vom Volk ist der Führer zum Heer gekommen. Er hat zuerst das Volk zum Wehrwillen entflammt und dann die Wehrfreiheit wiederhergestellt, die Wehrmacht neu aufgebaut“[692]. „Die Ordnung, in welcher der Führer steht und von welcher er, wie zum ganzen Volk, so auch zur Wehrmacht, redet, ist die nationalsozialistische Volksbewegung, die Partei.“[693] Da der Führer nicht Teil der Wehrmacht ist, taucht die Frage nach seiner Stellung zur Wehrmacht auf. Ausgangspunkt ist der Führer selbst. Er ist weder Berufssoldat noch Zivilist. Heckel bezeichnet den Führer als politischen Kämpfer, der das Volk als seine Gefolgschaft um sich versammelt. Schon im Jugendalter wird zwischen zukünftigen Wehrpflichtigen und dem Führer ein Band geknüpft, das bei Eintritt des Herangewachsenen in die Wehrmacht nur noch zu festigen braucht. Geknüpft ist es bereits. „Darum ist auch der militärische Oberbefehl nichts als die militärisch-technische Ausprägung des schon vorhandenen Führerrechts.“[694] Die Bindung des Soldaten hat sich von einer Unterwerfung in eine Volkszuwendung gewandelt. Zwar ist die Unter-, Überordnung in der Wehrmacht nach wie vor gegeben, jedoch entspringt der Gehorsam des Soldaten nicht mehr der Ergebung an den Herrn, sondern der Gefolgschaft zum Führer der Volksgenossenschaft. Führer und Wehrmacht sind trotz ihres unterschiedlichen

---

687 *Heckel*: Wehrverfassung, S. 286.
688 *Heckel*: Wehrverfassung, S. 286.
689 *Heckel*: Wehrverfassung, S. 286.
690 *Heckel*: Wehrverfassung, S. 287.
691 *Heckel*: Wehrverfassung, S. 287.
692 *Heckel*: Wehrverfassung, S. 287.
693 *Heckel*: Wehrverfassung, S. 287.
694 *Heckel*: Wehrverfassung, S. 290.

Ranges Teil eines Ganzen, der Volksgenossenschaft.[695] Der Führer als Erster des Volkes ist auch nicht fachlich, sondern politisch vorangestellt.

Anders als in der Einstellung der Weimarer Republik beschreibt Heckel nun eine Machtordnung, in der die militärischen Führer die zentrale Befehlsgewalt innehaben. Ohne die absolute Kommandogewalt der Wehrmachtsführer in Zweifel zu ziehen, stellt Heckel sie als Zentrum der verwaltungstechnischen Organisation dar.

b) Mitzeichnung von Führerakten

Herausragende Stellung unter den Kompetenzen des Oberkommandos der Wehrmacht kommt der Mitzeichnung von Führerakten zu. Die Minister zeichnen die Akte als Berater des Führers mit. Die Mitzeichnung bekundet nach außen, dass die Handlung fachlich und inhaltlich geboten und zweckmäßig ist. Vom verfassungsrechtlichen Standpunkt gesehen hat die Mitzeichnung nur dienstrechtliche und verwaltungsmäßige Bedeutung. Dem Oberkommando der Wehrmacht eingegliedert sind die Oberbefehlshaber der Wehrmachtteile. Sie üben insbesondere verwaltungstechnische Befugnisse ihrer jeweiligen Wehrmachtteile aus.

Die Mitzeichnung der Führerakte stellt nach Heckel nicht etwa eine Art der Kontrolle oder Gewaltenteilung dar. Der Zweck der Mitzeichnung ist ausschließlich in der Mehrung der Akzeptanz nach außen und in der Betonung der Wichtigkeit der Führerakte zu sehen.

14. Rechtssetzung und Wehrmacht

Johannes Heckel geht in einem eigenen Abschnitt auf die Aufgaben der Führung ein. In der nationalsozialistischen Staatslehre ist der Führer als „Staatsoberhaupt“[696] zur Ernennung und Entlassung sämtlicher Reichsminister allein befugt. Die Verwaltung liegt ebenfalls letztlich in der Hand des Führers.[697]

„Als Führerprinzip bzw. Führergrundsatz wird [der Führerbegriff] nun einer der tragenden Begriffe der NS-Ideologie und dient als oberster Rechtswert“[698]. Die Rechtssetzung der Wehrmacht obliegt dementsprechend nach Heckel dem obersten politischen Führer Adolf Hitler. Der Führer ist dabei nicht auf die Mit-

695 Die Nähe zwischen Führer und Soldaten wird durch die Leiter der einzelnen Fachbereiche verstärkt, die als enge Vertraute des Führers Befehlsgewalt ausüben, vgl. *Heckel*: Wehrverfassung, S. 292.

696 *Koellreutter*: S. 137.

697 Das Hierarchieprinzip spiegelt sich bei der Einteilung der Soldaten in Führer, Geführte und Führergehilfen wider, *Heckel*: Wehrverfassung, S. 296.

698 *Lepsius*: S. 94.

wirkung gesetzgebender Instanzen angewiesen. „Das Wehrrecht ist […] nicht ein Normengeflecht, das der Wehrmacht von einer außer ihr stehenden Seite übergeworfen wird, sondern an seiner Entstehung wirkt sie selbst mit. Die Gestaltung des Rechtslebens der Wehrmacht vollzieht sich in den verschiedensten Formen. Zum Teil sind sie der obersten Führung vorbehalten, zum Teil werden sie auch von anderen Stellen der Organisation des Wehrwesens gehandhabt. Diejenigen Formen, die im Wehrrecht der obersten Führung vorbehalten sind, heißen Gesetz und Verordnung.“[699] Die Worte Heckels erinnern an die Begrifflichkeit Hubers, der im Führer die „Wesensgesetze des Volkes …, die … Richtschnur aller völkischer Arbeit“ erkennen will[700].

a) Rechtsquellen

Vorweg nimmt Johannes Heckel eine Einteilung der Rechtsquellen insgesamt vor. Die bisherigen Rechtsauffassungen gingen großteils davon aus, dass die Verordnung sich im Rang unter dem Gesetz befinde. Eine neuere Theorie setzt Gesetz und Verordnung materiell gleich und leitet den Unterscheid nur aus den verschiedenen Entstehungsweisen ab. Heckel steht mit keiner der beiden Ansätze in Einverständnis. Die Stufigkeit der Rechtsquellen lehnt er zwar ab, hält jedoch an der Differenzierung zwischen den beiden Arten von Rechtsquellen ausdrücklich fest. Nach Aussage Heckels liegt der Unterschied zwischen Gesetz und Verordnung in der Tatsache, dass es sich um zwei verschiedene Gestaltungsmittel handelt. Das Gesetz ist ein Rechtssatz, die Verordnung eine Maßnahme.

Die Wahl des Gestaltungsmittels im jeweiligen Fall richtet sich nach dessen Zweck. Das Gesetz regelt grundsätzliche, dauerhafte Zustände. Es bindet jedermann. „Auch der Volksführer als Rechtsgenosse weiß sich dadurch verpflichtet. Freilich, diese Bindung hat bei ihm ihre Grenzen. Der Führer ist Rechtsgenosse als Führer der Volksgemeinschaft. Er hat die oberste Verantwortung für den Bestand des Volkes. Die Erfüllung dieser Pflicht geht allen anderen Bindungen vor. Wenn eine Normallage nicht vorhanden ist, schweigt dem Führer gegenüber die für die Normallage geschaffene Ordnung. Hier erhebt sich die Führergewalt zu ihrer ganzen Stärke und zu uneingeschränkter Macht. An die Stelle des Gesetzes tritt jetzt die übergesetzliche Maßnahme, mit welcher der Führer entweder die frühere Lage wiederherstellt oder eine neue bessere schafft.“[701] Die Maßnahme des Führers ist also keineswegs ein Ersatz für das Gesetz. Mit der Maßnahme kann nur im Einzelfall die Anwendung eines Gesetzes ausgesetzt und

699 *Heckel*: Wehrverfassung, S. 321.
700 *Lepsius*: S. 95.
701 *Heckel*: Wehrverfassung, S. 323.

eine andere Regelung getroffen werden, ohne dass das Gesetz dadurch seine generelle Gültigkeit verlöre.

b) Bewertung

Heckel ist darum bemüht, die Bindung des Führers an das Gesetz darzulegen. Die Handlung des Führers darf nicht ohne gesetzliche Grundlage oder gar wider die gesetzliche Grundlage vorgenommen werden. Das Problem des Handelns contra legem löst Heckel, indem er das Gesetz schlichtweg für die Fälle für nicht anwendbar erklärt, in denen der Führer eine Abweichung vom Gesetz für geboten hält. Nun ist es ja nicht außergewöhnlich, dass ein Gesetz in bestimmten Fällen keine Anwendung findet, selbst wenn es grundsätzlich eine generelle Geltung beansprucht. Auch Ausnahmen vom Gesetz für Härtefälle sind jeder Rechtsordnung bekannt. Eine rechtsstaatliche Ordnung setzt aber voraus, dass genau diese Notfälle konkret benannt werden, und zwar im Gesetz selbst. Aus dem Gesetz muss erkennbar sein, wann und wie es zur Anwendung kommt. Heckel hingegen gesteht dem Führer zu, eigenmächtig ein Gesetz für unanwendbar zu erklären. Damit greift eine außerlegislative Macht in das Gesetz ein. Johannes Heckel spricht dem Führer also gesetzgebende Macht zu, erklärt jedoch gleichzeitig, der Führer halte sich an die Gesetze. Hierin liegt eine geschickte Konstruktion, die das Handeln des Führers rechtfertigen soll. Auf den ersten Blick erscheint sie durchaus plausibel. Dennoch kann Heckel als hochrangigem Wissenschaftler nicht entgangen sein, dass er einen Zirkelschluss konstruiert hat. Die Bindung des Führers an das Gesetz kommt laut Heckel dann nicht zur Anwendung, wenn der Führer das Gesetz für nicht anwendbar erachtet. Worin nun aber die echte Gesetzesbindung noch bestehen soll, legt Johannes Heckel nicht dar.

c) Gesetzesbegriff

Der Begriff des Gesetzes hat zwei Komponenten: die materielle und die formelle Komponente. „Beide gehören in jedem Gesetz zusammen und machen erst vereint den heutigen Gesetzesbegriff aus“[702]. Das Gesetz soll für generelle, grundlegende Ordnungen „mit höchstmöglicher rechtlicher Unverbrüchlichkeit“[703] als Rechtsform gewählt werden. Rechtsfunktion des Gesetzes ist die Schaffung eines allgemeingültigen Prinzips für alle gleich gelagerten Fälle. Da das Gesetz den Willen des Volkes widerspiegelt, hat es neben der rechtlichen auch eine politische Funktion als Sprachrohr des Volkes. „Zur Ausübung beider Funktionen kann nur derjenige berufen sein, in dessen Amt der Dienst am völkischen Recht mit der

702 *Heckel*: Wehrverfassung, S. 324.
703 *Heckel*: Wehrverfassung, S. 324.

höchsten Entscheidungsgewalt über des Volkes Wahl zusammentrifft. Das ist der Volksführer. In seiner Hand ist das Gesetz ein einzigartiges Mittel der Volksgestaltung."[704] Der großen Bedeutung des Gesetzes trägt das formelle Gesetzgebungsverfahren Rechnung, das dazu dient, eine äußere Würde des Gesetzes zu schaffen und die innere Mächtigkeit des Gesetzes zum Ausdruck zu bringen. Auffällig ist, dass Heckel den Zweck der formellen Gesetzgebung allein in dem äußeren Schein und der Wirkung nach außen sieht. In einem rechtsstaatlichen Verfahren kommt es auf die Einhaltung formeller Gesetzgebung insbesondere deswegen an, damit die Mitwirkung des Volkes in Form der parlamentarischen Entscheidung gewährleistet wird. Heckel hingegen gesteht dem Führer und der NSDAP eigene gesetzgebende Macht zu. „Zwar ist die NSDAP. im Rechtsleben des deutschen Volkes nicht exemt. Im Gegenteil, sie ist genauso an die Gesetze gebunden wie jeder andere Deutsche und hat hierin ein Vorbild zu geben. Aber die Rechtsbildung soll in der ihr eigenen Weise vor sich gehen. Das bedeutet eine verfassungsrechtliche Auszeichnung der NSDAP."[705] Heckel sieht in der Umsetzung der nationalsozialistischen Ideologie einen Umbruch der deutschen Verfassungsgeschichte. Die Staatsleitung in Form einer „Herrschaft" wird von der „Führung" abgelöst. Der Nationalsozialismus hat einen „neuen selbständigen Hauptbereich der Führungsaufgaben aufgedeckt und ihn in den Mittelpunkt seiner politischen Tätigkeit gestellt. Es ist die Sammlung und Erziehung des Volkes zu einer aus den Kräften des Blutes und Raumes erwachsenden Gemeinschaft des politischen Wollens und Handelns. Diese Aufgabe der Führung erzeugt eine eigene Organisation mit neuartigen Verfahrensweisen und Rechtsformen."[706].

Gesetze lassen sich zum einen nach ihrem Regelungsgegenstand differenzieren. Gesetze zur Gestaltung und Bildung des Volkskörpers sind politische Gesetze. Hat ein Gesetz die Organisation und Strukturierung des Verteidigungsapparates zum Gegenstand, so nennt Heckel es Gesetz des machtmäßigen Dienstes. Ein solches ist das Wehrgesetz. Verwaltungsgesetze beziehen sich auf Rasse-, Kultur- und Wirtschaftsleben. Das Rechtsgesetz regelt die Ordnung der verfassungsrechtlichen Institutionen untereinander. Da jedes Gesetz einem genau bestimmten Lebensbereich zugeordnet ist, kommt in ihm das Gepräge des jeweiligen Lebensbereichs zum Ausdruck. Der Wehrdienst, der dem Wehrrecht zu Grunde liegt, stellt die Ausübung von Macht und Herrschaft dar. Daher hat das Gesetz engen Bezug zur Verfassung. Das Wehrrecht ist unmittelbar auf das „nationale Ganze"[707] ausgerichtet. Damit erhält das Wehrrecht eine einheitsschaffende, das

704 *Heckel*: Wehrverfassung, S. 325.
705 *Heckel*: Wehrverfassung, S. 327.
706 *Heckel*: Wehrverfassung, S. 327.
707 *Heckel*: Wehrverfassung, S. 329.

Volk vereinende Funktion. Gleichzeitig zeichnet es sich durch Kargheit aus, da der waffenmäßige Dienst nicht zu eng gebunden und damit ineffektiv werden darf.

Eine weitere Möglichkeit, Gesetze zu unterscheiden, ist die Einordnung der Gesetze nach ihrer politischen verfassungsrechtlichen Bedeutung. Zum Grundgesetz gehören die Verfassungsgesetze im substanziellen Sinn, wie etwa das Gesetz über den Aufbau der Wehrmacht vom 16.03.1935. Formell steht das Grundgesetz dem einfachen Gesetz gleich, es ist weder besonders abgesichert gegen Veränderungen noch bedarf seine Einsetzung spezieller Anforderungen.

Die Gruppe der einfachen Gesetze dient zur Strukturierung des alltäglichen Lebens gemäß den Vorgaben aus der Verfassung. Wenige Gesetze dienen allein zur technischen Umsetzung der ideellen Werte, wie etwa Verfahrensgesetze.

In aller Regel liegt ein Gesetz nicht in Reinform vor, sondern weist Merkmale aller drei Gesetzestypen auf.

d) NS-Führerverordnung

Nach Huber ist der „deutsche Volksstaat der deutsche Führerstaat. Er ist keine Diktatur, sondern er ist der staatsrechtliche Ausdruck der volksverbundenen Führung dieses Volkes und Staates durch Adolf Hitler“[708]. Der Führer ist daher nicht nur das Staatsoberhaupt, sondern auch mit dem Volk durch die Gefolgschaft verbunden[709]. Da der Führer die Leitung des Reiches wahrnimmt, „gibt der Führer die Ziele an, die zu erstreben sind.“[710] Dem Führer muss daher auch das Recht zur außerordentlichen Gesetzgebung zustehen. Schmitt geht es um die „Zuspitzung der ganzen staatlichen Organisation auf Hitler“[711]. Schmitt konstruiert den „unmittelbar gerechten Staat“ des Führers, in dem die Gesetze jegliche Geltung verloren haben und ausschließlich der Wille des Führers zu gelten hat. Schmitt stellt den Rechtsstaat als Gegenbegriff zum unmittelbar gerechten Staat dar und sieht den 30.06.1933 als endgültigen Beginn der „Einheit der Staatsgewalt“ an.[712] Koellreutter nennt als wesentliches Merkmal des Führungsstaates die „Anerkennung des Grundsatzes der offenen verantwortlichen Führung“, die in der Autorität von oben sowie Vertrauen und Disziplin von unten besteht[713]. Kennzeichnend für den Führerstaat ist nach Koellreutter die „völki-

708 *Koellreutter*: S. 145.
709 *Koellreutter*: S. 145.
710 *Huber*: S. 223.
711 *Blasius*: S. 678.
712 *Mehring*: S. 353.
713 *Schmidt*: S. 87.

sche Idee“ als der „unverrückbaren Grundlage des nationalsozialistischen Staates“[714].

Neben dem Gesetz als althergebrachte Rechtsform für Regelungsbereiche des alltäglichen Lebens, die aufgrund ihrer Gleichförmigkeit und Beständigkeit aktueller Modifikation nicht bedürfen, besteht zur Regelung neuer Sachverhalte das Mittel der NS-Führerverordnung. Die NS-Führerverordnung ist dem Rang nach dem Gesetz gleich und ist ebenso allgemeingültig. Die inhaltliche Übereinstimmung wird dadurch gewährleistet, dass beide Rechtsquellen denselben Schöpfer haben, nämlich den Führer des Volkes. Die höchsten Werte werden daher durch kein Gesetz, sondern durch den Führer persönlich verkörpert. Karl Larenz drückt dies wie folgt aus: „Damit wird der Führer zum pars pro toto, zu einem Abbild des Volkes im kleinen, zum Inhaber des objektiven Geistes“[715]. Karl Larenz lehrt seit 1933 an der Universität Kiel, seit 1935 als Inhaber des Lehrstuhls von dem Rechtsphilosophen Gerhart Husserl, der als Jude aus dem Professorenamt entfernt worden war. Ernst Klee bezeichnet Larenz als einen „der wichtigsten NS-Theoretiker im Zivilrecht“[716]. Die von Heckel in der Wehrverfassung geschilderten Vorstellungen stehen daher dem Gedankengut der nationalsozialistischen Juristen nahe.

e) Gesetzgebungsverfahren

Gesetzesinitiative hat der Führer im Zusammenwirken mit der Regierung. Daneben kann auch der Reichstag oder das Volk in Form von Volksabstimmungen Gesetzesinitiative ergreifen. Dies dient dazu, die Akzeptanz eines Gesetzes im Volk zu erhöhen und nach außen Einigkeit zwischen Volk und Führer zu kommunizieren. Die letzte Entscheidung über das Gesetz hat stets der Führer. Er legt dem „Gesetzesinhalt namens des Volkes verpflichtende Kraft bei“[717]. Daher ist das Gesetz ein Gebot des Führers. Das Gesetz wird im Reichsgesetzblatt verkündet und vom Führer ausgefertigt. Am auf den Tag der Verkündung folgenden Tag tritt das Gesetz in Kraft. Die formelle Gesetzeskraft hat zur Folge, dass das Gesetz nur in einem förmlichen Verfahren abgeändert werden kann. Vorbehalt und Vorrang des Gesetzes gelten auch im Nationalsozialismus. Jedoch „geschieht ihre Anwendung im nationalsozialistischen Sinn“[718]. Der Vorbehalt des Gesetzes bedeutet, dass der Führer eine Angelegenheit wegen ihrer Bedeutung für die Volksgemeinschaft nur gesetzlich angeordnet wissen will. Das Gesetz hebt alle entgegenstehenden Regelungen auf, es sei denn es handelt sich um eine NS-Führerverordnung.

---

714 *Schmidt*: S. 89.

715 *Lepsius*: S. 95.

716 *Klee*: S. 358.

717 *Heckel*: Wehrverfassung, S. 334.

718 *Heckel*: Wehrverfassung, S. 335.

Heckel hebt hervor, dass Vorbehalt und Vorrang des Gesetzes verfassungsimmanente Grundsätze sind, die auch im Nationalsozialismus Geltung behalten. Nur so kann der Schein der Rechtsstaatlichkeit gewahrt werden. Der Führer selbst ist jedoch nicht an den Vorbehalt gebunden, sondern entscheidet gerade über die Anwendung des Vorbehaltes des Gesetzes. Indem die Führerverordnung zudem den gleichen Rang wie das Gesetz hat, kann der Führer jeden Fall nach eigenem Gutdünken und Ermessen regeln. Zusammenfassend kann daher festgestellt werden, „alle gesetzgebende Gewalt gehe auf den Führer zurück"[719]. Johannes Heckel legt nicht nur diese Tatsachen objektiv dar, sondern bewertet und rechtfertigt sie juristisch und nimmt zu ihnen Stellung. Damit geht er über die reine Beschreibung hinaus. Es wird ein Eifer erkennbar, der Führerideologie Rechnung zu tragen und sie rechtlich zu stützen.

g) Verordnungsrecht

Das folgende Kapitel widmet Heckel dem Verordnungsrecht. Verordnungen treten nach bisheriger Rechtstradition als Rechtsverordnung und Verwaltungsverordnung auf. Die Rechtsverordnung ist ein Mittel der Exekutive zur Normsetzung, während die Verwaltungsverordnung keinen Normcharakter hat, sondern nur als Ermessensrichtschnur herangezogen wird. Heckel lehnt diese Einteilung jedoch ab, da er sie für unzweckmäßig und terminologisch unsauber hält. Stattdessen unterscheidet er die Verordnungen nach ihrer verfassungsrechtlichen Bedeutung. Verordnungen zur Regelung von Amtsinterna sind Amtsverordnungen mit engem Geltungsbereich. Verordnungen mit Bezug auf das Leben des Volkes sind gemeingültige Verordnungen.

Ob eine gemeingültige Verordnung vorliegt, ist abhängig vom Ziel der erlassenden Stelle. Wenn dieses Ziel nicht erkennbar ist, muss der Inhalt der Verordnung herangezogen werden. Sollte auch der Inhalt keine endgültige Klarheit bringen, so wird auf den Publikationstypus abgestellt. Eine Verordnung in einer Gesetzessammlung hat allgemeine Geltung wie ein Gesetz und kommt dem Gesetzesrang nahe. Daher handelt es sich bei in Gesetzbüchern kodifizierten Verordnungen nahezu immer um gemeingültige Verordnungen. Bei Mischtypen, die sowohl allgemein geltende Regelungen als auch verwaltungsinterne Regelungen beinhalten, ist jede Regel weiterhin nach ihrer eigenen Art zu behandeln und einzuordnen.

Zu unterscheiden ist die NS-Führerverordnung von der Regierungsverordnung. Die Verordnung ist nicht mehr eine Auswirkung der exekutivischen Gesetzgebungsgewalt in Ausnahmefällen, sondern fester Teil der Volksführung. Einer Ableitung aus dem Gesetz bedarf es nicht.

719 *Kirschenmann*: S. 112.

Als Unterschiede zwischen Gesetz und Verordnung zählt Heckel folgende auf:

1. Während das Gesetz in erster Linie eine *rechtliche* Regelung des Volkslebens bezweckt, steht im Mittelpunkt der Verordnung die *zweckmäßige* Ordnung des alltäglichen Lebens. Die schwache Rechtsfunktion der Verordnung hat eine Kurzlebigkeit zur Folge, die dafür wieder aber größere Flexibilität bewirkt. Die Verordnung dient insbesondere auf den Gebieten Planung und Vollzug als Konkretisierung des Gesetzes.
2. Die unterschiedliche Funktion von Verordnung und Gesetz hat auch inhaltlich einen unterschiedlichen Anwendungsbereich zur Folge. Während auf dem Gebiet der Rechtspflege die Verordnung kaum Verwendung findet, herrscht sie dort vor, wo politische und machtmäßige Erwägungen im Vordergrund stehen, insbesondere im Verwaltungsrecht.
3. Die Verordnung ist stärker an den Willen des Urhebers gebunden, da sie weniger rechtlich gestaltet ist als das Gesetz. Zur Auslegung der Normen ist daher maßgeblich der Wille des Verordnungsgebers heranzuziehen. Die Verordnung ermöglicht es dem Verfasser zudem, seine konkreten Ziele zu kodifizieren, während ein Gesetz generell gehalten bleiben muss.
4. Die Förmlichkeit des Gesetzes ist stärker ausgeprägt als die der Verordnung. Die Verordnung ist daher – mit Ausnahme der militärischen Verordnung – gegenüber dem Gesetz auf einem niederen Rang anzusiedeln. Ein Gesetz kann eine Verordnung aufheben, eine Verordnung lässt das Gesetz unberührt.
5. Verordnungen können nur vom Führer und dessen eingesetzter Amtsträger erlassen werden. Das Gesetz wird dagegen von dem Reichstag beschlossen. Da es die Übereinstimmung vieler Abgeordneter benötigt, ist der Erlass eines Gesetzes schwerfälliger und komplexer als der einer Verordnung.

aa) Differenzierung Verordnung und Gesetz

Der Unterschied zwischen Gesetz und Verordnung spiegelt – so Heckel – zum einen die Geltungsreichweite wider. Das Gesetz ist auf generell allgemeingültige Geltung angelegt, die Verordnung bezieht sich in der Regel auf einen begrenzten Regelungsbereich. Zudem ist das Verordnungsverfahren daran ausgerichtet, möglichst unproblematisch eine Norm zu kreieren, die nicht der Kontrolle des Volkes bzw. dessen gewählten Mitbestimmungsorgans unterliegt. Der Führer erhält im Bereich der Gesetzgebung freie Hand, ohne dass formell ein Gesetz gebrochen werden müsste.

bb) Militärische Verordnung

Als militärische Verordnung bezeichnet Johannes Heckel die Verordnungen mit dem Gegenstand der Wehrmacht[720]. Die militärische Verordnung deckt daher ein sehr weites Regelungsgebiet ab. Die Zuständigkeit zum Erlass einer militärischen Verordnung liegt allein bei Mitgliedern der Wehrmacht. Die militärische Verordnung ist nicht gesetzgebunden, sondern steht rangmäßig dem Gesetz gleich. Heckel leitet diese Gleichstellung aus den mittelbaren gesetzlichen Regelungen zum militärischen Verordnungsrecht ab: Das Wehrgesetz erwähnt in § 37 die militärische Verordnung und will dabei – so Heckel – Abstand nehmen von bisherigen Zuständen in der Weimarer Republik. Die Weimarer Republik hat dem Monarchen das Recht zur alleinigen Gesetzgebung im Militär aus der Hand genommen und unter die Kontrolle des Parlaments gestellt. Laut Heckel ist der Wegfall der parlamentarischen Organisation Indiz dafür, dass das monarchische Prinzip der gleichrangigen Verordnung wieder eingeführt werden sollte. „Das bedeutet, daß der Führer und Reichskanzler auch dann nicht gesetzförmig verfahren muß, wenn entgegenstehende Bestimmungen schon in einem Gesetz niedergelegt sein sollten. Er kann insoweit z.B. gesetzkräftige Verordnungen erlassen.“[721]

Insoweit erstaunt der Widerspruch, den Heckel im Rahmen der Beschreibung der speziellen militärischen NS-Führer-Verordnung schafft. Diese beschreibt Heckel nämlich als „gesetzgebundenes, in bestimmter Form (Verordnung, Erlaß) ergehendes, oberstes Gebot des Führers zur abstrakten Regelung wehrrechtlicher Angelegenheiten.“[722]. Damit erkennt Johannes Heckel gerade die Bindung des Führers an das Gesetz an. Zu erklären ist die Diskrepanz wie folgt: Da der Führer Verordnungen erlassen kann, die Gesetzesrang und Gesetzeswirkung haben, kann eine NS-Führer-Verordnung nicht im Konflikt mit dem Gesetz stehen. Die Verordnung ist daher durchweg als gesetzgebunden, nämlich gesetzmäßig zustande gekommen, zu bezeichnen. In dieser Formulierung liegt ein sehr geschickter Schachzug. Dem Leser wird vorgespiegelt, die Verordnung sei stets gesetzeskonform. Dies muss aber gerade nicht der Fall sein. Heckel bringt die Vorrangstellung des Führers „unter dem Deckmäntelchen“ der Legalität zum Ausdruck und steht damit voll im Bann der nationalsozialistischen Ideologie. Carl Schmitt beispielsweise sieht das Führerrecht auch als neue Rechtsquelle, die zur Neuordnung des Rechts anhand von konkreten Begrifflichkeiten und zur Auslegung des Rechts im Dienst der Weltanschauung führt[723].

---

720 Ein abgeleitetes Verordnungsrecht kommt dem Wehrkommando zu, das für den Soldaten zwingend verbindliche Befehle erlassen kann, vgl. *Heckel*: Wehrverfassung, S. 366.

721 *Heckel*: Wehrverfassung, S. 347.

722 *Heckel*: Wehrverfassung, S. 349.

723 *Rüthers:* S.76, S. 106.

Die originäre Verordnungsgewalt zum Erlass militärischer Verordnungen hat der Führer inne. Er kann die Aufgabe der Verordnungsgebung im Einzelfall delegieren und sich selbst dadurch entlasten Häufig findet sich die Delegation im Amt des Oberbefehlshabers der Wehrmacht. Der Oberbefehlshaber hat keine eigene, sondern eine abgeleitete Kompetenz zum Verordnungserlass, die einerseits aus dem Wehrgesetz hervorgeht, andererseits mittels Führerverordnung festgelegt werden kann[724]. Die Rechtspraxis hat die gesetzliche Delegationsbefugnis derart in den Hintergrund gedrängt, dass die Delegation ausschließlich durch Verordnungen erfolgt und zumindest auch auf eine Führerverordnung gestützt wird. Heckel sieht es bemerkenswerter Weise weniger als Privileg an, eine Verordnung erlassen zu dürfen, als vielmehr als Pflicht. Denn „Ermächtigung [gemeint ist die Ermächtigung des Oberbefehlshabers durch den Führer] setzt Freiheit des Entschlusses voraus, ob, wann und wem die Verordnungsgewalt zu übertragen ist. Wo ist hier davon die Rede? Sie besteht weder für den Delegatar noch für den Delegaten. Nicht Aufgabe des Führers ist es, die gemeingültigen militärischen Verordnungen zu erlassen, deren die militärisch-technische Führung der Wehrmacht bedarf und die nur aus genauester fachlicher Kenntnis der Wehrmacht hervorgehen können. Das Gegenteil würde eine heillose Verwischung der Grenzen zwischen politischer und militärischer Führung bewirken und für die verfassungsrechtliche Unterscheidung zwischen ihnen verhängnisvoll werden. Allerdings sagt das Wehrgesetz: ‚Der Führer erlässt die zur Durchführung des Gesetzes erforderlichen Rechtsverordnungen und Verwaltungsbestimmungen'. Aber der Wortlaut dieser Bestimmung ist ebenso besserungswürdig wie ihre systematische Stellung. Es handelt sich in Wahrheit um Pflichten des Chefs des Oberkommandos der Wehrmacht, für die Ausführung des Gesetzes zu sorgen, und es war verfehlt, sie in Befugnisse des Führers umzuprägen."[725]. Daraus geht hervor, dass das Recht zum Erlass militärischer Verordnungen auf technischem Gebiet eine Pflicht des Oberbefehlshabers der Wehrmacht ist, die dieser wahrnehmen muss, um den Führer zu entlasten und dessen Aufgaben zu erleichtern. Daher ist die Verordnungsmacht des Oberbefehlshabers der Wehrmacht „ein Verordnungsrecht kraft Amtes"[726]. Das Recht zum Erlass einer Verordnung kann der Führer jederzeit beschränken und sich einzelne Themen zur Verordnungsgebung persönlich vorbehalten. Er gestaltet damit die Amtsbefugnisse des Oberbefehlshabers der Wehrmacht. Die Aufgabe des Oberbefehlshabers bestimmt den Umfang dessen Verordnungskompetenz: in erster Linie handelt es sich um Vollzugsverordnungen, da es Auf-

724 Die Weisungen sind unbedingt zu befolgen. Sollte ein Soldat eine Anweisung für unzutreffend halten, ist ein förmliches Verfahren einzuhalten.

725 *Heckel*: Wehrverfassung, S. 354.

726 *Heckel*: Wehrverfassung, S. 354.

gabe der technischen Führung des Militärs ist, die politischen Ziele des Führers umzusetzen und in technische Wehrmachtsführung zu fassen. Die Vollzugsverordnung kann dreierlei Aufgaben zum Gegenstand haben: die Anordnung von Maßnahmen zur Handhabung eines Gesetzes, inhaltliche Konkretisierung gesetzlicher Normen oder Ergänzung des Gesetzes gemäß dessen Leitgedanken. Den vom Gesetz oder einer Führerverordnung vorgegebenen Rahmen darf eine Verordnung nie verlassen, auch nicht, wenn sie zur Ergänzung dient. Der Oberbefehlshaber der Wehrmacht darf „dieser Aufgabe nur innerhalb der dort gewiesenen Ziele und innerhalb des dort angedeuteten Wegs ihrer Verfolgung genügen, aber nicht Grundsätzen Raum geben, die sich in den Rahmen des Gesetzes nicht einpassen lassen."[727]

15. Richterliches Prüfungsrecht

Die Frage nach der richterlichen Kontrolle einer Führerverordnung ist laut Heckel vehement umstritten. Eine gängige Lösung sei – so Heckel – aus der Aufgabe des Richters abzuleiten, die vom Führer verliehene Macht auszuüben und im Sinne des Führers Recht zu sprechen. Heckel, der als Nichtpositivist die Transzendierung des geltenden Rechts in einer Werteordnung anerkennt, akzeptiert folgerichtig grundsätzlich das Richterrecht. Im Abkehr von dem positivistischen Denken ist die Hierarchie der Gewalten vorgegeben: Wird eine Werteordnung angenommen, so „konnte [der Gesetzgeber] im Namen eines ‚höheren' Prinzips in die Schranken gewiesen und vor allem darüber belehrt werden, dass er nicht selbst die Macht habe, die Verfassung beliebig zu ändern"[728].

Auffällig ist an dieser Stelle, dass Heckel zunächst die Problematik der Gewaltenteilung aufwirft, indem er die Stellung der Verordnung zur Judikative anspricht. Denn er setzt voraus, dass eine Trennung der Gewalten gegeben ist, sonst stellte sich die Frage nach der Kontrolle gar nicht. Andererseits aber erklärt Heckel, die Richtertätigkeit sei eine Aufgabe im Auftrag des Führers. Die Judikative wird also aus der Exekutive abgeleitet. Um diesen Widerspruch aufzulösen, gesteht Heckel: „Zweifellos reicht diese Begründung nicht aus. Denn der Richter ist nach dem vom Führer bekräftigten Willen der Nation von Weisungen unabhängig und nur dem Gesetz unterworfen. Er soll diese Unabhängigkeit – in einer noch darzustellenden Weise – auch im Verhältnis zum Führer und seinen obersten politischen Hilfsführern haben."[729]

727 *Heckel*: Wehrverfassung, S. 356.
728 *Stolleis*: S. 113.
729 *Heckel*: Wehrverfassung, S. 357.

„In Wahrheit liegt das Problem auf einem ganz anderen Felde. Das richterliche Prüfungsrecht ist [...] ein Problem der Rechtsverwirklichung. Unter den Aufgaben des Volksführers ist es diejenige zur Rechtssetzung, aus welcher die Bindung des Richters an das Gesetz erklärt und das richterliche Prüfungsrecht begründet und begrenzt werden muss.[730] Die Aufgabe des Richters besteht in der Rechtsverwirklichung mittels Rechtsgestaltung und Rechtsanwendung. Gemäß Heckel haben die Führung und das Richteramt den gemeinsamen Gegenstand des Dienstes am Recht. Daher ist nicht die „Trennung, sondern die Zusammenordnung der öffentlichen Funktionen"[731] maßgeblich. Zwar ist Voraussetzung einer effektiven Staatsführung, dass die verschiedenen Staatsfunktionen selbständig bleiben. „Das Heil kann nicht darin gefunden werden, dass die Staatsleitung den Richtern in den Arm fällt – das wäre die Rückkehr zum krassesten Absolutismus –, noch dass die Richter sich zu Herren über die Volksführung aufwerfen; das wäre eine Erneuerung der Weimarer Zeit. Vielmehr gilt es, das Verhältnis von Führung und Richterschaft so zu bestimmen, dass beide an einer und derselben Aufgabe des Volkslebens zusammenwirken und sich in deren Erfüllung ergänzen[732]. Die Volksführung hat dreierlei Pflichten zu erfüllen: sie bestimmt das Gebiet, auf dem das Richteramt ausgeübt werden darf, weist für diese Funktion allgemeine Rechtsmaßstäbe aus und stattet das Richteramt mit den zur Wahrnehmung der Pflichten nötigen Kompetenzen aus. Die Führung gibt daher die Grundprinzipien vor, an denen sich die Judikative auszurichten hat, da sie an das Gesetz gebunden ist. Der Führung kommt der Vorrang vor dem Richteramt zu, das Richteramt bleibt jedoch selbstständig und unabhängig. Vorgänge innerhalb der Führung unterliegen nicht der richterlichen Kontrolle. So kann es nicht zu Divergenzen zwischen dem Handeln des Führers und den richterlichen Feststellungen kommen.

Heckel unterschlägt bei der Darstellung dieser Zusammenhänge, dass die Trennung von Führung und Richteramt nur darauf beruht, dass die Führung selbst die Grenzen der Judikative festsetzt. Damit ist aber gerade die Judikative nicht unabhängig von der Führung, sondern wird maßgeblich durch diese bestimmt und gestaltet. Zur Führung, die der richterlichen Kontrolle entzogen bleibt, ist neben dem Reichsführer selbst auch das Oberkommando der Wehrmacht zu rechnen. Eine militärische Verordnung ist daher richterlich nicht überprüfbar, so dass der Führer und das Wehrmachtoberkommando eine Immunität genießen, die weit über das rechtsstaatliche Maß hinausgeht.

730 *Heckel*: Wehrverfassung, S. 357 f..
731 *Heckel*: Wehrverfassung, S. 358.
732 *Heckel*: Wehrverfassung, S. 359.

16. Einsatz der Wehrmacht gegen den inneren Feind

Für die Aufrechterhaltung der inneren Ruhe im Volk[733] ist zunächst die Partei zuständig, deren Aufgabe darin besteht, das „Volk in der Treue zum Führer zu erhalten und zu festigen"[734]. In der nationalsozialistischen Lehre ist die Absicherung gegen den inneren Feind, die nicht zur arischen Rasse Gehörenden, Bedürfnis[735]. Sollte es dennoch zu Unruhen kommen, so ist es zunächst die Pflicht der Polizei, die innerer Ruhe und Ordnung wieder herzustellen. Erst im Falle einer Notsituation darf die Wehrmacht unterstützend eingreifen. Der Waffengebrauch der Wehrmacht gegen den inneren Feind ist nicht als Amtshilfe zur Polizei, sondern als etwas „davon juristisch sehr Verschiedenes"[736] anzusehen. Der Einsatz der Wehrmacht zeugt davon, dass die Verfassung des Reiches bedroht ist. Da die Sicherheit des Gemeinwesens den Staat in seiner Existenz unmittelbar bedroht, kann die für Normallagen geschaffene Rechtsordnung nicht weiter gelten. „Die Überwindung des inneren Feindes fordert ein kriegsmäßiges Vorgehen. Soweit die Wehrmacht einschreitet, gibt es deshalb nicht mehr polizeiliche, sondern kriegsmäßige Mittel und Verfahrensweisen[737]. Ihnen gegenüber schweigen die Gesetze und Rechtsgarantien des normalen Zivillebens"[738]. Der Notzustand hat zur Folge, dass die Gesetze außer Kraft treten. Zwar entsteht dadurch in gewisser Weise eine Allmacht der Wehrmacht, die durch gesetzliche Regelungen nicht mehr beherrscht ist. Aus diesem Grund war in der Weimarer Republik auch der Versuch unternommen worden, gewisse Rechtsschranken auch im Ausnahmezustand aufrechtzuerhalten. Heckel sieht Gesetze für den Notzustand jedoch als zu einengend und hemmend an. Es bedarf daher auch keines Rechtstitels für den Einsatz der Wehrmacht. Lediglich Art und Weise des Waffeneinsatzes sind in einer Führerverordnung geregelt. Der Einsatz der Wehrmacht wird hingegen vom Führer bestimmt. „Die einschlägigen Befugnisse des Führers ergeben sich aus dem Amt, das ihm das Volk anvertraut. Kraft seines Amtes hat er die Nation vor jeder Bedrohung ihres Bestandes und ihrer Verfassung zu sichern, und zwar mit allen ihm zustehenden Machtmitteln. Zu diesen gehört eben der kriegsmäßige Einsatz der Wehrmacht."[739] Die Entscheidung des Führers zum Einsatz der Wehrmacht hat drei Komponenten: die staatsmännische Entscheidung zur Ergänzung und

---

733 Für die Aufrechterhaltung der Ruhe in der Wehrmacht besitzt das Heer eigene Institutionen wie den Wach- und Sicherheitsdienst, vgl. *Heckel*: Wehrverfassung: S. 416.

734 *Heckel*: Wehrverfassung, S. 420.

735 *Lepsius*: S. 83.

736 *Heckel*: Wehrverfassung, S. 421.

737 Entsprechend verfügt die Wehrmacht auch im Inneren über ein komplexes Disziplinarsystem, vgl. *Heckel*: Wehrverfassung, S. 372.

738 *Heckel*: Wehrverfassung, S. 421.

739 *Heckel*: Wehrverfassung, S. 422.

Ersetzung der normalen Sicherheitsorganisation, das militärische Kommando zum Einsatz der Wehrmacht und die Bevollmächtigung der Wehrmacht zur Vornahme der Maßnahmen, die zur Durchsetzung des Führerbefehls erforderlich sind. Maßgebliche Richtschnur für das Vorgehen der Wehrmacht ist das Aktionsziel. Nur in diesem Rahmen werden die Mittel und Maßnahmen der Wehrmacht eingeschränkt und begrenzt. „Das Merkmal der Abwehreignung des Mittels entscheidet zugleich über seine Rechtmäßigkeit, und zwar kommt es nicht darauf an, ob das Mittel bei rückschauender Betrachtung, d.i. nach Beseitigung der Gefahr, sich als effektiv wirksam erwiesen hat, um die Lage zu meistern, sondern ob es im Augenblick des militärischen Entschlusses überhaupt geeignet scheinen konnte.“[740] Die potentielle Eignung reicht daher aus. Während der Abwehraktion gilt der Grundsatz: Inter arma silent leges. „Soweit die militärische Maßnahme reicht, hat sie den Vorrang vor den Gesetzen und bewirkt eine Sperre des Gesetzesvollzuges“[741]. Mit Erreichen des Ziels hat die militärische Abwehraktion ein Ende. Es tritt eine Übergangsphase zur Wiederherstellung der ursprünglichen Rechtslage ein, in der die Schäden aus der Kriegszeit zum Ausgleich gebracht werden müssen und Opfer der Einzelnen entschädigt werden.

Der Kampf gegen den inneren Feind gestattet der Wehrmacht auch den Einsatz von Waffen. Der militärische Waffengebrauch im Falle innerer Unruhen gestaltet sich als Zwangsmittel besonderer Härte. Der Waffeneinsatz ist dabei nicht nach dem Grundsatz der Verhältnismäßigkeit bestimmt, sondern nach dem Prinzip strikter Effektivität. Die Wehrmacht darf in vier Fällen zu den Waffen greifen: 1. eigene Verteidigung, 2. Brechung feindlichen Widerstandes, 3. Erzwingung von Gehorsam, 4. militärische Schutz- und Überwachungsfunktion. Stärke des Gegners und Zweck des Waffeneinsatzes bestimmen auch dessen Grenzen. Der Waffengebrauch darf weder zu mild noch zu hart ausfallen.

17. Bewertung

Zusammenfassend lässt sich feststellen, dass Johannes Heckel den Führerbefehl als oberste Rechtsquelle anerkennt. Zwar ist das Wehrrecht rechtlich verfasst und in einigen Bereichen gesetzlich kodifiziert, jedoch gilt der Führerbefehl als oberstes Prinzip. Obwohl Johannes Heckel juristisch den Vorrang und den Vorbehalt des Gesetzes anerkennt, zieht er die allmächtige Stellung des Führers nicht in Zweifel.

Die soldatische Ehre lässt die Mitgliedschaft in der Wehrmacht nach Heckel zu einer ganz besonderen Auszeichnung werden, die daher nur ehrenwerten Menschen

---

740 *Heckel*: Wehrverfassung, S. 423.

741 *Heckel*: Wehrverfassung, S. 423.

zusteht. Johannes Heckel trägt mit seiner „Wehrverfassung“ der nationalsozialistischen Ideologie vollumfänglich Rechnung. Das Werk stellt auf diese Weise eine ideologische Grundlage für die rechtliche und auch politische Haltung im Nationalsozialismus dar, soweit es um die ethische Grundhaltung der soldatischen Ehre und der Bedeutung des nationalen Bewusstseins geht. Heckel als überzeugter Nationalist und erfahrener Soldat aus dem Ersten Weltkrieg engagiert sich in diesem Werk emotional und persönlich. Die Trennung zwischen Staat und Politik ist in der Staatsrechtslehre des Dritten Reiches von erheblicher Bedeutung. Sowohl Smend als auch Schmitt „geht es um die staatliche Einheitsbildung durch politische Vorgänge[742]. Für Schmitt hat zwar der Staat das Monopol des Politischen verloren, der Idealzustand ist jedoch die Übereinstimmung von beidem. Die Einheit bestimmt sich durch die äußeren Bedingungen[743]. Smend hingegen sieht die Integration durch innere Vorgänge veranlasst. Politik als Gegenstand menschlicher Lebensverhältnisse hat bei Smend daher nicht – anders als bei Schmitt – den Kriegszustand zum Gegenstand. Die Integrationslehre ist vielmehr um „die normale staatliche Wirklichkeit“ bemüht.[744]

V. Verfassungsbegriff und Staatsrecht

Im Zusammenhang mit der zeitlichen und gesellschaftlichen Einordnung spielt insbesondere auch die staatstheoretische Denkweise der Zeit im Dritten Reich eine bedeutende Rolle. Zuvor sei darauf hingewiesen, dass „eine Rechtsphilosophie … den Nationalsozialisten“ fehlt[745]. Erst nach der Machtergreifung bemühen sich Rechtslehrer und andere Juristen um eine theoretische Fundierung. Statt einer Rechtsphilosophie ist nun die Ideologie gefragt.

1. Abwendung vom Positivismus

Zunächst ist festzustellen, dass Johannes Heckel sich von den positivistischen Strömungen der zeitgenössischen Staatslehre nicht beeindrucken lässt. Vielmehr fällt im Rahmen der Untersuchung von Heckels Werken deutlich auf, dass Heckel einen materiellen Verfassungsbegriff vertritt, der – entgegen der Lehre Kaufmanns – nicht statisch und unbeweglich, sondern – insoweit in Übereinstimmung mit Smend – fortschreitend dynamisch ist.

---

742 *Korioth*: S. 146.
743 *Korioth*: S. 146.
744 *Korioth*: S. 147.
745 *Hofmann*: S. 35.

a) Empirie und Apriori

Aufgrund der Unvereinbarkeit des Führerprinzips mit der Rechtsstaatlichkeit bringen die Nationalsozialisten dem Gesetz Geringschätzung entgegen. Geeignet ist dabei die Entdeckung des „deutschen Gemeinrechtes“, dessen Richtschnur die Weltanschauung des Volkes ist.[746] Da die neue Rechtsordnung jedoch nicht kurzfristig manifestiert werden konnte und die Regierung Hitler sich nicht als rechtsfeindlich offenbaren wollte, hatte das Gesetz den Schein der Legalität zu wahren und die Interpretationsmöglichkeiten durch den Rechtsanwender zu begrenzen.[747]. Aus diesem Grund lassen sich drei Handlungsgrundlagen feststellen: Die Schaffung neuer Gesetze, wo dies als nützlich und notwendig erachtet wurde, die Umdeutung unbestimmter Rechtsbegriffe im nationalsozialistischen Sinn und die tatsächliche Zuwiderhandlung gegen bestehende Gesetze. Im Rahmen der denkerischen Grundlagen ist vor allem auf Carl Schmitt einzugehen, der „möglicherweise … am meisten diskutierte deutsche Jurist des 20. Jahrhunderts“[748]. Zu den ideologischen Grundlagen der nationalsozialistischen Herrschaft gehört das „Führerprinzip, die Ablehnung des politischen Pluralismus, das Prinzip der Einheitspartei und der Rassegedanke“[749]. Eine für die gesamte Herrschaft des Nationalsozialismus einheitlich geltende Staatsrechtslehre lässt sich jedoch nicht ausmachen[750]. Daraus darf jedoch nicht abgeleitet werden, dass es keine nationalsozialistisch gesinnten Juristen gegeben habe. Sehr wohl gab es nämlich eine Gruppe von „Vordenkern und Ausdeutern der nationalsozialistischen Rechtswissenschaft und Rechtspolitik“[751]. Zu diesen ist auch Carl Schmitt zu zählen. Gleichzeitig nimmt Schmitt jedoch eine herausragende Stellung ein, die zu einem ganz großen Teil auf der Verdrängung von Andersdenkenden und von jüdischen Staatsrechtslehrern der Weimarer Republik aus ihren Funktionen. Beispielweise sei der ehemalige sozialdemokratische Justizminister Gustav Radbruch erwähnt, der am 29.04.1933 aus politischen Gründen aus der Universität Heidelberg entlassen wurde. Darüber hinaus mussten Erich Kaufmann und Hans Kelsen fliehen. Gerade im Hinblick auf Kaufmann liegt ein intrigantes und geradezu verräterisches Verhalten Schmitts vor. Schmitt agiert eifrig, um die Fortsetzung der Lehrtätigkeit Kaufmanns zu verhindern. In einem Brief an den Kultusminister schreibt Schmitt: „Eine solche, ganz auf Verschweigung der Abstammung und auf Tarnung angelegte Existenz“ sei für die Universität nicht haltbar[752]. Der Antisemitismus

---

746 *Hofmann*: S. 36.
747 *Hofmann*: S. 36.
748 *Gross*: S. 7.
749 *Gross*: S. 42.
750 *Gross*: S. 42.
751 *Gross*: S. 43.
752 *Gross*: S. 49.

Schmitts äußert sich darüber hinaus im Kampf gegen den Rechtsstaat als „jüdischer Gesetzesstaat“[753]. An die Stelle des Gleichheitsbegriffs der Weimarer Verfassung setzt Schmitt den Begriff der Artgleichheit. Kennzeichnend für den Nationalsozialismus ist zudem die Verbindung antiliberaler und antisemitischer Polemik. In dieser Hinsicht ist die in der Wehrverfassung zum Ausdruck gebrachte Haltung Heckels als typisch nationalsozialistisch zu bezeichnen. Johannes Heckel lehnt – wie er insbesondere in der Einleitung hervorhebt – zum einen die liberale Haltung ab. Zum anderen finden sich – wir oben näher ausgeführt wurde – zahlreiche Hinweise auf die den Juden feindlich gesinnte Haltung Heckels. Ein weiterer „typisch“ nationalsozialistischer Zug, der sich sowohl bei Carl Schmitt als auch bei Johannes Heckel wiederfindet, ist der Versuch, durch eine radikale Feinderklärung ethnische Homogenität zu schaffen. Indem Johannes Heckel den Juden beispielsweise jegliche Wehrwürdigkeit abspricht und die Solidarität eines einigen deutschen arischen Volkes betont, reiht Heckel sich in den Kreis der nationalsozialistischen Juristen ein. Die Schaffung des Feindbildes trägt auch der Ideologie eines totalen Staates Rechnung. So hat Ernst Forsthoff in seinem Werk „Der totale Staat“ ausgeführt: ‚Das Bewusstsein der Artgleichheit und völkischen Zusammengehörigkeit aktualisiert sich vor allem in der Fähigkeit, die Artverschiedenen zu erkennen und den Freund vom Feind zu unterscheiden. Und zwar kommt es darauf an, die Artverschiedenheit dort zu erkennen, wo sie nicht durch die Zugehörigkeit zu einer fremden Nation ohne weiteres sichtbar ist, etwa in dem Juden, der durch eine aktive Beteiligung an dem kulturellen Leben die Illusion einer Artgleichheit und einer Zugehörigkeit zum Volk zu erwecken suchte und zu erwecken verstand“.[754] Den Freund-Feind-Gedanken greift Heckel maßgeblich von Schmitt auf, der dieses Prinzip gleichsam als „Zwangsgedanken“ fanatisch betreibt[755]. Hinzu kommt auch die herausragende Stellung des Führers, die sich sowohl bei Heckel – vgl. nur die Allmacht im Zusammenhang mit den Führernotverordnungen – als auch bei Carl Schmitt findet, der im Führer den „Hüter der Verfassung“ sieht[756]. Angesichts dieser Ausführungen wird die Nähe der Lehre Heckels zum Nationalsozialismus besonders deutlich. Schmitt stellt in seiner Grundlagenschrift „Der Begriff des Politischen“ mehrere Kernsätze auf. Darunter ist zunächst, der Begriff des Staates setze den Begriff des Politischen voraus, dann die politische Unterscheidung, auf die sich die politischen Handlungen und Motive zurückführen lassen, sei die Unterscheidung von Freund und Feind und schließlich der Krieg folge aus der Feindschaft, denn diese sei die

753 *Gross*: S. 60.
754 *Forsthoff*: S. 38.
755 *Blasius*: S. 681.
756 *Gross*: S. 327.

seinsmäßige Negierung eines anderen Seins[757]. Damit legt Schmitt nicht nur die Grundlagen für das Feind-Freund-Prinzip, sondern verteidigt auch das „ius ad bellum“ aus existentiellen Gründen.[758]

Auch ein Vergleich der Auffassung Heckels mit Roland Freisler lohnt sich. In der Rede zum 200sten Jubiläum des Preußischen Justizministeriums setzt sich Freisler nämlich dezidiert mit dem Verhältnis zwischen Politik und Recht auseinander. „Justiz und Politik ... – ein ewiges Thema!“[759] Zunächst beleuchtet Freisler die Gewaltenteilung in der Rechtspolitik der Vergangenheit, die auf der gegenseitigen Kontrolle der rivalisierenden Gewalten beruht. Wie Freisler feststellt, dient die Gewaltenteilung dazu, den übermächtigen Staat daran zu hindern, dem Einzelnen Rechte zu beschneiden. Daher sei lange Zeit der Grundsatz „divide et impera“ Grundsatz des Staatsaufbaus gewesen. Er „konnte es nicht bleiben, seitdem sich die Gemeinschaft als Lebenssinn im Herzen des Einzelnen durchgesetzt hatte und seit das harte Leben gelehrt hatte, dass der herrschaftslose Zustand schlechterdings die Auflösung bedeutet, weil er die Tyrannei von Kräften herbeiführt, die ebenso außerhalb des Einzelnen wie außerhalb der Volksgemeinschaft und des Staates stehen und nicht verantwortungsgebunden sind“.[760] Daher müsse das Verhältnis von Politik und Recht neu begründet werden. Das Thema der Beziehung zwischen Politik und Recht erforscht Heckel in der Wehrverfassung überaus ausführlich. Auch die Fortführung des Gedankens bei Freisler erinnert an die oben dargestellten Äußerungen Heckels. Zunächst hält Freisler den Begriff der Politik für klärungsbedürftig. „Politik ist Volksführung. Sie wird von der Lebensidee des Volkes beherrscht.“[761] „Es muss eine Staatsführung entstehen, die eine wirkliche Autorität darstellt und zwar eine Autorität, die nicht abhängig ist von irgendeiner Gesellschaftsschicht. Es muss eine Staatsführung entstehen, zu der jeder Bürger das Vertrauen haben kann, dass sie nichts anderes will als des deutschen Volkes Glück, als des deutschen Volkes Wohl, eine Staatsführung, die zugleich von sich mit Recht sagen darf, sie sei unabhängig von jeder Seite hin.“[762] Aus den dargestellten Grundsätzen zieht Freisler nun genau jene Folgerungen, die auch der Wehrverfassung zugrunde liegen:

1. Jedes Organ der Volksführung ohne Ausnahme ist an den Führer gebunden. Nach Heckel ist jedes Organ der Wehrmacht dem Führer zur Verantwortung verpflichtet.

757 *Mehring*: S. 208.
758 *Mehring*: S. 209.
759 *Freisler*: S. 193.
760 *Freisler*: S. 193.
761 *Freisler*: S. 194.
762 *Freisler*: S. 194.

2. Der Führer hat die Rechtsmacht, jeden Entschluss an sich zu ziehen. Dies findet sich inhaltlich identisch in der Wehrverfassung.
3. Gesetze erlassen ist eine Handlung der Volksführung. Das Gesetz ist ein Erlaß des durch seine Kabinettsmitglieder beratenen Führers. Übertragen auf die Wehrverfassung ordnet Heckel dem Führer das Verordnungsrecht zu.
4. Eine Nachprüfung von Führerhandlungen steht niemandem zu.

Genau dieses Prinzip verfolgt Johannes Heckel. Auffällig ist dabei die Verleugnung Heckels von seiner bis zum Beginn des Dritten Reiches vertreten Auffassung einer dem menschlichen Sein vorgelagerten überpositiven, metaphysischen Macht. Unterscheidet noch in den 1920er Jahren Heckels Staatstheorie sich gerade aufgrund der idealistischen Reinheit von den zeitgenössischen Staatsdenkern, so wendet Heckel sich während des Dritten Reiches ganz den empirischen Werten zu. Dennoch lässt sich – um in der Terminologie Smends zu beleiben – nicht feststellen, dass Heckel sich auf die Empirie beschränken und die Existenz eines Apriori gänzlich ablehnen würde. Vielmehr nähert Heckel sich insoweit an die Integrationslehre Smends an, als das Apriori relativiert wird[763]. Zum höchsten Wert wird das Wort des Führers.

Die Rückschlüsse, die Freisler aus den Prinzipien des Staatsaufbaus zieht, unterscheiden sich jedoch grundlegend von den Thesen Heckels. Denn während Heckel bis zuletzt um eine Trennung von Staat und Politik bemüht ist und damit zumindest dem Schein nach die Rechtsstaatlichkeit wahrt, sieht Freisler in aller Rechtspflege „politische Tätigkeit“[764]. Umso mehr muss für Freisler gelten: „Recht ist, was dem Volke frommt“[765]. Auch das Bild, das Freisler vom Volk zeichnet, entspricht den Aussagen Heckels: Die Volksglieder sind Blutsbrüder“[766].

Den nationalsozialistisch eingestellten Staatsrechtlern soll jedoch auch gegenüber gestellt werden, dass einzelne Juristen auch in der Zeit des Dritten Reiches stets bemüht waren, „die Verfassung … sowohl sinngemäß als auch in ihrem Wortlaut gewahrt“ zu wissen[767]. Walter Jellinek, als Schüler der Heidelberger Universität, an der mit Gustav Radbruch und Emil Lederer zwei bekennende Sozialdemokraten lehrten, sei als herausragendes Beispiel genannt[768]. Gleichwohl ist auch bei Jellinek eine Assimilation an die nationalsozialistische Ideologie zu spüren[769], die seine Freunde und Kollegen mit der „Herzensgüte“ und der

763 vgl. *Rennert*: S. 141.
764 *Freisler*: S. 196.
765 *Freisler*: S. 196.
766 *Freisler*: S. 196.
767 *Kempter*: S. 472.
768 *Kempter*: S. 461.
769 *Kempter*: S. 483.

Neigung „bei anderen nur Gutes und nicht das Böse zu entdecken" erklären[770]. Sicherlich ist die Anpassung auch auf die Angst gegründet, die Stellung als Hochschullehrer zu verlieren. Aufgrund seiner jüdischen Familiengeschichte bleibt ihm jedoch die Beurlaubung vom Amt des Hochschulprofessors im Jahre 1935 nicht erspart.[771] Erwin Jacobi, Eberhard Schmidt und Ernst Forsthoff bleiben ihrem Kollegen und Lehrer jedoch treu.[772]

Indem Heckel das Recht von dem Wortlaut der Verfassung löst und dem Revolutionär den Verstoß gegen die „Legalität der Andersdenkenden" nicht nur gestattet, sondern geradezu zur Pflicht auferlegt, erkennt er zwar ein überverfassungsrechtliches Rechts- und Wertesystem an. Das übergeordnete Prinzip ist jedoch nun nicht mehr in einem absoluten Wesen zu sehen, sondern orientiert sich an dem Nutzen für den Staat selbst.

b) Staat und Integration

Von Bedeutung ist auch die Herleitung des Staats aus den individuellen Menschen. Wie Heckel in der Wehrverfassung klar zum Ausdruck bringt, geht der Einzelne in der Volksgemeinschaft auf. Die Verfassung wird als Ausdruck des „gesellschaftlichen Kollegialismus"[773] gesehen, der das Volk in seiner Einheit in die Mitte staatlichen Wirkens stellt. Insoweit sind Parallelen zu der Integrationstheorie von Rudolf Smend zu erkennen: Die Volksgemeinschaft basiert auf der Integration vieler Einzelner und gewinnt eine neue eigene Individualität. Johannes Heckel geht jedoch noch einen großen Schritt weiter, indem er den Einzelnen im Staat völlig aufgehen lässt. Smend hingegen hatte stets die Eigenzwecklichkeit der Individuen hervorgehoben. Heckel geht daher über den autoritären Staat, wie er etwa auch bei Koellreutter zu finden ist, hinaus und folgt dem totalen Staatsbegriff Carl Schmitts. Denn Koellreutter erkennt zwar den Begriff des totalen Staates an, will jedoch den Wert der Persönlichkeit und des Rechtes nicht unterschätzt wissen[774].

Koellreutter setzt sich insbesondere mit der Thematik der Selbstverwaltung auseinander. Interessant ist die These Koellreutters, die Selbstverwaltung sei mit der nationalsozialistischen Ideologie gerade aufgrund der gemeinsamen germanistischen Wurzeln vereinbar[775]. Das Dritte Reich ist nach Koellreutter nicht ein totaler, faschistischer Statt, sondern durch seine „autoritäre, völkisch bedingte Gestaltung" geprägt[776]. Die totalitäre Staatsauffassung Heckels steht damit in

770 *Kempter*: S. 484.
771 *Kempter*: S. 495.
772 *Kempter*: S. 497.
773 *Winter*: S. 133.
774 *Schmidt*: S. 101.
775 *Kahl*: S. 246.
776 *Kahl*: S. 246.

Gegensatz. Die Selbstverwaltung soll nach den Grundsätzen der genossenschaftlichen Gliederung und des völkischen Führerstaates ausgestaltet werden. Selbstverwaltung bedeutet für Koellreutter die Wahrnehmung von staatlichen Aufgaben durch selbstständige Verbände in der Form von öffentlichen Körperschaften oder öffentlichen Anstalten im Rahmen gesetzlich festgelegter Befugnisse. Zur Gewährleistung, dass sich die Wahrnehmung der Aufgaben in den gesetzlichen Schranken bewegt und zum Wohle des Volkes dient, sei die Staatsaufsicht erforderlich. Zwar sei der Grundsatz der Verhältnismäßigkeit stets zu beachten[777], den Grundsatz der Gesetzmäßigkeit lehnt Koellreutter jedoch als im nationalsozialistischen Staat nicht durchführbar ab. Damit steht er im Einklang mit dem Rechtshegelianer Ernst Rudolf Huber, der die „ungeschriebene Gemeinschaftsordnung“[778] als oberstes Gesetz anerkennt und daher Analogien nicht nur zulässt, sondern sogar befürwortet. „Lebendige Führung“[779] verlange hinreichenden Ermessensspielraum der staatlichen Einrichtungen. Obwohl Huber für die weitgehende Selbständigkeit der einzelnen öffentlich rechtlichen Körperschaften (beispielsweise der Gemeinden) eintritt, sieht er das Erfordernis der starken einheitlichen Führungsordnung. Während Huber und Koellreutter daher die Staatsaufsicht bejahen, geht Carl Schmitt in dieser Hinsicht noch einen Schritt weiter: Das politische Führertum gehe über die an Gesetz und Norm gebundene Weisungsbefugnis der oberen Staatsbehörden hinaus. Im Rahmen einer politischen Gleichschaltung sei der Staat als totale, starke Kraft anzusehen, wobei „total“ nicht im Sinne der Quantität, sondern der Qualität, also der Energie und der Intensität verwendet wird[780]. Schmitt sieht die Dreigliederung der deutschen Einigkeit in dem Gesamtgebilde aus Staat, Bewegung und Volk[781]. „Heute kann das Politische nicht mehr vom Staate her, sondern muss der Staat vom Politischen her bestimmt werden“[782]. Für Schmitt beruht die Verbindung zwischen dem Staat und dem Politischen hauptsächlich auf der Personalunion[783]. Diesem konkreten Ordnungsdenken, der Gewährleistung des unbedingten Führerwillens und der totalen Macht schließt sich Theodor Maunz an[784].

Indem Heckel den Begriff des totalen Staates in der Wehrverfassung umsetzt, gliedert er sich in die nationalsozialistische Ideologie ein.

777 *Kahl*: S. 246.
778 *Kahl*: S. 245.
779 *Kahl*: S. 245.
780 *Kahl*: S. 244.
781 *Mehring*: S. 341.
782 *Mehring*: S. 341.
783 *Mehring*: S. 341.
784 *Kahl*: S. 247.

c) Organismusmodell

Ausgehend von dieser Grundlage lässt sich auch die besondere Form von Organismusmodell verstehen, die Heckel in seiner Wehrverfassung umschreibt. Die klassische Organismustheorie rechtfertigt den Staat dadurch, dass er zur Befriedigung der Bedürfnisse der einzelnen Staatsangehörigen diene[785]. Heckel nun kehrt dieses Prinzip um. Der Einzelne erhält die Anerkennung der Mitmenschen nur dadurch, dass er zum Gesamtgebilde Volk nützliche Beiträge leistet. Damit ist auch die Begrenzung des staatlichen Eingriffs auf das „Zumutbare“ überflüssig. Es gilt nicht, den Staat abzuwehren, sondern vielmehr im Staat durch aktive Teilhabe aufzugehen.

d) Rechtsstaatlichkeit

Die Frage der Rechtsstaatlichkeit ist im Zusammenhang mit dem nationalsozialistischen Regime ein heikles Thema. Koellreutter begründet das Bestehen eines nationalsozialistischen Rechtsstaats damit, dass „das ungeheure Erleben des Weltkrieges … in der Frontgeneration und der heutigen jungen Generation das individualistische Denken durch das Gemeinschaftserlebnis ersetzt und damit die notwendige Grundlage für die Errichtung des nationalsozialistischen Rechtsstaats geschaffen“[786] hat. Das Volk ist nicht nur eine politische, sondern auch eine Rechtsgemeinschaft. Jeder Volksgenosse sieht im Gegenüber einen Rechtsgenossen und empfindet ihm gegenüber Ehre und Achtung der Persönlichkeit. „In einem Volke wie dem deutschen, das immer ein besonders feines und empfindliches Rechtsgefühl entwickelt hat, besitzt deshalb der Rechtsstaat Ewigkeitswert“[787]. Auch Heckel verbindet die Rechtsgemeinschaft mit dem Volksbegriff. Der nationalsozialistische Staat ist nach Heckel ein Rechtsstaat, da der Führer als oberste Rechtsquelle stets die ultimative Macht ausüben kann. Im Hinblick auf die Rechtsstaatlichkeit kann man die Auffassung Heckels als zugespitzte Integrationstheorie bezeichnen. Bereits im Rahmen der Smendschen Lehre tritt das Recht hinter der Nation zurück[788]. Das Handeln der Obrigkeit ist – in Grenzen – vom Gesetz gelöst. Heckel geht noch einen Schritt weiter und verleiht dem Führer die absolute Gewalt.

---

785 *Rennert*: S. 253.

786 *Koellreutter*: S. 15.

787 *Koellreutter*: S. 12.

788 *Rennert*: S. 303.

e) Totaler Staat

Daraus lässt sich letztlich auch herleiten, dass der Staatsbegriff Heckels dem totalen Staat entspricht. Durch die Integrationslehre als solche verlieren die Belange der Einzelnen bereits Rechte auf Freiheit und Abwehr staatlichen Handelns. Die Weiterführung in Richtung der „Auflösung" der Individualität der einzelnen muss schließlich in einem allmächtigen Staat – repräsentiert von dem Führer – gipfeln. Daraus wird auch erklärlich, wie Heckel dem Führer nicht nur jegliche Zuweisung von Recht und Unrecht übergibt, sondern den Führer von den bestehenden Rechtsprinzipien völlig löst.

f) Umsetzung in das Rechtsdenken

Damit dürfte klar auf der Hand liegen, dass Heckel der nationalsozialistischen Ideologie das Wort redet. Erinnern die Darstellungen der Führerverordnung und der Herrschaftsgewalt in der Wehrverfassung doch deutlich an den Grundsatz: „Recht ist, was dem Volke nützt." Koellreutter drückt es mit anderen Worten aus: „Der primäre Rechtswert ist die rechtliche Gestaltung und Sicherung unserer nationalen Lebensordnung"[789]. Angesichts dieser klaren Hinwendung zur nationalsozialistischen Ideologie erscheint es geradezu verharmlosend, wenn in der Literatur später über Heckel ausgesagt wird, er sei „zu mehr oder weniger großen Übertretungen einzelner Verfassungsbestimmungen"[790] bereit gewesen. Während Heckel den totalen Staat nach der Idee Schmitts befürwortet, tritt Koellreutter als nationalsozialistischer Kritiker Schmitts auf[791]. Er markiert den Rechtsstaatsbegriff Schmitts als liberal und ist auf Schmitt wegen dessen Stellung als „Kronjurist des Deutschen Reiches" eifersüchtig.[792]

2. Grundrechte

Im Zusammenhang mit der zeitlichen und gesellschaftlichen Einordnung spielt insbesondere auch die staatstheoretische Denkweise der Zeit im Dritten Reich eine bedeutende Rolle. Zuvor sei darauf hingewiesen, dass „eine Rechtsphilosophie … den Nationalsozialisten" fehlt[793]. Erst nach der Machtergreifung bemühen sich Rechtslehrer und andere Juristen um eine theoretische Fundierung. Statt einer Rechtsphilosophie ist nun die Ideologie gefragt.

789 *Schmidt*: S. 61.
790 *Kempter*: S. 473.
791 *Mehring*: S. 339.
792 *Mehring*: S. 350.
793 *Hofmann*: S. 35.

Zunächst hält Heckel an der Existenz der bürgerlichen Grundrechte fest. Die Rechte stehen jedoch, im Gegensatz zu der in der Weimarer Zeit vertretenen Auffassung keinesfalls dem einzelnen Menschen per se zu, sondern sind an verschiedene Voraussetzungen geknüpft. Dies sind zum einen die Eingliederung in das Ordnungssystem des Führerstaates und der absolute Gehorsam. Zum anderen – und hier wird die Nähe der Wissenschaft Heckels zum nationalsozialistischen Gedankengut erschreckend deutlich – ist die Abstammung und die Rassezugehörigkeit maßgeblich für die Inanspruchnahme der Grundrechte. Heckel setzt als selbstverständlich voraus, dass den Juden die Wehrwürdigkeit fehlt, die als Grundvoraussetzung für die Ehrwürdigkeit des männlichen, kriegsfähigen Bürgers gesehen wird. Darin kommt ein Antisemitismus zum Ausdruck, der gleichsam als Menschenverachtung zu bezeichnen ist.

Auch in der Konstruktion des Kausalzusammenhangs zwischen der Wehrwürdigkeit und der Ehrenwürdigkeit eines kampffähigen Mannes liegt eine Herabsetzung der Grundrechte. Indem das „Menschsein“ davon abhängig gemacht wird, dass die Aufgaben an der Gemeinschaft und insbesondere die Teilnahme an der Wehrmacht wahrgenommen werden, instrumentalisiert Heckel den Menschen zum Werkzeug der Gesellschaft. Der Einzelne ist nicht als Individuum ehrens- und liebenswert, sondern nur in der Beziehung zum und der Leistung für das Volk. Diese Relativierung der Grundrechte führt praktisch zu deren Entleerung und Wertlosigkeit. Damit rückt Heckel von der Integrationslehre Smends deutlich ab. Zwar ist auch nach der Integrationslehre die Beziehung des Einzelnen auf die Gesellschaft wesentliches Element der Verfassung, jedoch erkennt diese Lehre transzendente, platonische ethische und moralische Werte an. Der von Heckel zum Ausdruck gebrachte Verfassungsbegriff ähnelt der dezisionistischen Auffassung Schmitts. Die Verleugnung der Grundrechte steht auch in ganz besonderer Weise im Gegensatz zur Lehre Triepels. Damit wendet sich Heckel gleichermaßen von seinen Lehrern und Kollegen ab und widmet sich ausschließlich der persönlichen Laufbahn.

3. Bewertung

Trotz der geschilderten „Ungeheuerlichkeiten“, die Heckel im Zusammenhang mit den Grundrechten begeht, scheut Johannes Heckel sich nicht, die Vorgehensweise im Dritten Reich mit einem rechtsstaatlichen Mantel zu umhüllen. Indem Heckel formaljuristisch auf die Überprüfbarkeit staatlicher Entscheidungen im Wege eines Beschwerdeverfahrens abstellt, und die staatlichen Organe an das geschriebene Gesetz bindet, schafft er den Schein einer rechtsstaatlichen Ordnung. Dieser Schleier wird dem aufmerksamen Beobachter jedoch rasch entlüftet, wenn

Heckel dem Führer jegliche Entscheidungsmacht zubilligt. Dem vom Führer missachteten Recht spricht Heckel den Rechtscharakter ab. In dieser Vorgehensweise liegt ein Zirkelschluss: Die vom Führer nicht beachteten Normen sind keine Normen, weil der Führer sie nicht beachtet. Da der Führer sich also an die „geltenden" Normen hält, begeht er keinen Rechtsbruch. Mit dieser geschickten Konstruktion entleert Heckel den rechtsstaatlichen Begriff jeglichen Sinnes.

Die Vorgehensweise Heckels erinnert an die Konstruktion Koellreutters zur Begründung der Legitimität der NDAP. Die Beseitigung des demokratischen Wahlrechts lässt nach Koellreutter die Gestaltung der Staatsnation unberührt. Da die NSDAP nicht das System des Volks an sich in Frage stelle, sei die Partei nicht zerstörerisch. Die NSDAP ist nach Koellreutter daher nur deswegen nicht illegal, weil sie die bestehenden Grundbegriffe des Volkes nicht anzweifelt. Da die Grundwerte anerkannt werden, ist das – auch das rechtswidrige – Verhalten als legal zu werten[794].

Deutlich festzustellen ist hier eine Anpassung an die nationalsozialistische Ideologie unter Abkehr von der noch in der Weimarer Zeit vertretenen Auffassung von Recht und Gerechtigkeit. Besonders fällt auch auf, dass der Verfassung, die für Heckel eine besondere Bedeutung hatte, nahezu keinerlei Wertigkeit mehr zukommt. Das für Heckel in den zwanziger Jahren noch allein maßgebliche göttliche Recht wird in den Werken nach 1933 wenig zur Sprache gebracht und erhält nur insoweit Bedeutung, als Heckel die Einsetzung des Führers als absolute Gewalt mit einem Akt Gottes rechtfertigt. Der Verfassungsbegriff Heckels unterliegt damit einer deutlichen Wandlung. Heckel richtet seine Staatslehre nach den Geschehnissen und den politischen Einflüssen der Zeit aus, und passt die „normative" an die „tatsächliche" Verfassung[795] an.

VI. Wirken nach außen

Johannes Heckel wird nach außen als Verfechter des nationalen Gedankens tätig. Im Rahmen seiner öffentlichen Ämter trifft er nicht nur mit den obersten Staatsmännern des Dritten Reiches, sondern auch mit denen Frankreichs zusammen. Er beeinflusst maßgeblich die wissenschaftlichen Beziehungen auf internationaler Ebene. Zwar äußert sich der Beitrag Heckels nicht in aktiven Kampfhandlungen oder in der Teilnahme an der Judenverfolgung, durch die Rechtfertigung des staatlichen Handelns bereitet er aber den geistigen Nährboden.

---

794 *Schmidt*: S. 42.

795 *Grimm*: Verfassung, Vorwort.

Im Rahmen der Arbeit Heckels für die Savigny-Zeitschrift wird die angepasste Haltung deutlich. Im Zusammenhang mit der Festschrift Stutz zum 70. Geburtstag soll in der Savigny-Zeitschrift ein Bericht über die Feierlichkeit erfolgen. Heckel vertritt die Meinung, eine Publikation der Gratulantenliste in der Zeitschrift selbst sei nicht angeraten. „Die Liste bildet eine Kollektion von alten Kämpfern, sonstigen Nationalsozialisten, ehemaligen Weimaranern, Deutschblütigen/Artsverwandten und einigen sonstigen Kaukasiern. Bei dem allgemeinen Interesse für politische Antezedentien und Rassefragen würde ein Abdruck in der Zeitschrift vorwiegend unter diesen Gesichtspunkten gewürdigt werden, und ich bekäme davon nur Schwierigkeiten, die der sachlichen Arbeit schaden. Soviel Interesse bringe ich für die inkriminierten Herrschaften nicht auf.“ [796]

Deutlich wird aus diesem Brief, dass Heckel die eigene Karriere ganz klar in den Vordergrund stellt und auch nicht bereit ist, persönliche Beziehungen zu Lasten des eigenen Fortkommens zu pflegen.

Mit dieser Haltung passt nicht zusammen, dass ein befreundeter Maschinenmeister – Josef Reitwiesner – aus Riemerling bei Ottobrunn ausführt, von einem Einsatz Heckels für den „Antisemitismus kann nach meiner genauen Erinnerung gar keine Rede sein“[797].

VII. Politisches Engagement

Das aktive politische Engagement Heckels bleibt auf das Notwendigste beschränkt. Im Jahre 1937 beantragt er die Aufnahme in die Partei NSDAP bei der Ortsgruppe Römerstraße. Aufgrund organisatorischer Probleme in der Partei verzögert sich die Bearbeitung des Antrags um einige Monate. Dies empfindet Johannes Heckel als „kränkende und unverdiente Zurücksetzung“. Das Gehabe steht im Gegensatz zu dem tatsächlichen Engagement Heckels in der Partei. Zwar wird Heckel von seinen Kollegen als „seiner innersten Überzeugung nach Nationalsozialist“ bezeichnet, jedoch spricht schon der späte Zeitpunkt des Beitritts dafür, dass Johannes Heckel ideologisch nicht die Überzeugung der NSDAP teilt.

Erklärung für den Beitritt zur Partei ist in erster Linie die politische Stimmung in der Öffentlichkeit, insbesondere auch an seinem Arbeitsplatz. Der Dekan der Juristischen Fakultät legt großen Wert darauf, dass die Mitglieder seiner Fakultät „Parteigenossen, nicht erst jetzt und nicht bloß mit dem Munde“[798] sind. Der Dekan stellt aus diesem Grunde auch eigens einen Antrag auf Beschleuni-

796 Brief Heckel an Stutz vom 08.06.1938, UAZ 60.

797 Spruchakte: S. 106.

798 Dekan der Juristischen Fakultät in einem Anschreiben an die Gauleitung vom 14.06.1938, UAM L-IV-25.

gung des Aufnahmeverfahrens für Johannes Heckel. Johannes Heckel sieht die Mitwirkung in der Partei persönlich aber nur als notwendige Voraussetzung zur Förderung seiner beruflichen Laufbahn an. Im Jahre 1941 tritt er dem Dozentenbund der NSDAP bei, ohne je einen Rang oder ein Amt inne zu haben. Die Zugehörigkeit zu den politischen Organisationen ist anders als die Mitgliedschaft in der Partei nicht Voraussetzung für ein berufliches Vorwärtskommen, sie ist diesem jedoch in jeder Hinsicht dienlich. Die Tatsache, dass Johannes Heckel weder Rang noch Amt bekleidet, spricht gegen die Annahme, er wirke seiner inneren Überzeugung nach in dieser Organisation mit. Heckel hat nie davor zurückgeschreckt, im Rahmen privater oder beruflicher Interessen soziales Engagement zu zeigen und auch die ein oder andere Aufgabe ehrenamtlich zu übernehmen. Anhand des Engagements in der Kirchenarbeit wird die Einsatzbereitschaft Heckels für seine Überzeugungen deutlich. Solche Engagements treten hingegen nie im Zusammenhang mit der Partei auf. Das deutet darauf hin, dass Heckel gerade nicht von der Partei überzeugt ist. Die Mitgliedschaft in der Nationalsozialistischen Partei ist Mittel zum Zweck. Dieser besteht in der Vollendung einer Laufbahn als Wissenschaftler und Rechtsgelehrter. Heckel ist zwar ideologisch der nationalsozialistischen Idee zugetan. Seine nationale konservative Grundhaltung wird ebenso wie der Glaube an Obrigkeit und Führerperson in der Ideologie bestätigt. Die Begeisterung für den Nationalsozialismus beschränkt sich aber auf die ideologischen Grundlagen. In der Partei selbst findet Heckel keine Freunde, da er den aktiven Einsatz in der Politik ablehnt. Seine Mitwirkung vollzieht sich auf geistiger Ebene.

VIII. Privatleben

Das Privatleben Heckels bleibt weitgehend unberührt von den Irritationen des Kriegs und den Leidensprüfungen vieler Mitmenschen.

1. Kriegsgeschehen

Als Professor ist Johannes Heckel finanziell ausreichend versorgt, so dass er weder Hunger leiden muss, noch um seine Arbeitsstelle bangt. Große Freude bringt ihm der Konzertbesuch, da er die in Jugendzeiten mit Klavierspiel begründete Neigung zur Musik verwirklichen kann. Dennoch ist die Zeit für Heckel nicht unbeschwert. Im Jahr 1942 zieht die Familie aus ihrer Wohnung in Schwabing in ein kleines Haus nach Harlaching, was ihr später das Leben rettet, als die Schwabinger Wohnung durch einen Brand völlig zerstört wird. Ursula Heckel tritt am 01.10.1944 in den landwirtschaftlichen Kriegseinsatz ein. Der Vater betrachtet dies zwar mit einigem Stolz, empfindet gleichzeitig aber auch enorme Besorgnis um die Tochter in den

Wirren des Krieges[799]. Der Zwiespalt aus Engagement für die gute Sache und Sorge um die eigene Tochter verunsichert Johannes Heckel. Dies mag auch zu dem gesteigerten Bedürfnis führen, den Nationalsozialismus zu rechtfertigen und so wenigstens einer guten Sache Opfer zu bringen. Heckel unterstützt eine Bekannte, die im Krieg mittellos geworden ist, durch finanzielle Beihilfen und Auszahlung einer Rente. Da die ehemalige Kreisoberfürsorgerin für den Kreis Lauben (Schlesien) nach Auffassung der nationalsozialistischen Machthaber nicht regimekonform und damit abzusetzen war, stand Frau Elisabeth Wittig „buchstäblich vor dem Nichts“[800]. Heckel nimmt die Bekannte in sein Haus auf und setzt sich bei den Behörden dafür ein, dass Frau Wittig eine „laufende Unterstützung“[801] bezahlt wird. Der Familie seines Schwagers hilft Heckel durch Aufnahme des Sohnes während dessen Studium in sein Haus, wo er ihn fachlich und persönlich betreut. Da der Schwager Heckels (der Bruder von Luise Binder) eine jüdische Frau (Marie Binder, geb. Jahn) geheiratet hatte, kann der Sohn Fritz wegen der unarischen Abstammung keine Ausbildung genießen. Heckel bringt Fritz jedoch an der Technischen Hochschule München unter[802]. Auch finanziell unterstützt Heckel die Familie seines Schwagers, da dieser wegen der Heirat einer Halbjüdin vorzeitig aus dem bayerischen Justizdienst entlassen wird[803]. Die Ehefrau Heckels ist Mitglied in der NS-Frauenschaft, dem NS-Rechtswahrerbund und dem Deutschen Frauenwerk. Die Ehegattin Heckels fördert auf diese Weise die berufliche Anerkennung ihres Mannes, da nicht nur die eigene Parteikonformität Voraussetzung für das berufliche Vorankommen ist, sondern auch die Einstellung der Angehörigen.

2. Theodor Heckel

Das Verhältnis Theodor Heckels zur Machtergreifung ist ambivalent[804]. Trotz unverhohlener Neigung zu einer nationalen Haltung steht die Kirche den Geschehnissen eher abwartend gegenüber. Ab dem Jahr 1934 wird Theodor Heckel als Auslandsbischof für die evangelische Kirche Deutschland tätig. Zunächst erscheint dieser Schritt als Hinwendung zum Nationalsozialismus, da die Übernahme eines solchen Amtes ohne Mitgliedschaft der deutschen Christen nicht möglich gewesen wäre. Zudem schreibt Scholder, Theodor Heckel habe sich „seit dem Herbst 1933 zusammen mit seinem älteren Bruder, dem Kirchenrechtler Johannes Heckel,

799 Information aus dem Gespräch mit Herrn Professor Dr. Martin Heckel am 09.12.2008.

800 Spruchakte: S. 104.

801 Spruchakte: S. 104.

802 Spruchakte: S. 107.

803 Spruchakte: S. 107.

804 *Kunze*: Theodor Heckel, S. 119.

und wohl nicht ohne dessen Einfluss völlig dem Reichsbischof und dessen Linie verschrieben"[805]. Andererseits hat Theodor Heckel die Aufnahme der Tätigkeit als Auslandsbischof unter die Bedingung gestellt, dass die neuen deutschchristlichen Referenten aus den Auslandsreferaten entfernt und an deren Stelle die alten Beamten wieder eingesetzt würden. Theodor Heckel distanzierte sich insoweit also vom deutschchristlichen Gedankengut. Im Rahmen seiner Tätigkeit für die Auslandsdiaspora erlebte Theodor Heckel eine „Klientel", die weit stärker als der deutsche Kreis der Gläubigen von „Minderheiten und Irredata-Gebieten" geprägt war[806]. Er war bestrebt, das nationalsozialistische Gedankengut aus dem Ausland fern zu halten und erreichte schließlich „dass in keiner der Gemeinden oder Synoden der Arierparagraph eingeführt oder zur Diskussion gestellt"[807] wurde. Andererseits wagte Theodor Heckel die offene Erklärung gegen den Arierparagraphen nicht, da diese den Schritt in den Widerstand bedeutet hätte.[808] Theodor Heckel „ging Kompromisse bis zur Selbstaufgabe ein und passte sich an"[809]. Als Auslandsbischof war Theodor Heckel direkt dem Reichsbischof Müller nach dem „Führerprinzip" unterstellt und hielt die Verbreitung der nationalsozialistischen Ideologie im Kirchenamt für seine Pflicht. In dem Aufsatz „Auslandsdeutschtum und evangelische Kirche" legt Theodor Heckel ein umfassendes Bekenntnis zur kirchlichen Auslandspolitik im nationalsozialistischen Staat ab. Er wendet sich gegen die Bekennende Kirche und bezeichnet Bonhoeffer, einen renommierten Vertreter der „BK" als Pazifist und Staatsfeind"[810].

Der angepassten Haltung Theodor Heckels entspricht die Haltung von Johannes Heckel im rechtswissenschaftlichen Bereich. Beide Brüder folgten dem deutschchristlichen Gedankengut und stärkten dieses im jeweiligen Fachgebiet. Dennoch wohnt der nationalsozialistischen Loyalität beider Brüder eine gewisse Ambivalenz inne. Als Theodor Heckel am 04.10.1939 das Evangelische Hilfswerk für Internierte und Kriegsgefangene gründet[811], engagieren sich beide Brüder unter äußerstem persönlichen Einsatz.

---

805 *Scholder*: Bd. 2, S. 104.
806 *Kunze*: Theodor Heckel, S. 124.
807 *Kunze*: Theodor Heckel, S. 124.
808 *Kunze*: Theodor Heckel, S. 125.
809 *Kunze*: Theodor Heckel, S. 125.
810 *Kunze*: Theodor Heckel, S. 158.
811 *Kunze*: Theodor Heckel, S. 171.

IX. Außerberufliche Aktivitäten

Die Aktivitäten Heckels im außerberuflichen Bereich spiegeln die opportunistische Haltung Heckels wider. Als Wissenschaftler ist Heckel Mitglied des NS-Dozentenbundes und des Rechtswahrerbundes. Darüber hinaus ist Heckel privat im Altherrenbund der nationalsozialistischen Organisation. Eine aktive Aufgabe übernimmt Heckel in keiner der Organisationen.[812]

1. Kirchenreform

Besonders tritt das Bedürfnis Heckels zur Anpassung der eigenen Anschauung an die nationalsozialistische Weltanschauung im Rahmen der Kirchenreform aus dem Jahr 1933 hervor.

Im Jahr 1942 wird Professor Eduard Weigl als Direktor des Gregorianums abberufen, da er den nationalsozialistischen Machthabern nicht ausreichend linientreu erscheint[813]. Das Gregorianum ist ein überaus renommiertes Priesterseminar in München und für zahlreiche Priesterschüler prägend. Offensichtlich erfüllt Heckel die Vorstellungen der Nationalsozialisten besser. Im Innenverhältnis hält Heckel jedoch weiter Rücksprache mit Weigl und bewahrt das Seminar vor dem Zugriff der politischen Kräfte. Der Umwandlung des Gregorianums in einen Turnsaal oder ein Lehrerzimmer widerspricht Heckel als kirchenrechtlicher Gutachter gegenüber dem Recktor der Universität und dem Ministerium[814].

Als juristischer Berater des Kirchenbunds[815] ist Johannes Heckel maßgeblich an den Entwürfen der Verfassung beteiligt. Zentraler Diskussionspunkt der Verfassung ist insbesondere der Einfluss des Staates auf die Kirche. Der spätere Reichsbischof Müller, schon zu Beginn des Dritten Reiches ein treuer Anhänger der nationalsozialistischen Ideologie, spricht sich für ein Mitbestimmungsrecht des Reiches insbesondere bei der Auswahl hoher Würdenträger aus. Johannes Heckel lehnt dies zunächst jedoch vehement ab, um die Unabhängigkeit der Kirche vom Staat zu wahren. Für den aktiven Einsatz für die evangelische Kirche dankt der Präsident des Evangelischen Oberkirchenrats Heckel im Jahre 1931[816].

Unter dem zunehmenden Einfluss des Nationalsozialismus hatte sich eine Strömung unter den protestantischen Christen entwickelt, die als „Deutsche Christen" dafür eintreten, jüdische Mitglieder aus der Gemeinde auszuschließen

812 Spruchakte: S. 1.
813 Spruchakte: S. 115.
814 Spruchakte: S.117.
815 *Nowak*: S. 32; Spruchakte: S. 26.
816 Spruchakte: S. 26.

und die evangelische Kirche dem Staat einzugliedern. Zwischen den Vertretern der verfassungsrechtlich selbständigen Kirchenorganisation und den Deutschen Christen entbrennt ein Kirchenkampf, in dem die Deutschen Christen entsprechend der allgemeinen politischen Lage immer mehr an Einfluss gewinnen[817]. Karl Barth, Professor für Theologie in Göttingen, setzt sich sehr für die Bekennende Kirche ein. Da die Haltung Barths mit dem nationalsozialistischen Regime nicht vereinbar ist, wird Barth im Jahr 1934 seines Amtes enthoben, da er die Leistung des Hitlereides verweigert. Barth hatte sich zur Leistung des Eides unter der Bedingung des Zusatzes „soweit ich es als evangelischer Christ verantworten kann" bereit erklärt, was jedoch abgelehnt wurde. Barth ist Mitverfasser der „Theologischen Erklärung", in der 1934 führende Vertreter der Bekennenden Kirche die Forderungen zur Aufrechterhaltung des reinen Glaubens niederlegen[818]. Dem gegenüber steht das Lager der Bekennenden Christen, die die unbeschränkte Souveränität der Kirche fordern.

Zwischen den Vertretern der Bekennenden Christen und den Deutschen Christen kommt es auch im Rahmen der Kirchenverfassung zu einem zähen Ringen. Der erste Verfassungsentwurf wird von Johannes Heckel, aufgrund der durchaus vorsichtigen Haltung gegenüber einer Gleichschaltung der Kirche als Heckel dem „gemäßigten Flügel"[819] der deutschen Christen zuzuordnen, ausgearbeitet und am 01.06.1933 der Verfassungskommission vorgelegt. Während der Verfassungsverhandlungen wird der Entwurf mehrmals überarbeitet und nimmt „unter dem Druck des Staates … eine neue Richtung. Das ‚Führerprinzip' wurde deutlich zugrunde gelegt"[820]. Hitlers Kirchenpolitik orientiert sich an seinem großen politischen Ziel, die Nation zu einigen[821]. Dennoch vertritt er nach außen hin die kirchliche Neutralität, wenn ihm auch „jene Gruppen sympathischer erscheinen, … die sich in der Vergangenheit offen und ehrlich zum Kampf für das neue Deutschland bekannten".[822] Heckel vertritt immer mehr die Position einer starken Kirchenführung, bei der der Reichsbischof „die Führung des Geistlichen Ministeriums bei der Leitung der Kirche"[823] übernimmt. Der Reichsbischof soll als „Garant der Einheit"[824] fungieren.

Am 28.06.1933 kommt es schließlich zu einem Triumph der Deutschen Christen, als SA-Kräfte den Deutschen Kirchenbund gewaltsam liquidieren. Die

---

817 *Nowak:* S. 31.
818 *Bautz*: Karl Barth, in NDB.
819 *Meier*: S. 95.
820 *Kater*: S. 93.
821 *Scholder*: S. 541.
822 *Scholder:* S. 639.
823 *Kater*: S. 105.
824 *Kater*: S. 107.

Gläubigen zerfallen in zwei Lager: einerseits die starke, am nationalsozialistischen Staat orientierte Gruppe der Deutschen Christen[825], zum anderen die „Bekennenden Christen", die an der liberal-protestantischen Weltanschauung festhalten und sich für einen unabhängigen Glauben einsetzen[826]. Beispielsweise ist in der evangelischen Kirche als bekennender Christ Emanuel Hirsch zu nennen, der die Glaubensbewegung in den Mittelpunkt stellt.[827] Am 23. Juli 1933 finden im Rahmen der inzwischen von der Reichsregierung gebilligten und im Reichsgesetzblatt vom 14. Juli 1933 veröffentlichten Reichskirchenverfassung Synodalwahlen statt, wobei die Deutschen Christen – unterstützt durch die nationalsozialistischen Streitkräfte – einen berauschenden Sieg feiern können[828]. Im Anschluss daran steigern die Deutschen Christen die Umsetzung der nationalsozialistischen Ideen in der Kirche „zum Exzess"[829]. Im November 1933 wird die Entfernung aller Juden aus der Kirche gefordert. Dieser „Arierparagraph" wird auch in der Verfassung fixiert[830].

Die Umwälzungen im deutschen Reich ergreifen die evangelische Kirche stärker als die katholische, da letztere über eine feste hierarchische Struktur verfügt, die den grundsätzlichen Konflikt zwischen kirchenpolitischen und theologischen Entscheidungen ausschließt.[831] Die evangelische Kirche hingegen gerät in eine heftige Auseinandersetzung über die Stellung der Theologie. Die Auffassung Joachim Gustav Wilhelm Hossenfelders geht dabei so weit, auf alle Theologie zu verzichten[832]. „Alle Theologie ist Unsinn; sie steht zwischen Volk und Kirche. ... Holen Sie sich in den Gemeinden einen SA-Mann, möglichst einen mit einer weißen Weste; von Theologie braucht er keine Ahnung zu haben; und lassen Sie den die Sache machen."[833] Angesichts dieser Sachlage wendet die Reichsleitung ihre ganze Kraft auf die Propaganda, was zu einer erheblichen Stärkung der Deutschen Christen führt.[834] Die Deutschen Christen stehen der Gleichschaltung mit dem Reich nicht entgegen.[835]

Als Berater Müllers steht Heckel in ständigem Kontakt mit den Vertretern der nationalsozialistischen Regierung. Müller propagiert die Errichtung einer

---

825 vgl. *Erdmann*: S. 187.
826 *Kater*: S. 75.
827 *Scholder*: S. 596.
828 *Erdmann*: S. 190.
829 *Erdmann*: S. 190.
830 *Meier*: S. 116.
831 *Scholder*: S. 588.
832 *Scholder*: S. 589.
833 *Scholder*: S. 590.
834 *Scholder*: S. 590.
835 *Scholder*: S. 651.

Reichskirche in vertrauensvoller Zusammenarbeit mit dm Reich[836]. Als Bevollmächtigter des Reichskanzlers steht Müller dem Kirchenbundesrat vor. Zunächst fällt es Müller schwer, die Akzeptanz dieses Gremiums zu gewinnen[837]. Mit Hilfe des Tübinger Professors für Praktische Theologie und Vertrauensmann des Theologischen Fakultätentages in den zu lösenden Kirchenfragen – Karl Fezer –, mit den Müller sich sehr gut versteht, kann Müller mehr Anhänger im theologischen Arbeitskreis gewinnen. Zu seinem Kreis gehören Emmanuel Hirsch, Friedrich Karl Schumann, Wilhelm Gustav Goeters, Hermann Wolfgang Beyer und der Jenaer Privatdozent Hans Michael Müller. Der Kontakt Müllers zum Elmauer Kreis – dem nationalsozialistischem Kreis evangelischer Kirchenvertreter um Johannes Müller – ist nicht geklärt[838]. Die Beratungen im Zusammenhang mit der Kirchenverfassung überlässt Müller weitgehend Heckel und dem Staatskommissar für die altpreußische Unionskirche Jäger. Heckel zeigt dabei eine „kompromisslose, harte Haltung".[839] Ein Mitarbeiter von Müller, der zwar dessen Kandidatur als Reichsbischof befürwortete, jedoch in der Verfassung eine ausreichend starke Stellung der Kirche sichern wollte – Meiser – , wendet ein, die Beteiligung der Landeskirchenvertreter bei der Reichgesetzgebung müsse sichergestellt werden. Heckel hält jedoch dagegen, dass eine „Einschaltung des Bischofsrates eine unerträgliche Belastung"[840] bedeute, da „der Bischofsrat ja kein arbeitsfähiges Gremium darstelle"[841]. Die Ansprache Müllers bei den Verhandlungen zur Verfassung „die mit Sicherheit vorher mit Jäger und Heckel abgesprochen"[842] war, zeigt ganz deutlich die Bekennung zum Nationalsozialismus. „ Wir haben einen 14-jährigen Kampf gekämpft. Mit dem Sieg der Nationalen Revolution ist das junge Geschlecht erwacht. Das junge Geschlecht fühlt anders. Es weiß, dass in Deutschland nur unter starker Führung und unbedingtem Gehorsam etwas geschehen kann. Wir müssen ein Werk auch in der Kirche bauen für die Jungen, die Führung wollen"[843]. Obwohl Müller sich für die Macht des nationalsozialistischen Staates auch im Verhältnis zur Kirche stark macht, ist Müller in den Augen der fanatischen Deutschen Christen zu wenig radikal[844]. Von Seiten der Bekennenden Christen wird Müller wegen der Vernichtung des kirchlichen Bekenn-

---

836 *Schneider*: S. 107.
837 *Schneider*: S. 108.
838 *Schneider*: S. 95.
839 *Schneider*: S. 142.
840 *Schneider*: S. 142.
841 *Schneider*: S. 142.
842 *Schneider*: S. 143.
843 *Schneider*: S. 145.
844 *Schneider*: S. 164.

tnisses und der kirchlichen Selbstständigkeit angegriffen[845]. Zwar kommt Müller zunächst scheinbar der Bekennenden Kirche entgegen und entlässt den obersten Führer der Deutschen Christen, Hossenfelder. Im Verlauf des Jahres 1933 vollzieht Müller auf Beratung Heckels, Oberheids – dem neuen theologische Berater Müllers – und Jägers hin, die Eingliederung der evangelischen Jugend in die Hitlerjugend[846]. Während Jäger und Oberheid Müller auch in der folgenden Zeit beraten und insbesondere bei der Errichtung einer Reichsbischofsdiktatur begleiten, taucht der Name Heckels in den Protokollen über die Besprechungen Müllers mit Hitler und der nationalsozialistischen Regierung nicht mehr auf.

Johannes Heckel steht dem antisemitisch ausgerichteten Reichsbischof Müller sehr nahe und fördert die Stärkung der Deutschen Christen im Rahmen der Beratungen der Kirchenverfassung maßgeblich. Der Beitrag Heckels wird umso deutlicher, als nach der Einschätzung der Zeitgenossen Müllers die „einschneidensten und verhängnisvollsten Maßnahmen der Reichskirchenregierung … nicht [Müllers] Initiative, sondern der völlig verkehrten Orientierung [seiner] Ratgeber“[847] zuzuschreiben seinen. Damit steht Heckels Haltung in Diskrepanz mit der Haltung seines Bruders, der „die Auswirkungen der Machtergreifung der sich abzeichnenden Kirchenreform und des Kirchenkampfes… unter Kontrolle zu behalten“[848] bemüht ist. Dennoch geht auch Theodor Heckel „Kompromisse bis zur Selbstaufgabe ein, passte sich an, manchmal nachträglich, aber auch vorauseilend.“[849]

Heckel tritt nunmehr für die Gleichschaltung der evangelischen Kirche und für die Verwirklichung des Führerprinzips in der Kirchenorganisation ein[850]. Für ihn ist die Auseinandersetzung um die Kirche ein Kampf um die Grenzen der Wirksamkeit des Staates[851]. Die Kirche wird als Teil des Staates gesehen, der demzufolge auch dem staatlichen Recht und Befehl unterliegt. „Es ist also der Staat, der ‚Bereich und Inhalt‘ der Bekenntnisfreiheit bestimmt“[852]. Für die Beratung zur Errichtung einer Deutschen Evangelischen Kirche lässt Heckel sich im Wintersemester 1933/1934 von seinem Amt als Professor in Bonn beurlauben, um Bischof Müller mit der gesamten Arbeitskraft zur Verfügung stehen zu können[853]. Anhand dieses Engagements wird zum einen die Kehrtwende Heckels in Bezug auf die Haltung zum Verhältnis zwischen Kirche und Staat und zum anderen

845 *Schneider*: S. 165.
846 *Schneider*: S. 181.
847 *Schneider*: S. 195.
848 *Kunze*: S. 123.
849 *Kunze*: S. 125.
850 *Waldhoff*: S. 7.
851 *Link*: S. 288.
852 *Kater*: S. 44.
853 *Waldhoff*: S. 7.

die Schwerpunktsetzung bei der Wahrnehmung der politischen Aufgaben deutlich. Die stets bei Heckel im Vordergrund stehende wissenschaftliche Arbeit wird zu Gunsten des Dienstes am Nationalsozialismus zurückgestellt.

Angesichts der revolutionsartigen Umwälzung im Rahmen des Kirchenkampfes ist die von Schlink gewählte Darstellung, der Kirchenkampf habe zur „Erneuerung"[854] der Staatskirchentheorie geführt, geradezu verharmlosend.

2. Forschungsabteilung Judenfrage

Bedeutend für das Verhältnis Heckels zur nationalsozialistischen Ideologie ist auch der Sitz im Beirat des Reichsinstituts für Geschichte des neuen Deutschlands. Im Jahr 1935 in Berlin gegründet, dient das Institut dazu, der nationalsozialistischen Politik eine Rechtfertigung für den Anspruch auf Weltherrschaft und für die antisemitische Haltung zu liefern. Im Wesentlichen gliedert sich das Institut in drei Forschungsschwerpunkte: die politische Führung im Westkrieg, der Nachkrieg und die Judenfrage. Die Wissenschaftler des Instituts bemühen und konstruieren wissenschaftliche Theorien zur Rechtfertigung der Minderwertigkeit der jüdischen Rasse. In enger Zusammenarbeit mit Rassenforschern wie Eugen Fischer oder Otmar Freiherr von Verschuer setzen sich Historiker mit der Andersartigkeit der jüdischen Rasse auseinander. Als Mitglied des 1936 in München gegründeten Beirats zur Judenfrage nimmt Heckel maßgeblich Einfluss auf die rechtliche Rechtfertigung der antijüdischen Ideologie. Wenn Julius Streicher als Mitglied des bayerischen Landtags für die NSDAP und Herausgeber des antisemitischen Hetzblattes „Stürmer" sowie als Gründer des „Zentralkomitee zur Abwehr der jüdischen Greuel- und Boykotthetze" „sich von der Eröffnung des Instituts demonstrativ"[855] ferngehalten hat, beruht dies wohl nicht auf der – wie später während der Entnazifizierungsphase behauptet – „unpropagandischen und undemagogischen"[856] Haltung. Vielmehr stellt die Arbeit für die Abteilung Judenfrage eine *rechtliche* Auseinandersetzung mit der Thematik dar. Dass daraus auch zu folgen habe, dass die Arbeit „bei aller wissenschaftlicher Gediegenheit doch nur von akademischem Interesse sei"[857], ist nicht nachvollziehbar und geht auf den Entlastungseifer im Rahmen der Entnazifizierung zurück.

Die Tätigkeitsschwerpunkte des Instituts folgen dem Kriegsverlauf parallel. Beispielsweise dient der Kriegsbeginn gegen England zum Anlass von Hetzartikeln gegen die englischen Juden. In Bezug auf den Kriegspartner Italien hingegen wer-

---

854 *Schlink*: S. 7.

855 Spruchakte: S. 102.

856 Spruchakte: S. 102.

857 Spruchakte: S. 102.

den Bemühungen unternommen, italienische Blutlinien auf arischen Ursprung zurückzuführen, um die Gemeinsamkeiten der Nationen hervorzuheben.

Anfang der vierziger Jahre beginnen die Wissenschaftler mit einer Dokumentation jüdischer Friedhofsstätten, da mit der völligen Vernichtung dieser Grabmale gerechnet wird. Mit der Auslöschung jüdischer Friedhöfe sollte die völkische Gemeinschaft gestärkt werden.[858]

Angesichts dieser Beteiligung an der aktiven Rassenlehre kommt eine tiefe antisemitische Haltung zum Ausdruck. Im Jahr 1936 findet eine Tagung der Hochschullehrer des Rechtswahrerbundes statt, die sich das Thema „Judentum und Rechtswissenschaft" gestellt hat. Angesichts der Aktivitäten Heckels für die Forschungsabteilung Judenfrage wird auch Heckel zu der Tagung eingeladen. Heckel lehnt jedoch die Teilnahme – angeblich um gegen den Antisemitismus zu protestieren – ab.[859]

Im Jahr 1938 tritt Heckel aus dem Institut für neue deutsche Geschichte aus. Heckel arbeitet an der kanonischen Abteilung der Savigny-Zeitschrift mit, wodurch ihm der Bezug zum Kirchenrecht erhalten bleibt. Zusammen mit dem Professor für Kirchenrecht an der Universität Tübingen – Hans Erich Feine – bringt Heckel wissenschaftliche Abhandlungen über staats- und kirchenphilosophische Themen heraus. Als Mitherausgeber stellt Heckel im Jahr 1933 noch jüdische Mitarbeiter ein und veröffentlicht auch Texte jüdischer Autoren[860]. Dies steht in erstaunlichem Gegensatz zu dem von ihm verfassten Vortrag „Der Einbruch des jüdischen Geistes in das deutsche Staats- und Kirchenrecht durch Friedrich Julius Stahl", den er im Rahmen einer Tagung der Forschungsabteilung Judenfrage des Reichsinstitutes zur Geschichte des Neuen Deutschland im Sommer 1936 hält.

Aufgrund der bedeutenden wissenschaftlichen Leistung Heckels wird ihm im Jahre 1940 die Mitgliedschaft an der Bayerischen Akademie der Wissenschaften verliehen. Die Jahre des Nationalsozialismus stellen einen Höhepunkt der beruflichen Laufbahn Heckels dar. Durch seine Forschung auf dem Gebiet des Wehrrechts kann Heckel eine Stellung erreichen, die er als reiner Kirchenrechtler oder Rechtsgeschichtler so nicht erlebt hätte. Auch im Hinblick auf das Kirchenrecht genießt Heckel einen deutschlandweiten Ruf als Experte höchsten Ranges.[861] Den persönlichen Bezug zur kirchlichen Sphäre bringt Heckel auch dadurch zum Ausdruck, dass er die Verwaltung der Bibliotheksbestände der katholischen Fakul-

---

858 Reichsinstitut für Geschichte des neuen Deutschland. http://www.bundesarchiv.de/foxpublic/99D39AA40A06221200000009076D990/findmittelinfo.html.

859 Spruchakte: S. 82.

860 Verteidigungsschrift vom 24.03.1947.

861 Acta der Friedrich-Wilhelms-Universität zu Berlin, h I 13, 149, S. 35.

tät in der Kriegszeit übernimmt, da aufgrund von Personalmangel sonst wertvolle Wissenschaftsquellen dem Untergang geweiht wären.

X. Anpassung oder Überzeugung?

Unter dem Eindruck dieser Geschehnisse muss ein Wissenschaftler sich konform verhalten, wenn er sein Amt behalten möchte. Johannes Heckel ist daran im äußersten Maße interessiert. Die persönliche Karriere steht für Heckel an erster Stelle. In Bezug auf die innere Einstellung ist ein Wandel gegenüber der vormaligen Haltung zu bemerken. Während die einleitenden Sätze der Wehrverfassung noch geradezu aberwitzig übertrieben klingen, spricht aus den nachfolgenden Kapiteln mehr und mehr die feste und ernste Überzeugung Heckels, dass das Recht die nationale Ideologie rechtfertigen und mittragen könne und solle. Zur politischen Ausgestaltung nimmt Heckel nach wie vor keine Stellung.

Die Haltung Heckels im Dritten Reich steht der Triepels völlig entgegen. Während Triepel selbst unter Opferung der erworbenen Karriere der nationalsozialistischen Ideologie nicht nachgibt, stellt Johannes Heckel die eigene berufliche Karriere in den Vordergrund.

Angesichts der klaren antisemitischen Haltung in der Wehrverfassung und der Proklamation des totalen Staates mag die fachliche und wissenschaftliche Leistung Heckels in den Hintergrund rücken. Jedoch sei hier die Bemerkung von Hans Welzel erwähnt, der in seinem Werk „Abhandlungen zum Strafrecht und zur Rechtsphilosophie" im Zusammenhang mit der Frage nach der Begründung der unterschiedlichen Wertigkeit von Rechtsverstößen ausführt: „Eine erfreuliche Ausnahme macht Johannes Heckel, dessen Wehrverfassung und Wehrrecht des Großdeutschen Reichs zu jenen substantiellen Unterscheidungen vorstößt, auf die es uns ankommt."[862] Gemeint ist die Unterscheidung Heckels zwischen Rechtssatz und Maßnahme, die eine differenzierte Wertung der entsprechenden Verstöße möglich macht.

862 *Welzel*: S. 225.

Kapitel 5: Werdegang nach 1945

I. Beruf

1. Allgemeine Tendenzen zum Rückzug

Die Zeit nach dem Dritten Reich ist von Unsicherheit im gesellschaftlichen Leben geprägt.

In der Nachkriegszeit ist in der Wissenschaft zunächst ein neuer Aufschwung zu vermerken. Die Wirrnisse des Krieges und die Zerstörung wertvoller Bibliotheken hatten die wissenschaftliche Arbeit in vielerlei Hinsicht erschwert, wenn nicht gar verhindert. Nach dem Krieg wird die Forschungsarbeit allmählich wieder aufgenommen[863]. Dies geschieht jedoch zunächst weniger in großem, auf Öffentlichkeitswirkung gerichtetem Stil, als vielmehr in strenger wissenschaftlicher Ausrichtung auf die Fortsetzung der fachlichen Laufbahn. So ergeht es auch Johannes Heckel: nach dem Zweiten Weltkrieg nimmt er die Arbeit an der kirchenrechtlichen Lehre wieder auf. Durch die enorme Belastung, die die Untersuchungen im Rahmen des Entnazifizierungsverfahrens auf ihn ausüben, wird Heckel jedoch in seinem wissenschaftlichen Eifer gebremst. In der Zeit von 1945 bis 1948 veröffentlicht Heckel wenig. Lediglich seine regelmäßigen Zeitschriften-Publikationen sind hier zu erwähnen. Die Zeit nach 1945 ist politisch von den Maßnahmen zur Entnazifizierung geprägt. Die Menschen werden im Hinblick auf ihre Beteiligung am nationalsozialistischen Regime befragt und untersucht. Je nach Grad der Beteiligung werden die „schweren Fälle" der Gruppe 1 (Hauptschuldige) oder der Gruppe 2 (Belastete) zugeordnet, während „leichtere Fälle" in die Kategorien 3 (Minderbelastete), 4 (Mitläufer) oder 5 (Entlastete) eingeteilt werden. Die Ausforschung beinhaltet unter anderem auch die Befragung von Freunden und Bekannten über den Betroffenen. Aus dieser Situation folgt eine allgemeine Misstrauenshaltung, die das soziale Leben beeinträchtigt.

Auffällig ist auch das Verhalten von Carl Schmitt. Denn auch Carl Schmitt, während des Dritten Reiches ein Vordenker der antisemitischen Rechts- und Staatslehre, lässt in der Nachkriegeszeit eine völlige Wende erkennen.[864] Nach

---

863 vgl. hierzu die Aussagen des Dekans der Juristischen Fakultät der Universität zu Berlin, Acta der Friedrich-Wilhelms-Universität zu Berlin, Stutz 521, S. 9.

864 *Gross*: S. 13.

außen beteuert Carl Schmitt, den Antisemitismus und die Stärkung der nationalsozialistischen Ideologie aus reinem Opportunismus gelebt zu haben.

2. Stationen, Ämter

Im Jahr 1945 hat das wissenschaftliche Arbeiten Heckels zunächst ein jähes Ende: am 05.11.1945 wird Heckel von dem Bayerischen Staatsminister für Unterricht und Kultus auf Weisung der Militärregierung aus dem Amt entlassen. Die Entnazifizierungsmaßnahmen nach dem Potsdamer Abkommen sollen in Deutschland und Österreich Kultur, Presse, Jurisdiktion und Politik von den nationalsozialistischen Einflüssen reinigen. An den Universitäten werden die Professoren untersucht. Carl Schmitt wird sogar inhaftiert[865]. Die Inhaftierung erfolgt jedoch nicht im Wege des sogenannten „automatic arrest", bei dem die Untersuchungspersonen kraft Dienststellung interniert werden, sondern wegen des konkreten Vorwurfs der intellektuellen Vorbereitung eines Angriffskrieges[866]. Nach zunächst zwölf Monaten Internierung und später erneut sechs Monaten Haft wird Schmitt im Jahr 1947 entlassen. Die eingeleiteten Entnazifizierungsmaßnahmen betreffen auch Johannes Heckel. Er wird öffentlich der Mitwirkung an der nationalsozialistischen Terrorherrschaft angeklagt. Die eingeleiteten Untersuchungen beziehen sich auf seine Parteizugehörigkeit und seine Aktivitäten im Rahmen der wissenschaftlichen Arbeiten. Bereits unmittelbar nach dem Zweiten Weltkrieg nimmt Heckel die Kontakte zu ausländischen Universitäten wieder auf und setzt seine internationale Tätigkeit damit fort[867]. Heckel muss eine Stellungnahme abgeben, die in Verbindung mit dem Zeugnis seiner Kollegen seine unpolitische Haltung bescheinigen. Nach der Untersuchung wird Heckel im Jahr 1948 entlastet und bewirbt sich anschließend erneut auf die Stelle des Professors für Staats- und Kirchenrecht. Der Dekan Apelt legt den Antrag Heckels dem Staatsminister vor und schlägt gleichzeitig die Schaffung eines neuen Lehrstuhls für Kirchenrecht vor. Zwar habe Heckel sich auf dem Gebiet des Staatsrechts als kooperativ mit dem nationalsozialistischen Regime gezeigt, er könne jedoch auf dem Gebiet des Kirchenrechts wieder tätig werden. Dem Vorschlag wird stattgegeben, Johannes Heckel wird am 30.09.1948 vereidigt. Dabei leistet er folgenden Eid:

> „Ich gelobe Treue der Verfassung und schwöre, dass ich die mir obliegenden Amtspflichten gewissenhaft und nach den Weisungen meiner Vorgesetzten erfüllen und dass ich innerhalb und außerhalb des Amtes die durch die Verfassung gewährleistete demokratisch-konstitutionelle Staatsordnung unterstützen werde, ~~so wahr mir Gott helfe~~."

865 *Quaritsch*: S. 12.
866 *Quaritsch*: S. 12.
867 Zeugnis des Professor Viora, Spruchakte: S. 126.

Bezeichnend ist zunächst die Bekennung zur demokratischen Verfassung, die Heckel kurz zuvor noch abgelehnt hatte. Jedoch dient der Eid dem Zugang zum Amt des Professors. Interessant ist zudem, dass Heckel die Formel „so wahr mir Gott helfe“ persönlich gestrichen hat. Angesichts seines bekennenden Glaubens ist dies besonders erstaunlich, so dass der Eindruck entsteht, Heckel hab den Eid nur als Lippenbekenntnis leisten wollen.

Nach einjähriger Tätigkeit stellt Heckel den Antrag auf Aufhebung der Beschränkung der Lehrbefugnis auf das Kirchenrecht, der aber zunächst abgelehnt wird. Erst am 25.07.1952 ernennt der Kultusminister Schwalbe Heckel zum ordentlichen Professor für Staats- und Kirchenrecht. Zwei Jahre später wird dem Antrag Heckels auf Verlängerung seiner Amtszeit bis zum 68sten Lebensjahr stattgegeben. Im gleichen Jahr wird Heckel von der theologischen Fakultät der Universität Lund (Schweden) zu einem Gastvortrag über die Lehren Martin Luthers eingeladen. Seine Akzeptanz ist gesellschaftlich und fachlich wieder hergestellt. Da im Jahre 1957 zunächst kein Nachfolger gefunden werden kann, bleibt Heckel bis zu seiner Entbindung vom Amt am 06.09.1957 tätig, und übt darüber hinaus bis zum 20.02.1958 die kommissarische Vorstandschaft des Instituts für Kirchenrecht und kirchliche Rechtsgeschichte, sowie die kommissarische Mitvorstandschaft des Instituts für Politik und Öffentliches Recht ohne besondere Vergütung aus.

3. Verhältnis zu den Kollegen

Das Verhältnis zu den Kollegen ist durchweg von Sympathie geprägt, die insbesondere darin zum Ausdruck kommt, dass über Johannes Heckel im Rahmen des Spruchaktes der Alliierten ausschließlich positive Meinungen kundgetan werden. Engere Freundschaften hegt Heckel im Kreis seiner Kollegen nicht. Dennoch lässt sich feststellen, dass die Kollegen im Zusammenhang mit dem Entnazifizierungsverfahren Heckels große Sympathie beweisen. So stellt beispielsweise der selbst als unbedenklich eingestufte Strafrechtler Professor Dr. Exner fest:

> „Er ist ein tiefreligiöser Mann. Sein Lieblingsfach ist das Kirchenrecht. Von der theologischen Fakultät wurde er ehrenhalber zum Doktor promoviert. Seinen Sohn hat er nach Martin Luther benannt. – Das alles spricht aufs deutlichste dafür, dass er der NS-Weltanschauung durchaus fern steht, denn wahrer Nationalsozialismus ist mit gläubigem Christentum unvereinbar. Wenn Heckel, wie ich höre, für Konzessionen der Kirche an den NS-Staat eingetreten ist, so tat er das gewiss nicht aus NS-Gesinnung, sondern wohl aus realpolitischen Erwägungen, nämlich in der Hoffnung, dass die Kirche auf diesem Wege mit dem staatlichen Regime, das nun einmal bei der Macht war, endlich zum Frieden kommen könne. Sollten bei Heckel Bedenken bestehen, dass er als ehemaliger Pg. Staatsrecht vertrete, so wäre unter allen Umständen anzustreben, dass er unter Beschränkung seiner Lehrtätigkeit auf Kirchenrecht der Fakultät trotzdem erhalten bleibe.“[868]

868 *Sebald*: S. 88.

Der offensichtliche Entlastungseifer tritt aus diesen Worten nur allzu deutlich hervor.

Auch mit Smend pflegt Heckel noch Kontakt. Nach dem Zweiten Weltkrieg wird Smend als erster Nachkriegsrektor der Universität Göttingen ernannt. Im Jahr 1945 beteiligt Smend sich als Vertreter der Universitätstheologie an der Unterzeichnung des Stuttgarter Schuldbekenntnis, in welchem die evangelische Kirche ihre Mitschuld an der Judenvernichtung im Dritten Reich zugesteht. Auf seine Anregung hin wird im Jahr 1945 das Kirchenrechtliche Institut der Evangelischen Kirche Deutschlands gegründet, dessen Leitung Smend übernimmt. Von 1946 bis 1955 ist Smend Mitglied des Rates der Evangelischen Kirche in Deutschland, im Jahr 1948 gehört er zu den Mitherausgebern der Nachkriegsausgabe des Archiv für Öffentliches Recht, 1951 begründet er die Zeitschrift für evangelisches Kirchenrecht. 1975 verstirbt Smend nach einem erfüllten wissenschaftlichen Leben in Göttingen. Die Integrationslehre Smends wird insbesondere bei dem Bundesstaatsprinzip der Bundesrepublik rezipiert[869]. In den Jahren nach 1945 greifen Staatsrechtler den Gedanken der dynamischen Staatsentwicklung auf. Für Scheuner ist der Staat als „geistiger Lebensprozess" zu sehen[870]. Bäumlin bezeichnet den Staat als Inbegriff menschlicher Beziehungen. Bei der Rezeption Smends verzichtet die Staatsrechtslehre nach dem Krieg jedoch auf die Hervorhebung der Staatsgewalt als Herrschaftsmacht. Während Smend in der Herstellung der staatlichen Einheit die staatliche Wirklichkeit vorausgesetzt hatte, verliert der Staat nunmehr den Charakter eines Herrschafts- und Willensverbandes und wird den gesellschaftlichen Kräften überantwortet[871]. Damit kommt es zu einer „einseitigen Betonung der Integration"[872]. Die Integration wird nicht mehr als sich selbst erfüllenden Vorgang begriffen, sondern es tritt eine Betonung des stützenden Faktors Recht hinzu.[873] Der Bedarf, die „Epoche des Unrechtsstaates" hinter sich zu lassen, wird daran erkennbar[874]. Gleichzeitig bleibt aber die Auffassung vorherrschend, dass die Verfassung sich nicht in dem kodifizierten Text erschöpft. Die Staatsrechtslehre greift die Verfassungsinterpretation auf[875] und sieh die staatliche Einheit, in den es den Einzelnen einzuordnen gilt, als Ausgangspunkt[876].

869 *Korioth*: S. 259.
870 *Korioth*: S. 283.
871 *Korioth*: S. 285.
872 *Korioth*: S. 285.
873 *Korioth*: S. 287.
874 *Korioth:* S. 291.
875 *Korioth*: S. 304.
876 *Korioth*: S. 306.

II. Spruchakte

In der Phase der Entnazifizierung wird gegen Heckel Klage wegen Beteiligung an den nationalsozialistischen Verbrechen erhoben. Die Klage vom 07.01.1947 – Az. 1695/A/46 – lautet auf Einstufung in die Gruppe 2 der „Belasteten (Aktivisten, Militaristen, Nutznießer)“[877]. Mit Schreiben vom 28.02.1947 bestellt sich der Rechtanwalt Dr. Karl Beisler zum Verteidiger[878]. Im Zusammenhang mit dem Ermittlungsverfahren wird eine Akte erstellt. Aufgrund der außerordentlichen Bedeutung der Spruchakte für die Bewertung von Leben und Werk Heckels soll nachfolgend im Einzelnen auf die Vorgänge und Ergebnisse eingegangen werden.

1. Stellungnahme in der Spruchakte

Zu Beginn der Spruchakte ist der Meldebogen Heckels, sowie ein offizieller Fragebogen über die Tätigkeiten und Funktionen während des Dritten Reiches in der Akte enthalten[879]. Johannes Heckel gibt – der Wahrheit entsprechend – an, keine tragenden Parteifunktionen wahrgenommen zu haben. Interessant sind die Angaben Heckels zum Datum des Parteieintritts. Wie oben ausgeführt, tritt Heckel im Juli 1938 in die NSDAP ein. Um das berufliche Fortkommen zu sichern, wird der Eintritt mittels Beziehungen um ein Jahr vordatiert. Im Spruchakt[880] gibt Heckel an, der Eintritt sei vordatiert worden, um nachträglich Parteibeiträge einziehen zu können.

Interessant ist die Bewertung Heckels seines eigenen Verhaltens im Rahmen einer Erklärung an die alliierten Mächte. Heckel erklärt, während des Studiums habe er nur lose Parteibeziehungen aufrechterhalten. Er habe sich als Professor stets darum bemüht, Parteigänger aus seinen Vorlesungen fernzuhalten und sich gerade im Bereich des Kirchenrechts engagiert und damit von den nationalsozialistischen Lehren offensichtlich distanziert. Die Achtung vor dem Recht habe ihn zur Missbilligung der politischen Verfolgung Andersdenkender veranlasst, der Rasselehre habe er fern gestanden. Die Mitgliedschaft in der Partei habe sich bloß auf die Zahlung der Beiträge beschränkt. Da Heckel als Wissenschaftler an einer Fortsetzung der Arbeit auf staats-, verwaltungs- und kirchenrechtlichem Gebiet interessiert gewesen sei, habe er einige Zugeständnisse machen müssen, die jedoch ausschließlich zum Schein eingegangen worden seien[881]. Er habe sich

877 Spruchakte, S. 72.
878 Spruchakte, S. 54.
879 Spruchakte, S. 5.
880 Spruchakte, S. 3.
881 Spruchakte, S. 16.

weder an Studenten- noch an anderen NS Aktivitäten beteiligt und sei sogar selbst von Parteiaktionären bespitzelt worden, da er nicht nur unbeliebte Vorlesungsthemen gewählt, sondern auch die Begünstigung von Parteigenossen bei der Besetzung von Referendariatsstellen bekritelt hatte.[882]

Seine Überzeugung habe er zwar nach außen „angesichts der Zensur der Partei" nicht kundtun können. Stattdessen habe er aber im Rahmen des Wehrrechts das Eintreten für die Freiheitsrechte, die Gesetzmäßigkeit der Verwaltung und die Herrschaft des Gesetzes befürwortet. Die Monographie über das Wehrrecht dient laut Heckels Aussage als „Kunstgriff" zur Täuschung der nationalsozialistischen Zensur.

Wissenschaftlich beruft Heckel sich auf seine Funktion als Kirchenrechtler. Zwar mag das Kirchenrecht tatsächlich den Forschungsschwerpunkt Heckels darstellen. Auffällig ist aber, dass gerade in der Zeit des Dritten Reiches vorwiegend staats- und wehrrechtliche Schriften von Johannes Heckel verfasst worden sind.

2. Stellungnahme zum Vortrag über Julius Stahl

Im Rahmen der Ermittlungen nimmt Heckel Stellung zu seinen Funktionen im Rahmen der Erforschung der Judenfrage[883]. Zunächst stellt er klar, dass er – entgegen der Vermutung der Ermittlungsbehörden – nicht Mitglied des Instituts zum Studium der Judenfrage und auch nicht Mitglied des Instituts zur Erforschung der Judenfrage gewesen sei. Vielmehr habe er in der Funktion als Mitglied des Sachverständigenbeirats zur Forschungsabteilung Judenfrage in dem Reichsinstitut zur Geschichte des Neuen Deutschland einen Vortrag über den Staatsphilosophen Stahl gehalten.

Inhaltlich behauptet Heckel, er habe lediglich aus rein wissenschaftlicher sachlicher Sichtweise das Werk Stahls beleuchtet. Heckel geht sogar so weit, auszuführen, dass die Analyse des Stahlschen Lebenswerkes die fromme Jugend Stahls bezeugen würde[884]. Diese Aussage steht im krassen Gegensatz zu den Inhalten im Vortrag selbst, in dem Heckel die Herkunft Stahls verächtlich behandelt. Darüber hinaus behauptet Heckel, dem Vortrag sei keinerlei Verunglimpfung der Person Stahls zu entnehmen.

Wie aus den obigen Darstellungen zu dem betreffenden Vortrag zu entnehmen ist, handelt es sich hierbei um eine klare Verfälschung der Tatsachen.

882 Spruchakte, S. 16.
883 Spruchakte, S. 30.
884 Spruchakte, S. 39.

3. Verteidigungsschrift

In der Verteidigungsschrift vom 24.03.1947 hebt der Rechtsanwalt Heckels ebenfalls den kirchenrechtlichen Forschungsschwerpunkt hervor[885]. Auch in Bezug auf den Vortrag über Julius Stahl wiederholt die Verteidigungsschrift die Stellungnahmen Heckels. Beisler betont, dass Heckel trotz seiner Funktion als Mitglied des Sachverständigenbeirates zur Erforschung der Judenfrage nicht an einer Tagung des Rechtswahrerbundes in Berlin zum Thema „Judentum und Rechtswissenschaft" teilgenommen habe. Aufgrund der dort vorherrschenden antisemitischen Tendenzen habe Heckel trotz wiederholter Aufforderungen nicht teilgenommen.

Auffällig ist insbesondere die Behauptung Beislers, Heckel habe sogar Widerstand gegen die nationalsozialistische Herrschaft geleistet[886]. Als Beispiel nennt der Anwalt die Verhinderung des Eindringens von Parteifunktionären in die Juristische Fakultät. „Er stand dabei in der ersten Kampflinie. Jedes Schwanken seinerseits hätte die Fakultät jenen Bestrebungen der Partei rettungslos ausgeliefert."[887] Des Weiteren sei der Beschuldigte „den Verirrungen der nat.-soz. Rechtsauffassungen ... in Wort und Schrift aktiv entgegengetreten"[888]. Diese Haltung habe auch zu erheblichen Nachteilen geführt, da Heckel bei wissenschaftlichen Kongressen nicht berücksichtigt worden sei.[889]

4. Kollegen und Bekannte

Im Anschluss an die persönlichen Aussagen enthält die Akte Zeugenvernehmungen von Kollegen, Familienangehörigen und Bekannten Heckels. Das entlastende Zeugnis zahlreicher Bekannte und Freunde ist für Heckel ganz entscheidend. Der Landesbischof der Evangelisch-Lutherischen Kirche in Bayern – Hans Meiser –, der Direktor des Gregorianums – Dr. Eduard Weigl –, der Neffe der Ehegattin Heckels – Fritz Binder –, der Pfarrer von Feldkirchen – Ludwig Turtur –, seien als Beispiel erwähnt.

Mittels der eigenen und der Darstellung seitens der Bekannten und Freunde kann Heckel ein überzeugendes Bild seiner neutralen Haltung zur Ideologie des Dritten Reiches zeichnen, so dass er mit Urteil vom 13.10.1947 als entlastet eingestuft wird.

---

885 Spruchakte, S. 85.
886 Spruchakte, S. 79.
887 Spruchakte, S. 79.
888 Spruchakte, S. 80.
889 Spruchakte, S. 78.

III. Wissenschaftliche Arbeit: Zwei-Reiche-Lehre

Heckel ist in der Zeit nach 1945 wissenschaftlich äußerst rege, zieht sich jedoch aus dem Staatrecht zurück und konzentriert sich wieder auf das Kirchenrecht. Auffällig ist die Abkehr Heckels vom Thema des Wehrrechts. Im Jahr 1952 erstattet Smend ein Gutachten zum „Kampf um den Wehrbeitrag“[890]. Smend beschäftigt sich dabei mit der Frage nach der Wiederbewaffnung Deutschlands. Da das Grundgesetz die Wehrhoheit nicht berücksichtigt habe, sei eine Wesensänderung der Verfassung erforderlich. Die Wehrhoheit ist für Smend ein neues, bisher im Verfassungssystem nicht vorhandenes Hoheitsrecht[891]. Das Grundgesetz verlange in allen Punkten Klarheit und Rechtssicherheit, so dass eine Erweiterung der Hoheitsrechte ohne Verfassungsänderung nicht möglich sei[892].

Auffällig ist der Abkehr vom materiellen, dynamischen Verfassungsbegriff und die Hinwendung zum Gesetzeswortlaut. Auch Heckel wendet sich in der Zeit nach dem Dritten Reich vom materiellen Staatsrecht ab.

Im Folgenden soll ein Werk Heckels aus den 50er Jahren analysiert und in Vergleich zu dem Werk aus der Kriegszeit gesetzt werden. Geeigneter Untersuchungsgegenstand ist die Schrift „Im Irrgarten der Zwei-Reiche-Lehre Luthers!“ aus dem Jahr 1957. Mit der Wahl des kirchenrechtlichen Themas wendet Heckel sich wieder einem Forschungsgebiet zu, mit dem er sich vor dem Dritten Reich intensiv beschäftigt hat. Die Abhandlung beschäftigt sich mit dem Begriff des „Reichs“, der sowohl im Kirchenrecht als auch im Staatsrecht eine zentrale Stellung einnimmt. Die Beziehung der beiden Reiche zueinander stellt für Heckel eine Forschungsaufgabe dar, die ihresgleichen bisher nicht kennt. Heckel ist darum bemüht, die Beziehung zwischen Staat und Kirche nicht nur in der körperlichen Gestalt zu untersuchen, sondern auch im Hinblick auf die ursprüngliche Funktion der Kirche als Vermittler wahren Glaubens. Auf diesem Gebiet liegt auch die eigentliche Leistung von Johannes Heckel. Es gelingt ihm, die geistigen Werte der Theologie mit irdischen Werten der Staatsorganisation in Relation zu setzen und aus der gefundenen Verknüpfung grundlegende Erkenntnisse über die göttlichen und bürgerrechtlichen Pflichten und Rechte der Menschen zu ziehen.

1. Einleitung

Zur Einleitung führt Heckel aus, dass die Reichslehre Luthers ein von Wissenschaftlern aufgrund der Komplexität eher gemiedenes Feld ist. Dennoch schätzt

890 *Korioth*: S. 229.
891 *Korioth*: S. 233.
892 *Korioth*: S. 233.

Heckel die juristische Bedeutung der Reichslehre Luthers hoch ein, da das Reich nicht nur ein theologischer, sondern zugleich ein Rechtsbegriff sei. Der englische Historiker John Figgis erklärt 1900 in einer zugespitzten Formulierung, Luther habe den Weg zur Staatsrechtslehre Hegels eröffnet[893]. Im Rahmen der Analyse muss man sich stets vor Augen halten, dass die Thesen, die Heckel aus der Lehre Luthers zieht, auch auf der persönlichen Deutung des Reformators durch Heckel beruhen. Die Auslegung wird von den Ansichten Heckels beeinflusst. Dies wird umso deutlicher, als Heckel selbst anführt, seine Auslegung stehe in Widerspruch zu der des Kirchentheoretikers und Theologen Paul Althaus[894].

2. Ausgangsposition

Ausgangsposition für eine Definition des Reichsbegriffes ist die Trennung von Christusreich – „regnum christi“[895] – und Weltreich. Beide Reiche sind von Gott geschaffen, das Weltreich wird aber vom Satan regiert. Bereits in der Rechtsphilosophie des 19. Jahrhunderts hatte sich die Trennung der Rechtsgebiete für Staat und Kirche durchgesetzt. Kant geht dabei Weiteres von einer Unterordnung der Kirche unter den Staat aus.[896] Die Kirche dürfe nicht als verfasste Körperschaft, sondern als Gemeinschaft begriffen werden. Kant geht daher davon aus, dass das Recht in der Kirche zwar notwendig ist, jedoch einen Sonderfall des Gesellschaftsrechts darstellt[897]. Für Fichte existiert die Kirche innerhalb des Staates als „moralische Zwangsgesellschaft“[898]. In der historischen Schule der Rechtswissenschaft wird der Begriff des Kirchenrechts weitgehend vernachlässigt. Indem Heckel in der Lehre Luthers zwei nebeneinander existierende Reiche anerkennt, löst er sich von dem Über-Unter-Ordnungsprinzip im Verhältnis Staat und Kirche der Vergangenheit.

Das Zentrum alles Seins bildet das „Reich der Gnade“[899]. Heckel bezeichnet die Ausführungen Luthers zu dem Gnadenreich als „Reichslehre im Grundsinn“[900]. Das Gnadenreich wird mit der Dreieinigkeit Gottes gleichgesetzt. Die Einheit Gottes beinhaltet erstens die „Königswürde des Hauptes (rex), zweitens dessen Regiment als lebenspendendes Einwirken auf die Glieder des mystischen

---

893 *Landau*: S. 311.
894 *Heckel:* Irrgarten, S. 17.
895 *Heckel:* Irrgarten, S. 5.
896 *Landau*: S. 5.
897 *Landau*: S. 5.
898 *Landau*: S. 6.
899 *Heckel:* Irrgarten, S. 6.
900 *Heckel:* Irrgarten, S. 6.

Leibes (influx capitis in membra), drittens das Königsvolk der Gläubigen, die ihrem Haupt freiwillig folgen (populus Christi oder ecclesiasticus = ecclesia vera = corpus ecclesiasticum)."[901] Dem Reich Christi steht das Reich des Satans, das regnum mundi gegenüber. Auch im Teufel finden sich die drei genannten Elemente in einem Körper: Fürstenmacht (princeps mundi), das Regiment des Teufels und das Teufelsvolk in seiner Nachfolge (mundus = corpus Babylonicum). Die beiden Reiche stehen in stetem Kampf zueinander, der nie enden wird. Der Kampf der Reiche findet im Inneren jedes Menschen statt, ebenso wie er im Gemeinleben abgebildet ist. Der Reichsbegriff wird dieser Auffassung nach körperlich gefasst. Althaus geht von der Offenbarungslehre aus. Nach seinem Verständnis ist die Uroffenbarung Gottes für alle Menschen zugänglich, während die Heilsoffenbarung den echten Christen vorbehalten ist[902].

3. Regimentenlehre

Neben dem körperlichen Reichsbegriff schafft Luther – nach dem Verständnis Heckels – einen herrschaftlichen Reichsbegriff, den Heckel als Regimentenlehre bezeichnet. Das regnum christi stellt sich demnach als Herrschaft über die Schöpfung dar. Dem Reich wohnt kein körperlicher, sondern ein machtbezogener Begriff inne. Herrschaft bezeichnet Heckel als dominatio – Regiment. Das Regnum ist daher die Machtstellung gegenüber den Unterworfenen. Da sich dieser Reichsbegriff nur über die Herrschaft definiert, ist die Trennung der regni geringer, die Herrschaftsbereiche greifen ineinander. Daher kann es auch ein regnum christi über Feinde und Ungesetzliche geben. Das göttliche Regiment über die Menschen wird mittels des Wortes ausgeübt. Der Mensch hat nun die Möglichkeit, das Wort in sich aufzunehmen und umzusetzen, oder es bei einer rein äußerlichen Befolgung des Wortes zu belassen. Das Regiment über die erste Gruppe ist geistlich, die Herrschaft über die zweite Gruppe bleibt äußerlich.

4. Zusammenführung

Die Reichslehre im Grundsinn und die Regimentenlehre haben als Gemeinsamkeit die Gegenüberstellung zweier Reiche: das Reich der „rechten Christen"[903] und das Reich der „Unchristen"[904]. Heckel trennt die Gemeinschaften sehr stark

---

901 *Heckel:* Irrgarten, S. 7.
902 *Wohlleben*: S. 202.
903 *Heckel:* Irrgarten, S. 10 f..
904 *Heckel:* Irrgarten, S. 10.

voneinander. Nach Sohm ist jedoch anzuerkennen, dass auch sehr unheilige Menschen der Kirche äußerlich angehören[905]. Daraus geht die Lösung der äußerlichen Körperschaften der Kirchen von der Gemeinschaft der Gläubigen hervor[906]. Zur Führung des geistlichen Regiments, welches auf dem Glaubensgehorsam beruht, setzt Gott das Priesteramt ein. Die Leitung des weltlichen Regiments obliegt der Obrigkeit, deren Amt ebenfalls von Gott gegeben ist. Die Regimenter sind auf der Basis des beherrschten Volkes gegründet. Zentrum der Herrschaft ist die Gruppe der Beherrschten. Die Christen folgen dem inneren Bedürfnis, dem Befehl Gottes Folge zu leisten und ihr Leben nach dem göttlichen Willen auszurichten. Mit der Übereinstimmung des Willens steht Heckel der Kirchenrechtslehre Stammlers nahe, die das Kirchenrecht als „unverletzbar selbstherrlich verbindendes Wollen" definiert.[907] Dennoch unterliegen auch die Christen zunächst der weltlichen Herrschaft. „Es wäre ein falscher Schluss, [...], daß das weltliche Regiment sie nichts angeht, sei es, daß sie es zu fliehen haben oder wenigstens sich nicht darum zu kümmern brauchen. Der christliche Glaube kennt keine Absage an das weltliche Regiment, ganz im Gegenteil!"[908] Zwar sind die Christen als Mitglieder des Reiches der Gnade der „Zwangsgewalt der weltlichen Obrigkeit"[909] nicht unterworfen, jedoch ist der Christ im Gehorsam gegen den Herrn „zu jedwedem Dienst am Nächsten verpflichtet, und das heißt: in allen Institutionen, die der Schöpfer zur Erhaltung des Menschengeschlechts erschaffen hat."[910] Der weltliche Befehl ist also für Christen und den Unchristen gleichermaßen bindend. Wie Ernst Troeltsch bereits zu Beginn des zwanzigsten Jahrhunderts feststellt, ist das „Luthertum ein Prinzip des Patriachalismus und des Konservatismus" gewesen, da die Lehren Luthers den Gehorsam gegenüber dem staatlichen Regime und die Duldung der bestehenden Verhältnisse beinhaltet haben[911]. Nach Sohm ist das geistige Reich hingegen völlig vom Irdischen zu trennen. „Einen Stellvertreter Christi auf Erden gibt es nicht"[912]. Die Ursache für die Bindung ist aber jeweils eine andere: Der „Nichtchrist gehorcht dem weltlichen Regiment vermöge des von Gott über ihn verhängten Zwangs, der Christ aus der ihm von Christus geschenkten Freiheit"[913]. Der Christ unterwirft sich freiwillig dem weltlichen Befehl, um den göttlichen Geboten gerecht zu werden. Die Befolgung eines weltlichen Befehls

905 *Sohm*: S. 43.
906 *Sohm*: S. 42.
907 *Landau*: S. 6.
908 *Heckel:* Irrgarten, S. 17.
909 *Heckel:* Irrgarten, S. 17.
910 *Heckel:* Irrgarten, S. 17.
911 *Landau*: S. 312.
912 *Sohm*: S. 44.
913 *Heckel:* Irrgarten, S. 17.

kann sich als Erprobung des Glaubens gegenüber Gott erweisen. Der Christ hat auch unter Selbstverleugnung der Obrigkeit zu gehorchen. Auf diese Weise interagieren die beiden Regimenter, „beide stehen im Dienst des göttlichen Heilsratsschlusses“[914]. Auf Erden wird das Gemeinwesen der Christen durch die Kirche verkörpert, das Gemeinwesen der Unchristen durch den weltlichen Staat. Der Machtkampf zwischen Kirche und Staat ist eine Abbildung des Kampfes zwischen Gott und Satan. Während die weltliche Herrschaft darum bemüht ist, die Einflussnahme auf die Kirchenorganisation möglichst auszudehnen, strebt die Kirche nach weltlicher Macht und irdischem Besitztum. Der Kampf der beiden Gemeinwesen wird im Kleinen von dem Kampf der Einzelnen gegeneinander widergespiegelt. Christ und Unchrist stehen miteinander in Konflikt. Als vermittelndes Element wird die von Jesus gepredigte christliche Bruderliebe herangezogen, die Rücksichtnahme auch gegenüber dem Feind verlangt. In erster Linie obliegt es den Christen bzw. der Kirche, die Nächstenliebe in der Welt zu vermitteln.

a) Auslegung Luthers nach Althaus

Die Auslegung Heckels ist nicht die einzig mögliche. Vielmehr sieht der Theologe und Religionsphilosoph Paul Althaus – ein Zeitgenosse Heckels – die Trennung von Kirche und Staat bei Luther nicht als absolut. Zwar erkennt auch er das Bestreben Luthers, eine Differenzierung zwischen den beiden Mächten zu schaffen, er deutet den Begriff der Regimenter aber in der Form, dass die Regimenter ineinander greifen. Die Christen und die Unchristen unterliegen von Beginn an beiden Regimentern. Während Heckel den Christen das geistliche Reich zuordnet und ihnen dann die Pflicht auferlegt, auch im weltlichen Reich zu agieren, wurzelt die Existenz des Christen nach Althaus bereits in beiden Reichen. Das Ineinandergreifen der Herrschaftsmächte hat nach Althaus zur Folge, dass auch im weltlichen Reich der göttliche Befehl unmittelbar gilt. Anders als nach der Auslegung Heckels ist der Christ der weltlichen Obrigkeit nicht zum Gehorsam verpflichtet.

Nach Heckel sind die göttliche und die weltliche Macht voneinander getrennt, Gott unterstellt den Christen der weltlichen Obrigkeit. Die Bindung des Christen an die weltliche Befehlsgewalt ist mittelbar. Da die Christen „Gottes Gebot und so auch seinen Willen als geistliches Gesetz“[915] verstehen, ist eine unmittelbare Bindung nicht erforderlich.

---

914 *Heckel:* Irrgarten, S.18.
915 *Heckel:* Irrgarten, S.28.

b) Bewertung

Auffällig ist, dass Heckel sich wieder mit einem Thema auseinandersetzt, das ihn seit Beginn seiner wissenschaftlichen Tätigkeit fesselt. Er beschäftigt sich erneut mit den Theologen und theoretischen Denkern der Kirche. Indem Heckel sich mit der Reichsbegrifflichkeit Luthers befasst, bringt er die Bedeutung des Reichsbegriffes für sich selbst und für die Forschung zum Ausdruck und knüpft ein Band zwischen weltlicher und theologischer Herrschaft. Anlässlich der Vorkommnisse aus der Zeit des Dritten Reiches liegt es nahe, sich über Herrschaftsanspruch und -berechtigung Gedanken zu machen und nach dem Ursprung von Macht und Befehl zu suchen. Für einen „kirchlichen und christlichen Geist“[916] wie Heckel kann die Quelle allen Seins nur in Gott zu finden sein. Die kirchenrechtliche Forschung dient somit auch als Zufluchtsort und Tröstung gegenüber dem erlebten Geschehen im Dritten Reich.

Johannes Heckel legt großen Wert darauf, die geistliche und die weltliche Macht voneinander zu trennen. Während erstere im Dienste Gottes steht und innerlich von Glaube und Wahrheit regiert wird, stellt die Ausübung der weltlichen Herrschaft lediglich eine äußerliche Befolgung göttlicher Befehle dar. Zum einen ist hieran bemerkenswert, dass die Trennung der beiden Reiche in Form von Regimentern gesehen wird. Heckel deutet Luther also dahingehend, dass auf der Welt zwei Mächte nebeneinander bestehen. Es bleibt nicht bei der Trennung der geistlichen Welt von der körperlichen Welt, sondern es erfolgt auch in der körperlichen Welt selbst eine Trennung der christlichen von der unchristlichen Sphäre. Damit nimmt Heckel zunächst zu dem Verhältnis von Kirche und Staat Stellung. Die Kirche hat ein eigenes Reich mit eigenem Regiment, bleibt also im weltlichen Herrschaftsbereich separat. Damit ist erklärbar, wie es trotz der Allmacht Gottes zu einer Herrschaft des Bösen kommen kann. Der Böse ist als Widersacher des Guten an einem Umsturz der göttlichen Ordnung interessiert. Heckel erklärt mittels der Lehre Luthers von den zwei Reichen die Herkunft des Bösen, wobei er die Ursache als von Gott gegeben hinnimmt. Das Böse existiert also kraft Natur der Sache, weil Gott es zugelassen hat, nicht etwa, weil die Menschen sich fehlerhaft verhalten haben. Luther hat mit der Anerkennung der weltlichen Obrigkeit als von Gott gegeben die Pflicht zum Gehorsam gegenüber der weltlichen Macht manifestiert. Luther ist jedoch weit davon entfernt, die weltliche Obrigkeit zu verherrlichen. Vielmehr erkennt er die „Henker“ als von Gott gegeben und daher hinzunehmen an[917]. Damit ist eine Auseinandersetzung mit den Gräueltaten des

916 Zeugnis des Pfarrer Langenfass vom 09.02.1946, Anlage 1 zur Verteidigungsschrift vom 24.03.1947.

917 *Landau:* S. 320

Nationalsozialismus überflüssig. Es folgt eine Schicksalsergebenheit: Gott hat die Herrschaft der Nationalsozialisten zugelassen und die Christen dem Befehl des Führers unterstellt. Der Christ muss sich kraft göttlichen Auftrags dem Befehl fügen. Luther kennt nur die Pflicht des Christen zum passiven, nicht jedoch zum aktiven Widerstand.[918]

Zudem steht den Menschen jederzeit der Rückzug in die heile Welt der Kirche offen. Der Gläubige kann Zuflucht zur Kirche nehmen und sich so aus dem weltlichen Geschehen ausklinken. Verantwortung trägt er dann nicht. Der Gehorsam gegenüber der weltlichen Obrigkeit ist als Glaubensprüfung Teil des göttlichen Befehls. Gehorchen gegenüber der weltlichen Macht ist ein Gehorchen gegenüber Gott und daher Pflicht eines guten Christen.

Heckel geht davon aus, dass das weltliche Regiment an sich das Reich des Teufels ist. Dennoch ist auch das Leben auf Erden von Gott gegeben. Der Christ hat nach dem Willen Gottes in der Welt zu leben. Der Christ muss die Obrigkeit als von Gott gegeben hinnehmen, ein Auflehnen ist nicht erforderlich.

Zum einen wird dadurch erklärt, wie es in einer von Gott gelenkten Welt dazu kommen kann, dass die Herrschaft einer Obrigkeit geduldet wird, die ihre Basis in der Vernichtung anderer Völker und der Unterdrückung von Minderheiten sieht. Die nationalsozialistische Herrschaft hatte sich vom Rechtsstaat so weit entfernt, dass es einem Staatsrechtler wie Johannes Heckel schwer fallen musste, eine solche Herrschaft rechtlich und ethisch zu begründen und zu rechtfertigen. Überträgt man jedoch die Zwei-Reiche-Lehre Luthers in das alltägliche Leben, so kann unschwer erklärt werden, wie eine Diktatur unter dem Zeichen des Terrors bestehen kann: Gott hat die Herrschaft des Satan in dieser Welt zugelassen, der Christ muss sich im Rahmen dieser Vorgaben zurechtfinden. Indem Heckel den Gehorsam gegenüber der weltlichen Obrigkeit als Pflicht des Christen gegenüber Gott betont, rechtfertigt sich auch die eigene nationale und gegenüber den Gräueltaten passive Haltung im Dritten Reich. Der Christ hat gegenüber Gott die Pflicht zu erfüllen, auch in der Welt seine Aufgaben zu erledigen und den Befehlen der weltlichen Obrigkeit Folge zu leisten. Die Deutung der Lehre Luthers im Sinne einer strikten Trennung von weltlichem und geistigem Regiment ermöglicht es Heckel, seine Haltung zur nationalsozialistischen Ideologie zu erklären.

IV. Wissenschaftliche Arbeit: Lex charitatis

Um die Studien Heckels nach der Zeit des Nationalsozialismus noch näher zu untersuchen, darf auch ein zweites bedeutendes Werk aus der Nachkriegszeit

918 *Landau*: S. 324.

nicht ungenannt bleiben: Im Jahre 1953 verfasst Heckel das Pendant zur Untersuchung der „Zwei-Reiche-Lehre“, die „Lex charitatis. Eine Untersuchung über das Recht in der Theologie Martin Luthers“. Dieses Werk ist insbesondere deshalb von Interesse für die Biographie, als es ein Thema an der Schwelle zwischen Religion und Staat – zwischen Glaube und Recht – betrifft.

1. Vorwort

In seinem Vorwort hebt Johannes Heckel die große Bedeutung des Rechtsbegriffs von Martin Luther für die Wissenschaft hervor. Der Theologe habe seine Thesen maßgeblich auf eine Rechtsauffassung gestützt, die bisher nicht ausreichend geklärt worden sei.

2. Ausgangspunkt

Der erste Teil des Werkes „Lex charitatis“ von Johannes Heckel beginnt mit einer Darstellung der Problemlage. Der Protestantismus sieht die Reformation als Kampf der Freiheit des Glaubens gegen die rechtliche Bindung der Kirche. Den Begriff der Kirche versteht Luther als „gemeine Sammlung“, und damit als die Gemeinschaft der Gläubigen[919]. Es handelt sich um einen Kampf der „iustitia Dei gegen die iustitia iuristarum“[920]. Der theologische Rechtsbegriff wendet sich also ab von dem Rechtsbegriff der Rechtswissenschaft, indem er das weltliche Recht aus der Theologie verdrängt. Das Gesetz hat nach der protestantischen Glaubensauffassung seine Berechtigung in der Kirche nur als göttliches Recht. Das weltliche Gesetz hat in der kirchlichen Struktur nichts zu suchen.

Das göttliche Recht ist aus diesem Grund auch die Schnittstelle zwischen Theologie und Rechtswissenschaft. Das Kirchenrecht muss kraft Natur der Sache die Existenz eines göttlichen Rechts anerkennen. Daher kann man nicht – wie auf allen übrigen Gebieten des Rechtslebens – „der Frage nach dem göttlichen Recht das Nein! einer innerweltlichen Rechtslehre entgegensetzen oder ihr doch weithin in eine positivistische Rechtsbetrachtung ausweichen“[921]. „Hier [gemeint ist im Kirchenrecht] steht nicht bloß die Rechtmäßigkeit einzelner Gebote oder Maßnahmen, sondern die Existenz des Rechts selbst auf dem Spiel. Denn wenn die Kirche aus Glaubensgründen kein göttliches Recht kennt, sollte dann in ih-

919 *Sohm*: S. 42.

920 *Heckel:* Lex charitatis, S.11.

921 *Heckel:* Lex charitatis, S.11.

rem irdischen Gemeinleben ein menschliches Recht bestehen können?"[922]. Die herrschende protestantische Lehre gründete sich auf einer Trennung von Kirche und Recht. Das Recht sei kein Teil des göttlichen Reiches, vielmehr herrsche hier Freiheit und Glaube. Mit dieser Auffassung ist dem Kirchenrecht die Daseinsberechtigung abgesprochen: Während das weltliche Gesetz zur Ordnung der irdischen Belange zwingend erforderlich sei und auch anerkannt werden müsse, dürfe die Kirche sich Zwänge nicht auferlegen, da die göttliche Freiheit keinen Zwang kenne. Luther hingegen vertritt nach Auffassung Heckels die Ansicht, es müsse auch im göttlichen Reich ein Recht geben, das Gesetze und Normen beinhalte. Der Ausgangspunkt Luthers ist dabei die Schaffung des Naturrechts als „Uroffenbarung"[923] Gottes in der menschlichen Vernunft. Dabei stellt das Naturrecht jedoch – anders als nach der mittelalterlichen Lehrmeinung – keine bloße sittliche Norm dar, sondern verkörpert das göttliche Gesetz, das auf die Welt und das Leben ausstrahlt. Heckel vertritt die These, Luther habe ein göttliches Recht anerkannt, da es als Teil der „perfectio hominis Christiani"[924] zwingend geboten gewesen sei. Nach Johannes Heckel hat sich Luther mehr als jeder andere Theologe mit der Frage nach der Gerechtigkeit beschäftigt. „Indem er ihr mit schwerem Ernst nachging, kam es zur Begegnung mit dem Gesetz Gottes, die den Mönch und Theologen fast zerschmetterte. Nicht als wohltätige Ordnung, sondern in einer über alle Maßen furchtbaren Majestät trat ihm die Herrschaft des Gesetzes vor die Seele"[925]. Luther erkennt daher die „extrema tyrannis legis divinae"[926] als oberstes Gebot an. Das göttliche Gesetz ist insbesondere durch drei Merkmale gekennzeichnet: die lex iustitiae universalis fordert den Menschen mit ganzer Kraft, die lex impossibilis fordert vom Menschen Unmögliches und die lex maledictionis spiritualis stellt ein geistliches Ächtungsgesetz des sündigen Menschen als Feind dar. „Das im menschlichen Herzen wohnende, immerzu rührige Widerstreben gegen das göttliche Gesetz wird in seinen leisesten und geheimsten Regungen auf der Stelle als geistliches Majestätsverbrechen mit der schwersten Strafe, mit dem geistlichen Tode geahndet."[927] „Wer dem Gesetz nicht unbedingt in allen Stücken gehorcht, ist ein Empörer und Bundesgenosse des Teufels. [...] Dabei kann es keinen Unterschied nach der Schwere des Aufruhrs gegen Gott geben. Denn Gottes Gericht ist unendlich fein, und was in den Augen der Menschen gering erscheint, ist bei ihm groß."[928] Heckel fragt angesichts dieser Härte

922 *Heckel:* Lex charitatis, S.11.
923 *Heckel:* Lex charitatis, S. 16.
924 *Heckel:* Lex charitatis, S. 22.
925 *Heckel:* Lex charitatis, S. 23.
926 *Heckel:* Lex charitatis, S. 23.
927 *Heckel:* Lex charitatis, S. 24.
928 *Heckel:* Lex charitatis, S. 25.

des Gesetzes zunächst nach dem Sinn einer derartigen Norm. Das göttliche Gesetz ist allgegenwärtig und folgt einer Vernunft, die sich dem menschlichen Begreifen entzieht. „In dieser vitalen Präsenz offenbart das göttliche Gesetz Art und Namen: Es ist das Naturgesetz."[929] Heckel legt Luthers Rechtsbegriff des göttlichen Gesetzes als identisch mit dem Naturgesetz aus. Dadurch unterscheide Luthers Lehre sich von der wissenschaftlichen Lehre seiner Zeit: die Scholastik nahm das Naturgesetz zum Ausgangspunkt, „wandte sich dann zum Dekalog und schloß mit dem Gesetz Christi"[930]. Für Luther hingegen ist laut Johannes Heckel das Naturrecht das Grundgesetz des Reiches. Da es, wie im Rahmen der Untersuchung der Zwei-Reiche-Lehre dargestellt, ein göttliches und ein weltliches Reich gibt, „gibt es auch eine zweifache Art Naturrecht"[931]. Der Dualismus der beiden Rechte ist „in der Einheit des göttlichen Rechtswillens aufgehoben"[932]. Das göttliche Gesetz ist das einzige Gesetz, das Geltung für alle Menschen beansprucht und erlangt. „Darum heißt es die lex divina schlechthin"[933]. Das göttliche Gesetz wirkt also universell, jedoch ist die Wirkung je nach Reich eine andere: im Reiche Gottes wirkt das Naturrecht als Gesetz, während es im weltlichen Reich „den Menschen nicht als Recht zugute kommt"[934]. Das Gesetz hat seine Grundlage in Gott, der reine Liebe ist. Daher hat das Gesetz seine Grundlage in der Liebe. Ein Gesetzesempfänger, der das Gesetz ablehnt und die Liebe nicht kennt, wird von dem göttlichen Recht nicht gebunden.

3. Eigenschaften des göttlichen Gesetzes

Das göttliche Gesetz ist, so legt Heckel Luther aus, „rechtschaffender Wille"[935]. In Abgrenzung zu dem nur gebieterischen Willen des Menschen ist der göttliche Wille Maßstab alles Seins. „Nichts ist gerecht, außer weil Gott es will und dadurch, dass er es will."[936] Das göttliche Gesetz ist für den Menschen nicht ergreifbar, weshalb sich der Wille Gottes dem Menschen auch nicht unmittelbar, sondern nur symbolhaft offenbaren kann. Da der menschliche Verstand das Gesetz Gottes nicht nachvollziehen kann, stellt sich die Schöpfung als unbegreiflich und paradox dar. „Wir sehen Unterschiede und Gegensätze; aber in Gott, dem

---

929 *Heckel:* Lex charitatis, S. 26.
930 *Heckel:* Lex charitatis, S. 28.
931 *Heckel:* Lex charitatis, S. 47.
932 *Heckel:* Lex charitatis, S. 47.
933 *Heckel:* Lex charitatis, S. 47.
934 *Heckel:* Lex charitatis, S. 49.
935 *Heckel:* Lex charitatis, S. 50.
936 *Heckel:* Lex charitatis, S. 50.

übernatürlich-unerforschlichen Wesen sind sie eins“[937]. Was der Mensch als Grausamkeit, Hass und Ungerechtigkeit empfindet, ist in Wahrheit Liebe, Weisheit und Gerechtigkeit. Im Gegensatz zu dem klassischen Begriff des Naturgesetzes, der den göttlichen Willen in der Natur verkörpert sieht und die Natur zum Maßstab für Gut und Böse macht, ist Luthers Auffassung nach das Naturgesetz in rein geistiger Form vorhanden. Losgelöst von äußeren Zeichen tritt es völlig unverfälscht auf. Folgerichtig lehnt Luther auch den Normativismus ab. Der göttliche Rechtswille besteht nicht in der Manifestation von Rechten und Pflichten, sondern bleibt auf geistiger Ebene bestehen. Zwar wird der göttliche Wille dem Menschen in Form einer Norm offenbart, jedoch stellt diese Norm nur einen schlechten Abglanz des wahren Wertes dar. Das Gebot Gottes ist zu verstehen als „tätliches Wort“[938]. Adressat des Gebotes ist nicht etwa ein *Verhalten* des Menschen, sondern die Ausrichtung und Bildung des *Willens*. Die vollkommene Ausrichtung des Willens auf Gott gipfelt in der Liebe. Das Naturgesetz fordert den ganzen Menschen, nicht nur ein bestimmtes Handeln oder Unterlassen. Da Gott in seiner Reinform Liebe ist, ist auch das Naturgesetz Liebe. „Liebe verträgt aber keinen Zwang. Darum gilt das Naturgesetz nur da, wo es freudig und freiwillig erfüllt wird.“[939]. Der Geist der Freiheit verleiht dem Menschen die Freiheit zum Gehorsam gegen Gott. Das göttliche Gesetz zu befolgen ist nicht Beschwer, sondern reine Freude. Die Freude in Gott äußert sich auch in der reinen Nächstenliebe und in einer Sicherheit, geborgen zu sein in der göttlichen Liebe. Da der Mensch sich Gott ganz hingibt, ist ein weiteres Merkmal des Naturgesetzes auch die Treue gegenüber Gott. Das Naturgesetz ist schließlich durch seine Universalität gekennzeichnet, es ist „im Vollsinn allgemein“[940]. Da das göttliche Gesetz mittels der Vernunft nicht begreifbar ist, kann es einzig und allein im Herzen des Menschen umgesetzt werden, in Form der „Durchdringung des menschlichen Willens seitens des göttlichen“[941]: Zwischen dem Schöpfer und seinem Geschöpf, dem Menschen, gibt es keinen Vermittler, so dass das Naturgesetz unmittelbar und rein im Herzen zum Ausdruck kommt. Der Mensch wirkt an dieser Gesetzesrealisation in Wirklichkeit gar nicht selbst mit. „Gottes Wort ist Gottes Tat“[942]. Der Vollzug des Gesetzes bedarf nicht einer Willensbetätigung des Menschen, sondern gestaltet sich als ein Akt Gottes.

---

937 *Heckel:* Lex charitatis, S. 54.

938 *Heckel:* Lex charitatis, S. 59.

939 *Heckel:* Lex charitatis, S. 61.

940 *Heckel:* Lex charitatis, S. 63.

941 *Heckel:* Lex charitatis, S. 64.

942 *Heckel:* Lex charitatis, S. 65.

4. Gehalt des Naturgesetzes

Nach Klarstellung der wesentlichen Eigenschaften des Naturgesetzes geht Johannes Heckel auf den sachlichen Gehalt und die Umsetzung des Gesetzes in der Welt ein. Das Naturgesetz fordert ein Werk von dem Adressaten, wobei das Werk nicht etwa ein irdisches Verhalten darstellt, sondern sich auf geistiger Ebene abspielt. Da das Naturgesetz nur da Geltung erlangt, wo es freiwillig befolgt wird, „fallen Sollen und Sein hier zusammen“[943]. Der Inhalt des Naturgesetzes beruht in der Natur des Menschen. Der Mensch soll daher ein Leben gemäß seinem Stande, nämlich als Abbild Gottes, führen und die göttliche Lebensordnung umsetzen. Der Wille ist Gott zu übergeben, Gottes Herrschaft rückhaltlos anzuerkennen. Vereinfacht kann man das Naturgesetz als „Goldene Regel“[944] ausdrücken, die besagt: „Alles, was ihr wollt, dass euch die Leute tun, das tut ihr ihnen auch“[945]. Obwohl die Goldene Regel zunächst ein irdisches Gesetz ist, da sie auf menschliches Handeln („tut“) abstellt, wird sie von Christus geistlich ausgelegt.

5. Positives göttliches Recht

Das positive göttliche Recht tritt neben das Naturgesetz. Nach Erschaffung des Menschen hat Gott das Recht gesetzt, um seinen Willen kund zu tun. Das positive göttliche Recht ist insofern als geistliches Recht zu sehen, als das geistliche Gemeinleben und seine Institutionen geregelt werden. Zur Pflege des geistlichen Gemeinlebens stellt Gott zwei weltliche Institutionen bereit: die Ehe und die Kirche. Während die Kirche zuständig ist für die Ausrichtung des Menschen auf den Schöpfer, obliegt der Ehe die Pflege der Beziehung zum Mitmenschen. Die weltlichen Einrichtungen sind von den geistlichen Institutionen zwar zu differenzieren, können aber nicht getrennt werden. Denn Geistliches und Leibliches gehören zusammen.

Heckel fasst die Lehre Luthers zusammen, indem er den lutherischen Rechtsbegriff als geistlichen Rechtsbegriff auslegt, der das „Teilhaftigsein an der göttlichen Liebe“[946] darstellt. Johannes Heckel schafft mit seiner Lutherforschung nun eine Brücke zwischen diesem geistlichen und dem in der Staatsordnung geltenden Rechtsbegriff.

---

943 *Heckel:* Lex charitatis, S. 66.

944 *Heckel:* Lex charitatis, S. 67.

945 Matthäus 7, Vers 12

946 *Heckel:* Lex charitatis, S. 70.

6. Weltliches Naturrecht

Mit dem Sündenfall fällt die Einheit von Leib und Geist auseinander. Das geistliche Naturgesetz tritt einem Gegenpart, dem weltlichen Naturrecht, gegenüber. Weltlich ist es, da es in der irdischen Sphäre gilt, Naturrecht bleibt es aber dennoch, da „auch im Herzen des sündigen Menschen [...] der göttliche Rechtswille als Naturgesetz eingeschrieben“[947] bleibt. Der göttliche Wille kann sich allerdings nicht mehr entfalten. Das weltliche Recht ist daher aus der Abkehr von Gott entstanden. Dennoch zieht Gottes Wille aus Gnade auch den abgefallenen Menschen zu sich. Daher ist es dem Menschen möglich, auch im Rahmen der Rechtsetzung und des Rechtsvollzugs auf das Gewissen und damit auf die Stimme Gottes zu hören. „Das weltliche Naturrecht bei Luther [ist] durch seine Verknüpfung mit dem Naturgesetz gottbezogen“[948]. Das menschliche Naturrecht steht zur Verfügung des Schöpfers und kann durch diesen jederzeit durchbrochen werden. „Das Normengeflecht des weltlichen Naturrechts [wird zum bloßen] Spielzeug in der Hand des Allmächtigen, wenn er mit dem Tod und Teufel sein hohes geistliches Spiel auf eine oft über alle Maßen schreckliche, aber für den Gläubigen stets heilbringende Weise treibt. Solche Majestätsakte hat sich jedoch Gott selber vorbehalten. Dem Menschen ist, wenn er nicht durch göttliche Wunderzeichen beglaubigt ist, die Berufung darauf verwehrt. Für ihn gilt das Naturrecht als ius generis humani. Es ist ihm nicht erlaubt, die Herrschaft der ratio, die im Naturrecht lebt, zu erschüttern.“[949] Das Naturrecht ist daher der Maßstab allen Handelns. Ein menschliches Gesetz kann nur dann gut sein, wenn es auf dem Naturrecht beruht und eine innere Mächtigkeit daraus zieht. Zudem bedarf das positive Recht auch einer äußeren Mächtigkeit, nämlich der weltlichen Obrigkeit. Im Idealfall folgt die weltliche Obrigkeit direkt dem Naturgesetz. Das positive Recht ist die Niederschrift des Naturgesetzes im weltlichen Raum. Nach Heckel sieht Luther ein Gesetz nur dann als geltend an, wenn es auf dem Naturrecht beruht und ein Mindestmaß an Gerechtigkeit verkörpert. Gesetze, die „nicht irgendwie dem Maßstab allgemeiner Menschenliebe entsprechen“[950] begründen keine Gehorsamspflicht. „Nicht die Obrigkeit ist Meister des positiven Rechts, sondern das Naturrecht“[951]. Daher hat auch die Rechtsprechung das Gesetz so handzuhaben, dass das Naturrecht stets zur Anwendung gelangen kann. „Bei aller Achtung vor dem Gesetz muß [der Richter] doch in seinem Amt insofern über dem Gesetz stehen, als er nicht das Gesetz gegen das Recht ausspielt

947 *Heckel:* Lex charitatis, S. 72.
948 *Heckel:* Lex charitatis, S. 81.
949 *Heckel:* Lex charitatis, S. 81.
950 *Heckel:* Lex charitatis, S. 84.
951 *Heckel:* Lex charitatis, S. 85.

und spielen lässt wie die Buchstabenjuristen.“[952]. Der Richter hat demnach eine Wächterfunktion inne, die er bei der Umsetzung des Rechts ausüben kann und muss. Daher erhält auch das positive menschliche Recht einen Wert, bleibt jedoch stets auf die Welt beschränkt. Das positive Recht kann nur dann einen Wert einnehmen, wenn es im Bestreben gesetzt wird, Gottes Befehl auf Erden umzusetzen. Nicht das menschliche Recht selbst entscheidet über dessen Qualität, sondern der Gebrauch des Rechts. Ein Gesetz, dass nicht auf Liebe zu Gott und zum Nächsten, sondern auf reiner Selbstliebe gegründet ist, kann niemals Heil bringen. Das Recht, das sich von Gottes Willen entfernt, zieht den Zorn Gottes auf sich. „Der geistliche Fluch der lex irae ergreift alles menschliche Recht im Reich der Welt und prägt ihm diejenigen Eigenschaften auf, die seitdem das Wesen einer lex ausmachen, den Ernst und die Strenge, das Zwingen und Strafen. Jedes menschliche Gesetz zeigt den Abglanz göttlichen Zornes, und jede Obrigkeit ist dessen Werkzeug. Daher ist, wie Luther sagt, das menschliche Recht ‚fast soviel als straffe‘.“[953] Da das Gesetz vom Zorn Gottes geprägt ist, kann man ein solches Recht nicht von ganzem Herzen lieben, so dass der Mensch die Freiheit vom Gesetz erstrebt. Das Gesetz wird nicht um seiner selbst willen erfüllt, sondern aus Angst vor Strafe oder aus Hoffnung auf eine entsprechende Belohnung. Damit ist laut Heckel der Anfang eines Teufelskreises gesetzt: Mittels Gesetzgebung versucht die weltliche Obrigkeit, die menschliche Willenskraft zu zähmen, diese entwickelt eine wachsende Energie zum Kampf gegen das Gesetz. „Denn jedes Gesetz […] treibt die Sünde auf und macht sie offenbar“[954]. Das Gesetz hindert den Menschen, in direkten Kontakt mit dem liebenden Gott zu treten. Aus diesem Grund sieht – so Heckel – Luther den Positivismus als Feind des Glaubens an. Daher kann nur aufgrund der unendlichen göttlichen Gnade der Mensch und das weltliche Recht Bestand und Daseinsberechtigung haben. Gleichzeitig ist es aber auch dieses menschliche Recht, das durch den Bezug auf Gott, und sei es auch in Form des göttlichen Zorns, den Menschen vor dem Untergang bewahrt. Da das weltliche Gesetz ein Stück göttlicher Verfassung ist, bedeutet ein Gesetzesverstoß automatisch einen Verstoß gegen göttliches Recht. Damit ist die Befolgung des irdischen Rechts zwingende, wenn auch nicht ausreichende Voraussetzung zur Erlangung ewigen Heils. Das weltliche Recht dient zur Aufrechterhaltung äußeren Friedens, das geistliche Recht sorgt für innere Eintracht und Seligkeit.

---

952 *Heckel:* Lex charitatis, S. 86.

953 *Heckel:* Lex charitatis, S. 92.

954 *Heckel:* Lex charitatis, S. 93.

a) Institutionen

Das weltliche Recht schafft sich Institutionen, die den Charakter der Welt widerspiegeln. Daher ist selbst die Kirche auf Erden durch Verweltlichung und Veräußerlichung geprägt. In die Glaubenslehre mischt sich Politik und Machtstreben. Die weltliche Kirche ist konfliktbeladen und nur ein trauriges Abbild der geistlichen Kirche.

Ebenso ist es im Fall des Eheinstituts. Dieses verliert in der Welt an Reinheit und Lauterkeit, bleibt aber wegen seiner Originalität in Gott ein dem weltlichen Recht entzogenes Element. Daher kann auch das weltliche Recht nicht maßgeblich sein für die Schließung und Trennung der Ehe.

b) Auswirkungen der Ehe als Rechtsverhältnis

Die Ehe ist als Rechtsverhältnis von Bedeutung für das Naturrecht. „In dem Hausregiment des Vaters begegnen wir dem ersten rechtlich geordneten Gewaltverhältnis auf Erden. Aus ihm stammt die ganze Amts- und Standesordnung der politia. […] Aus [der Ehe] leitet sich die bürgerliche Ordnung im Staat und in der Menschheit überhaupt ab“.[955] Die Ehe ist die Keimzelle von Gewalt und Obrigkeit, da seit dem Sündenfall die Obrigkeit mit dem Schwert über die Untertanen herrscht. Das Amt der Obrigkeit ist hierbei an dem irdischen Gemeinwohl ausgerichtet. In geistlichen Werten gemessen, ist die weltliche Obrigkeit nicht hoch anzusetzen. „Von Gott her gesehen stehen die Fürsten auf der untersten Stufe der Amtsordnung. […] Auch der beste Fürst ist daher notgedrungen ein ‚Schalkswirt‘ und ‚Gottes Henker und Stockmeister‘“[956]. Die Macht ist nur auf die Welt beschränkt, ein Übergriff hat für den Herrscher schlimme Folgen. Dennoch ist aber die weltliche Herrschaft ein Dienst im Sinne Gottes. Sie dient der Sicherung von Ordnung und Frieden. Die Obrigkeit ist „eine aus der Ehe hervorgegangene Einrichtung von Gott selbst gestiftet“[957]. Der Herrscher handelt im Auftrag Gottes und ist als Vollzieher von Gottes Zorn anzusehen. Gleichzeitig soll er auch ein Abbild der Liebe Gottes darstellen und das göttliche Recht auf Erden umsetzen. Aufgrund dieser Sachlage schuldet der Christ aus seiner Pflicht gegen Gott auch der weltlichen Obrigkeit absoluten Gehorsam. Die Obrigkeit soll ihre Macht im Sinne Gottes ausüben, „ohne Eigennutz, zum Besten [der] Untertanen, gerecht und billig gegen alle, mit gemessener Strenge gegen Übeltäter, gegen Schwache und Reumütige gnädig“[958]. Heckel betont ausdrücklich, dass die

955 *Heckel:* Lex charitatis, S. 108.
956 *Heckel:* Lex charitatis, S. 108.
957 *Heckel:* Lex charitatis, S. 109.
958 *Heckel:* Lex charitatis, S. 111.

Obrigkeit sich dem Zorn Gottes aussetzt, wenn sie gegen diese Pflichten verstößt. Dennoch entbindet ein Verstoß der Obrigkeit gegen ihre Pflichten die Untertanen nicht von ihrer Gehorsamspflicht. „Darum ist der Aufruhr das Kapitalverbrechen in der politia“[959]. Jeder Christ hat sich dem Aufruhr nicht nur fernzuhalten, sondern ihm entgegenzuwirken. Die Bestrafung der Obrigkeit ist allein Gott vorbehalten.

c) Bewertung

Heckel deutet Luther in einer Weise, die bisher neu in der Rechtsgeschichtsforschung ist. Luther war zuvor stets als Feind des positiven Rechts gesehen worden. Heckel legt die Ausführungen Luthers anders aus: Das positive Recht dient zur Abbildung des göttlichen Rechts und gewinnt somit einen eigenen Wert, der durch den rechten Gebrauch ausgefüllt werden muss. Mit dieser Auslegung schafft Heckel nicht nur eine wissenschaftliche Neugestaltung, sondern bietet auch eine theoretische Grundlage für die Erklärung der Staatsformen in der Vergangenheit. Indem zunächst die weltliche Obrigkeit als verworfen dargestellt wird, erklärt sich leicht das Geschehen im Dritten Reich. Zudem schafft Heckel eine Nische für alle, die Teil des Wirkens der nationalsozialistischen Herrschaft waren. Der echte Christ hat nicht nur das Recht, sondern sogar gegenüber Gott die Pflicht, der weltlichen Obrigkeit zu gehorchen und den Befehlen Folge zu leisten. Das obrigkeitskonforme Verhalten ist also als richtige Haltung im Sinne Gottes zu bewerten. Darüber geht Heckel sogar noch einen Schritt hinaus, als er dem Christ zur Auflage macht, sich „dem Aufruhr […] ohne Unterschied des Berufs und ohne Aufforderung [entgegenzuwerfen]“[960]. Nicht nur die Nachfolge, auch das Eintreten für die Staatsideologie zur Unterbindung politischer Gegnerschaft wird als Christenpflicht dargestellt.

Die Ehe als göttliche Institution wird durch die Auslegung Heckels deutlich aufgewertet. Sie stellt die Keimzelle des menschlichen Lebens in der Gemeinschaft dar. Diese Darstellung entspricht dem Bedürfnis Heckels, einen Zufluchtort in der Gesellschaft zu schaffen. Die Beteiligung am öffentlichen Leben und an der Politik sind für Heckel Zwänge, aus denen er sich in den Zufluchtsort der Familie zurückzieht, soweit er kann.

7. Lex scripta

Da der Mensch den Willen Gottes nicht ohne Weiteres erkennt, benötigt der weltliche Herrscher ein kodifiziertes Gesetz zur Dokumentation von Gut und

959 *Heckel:* Lex charitatis, S. 112.
960 *Heckel:* Lex charitatis, S. 112.

Böse. Die lex scripta kann aber nur Mittel zum Zweck sein und darf niemals als Ersatz des göttlichen Gesetzes, nur als weltliche Ausformung gesehen werden. Die Kodifizierung des Gesetzes geschieht in der Urform des Dekalogs, der ein Abbild des göttlichen Willens auf irdischer Ebene widerspiegelt. Die Priester sind als Mittler zwischen Gott und den Menschen dazu eingesetzt, den Willen Gottes zu lehren und zu erläutern. Der Großteil der Menschen ist um eine Umsetzung des göttlichen Willens auch bemüht, verkennt dabei aber allzu sehr, dass der Wortlaut des Gesetzes nicht allein maßgeblich ist und reagiert mit blinder Nachfolge auf das Gesetz. Andere Menschen hingegen erahnen die wahre Natur der Gebote und verzweifeln an der mangelhaften weltlichen Abbildung. Zusammenfassend reagieren die Menschen also entweder mit einer blinden Gesetzestreue, die in den Augen Heckels als Heuchelei zu werten ist, oder mit einer ablehnenden Haltung gegenüber dem positiven Recht, die Frustration und Auflehnung gegen die weltliche Obrigkeit zur Folge hat. Daher ist es Aufgabe der Kirche, den Menschen den göttlichen Willen näher zu bringen und verständlich zu machen.

Diese Auffassung entspricht der inneren Überzeugung Heckels. Er benennt den göttlichen Willen als obersten Maßstab, den es zu erkennen und zu erfassen gilt. Daran muss alles Menschliche Tun und Handeln gemessen werden. Zwar entbindet ein mangelhafter Befehl nicht von der Gehorsamspflicht, gegenüber Gott ist der Befehl jedoch unrechtmäßig. Dadurch wird deutlich, dass auf Erden und bei Gott mit zweierlei Maß gemessen wird. Heckel sucht in seiner Darstellung die Umsetzung des wahren Glaubens in der Welt, der zu einer bewussten Gesetzestreue auch gegenüber der staatlichen Obrigkeit führen soll.

8. Der Christ im irdischen Rechtsleben

Die Konsequenzen der göttlichen Einflussnahme auf das irdische Leben schlagen sich in zweierlei Hinsicht nieder: im Verhältnis der Christen untereinander und im Verhältnis der Christen zu den Nichtchristen. Das erstere ist ein vom weltlichen Recht rechtsfreier Raum, in dem alles Handeln unter dem Gebot der christlichen Nächstenliebe steht. „Die christliche Bruderliebe ist das erste und im Rang wichtigste Grundrecht des äußeren Gemeinlebens der Christen untereinander. Das zweite ist die christliche Gleichheit.“[961] Aufgabe der Christen untereinander ist es, der göttlichen Kirche auf Erden möglichst nahe zu kommen. Zwar ist Heckel bewusst, dass eine reine Abbildung aufgrund der menschlichen Unvollkommenheit nicht möglich ist. Dennoch streben die wahren Gläubigen an, untereinander wahre Gleichheit zu üben. Erkennt der wahre Christ, dass die weltliche Kirche sich

---

961 *Heckel:* Lex charitatis, S. 137.

mittels des positiven Rechts von der göttlichen Zielsetzung entfernt hat, so muss er sich in diesem Punkt von der weltlichen Institution distanzieren. Johannes Heckel hebt ausdrücklich hervor, dass damit kein Austritt aus der Kirche verbunden und dieser gerade durch das göttliche Gebot nicht legitimiert sei. Vielmehr darf der Christ nur im Rahmen eines geistlichen Widerstands gegen die falschen Lehren der weltlichen Kirche vorgehen. Denn „ihre eigentliche Kraft entfaltet die Widerstandslehre innerhalb der Kirche. Hier führt sie zum Aufbau eines neuen Kirchenrechts."[962] Das weltliche Kirchenrecht ist nur insofern verbindlich, als es die Verwirklichung des göttlichen Willens in der Welt erleichtert und vereinfacht. Das Kirchenrecht soll die „Versorgung der Gemeinden mit dem Wort sichern, die Einigkeit unter [den Christen] stärken und vor Störungen bewahren. In all diesen Richtungen ist die allgemeine Kirche bei ihrer Rechtsetzung an das göttliche Naturgesetz in Christi Auslegung gebunden. Das ist die Schranke ihrer Rechtsgewalt."[963]

Das Verhältnis der Christen zu den Nichtchristen wird im Rahmen der Stellung des Christen im Staat bemerkbar. Der Staat ist „die rechtliche Lebensform der auf irdische Ziele ausgerichteten menschlichen Gemeinschaft"[964]. Die Christen unterscheiden sich im weltlichen Leben kaum von den Nichtchristen. Die geistliche Freiheit der Christen löst deren Bindungen an das weltliche Gesetz nicht. Auch verschafft ein Verstoß der Nichtchristen gegen göttliches Recht den Christen keinen Anspruch auf Rache. Vielmehr ist es göttliche Pflicht, die Verfehlung des Nichtchristen hinzunehmen und zu dulden. Einzig und allein in Fragen des Glaubens hat der Christ eine Verfehlung des Nichtchristen zu korrigieren. Daher kann man zusammenfassend feststellen, dass Christ und Nichtchrist gleichermaßen an das positive weltliche Recht gebunden sind, im Zweifel jedoch das geistliche Naturrecht den höchsten Rang genießt.

a) Stellung des Christen gegenüber weltlichem Recht

Der Christ ist dem weltlichen, irdischen Befehl nicht unmittelbar unterworfen, da er dem göttlichen Reich zugeordnet und dem irdischen Reich „exemt" ist. „Aber mögen die Christen auch dem irdischen Rechtszwang nicht unterliegen, so sind sie doch durch die naturgesetzliche Pflicht zur Nächstenliebe gehalten, das positive menschliche Recht zu achten und müssen das vor Gott verantworten. Eben weil der Christ weiß, dass ein schuldhafter Verstoß gegen den rechtmäßigen Befehl der Obrigkeit nicht nur zeitliche Strafen heraufbeschwören, sondern vor allem den Zorn Gottes erwecken und das Seelenheil gefährden würde, wird er dem irdischen Recht mit ungleich größerer Gewissenhaftigkeit nachleben als ein

962 *Heckel:* Lex charitatis, S. 140.
963 *Heckel:* Lex charitatis, S. 142.
964 *Heckel:* Lex charitatis, S. 146.

Heide. So bildet das Christentum die festeste Stütze eines weltlichen Gemeinwesens."[965] Wie das Naturrecht im geistlichen Sinne, so ist auch das Naturrecht im weltlichen Sinne stets als überpositive Grenze des Gehorsams zu sehen. „Der Widerspruch mit dem Naturrecht hebt die rechtliche Verbindlichkeit des obrigkeitlichen Befehls auf."[966] Für Sohm hingegen ist das göttliche Recht allein maßgeblich. Echte Christen bedürfen unter sich „weder des weltlichen Schwertes noch Rechtes"[967].

b) Bewertung

Hier fällt nun auf, dass Heckel das überpositive Recht als Grenze anerkennt, während dies im später veröffentlichten Werk über die Zwei-Reiche-Lehre Luthers nicht mehr der Fall ist. Johannes Heckel erwähnt in der Lex charitatis sogar ausdrücklich: „Einen Krieg, von dessen Unrecht der Christ überzeugt ist, darf er unter keinen Umständen mitmachen. Gerecht aber ist nur ein Notkrieg, d.h. ein aufgedrungener Krieg. [...] Die Verweigerung des Kriegsdienstes wird dann zu einer aus dem materiellen Naturrecht (fünftes Gebot!) entspringenden Pflicht gegen Gott. Natürlich darf ein solcher Entschluss nur nach gewissenhaftester Prüfung der Rechtslage – auch nach Selbstprüfung der eigenen Fähigkeit zu rechter Urteilsbildung! gefasst werden, und solange der Untertan nicht zu einem zweifelsfreien Ergebnis kommt, darf er die Heeresfolge nicht ablehnen. Aber wie immer er sich entscheidet, die Verantwortung dafür trägt er persönlich. Sie kann ihm von niemand abgenommen werden. Einen blinden Gehorsam kennt die lutherische Rechtslehre nicht."[968] Erklärbar ist diese Haltung insoweit, als Heckel zwar der nationalen Lehre zugeneigt war, militärisch jedoch nicht zur Unterstützung des Nationalsozialismus aktiv geworden ist. Den ersten Weltkrieg hingegen sieht Heckel als gerechten Krieg, so dass die Teilnahme ehrenvoll und gottgewollt ist. Zu der Frage der geistigen, inneren Haltung gegenüber der weltlichen Obrigkeit nimmt Johannes Heckel in keiner Weise Stellung.

c) Lehre vom Tyrannen

Die Obrigkeit ist rechtmäßig, wenn sie von Gott entweder unmittelbar oder mittelbar durch Menschen auf der Basis der weltlichen Rechtsordnung in das Amt gelangt ist. Die Obrigkeit, die gegen das weltliche Naturrecht verstößt, missbraucht ihr Amt und wird zum Tyrannen. Im Hinblick auf das Widerstandsrecht

---

965 *Heckel:* Lex charitatis, S. 149.
966 *Heckel:* Lex charitatis, S. 154.
967 *Sohm*: S. 47.
968 *Heckel:* Lex charitatis, S. 154.

gegen den Tyrannen unterscheidet Heckel den Nichtchristen vom Christen. Ersterer hat das Recht, sein Handeln ausschließlich an der eigenen Person auszurichten und sich gegen den Tyrannen zu wehren, wenn dieser ihm Schaden zufügt. Anders ist es für den Christen: Aufgrund unendlicher Nächstenliebe darf der Christ sich nicht darauf berufen, eine Handlung sei zur Vermeidung eigenen Leids geboten. „Ein Widerstand ist ihm nur erlaubt, aber auch geboten, wenn er gezwungen werden soll, seinerseits gegen Gott oder den Nächsten Unrecht zu tun."[969]

d) Bewertung

Johannes Heckel definiert nun die oben bereits angesprochenen Grenzen des überpositiven Rechts: Verstöße gegen die Gebote Gottes und Schaden für die Mitmenschen. Mit dieser klaren Aussage ist ein Stillhalten gegenüber der Obrigkeit solange gerechtfertigt und sogar Christenpflicht, wie kein unmittelbarer Schaden für die Mitmenschen entsteht. Johannes Heckel gestattet dem Christen dann Widerstand, „wenn er gezwungen werden soll, [...] Unrecht zu *tun*"[970], also aktiv gegen den Nächsten zu handeln. Das passive Abwarten kann zwar mittelbar auch zum Untergang der Mitmenschen führen, rechtfertigt nach Heckel aber nicht den Widerstand. Indem Heckel auf die passive Haltung nicht eingeht, rechtfertigt er stillschweigend das so genannte „Mitläufertum". Die Differenzierung zwischen aktiver und mittelbarer Handlung ist dem Juristen sehr wohl bekannt, er nimmt jedoch keine Stellung dazu. Dies steht im Einklang mit der obigen Feststellung, dass Heckel die geistige Komponente des politischen Herrschens und die Unterstützung durch ideologische Grundlagen bewusst ausblendet. Zudem entspricht diese Haltung auch dem Charakter Heckels, der ein zurückhaltender, ruhiger Mensch ist und in erster Linie für die Wissenschaft lebt. Politik und Gesellschaftszwänge blendet er so weit wie möglich aus.

9. Verhältnis der Kirche zur Politik

Die Auffassung, dass die weltliche Obrigkeit grundsätzlich Befehlsgewalt besitzt und nur im Falle eines Verstoßes gegen überpositives Recht Widerstand erlaubt ist, vertritt Heckel auch angesichts der Macht der Kirche über den Tyrannen. Das kirchliche Recht kann die weltliche Obrigkeit keineswegs für abgesetzt erklären, lediglich der Ungehorsam in Form eines Widerstandsrechts ist gestattet. „Darum muss der Christ dem Angriff des Satans die Kraft des Gebets entgegensetzen. Das ist der wahre Widerstand der Christen gegen das Unrecht in der Welt, und es

969 *Heckel:* Lex charitatis, S. 155.
970 *Heckel:* Lex charitatis, S. 155.

ist ein aktiver geistlicher Widerstand."[971] Von dem Widerstandsrecht hat der Christ insbesondere dann Gebrauch zu machen, wenn der Tyrann sich selbst an die Stelle des Naturrechts setzt und das Naturrecht überhaupt nicht anerkennt. „Für ihn gibt es kein den Menschen von Gott vorgegebenes Recht"[972]. Gegen einen solchen Herrscher muss der Christ aktiv vorgehen. Das Volk hat „das Recht und die Pflicht der Revolution"[973]. Der Sensualismus trennt Kirche und Politik völlig voneinander. Christus habe nicht der Obrigkeit gedient, sondern den Armen. Eine Gehorsamspflicht gegenüber der Obrigkeit bestehe daher nicht[974].

Die von Heckel vertretene Auffassung soll nun noch in einen Vergleich mit der Kirchenrechtslehre von Stutz gesetzt werden.

a) „Ökumene"

Als auffällige Gemeinsamkeit der Auffassungen von Heckel und Stutz ist die hier in Anlehnung an die obigen Ausführungen als „Ökumene" bezeichnete Verbindungslinie zwischen den verschiedenen Konfessionen. Stutz vom Ausgangspunkt der katholischen Kirche, Heckel von der evangelischen Lehre aus, versuchen, ein einheitliches Reich der Christen zu schaffen, in dem allein das Streben nach dem Göttlichen maßgeblich ist. Wie bereits oben dargestellt, könnte man Stutz als Wegbereiter der Ökumene in einer Zeit, in der die Ökumene noch als Fremdwort zu sehen ist, bezeichnen. Heckel geht ebenfalls von einer einigen Christenheit aus, die den Heiden als Gottlose gegenübersteht.

b) Kirche und Recht

Ausgehend von der Grundlage, dass Kirche und Staat zwei „Reiche" sind, hält Johannes Heckel Kirche und Staat auseinander. Nach Sohm versteht die lutherische Kirche sich als Congregatio sanctorum[975]. Die Kirche wird damit als Gemeinschaft der Gläubigen verstanden und nicht als juristische Person. Dies bedeutet für Heckel jedoch nicht zugleich auch die Trennung von Kirche und Recht. Anders als Sohm, Vertreter des Sensualismus, kann den oben dargestellten Werken Heckels entnommen werden, dass für Heckel auch im göttlichen Reich ein Recht zur Anwendung kommt und umso mehr in der „Irdischen Umsetzung" – der Kirche – an Bedeutung gewinnt. Damit steht die Kirchenrechtslehre Heckels insoweit im Einklang mit derjenigen von Stutz. Professor Rudolph Sohm, von 1887 bis 1917 Professor

971 *Heckel:* Lex charitatis, S. 156.
972 *Heckel:* Lex charitatis, S. 158.
973 *Heckel:* Lex charitatis, S. 159.
974 *Sohm*: S. 47.
975 *Sohm*: S. 42.

für Kirchenrecht und deutsches Recht an der Universität Leipzig, ist streng lutherischer Konfessionalist[976]. Ausgehend von der Trennung zwischen dem altkatholischen Sakramentsrecht und dem neukatholischen Körperschaftsrecht vertritt Sohm die Auffassung, das Kirchenrecht stehe im Widerspruch mit dem Wesen der Kirche. Sohm unterscheidet die unsichtbare Kirche Gottes, die frei ist von jeglichem Recht, und die sichtbare Kirche der Welt.[977] Ausgehend von dem kantianischen Rechtsbegriff stellt Sohm fest, dass der von der Abgrenzung der Individualsphären ausgehende Rechtsbegriff sich für das Kirchenrecht nicht eignet.[978]

Im Gegensatz zu dem Germanist Stutz verbindet Heckel jedoch auch das Kirchenrecht mit dem *Staatsrecht.* Ausgehend von dem gerade bezeichneten Trennungsmodell lässt Heckel zwischen Staats und Kirche eine Verbindung entstehen. Die „Eigenkirche" von Stutz ist davon weit entfernt.

10. Bewertung

Angesichts der Haltung Heckels während des Dritten Reiches verwundert die in der Lex Charitatis zum Ausdruck kommende Stellungnahme. Zu erwarten ist eher die in dem späteren Werk der Zwei-Reiche-Lehre geäußerte Haltung, der Christ sei unbegrenzt auch der weltlichen Macht zum Gehorsam verpflichtet. Indem Heckel den Menschen dazu verpflichtet, gegen einen Verstoß der Obrigkeit gegen überpositives Recht vorzugehen, verurteilt er diejenigen, die sich gegen die nationalsozialistische Herrschaft nicht aufgelehnt haben. Zu beachten ist aber, dass Heckel die Grenze des überpositiven Rechts nur für das Handeln zieht. Verursacht das aktive Tätigwerden dem Nächsten Schaden, so ist es auch gegen den Befehl der Obrigkeit zu unterlassen. Heckel hat sich an der Parteiorganisation nie aktiv beteiligt. Indem er nur den Aktionismus verurteilt, billigt er indirekt das passive Verhalten. Auf die geistige und ideelle Förderung der Macht geht er ebenfalls nicht ein. Darin besteht zwar indirekt auch eine aktive Förderung der nationalsozialistischen Ideologie, die sich aber auf der geistigen Ebene abspielt. Die Distanzierung von der Politik entspricht Heckels Lebenseinstellung. Zudem beruht auch die Bindung des menschlichen Handelns an das göttliche – überpositive – Recht auf der Überzeugung Heckels, die wahre Freiheit sei nur im Glauben und in einem gottgefälligen Leben zu finden. Davon unberührt bleibt aber die Pflicht, der weltlichen Obrigkeit grundsätzlich Treue und Gehorsam entgegen zu bringen, auch wenn das Handeln des Herrschers nicht der inneren Überzeugung des Einzelnen entspricht.

---

976 Professorenkatalog der Universität Leipzig: http://www.uni-leipzig.de/unigeschichte/professoren katalog/leipzig/Sohm_1003.

977 *Kienzler*: BBKL, Rudolph Sohm.

978 *Landau*: S. 8.

In dem später veröffentlichten Werk der Zwei-Reiche-Lehre stellt Heckel die Gehorsamspflicht gegenüber der weltlichen Obrigkeit als unbedingt dar, ohne die Bindung an das überpositive Recht noch zu erwähnen. Dies ist auf die stärkere Bezugnahme auf die Herrschaft in der Zwei-Reiche-Lehre zurückzuführen. Während die Lex charitatis sich mit dem Gesetz an sich beschäftigt und dieses an den göttlichen Willen bindet, geht die Zwei-Reiche-Lehre nur auf den Herrschaftsbegriff als solchen ein. Solange die Herrschaft der weltlichen Obrigkeit überlassen ist, muss sich der Christ an die weltlichen Befehle halten. Die Einzelfälle zur Ausnahme finden erst im Rahmen des Naturgesetzes – wie in der Lex charitatis ausgeführt – ihre Anwendung.

In der Gesamtbetrachtung wird deutlich, dass Heckel von der durchaus strengen Ausrichtung auf das kirchliche Recht Zugeständnisse an die weltliche Herrschaftsmacht und das kodifizierte Recht während des Dritten Reiches macht. Anschließend kehrt er zu seiner Ausgangshaltung zurück, ohne die Erlebnisse völlig ausblenden zu können. Die Bekennung zum überpositiven Recht entspricht der inneren Überzeugung Heckels, beeinflusst aber seine Überzeugung von der Gehorsamspflicht gegenüber der weltlichen Obrigkeit nicht. Recht und Gehorsam werden verschiednen Anforderungen unterzogen.

Die Bindung an das überpositive Recht liegt zudem im Trend der Zeit.

In den 50er Jahren hatte in der Rechtstheorie die Radbruchsche Formel zunehmend an Bedeutung gewonnen. Nach dieser kann „ungültiges ‚gesetzliches Unrecht‘ und nichtiges ‚Nicht-Recht‘ vom gültigen Recht abgegrenzt werden“[979]. Die Radbruchsche Formel besagt, dass zwar grundsätzlich das positive Recht als Recht im höheren Sinne anzuerkennen ist. Gleichzeitig kann aber ein Verstoß gegen das Naturrecht dazu führen, dass das positive Recht seinen Charakter des Rechts wegen grober Unbilligkeit verliert. „Wenn sich auch nicht immer alle drei Werte des Rechts: Gerechtigkeit, Gemeinnutz und Rechtssicherheit harmonisch vereinigen lassen und daher auch unvollkommenes Recht gelten muss, so kann es doch Gesetze mit einem solchen Maß von Ungerechtigkeit und Gemeinschädlichkeit geben, dass ihnen die Geltung abgesprochen werden muß.“[980] Dies besagt, dass, wie Heckel es ausdrückt, das überpositive Recht die Schranken des Handelns und der weltlichen Gesetzgebung bilden muss. Insofern befindet sich Johannes Heckel im Einklang mit der herrschenden Lehre, indem er sich auf die Anerkennung des höheren, göttlichen Rechts beruft.

In der Zeit nach dem Dritten Reich erkennt Heckel die überpositive Macht wieder an, auf welcher er bereits in der Weimarer Zeit besondere Bedeutung gelegt hatte. Die Verfassung wird damit wieder als absolute, bedeutsame Größe

979 *Kaufmann*: S. 150.
980 *Kaufmann*: S. 152.

gesetzt. Darin liegt nun ein Abschied vom Integrationsmodell Smends. Zwar gilt es immer noch, die Obrigkeit anzuerkennen und die Zugehörigkeit zum Volk zu verdienen, die Bindung an die metaphysische Gerechtigkeit ist jedoch oberstes Prinzip.

Der Verfassungsbegriff Heckels weist erneut Merkmale des Organismusmodells auf. Ziel des Einzelnen ist das Streben zur Sittlichkeit. Das irdische Reich dient zur Verwirklichung der Sittlichkeit des Einzelnen und ermöglicht damit dem Menschen die Erfüllung natürlicher Bedürfnisse. Andererseits darf der Staat das Individuum nur im Rahmen der Naturgesetze in Anspruch nehmen. Damit ist das klassische Organismusmodell erfüllt.

V. Wirken nach außen

Johannes Heckel stellt sich der Herausforderung, sich zu seiner Haltung im Nationalsozialismus zu bekennen und um die Wiedereinsetzung in die volle Professur anzutragen. Anders als beispielsweise Carl Schmitt, der seine nationalsozialistische Haltung mit einer inneren Emigration erklärt[981], bewirbt sich Heckel unermüdlich um eine erneute Anerkennung. Damit ist seine Haltung als außerordentlich würdevoll anzuerkennen. Dennoch ist Heckel darum bemüht, seine alte Stellung als hochrangiger und anerkannter Wissenschaftler und Professor wieder zu erlangen. Anders als beispielsweise Karl August Eckhardt, der gegen die Entlassung aus dem Lehramt niemals Einspruch erhoben hat[982], war Heckel sehr an der Wiedereinsetzung „in Amt und Würden“ gelegen. Dies mag zum einen damit zusammenhängen, dass Heckel zu denjenigen zu zählen ist, die „nur um ihres beruflichen Fortkommens willen für den Nationalsozialismus eingetreten sind“[983]. In den Augen Eckhardts erscheint es verständlich, die Mitläufer aus politischen Gründen zu rehabilitieren, da es unbillig sei, „von Treibholz zu verlangen, dass es gegen den Strom schwimmt“[984].

Zum anderen bringt das Bemühen um eine Wiedereinsetzung zum Ausdruck, dass Johannes Heckel sich selbst nicht als bestrafenswert ansieht. Er hält sich für würdig, das Amt eines Professors für Staatsrecht zu bekleiden und damit maßgeblichen Einfluss auf staatstheoretische Grundlagen zu nehmen. Heckel ist regelmäßiger Kirchgänger[985]. Mit seinen Mitmenschen spricht Heckel offensichtlich gelegentlich „über die allgemeine Lage zur Zeit der Herrschaft des Natio-

981 *Rüthers:* S. 150.
982 *Nehlsen*: Karl August Eckhardt, S. 219.
983 *Nehlsen*: Karl August Eckhardt, S. 219.
984 *Nehlsen*: Karl August Eckhardt, S. 220.
985 Zeugnis des Pfarrers Neumann: Spruchakte, S. 74.

nalsozialismus"[986], wobei er die Haltung eines „Feindes von Gewaltpolitik"[987] und eines „entschiedenen Gegners aller Willkür, Unduldsamkeit und Verfolgung"[988] einnimmt.

Johannes Heckel zieht sich in den Jahren nach dem Zweiten Weltkrieg aus dem politischen Leben völlig zurück. Dies ist wohl Folge der Eindrücke unter der nationalsozialistischen Herrschaft. Dennoch ist er maßgeblich an dem Entwurf der evangelischen Kirchenverfassung und dem Preußischen Kirchenvertrag beteiligt. Er stellt seine Kräfte in den Dienst der Befriedung von Staat und Kirche.

VI. Wirken und Schaffen

Der private Bereich von Ehe und Familie wird für Johannes Heckel zum Zufluchtsort. Im November 1945 nimmt Heckel zwei ältere Damen in seine Wohnung auf, die im Krieg ihre Bleibe verloren haben. Durch unglückliche Kapitalanlagen – laut Heckel sind diese auf die mangelhafte Beratungsleistung der Gauleiter zurückzuführen – haben die Damen ihr Hab und Gut verloren und ständen nun – ohne die Unterstützung barmherziger Menschen – auf der Straße. Heckel selbst zieht aus dieser Lage durchaus Nutzen. Im Rahmen der Klage der Alliierten gegen Heckel kann er seine Hilfsbereitschaft und soziale Neigung demonstrieren. Als 1946 die Alliierten die Familie aus dem Heim in Harlaching vertreiben, zieht Heckel nach Feldkirchen.

Der Bruder Heckels – Theodor Heckel – engagiert sich als evangelischer Bischof in bewundernswerter Weise für die Heimkehrer und Verwundeten. Nach dem Theologiestudium in Erlangen und der Tätigkeit an der Universität als Dekan widmet sich Theodor Heckel der Kirchenlaufbahn, wo er schließlich das Bischofsamt erhält. Als solcher schafft er das „Gefangenenhilfswerk" für Internierte und Kriegsgefangene, befragt systematisch die Heimkehrer nach den Zurückgelassenen und organisiert einen Feldpostbriefedienst[989]. Auf diese Weise kann Theodor Heckel unvergleichliche Dienste für die Heimkehrer erbringen, was ihm zu großer Verehrung und Beliebtheit gereicht. Johannes Heckel unterstützt die Bemühungen, wodurch sein soziales Hilfsbedürfnis zum Ausdruck gebracht wird.

Nach Ende des Dritten Reiches setzt Johannes Heckel seine Aufgaben im Rahmen der Forschung und Lehre fort. In den Jahren 1944 bis 1945 und 1955 bis 1958 ist Heckel Sekretär der philosophisch-historischen Klasse, die Arbeit an der Savigny-Zeitschrift führt er seit 1938 unbeirrt weiter. Im Jahre 1951 beruft die

---

986 Zeugnis des Pfarrers Gernhart: Spruchakte, S. 75.

987 Zeugnis des Pfarrers Gernhart: Spruchakte, S. 76.

988 Zeugnis des Pfarrers Pröschl: Spruchakte, S. 77.

989 *Heckel*, Karl: S. 169 ff.

Bischofskonferenz der Ev.-Luth. Kirche Heckel zum Präsidenten des Verfassungs- und Verwaltungsgerichts der Vereinigten Kirche. Dadurch wird sein Verhältnis zur Kirche wieder aktiviert. Gleichzeitig bringt diese Aktivität Heckel auch auf dem beruflichen Weg ein Stück voran. Die Leitung des Obersten Gerichts der Evangelischen Kirche kommuniziert die wieder gewonnene Akzeptanz im Hinblick auf die fachliche und persönliche Eignung Heckels für ein öffentliches Amt. Als im Jahre 1949 die Vereinigung der Deutschen Staatsrechtslehrer ihre Tätigkeit wieder aufnimmt, tritt Heckel dieser Vereinigung bei. Eine rege Mitarbeit ist hierbei jedoch nicht zu bemerken. Dies ist wohl darauf zurückzuführen, dass Heckel sich nach dem Dritten Reich vermehrt dem Kirchenrecht zuwendet.

Heckel zieht für sich persönlich aus den Erfahrungen im Dritten Reich Konsequenzen. Zunächst ist ihm sehr daran gelegen, seinen Ruf als Wissenschaftler und Professor für Staats- und Kirchenrecht wieder herzustellen und volle Anerkennung zu genießen. Dennoch spricht aus seinen Werken die Erkenntnis, dass die blinde Befolgung des Herrschaftsbefehls nicht mit dem Glauben an ein überpositives Recht in Einklang gebracht werden kann. Umso mehr ist Heckel darum bemüht, darzustellen, dass die Teilnahme an aktiven Kriegshandlungen und der Judenverfolgung in höchstem Maße verwerflich ist. Angesichts seiner umfangreichen Darstellung der Wehrverfassung erscheint diese Behauptung widersprüchlich. Auf die ideologische Gestaltung durch Schaffung rechtlicher Grundlagen – beispielsweise durch die Erstellung einer Wehrverfassung – geht Heckel nicht ein. Die Anerkennung des überpositiven Rechts zeugt von dem Wissen Heckels um einen höheren Maßstab als den des weltlichen Herrschaftsbefehls. Dieses Wissen kann und darf nach Heckels Einschätzung aber nicht den Gehorsam gegenüber den weltlichen Befehlen und Gesetzen beeinflussen. Die Konformität mit den äußeren Umständen kommt auch seiner zurückhaltenden Art entgegen.

Kapitel 6: Lebensabend

Der Lebensabend Heckels vollzieht sich außerhalb des öffentlichen Interesses. Während des Ruhestandes konzentriert Johannes Heckel sich ausschließlich auf seine wissenschaftlichen Interessen. Aus dem politischen Leben zieht er sich gänzlich zurück.

Im Jahre 1956 zieht Heckel mit seiner Ehegattin in eine Mietwohnung nahe der Paulskirche in München. Die Eheleute verbringen einen ruhigen und zurückgezogenen Lebensabend. Als Johannes Heckel an Parkinson schwer erkrankt, isoliert er sich zunehmend. Freunde und Bekannte meidet er aus Angst, die eigene Schwäche und den Verfall zeigen zu müssen. Als Heckel mit seiner Ehegattin im Jahr 1962 zu dem jüngsten Sohn Martin Heckel nach Tübingen zieht, lebt er im Kreis der Familie und insbesondere der Enkelkinder erneut auf. Nach schwerer Krankheit verstirbt er im Kreis seiner Lieben.

Johannes Heckel ist nach wie vor der Wissenschaft verschrieben. Seine Freizeit verbringt er mit dem Studium insbesondere kirchenrechtlicher Natur.

Ende der 50er Jahre erlebt Deutschland das Wirtschaftswunder. In dieser Zeit kann Johannes Heckel sich eines ruhigen Ruhestandes erfreuen. Die Pension aus seinem Professorengehalt deckt den Lebensbedarf für das Ehepaar Heckel in ausreichendem Maße. Die Gesellschaft der Nachkriegszeit verdrängt die Erlebnisse aus der Zeit des Dritten Reiches erfolgreich, ohne dass eine ausreichende Auseinandersetzung mit den Geschehnissen stattfindet. Dies ist wohl dem Bedürfnis nach einem Neuanfang zuzuschreiben, der frei ist von den Belastungen der Vergangenheit. Bereits in den 50er Jahren beginnt der Weg in die „konsumistische Moderne“[990], der als Flucht aus den Erinnerungen gedeutet werden kann. Im Bereich der Justiz findet ein Wechselspiel zwischen „innerer Legitimationskrise der Rechtsprechung, zunehmender interner und oeffentlicher Kritik an der obrigkeitsstaatlichen Orientierung des Justizapparates und aeusserem Druck wegen der NS-Vergangenheit des Personals“[991] statt. Demokratisierung und Modernisierung werden auch im Verwaltungsapparat angestrebt. Zusammenfassend kann die Zeit der späten 50er und der 60er Jahre als Zeit der Modernisierung bezeichnet werden, wobei gesicherte Traditionen und Gesellschaftsstrukturen, wie etwa die

990 *Classen:* 60er Jahre.

991 *Classen:* 60er Jahre.

Stellung der Justiz im Staat, nicht aufgegeben werden. Aufgrund der inneren Unsicherheit bleibt die Justiz zurückhaltend, Modernisierung findet hauptsächlich im kulturellen Bereich statt. Im Jahre 1958 zieht sich Heckel endgültig aus seinen Lehraufgaben als Professor zurück. Seine Arbeit im Rahmen der wissenschaftlichen Zeitschriften setzt er jedoch fort. Dies bringt seinen persönlichen Eifer und die Begeisterung für die Arbeit zum Ausdruck. Für seine wissenschaftlichen Leistungen wird Heckel das Große Verdienstkreuz des Verdienstordens der Bundsrepublik Deutschland verliehen.[992] Zum siebzigsten Geburtstag wird Heckel eine Festschrift gewidmet, die sich mit Themen des Staatsrechts und des Kirchenrechts befasst.[993] Am 15.12.1963 verstirbt Heckel im Alter von 74 Jahren. Der Nachruf der Kollegen bezeugt die Sympathie, die er unter den Kollegen und Vorgesetzten genoss.

992 Grundmann: S. IX.

993 *Grundmann:* Festschrift.

Kapitel 7: Würdigung der Persönlichkeit Heckels

Diese Betrachtungen von Leben und Werk von Professor Johannes Heckel vermögen natürlich nur einen kleinen Teil der damaligen Geschehnisse zu beleuchten. Sie betreffen den Lebensweg einer Einzelperson, der von den vielfältigen Faktoren des sozialen und gesellschaftlichen Lebens zu Beginn des 20. Jahrhunderts beeinflusst ist.

Johannes Heckel wächst in einem national-konservativen Umfeld auf, das gleichzeitig lutherisch geprägt ist. in der frühesten Kindheit wird Heckel mit den Gegebenheiten einer ärmlichen Landpfarrei konfrontiert, deren Einfachheit und Not nachhaltige Eindrücke hinterlassen. Zu Beginn des Ersten Weltkrieges ist die Begeisterung Heckels für die Schaffung eines vereinten, mächtigen Volkes Konsequenz sowohl aus der politischen als auch aus der familiären Gesamtsituation. Daher bezeichnet Martin Heckel den Vater rückblickend als „Patriot“[994].

Das Leben Heckels ist zudem stark von einem kirchlichen Einfluss geprägt. Durch die lutherische Glaubenslehre lernt Heckel das göttliche Recht als überstaatliche Macht kennen, das den Maßstab allen christlichen Strebens und Handels darstellt. Auf diese Basis gründet Heckel auch den Verfassungs- und Rechtsbegriff, der ihn in der Weimarer Zeit in wissenschaftlicher und persönlicher Hinsicht charakterisiert.

Von Jugend auf ist Heckel zielstrebig und lässt seine berufliche Laufbahn nicht aus den Augen. Nach seiner Dissertation und Habilitation gelingt es ihm, einen Ruf als ordentlicher Professor, zunächst in Berlin, anschließend in Bonn und München, zu erhalten.

Der Ehrgeiz und das Streben nach beruflichem und gesellschaftlichem Erfolg bereiten zusammen mit der konservativen Einstellung Heckels dessen Empfänglichkeit für das nationalsozialistische Gedankengut. Der Versailler Vertrag hat die patriotische Einstellung Heckels enttäuscht, die Weimarer Republik wird als „fauler Kompromiss“ empfunden. Vor diesem Hintergrund ist die Begeisterung Heckels für den „Befreiungsschlag“ der nationalsozialistischen Revolution zu betrachten. Dabei bleibt Heckel nicht nur auf der Ebene des passiv Duldenden, sondern schafft insbesondere durch sein antisemitisches Werk aktiv eine Rechtsgrundlage für die nationalsozialistische Staatstheorie. Der Antisemitismus Heckels

994 *Martin Heckel* im Gespräch vom 09.12.2008.

führt sogar so weit, dass Heckel den Juden wesentliche Grundrechte abspricht. Aus den während des Dritten Reichs veröffentlichen Schriften spricht zum einen die kriegsbejahende Einstellung Heckels und die Befürwortung eines Führerstaates, zum anderen eine klare Bekennung zur Rassenlehre. Obwohl Heckel in der Weimarer Zeit eine verfassungstreue Gesinnung beweist und in der wissenschaftlichen Diskussion auch in den 30er Jahren noch daran festhält, ist in der Blütezeit des Dritten Reiches ein klares Bekenntnis zum Nationalsozialismus zu erkennen.

Während des Dritten Reiches zieht sich Heckel aus seiner Tätigkeit für die evangelische Kirche weitgehend zurück. In Abkehr von der in der Weimarer Zeit vertreten Auffassung der „Zwei-Reiche-Lehre“ und der strikten Trennung von Kirche und Staat befürwortet Heckel nunmehr das Führerprinzip in der Kirche. Für die Anerkennung in den nationalsozialistischen Kreisen opfert Heckel nicht nur seine bisherige Einstellung, sondern auch wertvolle zwischenmenschliche Beziehungen.

An dieser Stelle stellt sich die Frage, ob Heckel mit diesem Verhalten in wahrer Überzeugung tätig wird oder ob er lediglich als opportunistischer „Mitläufer“ bezeichnet werden sollte.

Zum einen beteiligt Heckel sich zurückhaltend am parteipolitischen Geschehen, so dass man kaum von politischem Militarismus sprechen kann. Hinzu kommt auch, dass sich Heckel in der Zeit vor und nach der nationalsozialistischen Herrschaft zu einer Anerkennung göttlichen Rechts bekennt. Auch das persönliche Bild Heckels passt zu dieser Auffassung. Während der Tätigkeit als Mitherausgeber des AöR bekennt sich Heckel zunächst zu einer starken Verfassung und der Geltung von Grundrechten. Sobald jedoch Schwierigkeiten der Zeitschrift, die als „demokratisch“ verrufen ist, auftreten, wendet Heckel sich einer nationalsozialistischen Betrachtungsweise von Verfassung und Grundrechten zu. Indem Heckel bereits im Jahr 1934 freiwillig das Amt des Mitherausgebers der Zeitschrift niederlegt, zeigt er das Bestreben, sich „aus der Affäre zu ziehen“. Das Verhalten im evangelischen Kirchenkampf spiegelt die opportunistische Haltung ebenfalls wieder. Zunächst war Heckel auch gegenüber dem späteren Reichsbischof Müller durchaus für eine Trennung von Staat und Kirche eingetreten. Als er aber sieht, dass eine derartige Haltung mit dem Fortkommen als Wissenschaftler und Kirchenberater nicht vereinbar ist, wendet Heckel sich dem nationalsozialistischen Gedankengut zu. Aus dieser Vorgehensweise spricht zunächst das strikte Bemühen, sich den gesellschaftlichen und politischen Ereignissen anzupassen und „das Fähnchen nach dem Wind zu drehen".

Andererseits betätigt Heckel sich in der Organisation des Dritten Reiches mehr, als zur Sicherung des Professorenamtes nötig wäre. Die Teilnahme an der Forschungsabteilung Judenfrage und die Verbreitung antisemitischer Schriften gehen über die reine Angepasstheit hinaus. Dies wird auch im Vergleich mit dem

Kollegen Feine deutlich, dessen Verhalten während des Dritten Reiches im Gegensatz zu Heckel nicht als aktiv nationalsozialistisch bezeichnet werden kann. Der Ton, der aus den staats- und wehrrechtlichen Schriften spricht, kann zudem als teilweise hetzerisch bezeichnet werden. Dies lässt darauf schließen, dass Heckel sich nicht nur „resignativ" vor den Anforderungen an eine Karriere im Dritten Reich beugt, sondern auch eigene Begeisterung für die nationalsozialistische Ideologie besitzt. Die Vehemenz, mit der Heckel während des Dritten Reiches die nationalsozialistische Führungsideologie vertritt, lässt nämlich auf eine persönliche Begeisterung für die nationalsozialistischen Ideale schließen. Angesichts der Bereitschaft, auch die persönlichen Bekannten der eigenen Karriere hintanzustellen, kann die Haltung nicht nur als reiner Opportunismus bezeichnet werden. Vielmehr spricht aus der Haltung Heckels auch Überzeugung.

Nach dem Ende der nationalsozialistischen Herrschaft muss sich auch Johannes Heckel eine Untersuchung durch die Alliierten im Rahmen der Entnazifizierungsmaßnahmen gefallen lassen. Das Urteil lautet auf Freispruch. Im Anschluss kann Johannes Heckel seine volle Tätigkeit als ordentlicher Professor für Staatsrecht und Kirchenrecht wieder ausüben.

Das Leben Heckels weist damit deutliche Zäsuren auf. Das Dritte Reich und die Herrschaft des Nationalsozialismus führen zur Distanzierung von den bisherigen Werten und ethischen Vorstellungen. Die Bemühungen Heckels, nach dem Dritten Reich wieder als Wissenschaftler voll und ganz anerkannt zu werden und sich von der nationalsozialistischen Ideologie zu distanzieren, deutet auf ein gewisses Scham- und Schuldgefühl hin, das Heckel angesichts seines Verhältnisses zum Nationalsozialismus empfinden mag. Insgesamt kann Heckel wohl als ausgeprägter Opportunist bezeichnet werden, der Opfer eines übergroßen Karrierestrebens, dem Wunsch nach Gleichförmigkeit und der Empfänglichkeit für dynamische nationale Parolen geworden ist.

Bei der Würdigung der Persönlichkeit Heckels darf keinesfalls das große wissenschaftliche Verdienst Heckels missachtet werden. Johannes Heckel nimmt unter den Wissenschaftlern seines Faches einen außerordentlich hohen Rang ein. Als Wissenschaftler auf den Gebieten der Rechtsgeschichte und des Kirchenrechts macht er sich nicht nur in Deutschland einen Namen. Durch seine Arbeit für das Auswärtige Amt und die enge Zusammenarbeit mit ausländischen Universitäten erlangt er auf internationaler Ebene einen Ruf als hoch qualifizierter Wissenschaftler, dessen Meinung es zu schätzen gilt.

Angesichts des klaren Bekenntnisses zur nationalsozialistischen Ideologie bleibt es jedoch erstaunlich, wie die Haltung Heckels im Dritten Reich in der Festschrift zum 70. Geburtstag schlicht übergangen wird[995]. Grundmann be-

995 *Grundmann*: S. VIII.

schreibt Heckel auch in anderen Werken[996] als „einen wahrhaft begnadeten Wissenschaftler".[997] Auch in dem Gedenken an Heckel im Österreichischen Archiv für Kirchenrecht wird Heckel als „praktizierender frommer Christ, dessen Leben zur Gänze auf das Evangelium gegründet war"[998] bezeichnet. Das Biographisch-Bibliographische Kirchenlexikon stellt Heckel als Wissenschaftler dar, der besonders durch seinen Beitrag zur Geschichte der Kirche an Bedeutung erlangt habe[999]. Eine weitere Stellungnahme zur Arbeit Heckels erfolgt nicht. Diese Auslassungen geschichtlicher Tatsachen sind durchaus bedenklich. Stolleis beschreibt die Beziehung Heckels zum Nationalsozialismus als „schwieriger zu bestimmen"[1000]. Seine staatsrechtlichen Beiträge seien qualitätsvoll und wichtig, er habe sich aber für das Regime engagiert und antisemitisch geäußert[1001]. Stolleis geht auf das Verhältnis Heckels zum Nationalsozialismus mit dem Hinweis, Heckel habe insbesondere in den Bereichen der Theologie und des Kirchenrechts „nach 1945 große Bedeutung erlangt"[1002] nicht näher ein.

Im persönlichen Bereich ist Heckel ein eher zurückhaltender Mensch, der umso stärker den Rückhalt seiner Familie sucht. Mag auch die Haltung gegenüber der nationalsozialistischen Herrschaft nicht gut zu heißen sein, so ist dennoch der unvergleichliche Verdienst Heckels für die Wissenschaft als Vorreiter auf kirchenrechtlichem Gebiet hervorzuheben: Heckel beschäftigt sich mit Forschungsgegenständen, die bisher stiefmütterlich behandelt wurden und trägt in hohem Maße zur Aufbereitung der Rechtsgeschichte bei.

---

996 *Grundmann*: ZevK, S. 1 ff.; ZRG S. XV.
997 *Grundmann*: ZevK, S. 9.
998 *Plöchl*: S. 138.
999 Kirchenlexikon: Heckel.
1000 *Stolleis*: S. 289.
1001 *Stolleis*: S. 289.
1002 *Stolleis*: S. 289.

Literaturverzeichnis

Adlberger, Susanne: Wilhelm Kisch – Leben und Wirken (1874 – 1952). München: 2006.

Bader, Karl Siegfried: In Memoriam Ulrich Stutz. Bonn: 1969. Monographie.

Bader, Karl Siegfried: Zum Briefnachlass des Rechtshistorikers Ulrich Stutz. in: Festschrift Gottfried Boesch, hrsg. von Büchler-Mattmann, Helene u.a. Schwyz: 1980.

Badura, Peter: Staatskirchenrecht als Gegenstand des Verfassungsrechts. in: Handbuch des Staatskirchenrechts, § 6, S. 231.

Barth, Hans: Masse und Mythos. Die ideologische Krise an der Wende zum 20. Jahrhundert und die Theorie der Gewalt: Georges Sorel. Hamburg: 1959.

Bautz, Friedrich Wilhelm: Johannes Heckel. in: Biographisch-Bibliographisches Kirchenlexikon (Verlag Traugott Bautz), Band II (1990).

Bautz, Friedrich Wilhelm: Karl Barth. in: Biographisch-Bibliographisches Kirchenlexikon (Verlag Traugott Bautz), Band II (1990).

Becker, Lothar: Schritte auf einer abschüssigen Bahn. Tübingen: 1999.

Blasius, Dirk: Carl Schmitt und der „Heereskonflikt" des Dritten Reiches 1934. in: Historische Zeitschrift 2005 (281), S. 659.

Bracher, Karl Dietrich: Stufen der Machtergreifung. in: Bracher/Schulz/Sauer: Die Nationalsozialistische Machtergreifung. Studien zur Errichtung des totalitären Herrschaftssystems in Deutschland 1933/1934. Band I. Frankfurt a.M.: 1983.

Bundesarchiv: Reichsinstitut für Geschichte des neuen Deutschland. http://www.bundesarchiv.de/foxpublic/99D39AA40A06221200000009076 D990/findmittelinfo.html.

Campenhausen von, Axel: Carl Friedrich Rudolf Smend. in: Kirchenrechtliches Institut der Evangelischen Kirche in Deutschland. http://www.ekd.de/kir chenrechtliches_institut/9378.html.

Classen, Christoph: Tagungsbericht: Die 60er Jahre- Soziale Kultur und politische Ideen in beiden deutschen Staaten. http://hsozkult.geschichte.hu-berlin. de/beitrag/tagber/60er.htm am 04.12.2008.

Dreier, Horst und Walter Pauly und Ingolf Pernice: Leitsätze des Berichterstatters. in: Die deutsche Staatsrechtslehre in der Zeit des Nationalsozialismus. VVDStRL 60 (2001).

Erdmann, Karl Dietrich: Deutschland unter der Herrschaft des Nationalsozialismus. 1933-1939. Handbuch der deutschen Geschichte. Stuttgart: 1999.

Feine, Hans Erich: Das Werden des deutschen Staates. Stuttgart: 1944.

Feine, Hans Erich: Kirchliche Rechtsgeschichte. Fünfte Aufl. Wien: 1972.

Forsthoff, Ernst: Der totale Staat. Hamburg: 1933.

Forsthoff, Ernst: Deutsche Verfassungsgeschichte der Neuzeit. Mainz: 1972.

Freisler, Roland: Justiz und Politik. in: 200 Jahre Dienst am Recht. Zum 200jährigen Gründungstage des preußischen Justizministeriums, S. 191. hrsg. v. Franz Gürtner. Berlin: 1938.

Gassner, Ulrich M.: Heinrich Triepel. Leben und Werk. Berlin: 1999.

Göppinger, Horst: Die Verfolgung der Juristen jüdischer Abstammung durch den Nationalsozialismus. Villingen/Schwarzwald: 1963.

Grimm, Dieter: Verfassung: zur Geschichte des Begriffs von der Antike bis zur Gegenwart. Berlin: 1995.

Gross, Raphael: Carl Schmitt und die Juden. Frankfurt a.M.: 2000.

Gruchmann, Lothar: Justiz im Dritten Reich. 3. Aufl., München: 2001.

Grundmann, Siegfried: Festschrift für Johannes Heckel. Köln: 1995.

Grundmann, Siegfried: Johannes Heckel. in: ZRG 81 (1964).

Grundmann, Siegfried: Verfassungsrecht in der Kirche des Evangeliums. in: ZevKR 1964 (11), S. 1.

Günther, Albrecht Erich: Die Aufgabe der Wehrwissenschaft an der Hochschule. in: Zeitschrift für die gesamte Staatswissenschaft 1935 (95), S. 557.

Haselmayr, Friedrich: Wehrgeistiges Schrifttum. Sonderdruck aus der Zeitschrift „Der SA-Führer", Folgen 1 und 2, 1938.

Heckel, Karl: Vater der Kriegsgefangenen. in: Deutsches Pfarrerblatt 1994, S. 169 ff.

Hermann, Hans-Georg: „... In Äusserlichen Formen dem Nationalsozialismus Aufgabe und Verpflichtung vorzuhalten": Beobachtungen zu Hans Erich Feine (1890-1965) im Nationalsozialismus und der frühen Nachkriegszeit. in: Münchener rechtshistorische Studien zum Nationalsozialismus, hrsg. von Hermann Nehlsen und Georg Brun, München: 1996, S. 257-311.

Hofmann, Klaus: Die Verdrängung der Juden aus öffentlichem Dienst und selbständigen Berufen in Regensburg 1933-1939. Frankfurt a.M.: 1993.

Huber, Ernst Rudolf: Verfassungsrecht des Großdeutschen Reiches. Hamburg: 1939.

Jönsson, Katja u. Matthias Wolfes: Otto Mayer. in: Biographisch-Bibliographisches Kirchenlexikon (Verlag Traugott Bautz), Band XV (1999).

Kahl, Wolfgang: Die Staatsaufsicht. Tübingen: 2000.

Kater, Horst: Die Deutsche Evangelische Kirche in den Jahren 1933 und 1934. Eine rechts- und verfassungsgeschichtliche Untersuchung zu Gründung und Zerfall einer Kirche im nationalsozialistischen Staat. Göttingen: 1970.

Kaufmann, Erich u. Ulrich Scheuner u. Werner Weber: Rechtsprobleme in Staat und Kirche. Festschrift für Rudolf Smend. Göttingen: 1952.

Kempter, Klaus: Die Jellineks 1820-1955. Eine familienbiographische Studie zum deutschjüdischen Bildungsbürgertum. Düsseldorf: 1998.

Kienzler, Klaus: Rudolph Sohm. in: Biographisch-Bibliographisches Kirchenlexikon (Verlag Traugott Bautz), Band X (1995).

Kirschenmann, Dietrich: Gesetz im Staatsrecht und in der Staatsrechtslehre der NS. Berlin: 1970.

Klee, Paul: Das Personenlexikon zum Dritten Reich. Wer war was vor und nach 1945. Frankfurt a.M.: 2005.

Koellreutter, Otto: Deutsches Verfassungsrecht. Ein Grundriß. Berlin: 1936.

Korioth, Stefan: Integration und Bundesstaat. Ein Beitrag zur Staats- und Verfassungslehre Rudolf Smends. Bonn: 1990.

Krause, Hermann: Johannes Heckel, in: Neue Deutsche Biographie c/o bayerische Akademie der Wissenschaften, hrsg. von Hans Günter Hockerts. Stand 2008, Band VIII.

Krause, Hermann: Nachruf Johannes Heckel. in: Bayerische Akademie der Wissenschaften, Jahrbuch 1964, Band 48, S. 173.

Kunze, Rolf-Ulrich: Theodor Heckel. 1894-1967. Würzburg: 1995.

Landau, Peter: Grundlagen und Geschichte des evangelischen Kirchenrechts (Jus Ecclesiasticum). Tübingen: 2010.

Leibholz, Gerhard: Heinrich Triepel. in: Internationales biographisches Archiv; http://www.munzinger.de/search/portrait/Heinrich+Triepel/0/1349.html.

Lepsius, Oliver: Die gegensatzaufhebende Begriffsbildung. Methodenentwicklungen in der Weimarer Republik und ihr Verhältnis zur Ideologisierung der Rechtswissenschaft unter dem Nationalsozialismus. München: 1993.

Link, Christoph: Friedrich Julius Stahl (1802-1861). Christlicher Staat und Partei der Legitimität. in: Deutsche Juristen jüdischer Herkunft, hrsg. von Heinrichs/Franzki/Schmalz/Stolleis. München: 1993.

Listl, Joseph u. Dietrich Pirson: Handbuch des Staatskirchenrechts der Bundesrepublik Deutschland. Zweite Aufl. Berlin: 1994.

Mai, Gunther: Das Ende des Kaiserreichs. Politik und Kriegführung im Ersten Weltkrieg. München: 1987.

Mehring, Reinhard: Carl Schmitt. Aufstieg und Fall. München: 2009.

Meier, Kurt: Der evangelischen Kirchenkampf I. Göttingen: 1976.

Meißner, Otto u. Georg Raisenberg: Staats- und Verwaltungsrecht im Dritten Reich. Berlin: 1935.

Müller, Manfred: Der Kulturkampf: Ein deutsches Verhängnis. Rosenheim: 2003.

Nehlsen, Hermann: Karl August Eckhardt. in: Münchener rechtshistorische Studien zum Nationalsozialismus, hrsg. von Hermann Nehlsen u. Georg Brun, Frankfurt: 1996, S. 181 -223.

Nowak, Kurt: Die evangelischen Kirchenführer und das Präsidialsystem. Konfessionelle Politik im Spannungsfeld von autoritärem Staatsgeist und kirchenbehördlicher Pragmatik (1930 – 1932). in: Die deutsche Staatskrise, hrsg. von Heinrich A. Winkler, S. 19.

Otto, Martin: Karl Rothenbücher. in: Neue Deutsche Bibliographie, hrsg. v. Hans-Günter Hockerts, Band 22 (2005), S. 120.

Plöchl, Willibald M.: Österreichisches Archiv für Kirchenrecht. 15. Jahrgang (1964).

Rennert, Klaus: Die „geisteswissenschaftliche Richtung" in der Staatsrechtslehre der Weimarer Republik. Untersuchungen zu Erich Kaufmann, Günther Holstein und Rudolf Smend. Berlin: 1987.

Rothenbücher, Karl: Das Recht der freien Meinungsäußerung. in: Verhandlungen der Tagung der Deutschen Staatsrechtslehrer 1927 (Heft 4), S. 6.

Rürup, Reinhard: Emanzipation und Antisemitismus. Göttingen: 1975.

Rüthers, Bernd: Entartetes Recht. Rechtslehren und Kronjuristen im Dritten Reich. München: 1989.

Scheuner, Ulrich: Die nationale Revolution. in: Leipziger Zeitung für deutsches Recht 1933, S. 899.

Schlink, Edmund: Der Ertrag des Kirchenkampfs. Gütersloh: 1947.

Schmidt, Jörg: Otto Koellreutter. 1883-1972. Frankfurt a.M.: 1994.

Schmitt, Carl: Was bedeutet der Streit um den Rechtsstaat? in: Zeitschrift für die gesamte Staatsrechtswissenschaft 1935 (95), S. 189.

Schneider, Thomas Martin: Ludwig Hermann Müller. in: Biographisch-Bibliographisches Kirchenlexikon (Verlag Traugott Bautz), Band XXII (2003).

Schneider, Thomas Martin: Reichsbischof Ludwig Müller. Eine Untersuchung zu Leben, Werk und Persönlichkeit. Göttingen: 1993.

Scholder, Klaus: Die Kirchen und das Dritte Reich. Band I. Vorgeschichte und Zeit der Illusionen 1918-1934. Frankfurt a.M.: 1980.

Schultze, Alfred: Ulrich Stutz. in: ZRG 59 (1939), Vorwort.

Sebald; Andrea Elisabeth: Der Kriminalbiologe Franz Exner (1881-1947). Frankfurt a.M.: 2008.

Sinzheimer, Hugo: Jüdische Klassiker der deutschen Rechtswissenschaft. Frankfurt a.M.: 1953.

Sohm, Rudolf und Leo Tolstoi: Rechtsordnung und Gottesreich. Heidelberg: 1951.

Stern, Fritz: Der Traum vom Frieden und die Versuchung der Macht. Deutsche Geschichte im 20. Jahrhundert. München: 2008.

Stolleis, Michael: Geschichte des öffentlichen Rechts in Deutschland. Dritter Band 1914-1945. München: 1999.

Stolleis, Michael: Juristen. Ein biographisches Lexikon von der Antike bis zum 20. Jahrhundert. München: 2001.

Stutz, Ulrich: Das Eignkirchenwesen in England. in: ZRG 43 (1922), S. 409.

Triepel, Heinrich: Die nationale Revolution und die deutsche Verfassung. in: Deutsche Allgemeine Zeitung Nr. 157 vom 02.04.1933, S. 1.

Triepel, Heinrich: Wesen und Entwicklung der Staatsgerichtsbarkeit. in: Vereinigung der Staatsrechtslehrer, 1928 (5), S. 2.

Waldhoff, Christian: 100 Jahre Kirchenrechtliches Institut an der Rechts- und Staatswissenschaftlichen Fakultät der Universität Bonn. in: Bonner Universitätsblätter 2004, S.39.

Walkenhorst, Peter: Nation-Volk-Rasse. Radikaler Nationalismus im Deutschen Kaiserreich 1890-1914. Berlin: 2007.

Welzel, Hans: Abhandlungen zum Strafrecht und zur Rechtsphilosophie. Berlin: 1980.

Werle, Hans: Eigenkirchenherren im bonifatianischen Mainz. in: Festschrift Karl Siegfried Bader, hrsg. v. Ferdinand Elsener u. a., S. 469.

Winkler, Heinrich August: Die deutsche Staatskrise 1930 – 1933. Handlungsspielräume und Alternativen. München: 1992.

Winter, Jörg: Die Wissenschaft vom Staatskirchenrecht im Dritten Reich. Frankfurt a. Main: 1977.

Wohlleben, Ekkehard: Die Kirchen und die Religionen. Erlangen: 2001.

Zuber, Brigitte: Gymnasiale Kunsterziehung der NS-Zeit. Das Beispiel München. Göttingen: 2009.

Ungedruckte Quellen

Spruchakte Johannes Heckel, Leopold-Wenger-Institut Universität München

Universitätsarchiv München: UAM

Bestand Akademischer Senat

Sen I 35

Sen I 29

Bestand Juristische Fakultät

E II 1634

Bestand Personalstammakten

L IX 25

Universitätsarchiv Humboldt-Universität Berlin: UAB

Acta der Friedrich-Wilhelms-Universität zu Berlin, UAB h I 13, 149, S.35.

Acta der Königl. Friedrich-Wilhelms-Universität zu Berlin, betreffend Privatdozenten, UABerlin P III 3, U I 2205.

Akte Universitäts-Archiv Humboldt-Universität Berlin 499.

Acta der Königl. Friedrich-Wilhelms-Universität zu Berlin, betreffend Privatdozenten, UABerlin P III 3, U 308.

Personalakte Stutz UABerlin UAB 133/I.

Acta der Friedrich-Wilhelms-Universität zu Berlin, Stutz 526

Personal-Akten des ordentl. Professors Dr. Siegfried Reicke, UABerlin 61, S.28.

Universitätsarchiv Zürich

Nachlass Karl Siegfried Bader, UAZ vom 24.04.1996.

Nachlass Ulrich Stutz, UAZ 60.

Schrifttumverzeichnis Johannes Heckel

„Die zwo Kirchen. Eine juristische Betrachtung über Luthers Schrift „Vom Papsttum zu Rome“. in: Ev.-Luth. Kirchenzeitung, Festausgabe zum 60. Geb. v. D.H. Brunotte, 1956, S. 221-226.

Artikel *„Budgetrecht“*. in: Handbuch des Deutschen Staatsrechts, hrsg. v. Gerhard Anschütz und Richard Thoma, II, Tübingen: 1932.

Augsburger Religionsfriede. in: Religion in Geschichte und Gegenwart, hrsg. V. Kurt Galling, Bd. I, 3. Aufl., Tübingen: 1957, Sp. 736-737.

Bilder aus der Geschichte des Domstiftes Havelberg seit der Reformation. 1926, Forschungen zur Brandenburgischen und Preußischen Geschichte 39, 1927, S. 51-74.

Bischof Hommer von Trier und die Mischehenfrage. in: ZRG 48 (1928), Kan. Abt. 17, S. 559-566.

Corpus Christianum. in: Religion in Geschichte und Gegenwart, Bd. I, 3. Aufl., Tübingen: 1957, Sp. 1871-1873.

Corpus Evangelicorum. in: Religion in Geschichte und Gegenwart, Bd. I, 3. Aufl., Tübingen: 1957, Sp. 1873-1874.

Cura religionis, ius in sacra, ius circa sacra. in: KRA 117/118 Festschrift für Ulrich Stutz, 1938; S. 224-298.

Das blinde, undeutliche Wort „Kirche“. Gesammelte Aufsätze. hrsg. v. Siegfried Grundmann, 1964; Verzeichnis der Schriften von Johannes Heckel: S. 725-734.

Das Decretum Gratiani und das deutsche evangelische Kirchenrecht. in: Studia Gratiana, Vol. III, 1955, S. 485-537.

Das Episcopalsystem des Joachim Stephani und sein Schicksal. in: ZRG 44 (1924), S. 523-528.

Das staatskirchenrechtliche Schrifttum der Jahre 1930 und 1931. in: VerwArch. 37 (1932), S. 284.

Das Urteil des Staatsgerichtshofs vom 25.10.1932 in dem Verfassungsstreit Reich-Preußen. in: Archiv des Öffentlichen Rechts, neue Folge, Bd. 23 (1933), S. 183ff..

Der Ansatz einer evangelischen Sozialethik bei Martin Luther. in: Die evangelische Kirche in der modernen Gesellschaft, hrsg. v. Dekan Theodor Heckel, München: 1956, S. 25-51.

Der Ansatz einer evangelischen Sozialethik bei Martin Luther. in: Die Kirche in der Welt, Studien zur ökumenischen Tagung des Lutherischen Weltbundes in Minneapolis 1957, hrsg. v. Theodor Heckel und Georg Lanzenstiel, München: 1957, S. 49-67.

Der Christ von heute in Kirche und Staat. München: 1964.

Der Einbruch des jüdischen Geistes in das deutsche Staats- und Kirchenrecht durch Friedrich Julius Stahl. in: Historische Zeitschrift 155, 1937, S. 506-541.

Der Ratspatronat im Freistaat Sachsen. Ein Rechtsgutachten über seine gegenwärtige Rechtslage. Dresden: 1930.

Der Vertrag des Freistaates Preußen mit den evangelischen Landeskirchen vom 11. Mai 1931. Zu seiner Ratifikation am 29. Juni 1931. in: Theol. Blätter, 1932, Sp. 193-204.

Die Adels- und Konfessionsklausel für Ehen von Fideikommißbesitzern im ehemaligen Herzogtum Westfalen. Rechtsgutachten. Berlin: 1932.

Die Beilegung des Kulturkampfes in Preußen. in: Forschungen und Berichte (Nachrichtenblatt der Deutschen Wissenschaft und Technik) 6. Jg., 1930, S. 235-236.

Die Beilegung des Kulturkampfes in Preußen. in: ZRG 50 (1930), S.215 – 353.

Die Besetzung fiskalischer Patronatsstellen in der Evangelischen Landeskirche und in den katholischen Diözesen Altpreußens. in: ZRG 46 (1926), Kan. Abt. 15, S. 200-325.

Die Besetzung katholischer Pfarrstellen fiskalischen Patronats in den Delegaturen Brandenburg-Pommern und Preußen links der Elbe und Havel. in: ZRG 47 (1927), Kan. Abt. 16, S. 116-180.

Die Entstehung des brandenburgisch-preußischen Summepiskopats. in: ZRG 44 (1924), S. 266-283.

Die evangelischen, Dom- und Kollegiatstifter Preussens, insbesondere Brandenburg, Merseburg, Naumburg, Zeitz. Stuttgart: 1924.

Diktatur, Notverordnungsrecht, Verfassungsnotstand; in: Archiv des Öffentlichen Rechts, neue Folge 22 (1932), S. 257-338.

Ein Gutachten Aemilius Ludwig Richters über die evangelischen Fräuleinstifter vom 10. März 1851. in: ZRG 44 (1924), Kan. Abt. 13, S. 528-531.

Ein Gutachten Aemilius Ludwig Richters zum Patronatsrecht. in: ZRG 49 (1929), Kan. Abt. 18, S. 563-568.

Ein Kirchenverfassungsentwurf Friedrich Wilhelm IV. von 1847. in: ZRG 43 (1922), S. 444-459.

Ein Votum Aemilius Ludwig Richters zur Aufhebung der Patronate. in: ZRG 46 (1926), Kan. Abt. 15, S. 534-539.

Entwicklung der protestantischen Kirchen Verfassung in Bayern r. d. Rh. Volkskirche, Halbmonatsblatt für den Aufbau und Ausbau unserer evangelischen Kirche, 2. Jg., 1920, Sp. 244-248.

Evang.-theol. Fakultät über Kirchenverfassung und Bildungswesen. *„Gutachten der evangelisch-theologischen Facultät der rheinischen Friedrich-Wilhelms-Universität, betreffend die Angelegenheiten der Kirchenverfassung"* vom 11. März 1849. in: Theologische Blätter 11. Jg., 1932, Sp. 65-76.

Höchstes Regal. in: ZRG 44 (1924), S. 518-523.

Im Irrgarten der Zwei-Reiche-Lehre Luthers. München: 1957.
Initia iuris ecclesiastici Protestantium. in: SAM 5, 1949.
Initia iuris ecclestiastici Protestantium. in: Sitzungsberichte der Bayr. Akad. d. Wiss., Philos.-Hist. Klasse, 1949.
Kirchengut und Staatsgewalt. Ein Beitrag zur Geschichte und Ordnung des heutigen gesamtdeutschen Staatskirchenrechts. in: Festgabe für Rudolf Smend, 1952, S. 103-143.
Kirchengut und Staatsgewalt. in: Rechtsprobleme in Staat u. Kirche. Festschrift für Rudolf Smend zum 70. Geburtstag, 1952, S. 103-143.
Kirchliche Autonomie und staatliches Stiftungsrecht in den Kirchengemeinden der evangelisch-lutherischen Landeskirche Bayern. München: 1932.
Kirchliche Autonomie und staatliches Stiftungsrecht in den Kirchengemeinden der Evangelisch-Lutherischen Landeskirche in Bayern r. d. Rh. in: Korrespondenzblatt für die evangelisch-lutherischen Geistlichen in Bayern, 57. Jg., 1932, S. 411-423.
Lex charitatis. Eine juristische Untersuchung über das Recht in der Theologie Martin Luthers. München: 1953.
Luthers Lehre von den zwei Regimenten. Fragen und Antworten zu der Schrift von Gunnar Hillerdal. in: Zeitschrift für evangelisches Kirchenrecht 4 (1955), S. 253-265.
Marsilius von Padua und Martin Luther. Ein Vergleich ihrer Rechts- und Soziallehre. in: ZRG 75 (1958), S.268-336.
Marsilius von Padua. Evangelisches Kirchenlexikon, Bd. II, Göttingen: 1958, Sp. 1257-59.
Melanchthon und das deutsche Staatskirchenrecht. in: Um Recht und Gerechtigkeit. Festgabe für Erich Kaufmann zu seinem 70. Geburtstag, hrsg. von Rudolf Smend, Stuttgart: 1950.
Melanchthon und das heutige deutsche Staatskirchenrecht. in: Festgabe für Erich Kaufmann, Stuttgart: 1950, S. 83-102.
Naturrecht und christliche Verantwortung im öffentlichen Leben nach der Lehre Martin Luthers. in: zur Politischen Predigt, 1952, S. 35-36.
Naturrecht und christliche Verantwortung im öffentlichen Leben nach der Lehre Martin Luthers. Zur politischen Predigt, hrsg. v. Evang.-Luth. Dekanat München, München: 1952, S. 35-56.
Recht und Gesetz, Kirche und Obrigkeit in Luthers Lehre vor dem Thesenanschlag von 1517. Eine juristische Untersuchung. in: ZRG 57 (1937), Kan. Abt. 26, S. 285-375.
Staats-, Verwaltungs- und Kirchenrecht. in: Heckel, Henzel, Walz Larenz, Berichte über das Studium des öffentlichen Rechts (Der Deutsche Staat der Gegenwart, Heft 12), Hamburg: 1935, S. 9-29.

Ulrich Stutz. Ehrung, in: Bericht des Festausschusses. Weimar: 1938.

Wehrrecht und Wehrmachtbeamtentum. in: Die Heeresverwaltung 6, 1941, S. 57.

Wehrverfassung und Wehrrecht des Großdeutschen Reichs. Berlin: 1939.

Widerstand gegen die Obrigkeit? Pflicht und Recht zum Widerstand bei Martin Luther. in: Zeitwende – Die neue Furche, 1954, S. 156-168.

Widerstandsrecht und Grenzen der Staatsgewalt. Stellungnahme der Kirchen der Reformation – die Lutheraner. in: Bericht über die Tagung der Hochschule für Politische Wissenschaften, München, und der Evangelischen Akademie, Tutzing, 18.-20. Juni 1955, hrsg. v. B. Pfister und G. Hildmann, Berlin: 1956, S. 32-45.

Zwei-Reiche-Lehre. Die Entfaltung der Zwei-Reiche-Lehre als Reichs- und Regimentenlehre. in: Evangelisches Kirchenlexikon, Bd. III, Göttingen: 1959, Sp. 1936-1945.

Besprechungen und Anzeigen

Rauscher, Julius: *Zur Entstehung der großen württembergischen Kirchenordnung des Jahres 1559*. Tübingen: 1922, in: ZRG 44 (1924), Kan. Abt. 13, S. 597.

Schmidt, Arthur B.: *Kirchliche Simultanverhältnisse in Württemberg*. Tübingen: 1923, in: ZRG 44 (1924), Kan. Abt. 13, S. 596.

Schornbaum, Karl: *Geschichte der Pfarrei Alfeld*. Leipzig und Erlangen: 1922, in: ZRG 44 (1924), Kan. Abt. 13, S. 597-598.

Pohl, Heinrich: *Zur Geschichte des Mischehenrechts in Preußen*. Berlin: 1920, in: Deutsche Literaturzeitung 1924, Sp. 450-452.

Amrhein, August: *Reformationsgeschichtliche Mitteilungen aus dem Bistum Würzburg*. Münster: 1923, in: ZRG 45 (1925), Kan. Abt. 14, S. 586-588.

Marsson, Richard: *Die preußische Union*. Berlin: 1923, in: ZRG 45 (1925), Kan. Abt. 14, S. 631-636.

Schwartz, Paul: *Der erste Kulturkampf in Preußen um Kirche und Schule 1788-1798*. Berlin: 1925, in: ZRG 46 (1926), Kan. Abt. 15, S. 594-598.

Hoffmann, Georg: *Die griechisch-katholische Gemeinde in Breslau unter Friedrich dem Großen*. Breslau: 1925, in: ZRG 47 (1927), Kan. Abt. 16, S. 502-506.

Meincke, Oscar: *Die rechtliche Stellung der evang.-luth. Kirche im Hamburgischen Staate*. Hamburg: 1925, in: ZRG 47 (1927), Kan. Abt. 16, S. 496-502.

von Bonin, Burkhard: *Entscheidungen des Cöllnischen Konsistoriums 1541-1704*. Weimar: 1926, in: ZRG 48 (1928), Kan. Abt. 17, S. 665-671.

Hadenfeldt, Friedrich: *Die rechtliche Struktur der sog. Kapellengemeinden in Hamburg.* Hamburg: 1924, in: ZRG 48 (1928), Kan. Abt. 17, S. 671-678.

Schrörs, Heinrich: *Die Kölner Wirren.* Berlin und Bonn 1927, in: ZRG 48 (1928), Kan. Abt. 17, S. 643-660.

Nachruf f. Karl Rieker. in: ZRG 48 (1928), Kan. Abt. 17, S. 708-710.

Die brandenburgischen Kirchenvisitations-Abschiede und -Register des 16. und 17. Jahrhunderts, I. Bd., H. 1 und 2, hrsg. v. Viktor Herold, Berlin: 1928, in: ZRG 49 (1929), Kan. Abt. 18, S. 645-648.

Brenneke, Adolf: *Vor- und nach reformatorische Klosterherrschaft und die Geschichte der Kirchenreformation im Fürstentum Calenberg-Göttingen*, I. Halbbd., Geschichte des Hannoverschen Klosterfonds, I.Teil, Hannover: 1928, in: ZRG 49 (1929), Kan. Abt. 18, S. 641-645.

Blanck, Walter: *Verfassung und Verwaltung der mecklenburgisch-strelitzischen Landeskirche 1701-1926.* o. O.: 1928, in: ZRG 50 (1930), Kan. Abt. 19, S. 876-880.

Die brandenburgischen Kirchenvisitations-Abschiede und -Register des 16. und 17. Jahrhunderts, I. Bd., H. 3 und 4, hrsg. v. Viktor Herold, Berlin: 1929, in: ZRG 50 (1930), Kan. Abt. 19, S. 866-870.

Breitfeld, Artur: *Die Vermögensrechtliche Auseinandersetzung zwischen Kirche und Staat in Preußen auf Grund der Reichsverfassung.* Breslau: 1929, in: ZRG 50 (1930), Kan. Abt. 19, S. 858-866.

Brenneke, Adolf: *Vor- und nachreformatorische Klosterherrschaft und die Geschichte der Kirchenreformation im Fürstentum Calenberg-Göttingen*, II. Halbbd., in: Geschichte des Hannoverschen Klosterfonds, I.Teil, Hannover: 1929, ZRG 50 (1930), Kan. Abt. 19, S. 870-876.

Ficker, Ludwig: *Der Kulturkampf in Münster*, bearb. und veröffentl. von Otto Hellinghaus, Münster: 1928, in: ZRG 50 (1930), Kan. Abt. 19, S. 846-851.

Langer, Gottfried: *Landesherrliches Patronatsrecht und staatliches Oberaufsichtsrecht gegenüber der katholischen Kirche Sachsens.* Leipzig: 1929, in: ZRG 50 (1930), Kan. Abt. 19, S. 851-858.

Archivinventare der evangelischen mittelfränkischen Pfarreien des ehemaligen Konsistoriums Ansbach, bearb. v. Karl Schornbaum, Würzburg: 1929, in: ZRG 51 (1931), Kan. Abt. 20, S. 683 bis 685.

Die Brandenburgischen Kirchenvisitations-Abschiede und -Register des 16. und 17. Jahrhunderts, I. Bd., hrsg. v. Viktor Herold, Berlin: 1930, in: ZRG 51 (1931), Kan. Abt. 20, S. 685-687.

Weizsäcker, Hugo: *Zur Geschichte des städtischen Kirchenpatronats und zur gegenwärtigen Rechtslage mit besonderer Beziehung auf die evang.-luth. Landeskirche Hannovers.* Northeim/Hann.: 1929, in: ZRG 51 (1931), Kan. Abt. 20, S. 687.

Foellmer, Oskar: *Geschichte des Amtes der Generalsuperintendenten in den altpreußischen Provinzen.* Gütersloh: 1931, in: ZRG 52 (1932), Kan. Abt. 21, S. 506.

Heintze, Johannes: *Die Grundlagen der heutigen preußischen Kirchenverfassung in ihren Vorstadien seit der Generalsynode von 1846.* Greifswald: 1931, in: ZRG 52 (1932), Kan. Abt. 21, S. 504-506.

Ascherfeld, Willy: *Die Entstehung des lutherischen Konsistoriums in Essen und seine Zuständigkeit.* Essen: 1931, in: ZRG 53 (1933), Kan. Abt. 22, S. 459.

Lehnert, Hans: *Kirchengut und Reformation.* Erlangen: 1935, in: ZRG 56 (1936), Kan. Abt. 25, S. 570-574.

Saatz, Friedrich: *Das geltende Kirchenpatronatsrecht in der Evang.-Luth. Landeskirche des Freistaats Sachsen.* Leipzig: 1935, in: ZRG 56 (1936), Kan. Abt. 25, S. 574-575.

Göbell, Walter: *Die rheinisch-westfälische Kirchenordnung vom 5. März 1835*, Bd. I, Duisburg: 1948, in: ZRG 67 (1950), Kan. Abt. 36, S. 469-488.

Adam, Alfred: *Die Nassauische Union von 1817.* Darmstadt: 1949, in: ZRG 68 (1951), Kan. Abt. 37, S. 482-492.

Bornkamm, Heinrich: *Die Staatsidee im Kulturkampf.* München: 1950, in: ZRG 68 (1951), Kan. Abt. 37, S. 492-497.´

Heckel, Johannes: *Initia iuris ecclesiastici Protestantium* (München 1950). Selbstanzeige. in: ZRG 68 (1951), Kann. Abt. 37, S. 474-479.

Heckel, Johannes: *Melanchton und das heutige deutsche Staatskirchenrecht.* Festgabe f. Kaufmann, Stuttgart: 1950. Selbstanzeige. in: ZRG 68 (1951), Kann. Abt. 37, S. 479-482.

Eichmann, Eduard: *Weihe und Krönung des Papstes im Mittelalter*, (aus dem Nachl. hrsg. v. Klaus Mörsdorf), München: 1951, in: Münchner Theologische Zeitschrift 2. Jg., 1951, S. 340-342.

Heckel, Johannes: *Naturrecht und christliche Verantwortung im öffentlichen Leben nach der Lehre Martin Luthers* (München 1951). Selbstanzeige. in: ZRG 70 (1953), Kann. Abt. 30, S. 554.

Just, Leo: *Der aufgeklärte Absolutismus.* Darmstadt und Marburg: o. J. [1952], in: ZRG 70 (1953), Kan. Abt. 39, S. 517-524.

Benz, Ernst: *Bischofsamt und apostolische Sukzession im deutschen Protestantismus.* Stuttgart: o. J. [1953], in: ZRG 71 (1954), Kan. Abt. 40, S. 321-330.

Heckel, Johannes: *Lex charitatis* (München 1953).

Heckel, Johannes: *Widerstand gegen die Obrigkeit?* (Zeitwende 1954). Selbstanzeigen. in: ZRG 71 (1954), Kan. Abt. 40, S. 313-321.

Franz, Georg: *Kulturkampf, Staat und katholische Kirche in Mitteleuropa von der Säkularisation bis zum Abschluß des preußischen Kulturkampfes.* München: 1955, in: ZRG 72 (1955), Kan. Abt. 41, S. 512-520.

Kjöllerström, Sven: *Konung och Kyrkomöte (1529-1863)*. Lund: 1952, in: ZRG 72 (1955), Kan. Abt. 41, S. 522-526.

Liermann, Hans: *Kirchen und Staat*, Bd. I, München: 1954, in: ZRG 72 (1955), Kan. Abt. 41, S. 520-522.

Fagerberg, Holsten: *Bekenntnis, Kirche und Amt in der deutschen konfessionellen Theologie des 19. Jahrhunderts*. Uppsala: 1952, in: ZRG 73 (1956), Kan. Abt. 42, S. 507-523.

Göbell, Walter: *Die rheinisch-westfälische Kirchenordnung vom 5. März 1835*, Bd. II, Urkundenband, Düsseldorf: 1954, in: ZRG 73 (1956), Kan. Abt. 42, S. 532-535.

Heckel, Johannes: *Das Decretum Gratiani und das deutsche evangelische Kirchenrecht*. Selbstanzeige. auch: *Pincherle, Alberto*, Graziano e Lutero. Studia Gratiana, vol. III, Bononiae: 1955, in: ZRG 73 (1956), Kan. Abt. 42, S. 493-507.

Kjöllerström, Sven: *Karl XI odi sockenstämman*. 1955, in: ZRG 73 (1956), Kan. Abt. 42, S. 535-537.

Kjöllerström, Sven: *Den kyrkliga lagstiftningen i Sverige*. 1955, in: ZRG 73 (1956), Kan. Abt. 42, S. 537-542.

Kjöllerström, Sven: *Johan III och Krisü lekamens fest*. 1955, Anzeige. in: ZRG 73 (1956), Kan. Abt. 42, S. 552.

Liermann, Hans: *Kirchen und Staat*, Bd. II, München: 1955, Anzeige. in: ZRG 73 (1956), Kan. Abt. 42, S. 552.

Munter, Wilhelm Otto: *Begriff und Wirklichkeit des geistlichen Amtes*. München: 1955, in: ZRG 73 (1956), Kan. Abt. 42, S. 523-532.

Brenneke, Adolf und Albert Bauch: *Die calenbergischen Klöster unter Wolfenbütteler Herrschaft 1584-1634*. Geschichte des Hannoverschen Klosterfonds, II. Teil, Göttingen: 1956, in: ZRG 74 (1957), Kan. Abt. 43, S. 486-491.

Die Vorgeschichte des Kulturkampfes, Quellenveröffentlichung aus dem Deutschen Zentralarchiv, bearb. v. Adelheid Constabel, Berlin: 1956, in: ZRG 74 (1957), Kan. Abt. 43, S. 464-468.

Fabian, Ekkehart: *Die Entstehung des Schmalkaldischen Bundes und seiner Verfassung* 1529-1531/33, Brück, Landgraf Philipp von Hessen und Jakob Sturm, Tübingen: 1956. auch: *Fabian, Ekkehart*, Dr. Gregor Brück 1557-1957, Tübingen: 1957, in: ZRG 74 (1957), Kan. Abt. 43, S. 478-483.

Färnström, Emil: *Laurentius Petris Handskrivna Kyrkoordning av är 1561*. Stockholm: 1956, Anzeige, in: ZRG 74 (1957), Kan. Abt. 43, S. 532/533.

Heckel, Johannes: Der Ansatz der evangelischen Sozialethik bei Martin Luther (München 1956). auch: *Heckel, Johannes*: Im Irrgarten der Zwei-Reiche-Lehre. Theologische Existenz Heute H. 55, München: 1957, Selbstanzeigen, in: ZRG 74 (1959), Kan. Abt. 43, S. 472-475.

Höß, Irmgard: *Georg Spalatin 1484-1545.* Weimar: 1956, in: ZRG 74 (1957), Kan. Abt. 43, S. 475-478.

Mecenseffy, Grete: *Geschichte des Protestantismus in Österreich.* Graz u. Köln: 1956, in: ZRG 74 (1957), Kan. Abt. 43, S. 491 bis 494.

Sieweck, Paul: *Lothar Anselm Freiherr von Gebsattel, der erste Erzbischof von München und Freising.* München: 1955, in: ZRG 74 (1957), Kan. Abt. 43, S. 444-448.

Wehrhahn, Herbert: *Kirchenrecht und Kirchengewalt.* Studien zur Theorie des Kirchenrechts der Protestanten auf lutherischer Grundlage. Tübingen: 1956, in: ZRG 74 (1957), Kan. Abt. 43, S. 496 bis 503.

Beyer, Hans: *Grundlinien der Lippischen Kirchenpolitik 1848 bis 1854.* 1957, Anzeige, in: ZRG 75 (1958), Kan. Abt.44, S. 557-558.

Gerstenkorn, Hans Robert: *Weltlich Regiment zwischen Gottesreich und Teufelsmacht, die staatstheoretischen Auffassungen Martin Luthers und ihre politische Bedeutung.* Bonn: 1956, Anzeige, in: ZRG 75 (1958), Kan. Abt. 44, S. 558.

Götze, Ruth: *Luthers Exkommunikationspraxis.* Berliner theol. Diss.: 1957, Anzeige, in: ZRG 75 (1958) Kan. Abt. 44, S. 561.

Die Kirchenordnungen von 1556 in der Kurpfalz und in der Markgrafschaft Baden-Durlach, hrsg. v. Fritz Hauß und Hans Georg Zier, Karlsruhe: 1956, in: ZRG 75 (1958), Kan, Abt. 44, S. 527-530.

Kjöllerström, Sven: *Guds och Sveriges lag under reformationstiden.* Lund: 1957, in: ZRG 75 (1958), Kan. Abt. 44, S. 533-536.

Kühn, Oskar: *Gestaltung und Probleme des gemeindlichen Wahlrechts im deutschen evangelischen Kirchenrecht.* Münster. Diss.: 1957, Anzeige, in: ZRG 75 (1958), Kan. Abt. 44, S. 560-561.

Lindegärd, Sven: *Consistorium regni och frågan om kyrklig överstyrelse.* Lund: 1957, in: ZRG 75 (1958), Kan. Abt. 44, S. 536-539.

Mayer, Eberhard: *Die rechtliche Behandlung der Empörer von 1525 im Herzogtum Württemberg.* Tübingen: 1957, in: ZRG 75 (1958), Kan. Abt. 44, S. 532.

Struck, Wolf Heino: *Kircheninventare der Grafschaft Diez von 1525/26 und ihr zeitgeschichtlicher Hintergrund*, ein Beitrag zur Geschichte des landesherrlichen Kirchenregiments. 1957, in: ZRG 75 (1958), Kan. Abt. 44, S. 530-532.

Maurer, Hartmut: *Die Verwaltungsgerichtsbarkeit der evangelischen Kirche.* Göttingen: 1958, in: ZRG 76 (1959), Kan. Abt. 45, S. 387-389.

Rabe, Horst: *Naturrecht und Kirche bei Samuel Pufendorf.* Tübingen: 1958, in: ZRG 76 (1959), Kan. Abt. 45, S. 390-400.

Fabian, Ekkehart: *Die Schmalkaldischen Bundesabschiede 1530 – 1532.* Tübingen: 1958, Anzeige, in: ZRG 76 (1959), Kan. Abt. 45, S. 411.

RECHTSHISTORISCHE REIHE

Die nachfolgende Liste führt die Titel der "Rechtshistorischen Reihe" ab Band 300 auf.
Eine vollständige Übersicht aller bisher in der Reihe erschienenen Bücher
finden Sie auf www.peterlang.de.

Band 300 Jan Kohlmann: Der Marsch zu den Gräbern von Karl und Rosa. Geschichte eines Gedenktages. 2004.

Band 301 Christian Rainer Schlicht: Die kumulative Schuldübernahme in der Rechtsprechung des Reichsgerichts und in der zeitgenössischen Literatur. 2004.

Band 302 Hans Peter Glöckner: Positive Vertragsverletzung. Die Geburt eines Rechtsinstituts. 2006.

Band 303 João Manuel Azevedo Alexandrino Fernandes: Die Theorie der Interpretation des Gesetzes bei Francisco Suárez. 2005.

Band 304 René Funk: Die Wahlprüfung der volksgewählten Abgeordneten der Volksvertretungen im Frühkonstitutionalismus. Eine Untersuchung der Wahlprüfung in den Kammern der Abgeordneten des Großherzogtums Baden, des Königreichs Württemberg und des Großherzogtums Hessen. 2005.

Band 305 Carolin O'Sullivan. Die Ahndung von Rechtsbrüchen der Seeleute im mittelalterlichen hamburgischen und hansischen Seerecht (1301–1482). 2005.

Band 306 Martin Jürgens: Staat und Reich bei Ernst Rudolf Huber. Sein Leben und Werk bis 1945 aus rechtsgeschichtlicher Sicht. 2005.

Band 307 Florian G. Dürselen: Franz Beyerle (1885–1977). Leben, Ära und Werk eines Rechtshistorikers. 2005.

Band 308 Kai Bandilla: Urheberrecht im Kaiserreich. Der Weg zum Gesetz betreffend das Urheberrecht an Werken der Literatur und Tonkunst vom 19. Juni 1901. 2005.

Band 309 Stefan Mieth: Die Entwicklung des Denkmalrechts in Preußen 1701–1947. 2005.

Band 310 Catharina Lodemann: Die Geschichte des französischen *acte de gouvernement*. 2005.

Band 311 Christina Wicke: Kodifikationsbestrebungen und Wissenschaft in Hessen-Darmstadt im vorkonstitutionellen Zeitalter. Zu der Beteiligung der Gießener Rechtsprofessoren an den Gesetzgebungsarbeiten in Hessen-Darmstadt in der Zeit zwischen 1769 und 1820. 2005.

Band 312 Christiane Chlosta: Nur dem Gesetz unterworfen? Eine rechtsgeschichtliche Untersuchung zu Idee und Wirklichkeit richterlicher Gesetzestreue unter besonderer Berücksichtigung der Aufwertungsrechtsprechung und des richterlichen Prüfungsrechts. 2005.

Band 313 Kathrin Dirr: Hoheitsrechtliche Streitigkeiten zwischen den Kölner Erzbischöfen und der Stadt Köln auf Grundlage reichskammergerichtlicher Verfahren des 16. und 17. Jahrhunderts. 2005.

Band 314 Michael Racky: Die Diskussion über Gewaltenteilung und Gewaltentrennung im Vormärz. 2005.

Band 315 Petra Thiemrodt: Die Entstehung des Staatshaftungsgesetzes der DDR. Eine Untersuchung auf der Grundlage von Materialien der DDR-Gesetzgebungsorgane mit zeitgeschichtlichen Bezügen. 2005.

Band 316 Julius F. Reiter: Entstehung und staatsrechtliche Theorie der italienischen *Carta del Lavoro*. 2005.

Band 317 André Book: Die Justizreform in der Frühzeit der Bundesrepublik. Die Beratungen der Kommission zur Vorbereitung einer Reform der Zivilgerichtsbarkeit in den Jahren 1955 bis 1961. 2005.

Band 318 Frank Zentz: Das amerikanische Strafverfahren als Element der Besatzungspolitik in Deutschland. Erziehung zur Demokratie durch den *Court of Appeals* 1948–1955. 2005.

Band 319 Friederike Quaisser: Mietrecht im 19. Jahrhundert. Ein Vergleich der mietrechtlichen Konzeptionen im Allgemeinen Landrecht für die Preußischen Staaten von 1794 und dem gemeinen Recht. 2005.

Band 320 Stefan Burghard: Professor Dr. Wilhelm Kahl – Leben zwischen Wissenschaft und Politik. 2005.

Band 321 Günter Baranowski: Die *Russkaja Pravda* – ein mittelalterliches Rechtsdenkmal. 2005.

Band 322 Christina Schneider: Die SS und das „Recht". Eine Untersuchung anhand ausgewählter Beispiele. 2005.

Band 323 Werner Schubert (Hrsg.): Zivilprozessreform in der Weimarer Zeit. Quellen zur Emminger-Zivilprozessverordnung vom 13.2.1924 und zu den Arbeiten der Zivilprozesskommission des Reichsjustizministeriums (1922–1930). Eingeleitet und herausgegeben von Werner Schubert. 2005.

Band 324 Felix Gaul: Der Jurist Rudolf Isay (1886–1956). Ein verantwortungsbewusster Vermittler im Spannungsfeld zwischen dynamischer Rechtsschöpfung, ökonomischem Wandel und technischem Fortschritt. 2005.

Band 325 Konstanze Braun: Dr. Otto Georg Thierack (1889–1946). 2005.

Band 326 Eckart Klein / Stefan Chr. Saar / Carola Schulze (Hrsg.): Zwischen Rechtsstaat und Diktatur. Deutsche Juristen im 20. Jahrhundert. 2006.

Band 327 Stefan Botor: Das *Berliner Sühneverfahren* – Die letzte Phase der Entnazifizierung. 2006.

Band 328 Andreas Köhler: Die Sorgerechtsregelungen bei Ehescheidung seit 1945. Scheidungsstrafe und verordnete Gemeinsamkeit. 2006

Band 329 Lars Düwel: Die Nichtigkeit und Anfechtbarkeit der Ehe in der Rechtsprechung des Reichsgerichts zwischen 1900 und 1945. 2006.

Band 330 Katalin Polgar: Das Oberappellationsgericht der vier freien Städte Deutschlands (1820–1879) und seine Richterpersönlichkeiten. 2007.

Band 331 Julia Schweitzer: Schiffer und Schiffsmann in den Rôles d'Oléron und im Llibre del Consolat de Mar. Ein Vergleich zweier mittelalterlicher Seerechtsquellen. 2007.

Band 332 Diana-Catharina Kurtz: Das Institut der Adoption im preußischen Allgemeinen Landrecht und im französischen Code civil zwischen Rezeption römisch-rechtlicher Prinzipien und verändertem Familienverständnis. 2006.

Band 333 Dino Joakim Duderstadt: Spiel, Wette und Differenzgeschäft (§§ 762–764 BGB) in der Rechtsprechung des Reichsgerichts und in der zeitgenössischen Literatur. 2007.

Band 334 Ronald Hoffmann: Die Domänenfrage in Thüringen. Über die vermögensrechtlichen Auseinandersetzungen mit den ehemaligen Landesherren in Thüringen nach dem Ersten Weltkrieg. 2006.

Band 335 Joachim Windmüller: *Ohne Zwang kann der Humanismus nicht existieren...* – „Asoziale" in der DDR. 2006.

Band 336 Sven Christian Gläser: Die Mediatisierung der Grafschaft Wertheim. Der juristische Kampf eines kleinen Reichsstandes gegen den Verlust der Landesherrschaft und seine Folgen. 2006.

Band 337 Benjamin Schleyer: Friedrich Wilhelm Bornemann (1798–1864). Eine Juristenkarriere im Preußen des 19. Jahrhunderts. 2006.

Band 338 Die Reform des Ehescheidungsrechts von 1976. Quellen zum Ersten Gesetz vom 14.6.1976 zur Reform des Ehe- und Familienrechts (Parlamentarische Ausschussprotokolle – Anglikanische Denkschrift von 1966 zur Scheidungsrechtsreform – Schlussabstimmung 1969 in der Eherechtskommission des Bundesministeriums der Justiz). Eingeleitet und herausgegeben von Werner Schubert. 2006.

Band 339 Andreas Feld: Das Bayerische Gesetz zum Schutz des Eigentums an Erzeugnissen der Literatur und Kunst gegen Nachdruck vom 15.04.1840. Vorgeschichte und Zustandekommen. 2007.

Band 340 Bernd Wörner: Adelbert Düringers Einfluß als Richter am Reichsgericht in Leipzig auf dem Gebiet des Personengesellschaftsrechts. 2007.

Band 341 Jan Jelle Kähler: Französisches Zivilrecht und französische Justizverfassung in den Hansestädten Hamburg, Lübeck und Bremen (1806–1815). 2007.

Band 342 Jörn Eckert / Pia Letto-Vanamo / Kjell Modéer (Hrsg.): Juristen im Ostseeraum. Dritter Rechtshistorikertag im Ostseeraum 20.–22. Mai 2004. 2007.

Band 343 Ferdinand von Weyhe: A.E. Wassermann. Eine rechtshistorische Fallstudie zur „Arisierung“ zweier Privatbanken. 2007.

Band 344 Martin Klaus Römermann: Kündigungen und Kündigungsschutz im Franquismus. 2007.

Band 345 Thomas Hoffmann: Der Landrechtsentwurf David Hilchens von 1599. Ein livländisches Rechtszeugnis polnischer Herrschaft. 2007.

Band 346 Ingo Ullmann: Die rechtliche Behandlung holsteinischer Leibeigener um die Mitte des 18. Jahrhunderts. Dargestellt unter besonderer Berücksichtigung der Schmoeler Leibeigenschaftsprozesse von 1738 bis 1743 sowie von 1767 bis 1777. 2007.

Band 347 Petra Fischer-Langosch: Die Entstehungsgeschichte des Familiengesetzbuches der DDR von 1965. 2007.

Band 348 Lasse O. Johannsen: Die rechtliche Behandlung ausreisewilliger Staatsbürger in der DDR. 2007.

Band 349 Ralf Schlottau: Deutsche Kolonialrechtspflege. Strafrecht und Strafmacht in den deutschen Schutzgebieten 1884 bis 1914. 2007.

Band 350 Hartwig Brandt / Ewald Grothe (Hrsg.): Rheinbündischer Konstitutionalismus. 2007.

Band 351 Nora Lutze: Der Verwandtenunterhalt nach den §§ 1601 bis 1603 und §§ 1610 bis 1612 BGB in der Rechtsprechung des Reichsgerichts. Unter Berücksichtigung der Entstehung des BGB. 2007.

Band 352 Frank Thiäner: Das Verhältnis von Aufsichtsrat und Abschlussprüfern in der rechtshistorischen Entwicklung bis 1937. 2007.

Band 353 Britta Heymann: Ernst Melsheimer (1897–1960). Eine juristische Karriere in verschiedenen staatlichen Systemen. Mitarbeiter im Preußischen Justizministerium in der Weimarer Republik, im Justizministerium Preußens und des Reiches sowie Richter am Kammergericht in der NS-Zeit und Erster Generalstaatsanwalt der Deutschen Demokratischen Republik. 2007.

Band 354 Susanne Adlberger: Wilhelm Kisch – Leben und Wirken (1874–1952). Von der Kaiser-Wilhelms-Universität Straßburg bis zur nationalsozialistischen Akademie für Deutsches Recht. 2007.

Band 355 Moritz Waibel: Josef Berchtold (1833–1894). Ein Leben gegen den Ultramontanismus. 2007.

Band 356 Aline Levin: Erinnerung? Verantwortung? Zukunft? Die Beweggründe für die gemeinsame Entschädigung durch den deutschen Staat und die deutsche Industrie für historisches Unrecht. 2007.

Band 357 Ferdinand Krause: Die hergebrachten Grundsätze des Berufsbeamtentums. Eine rechtshistorische Analyse. 2008.

Band 358 André Tiebel: Die Entstehung der Schutztruppengesetze für die deutschen Schutzgebiete Deutsch-Ostafrika, Deutsch-Südwestafrika und Kamerun (1884–1898). 2008.

Band 359 Holger Ruff: Sittenwidrige Rechtsgeschäfte in der späten Kaiserzeit. Die Entwicklung der reichsgerichtlichen Rechtsprechung zu § 138 BGB von 1900 bis 1914. 2007.

Band 360 Frank Rohrer: Strafjustiz im Dritten Reich und in der SBZ/DDR. Die personelle und organisatorische Neuordnung des Justizapparates in den totalitären Diktaturen (1933–1955) mit ihren Auswirkungen auf die Rechtsprechung zum politischen Strafrecht. 2007.

Band 361 Hans-Georg Knothe / Marc Liebmann (Hrsg.): Gerichtskultur im Ostseeraum. Vierter Rechtshistorikertag im Ostseeraum. 18.–20. Mai 2006 in Greifswald. 2007.

Band 362 Christina Meß: Das Vertragsrecht bei Adam Smith. 2008.

Band 363 Quellen zur dänischen Rechts- und Verfassungsgeschichte (12.–20. Jahrhundert). Herausgegeben von Ditlev Tamm, Werner Schubert und Jens Ulf Jørgensen. 2008.

Band 364 Günter Baranowski: Die Gerichtsurkunde von Pskov. 2008.

Band 365 Mark Spengler: Die Entstehung des Scheckgesetzes vom 11. März 1908. 2008.

Band 366 Ivan Biliarsky / Radu G. Păun (eds./éds.): The Biblical Models of Power and Law. Les modèles bibliques du pouvoir et du droit. Papers of the International Conference, Bucharest, New Europe College 2005. Actes du colloque international, Bucarest, New Europe College 2005. 2008.

Band 367 Thomas A. Roth: Ausgestaltungen der Rechtsfähigkeit im 19. und 20. Jahrhundert. Zur Rechtspersönlichkeit natürlicher Personen in den bedeutenden deutschen Zivilrechtsordnungen. 2008.

Band 368 Björn Alexander Rautenberg: Der Fiskal am Reichskammergericht. Überblick und exemplarische Untersuchungen vorwiegend zum 16. Jahrhundert. 2008.

Band 369 Thorsten Miederhoff: *Man erspare es mir, mein Juristenherz auszuschütten*. Dr. iur. Kurt Tucholsky (1890–1935). Sein juristischer Werdegang und seine Auseinandersetzung mit der Weimarer Strafrechtsreformdebatte am Beispiel der Rechtsprechung durch Laienrichter. 2008.

Band 370 Philipp Nordloh: Kölner Zunftprozesse vor dem Reichskammergericht. 2008.

Band 371 Judith Freund: Die Wechselverpflichtung im 19. Jahrhundert. 2008.

Band 372 Hans-Michael Empell: Gutenberg vor Gericht. Der Mainzer Prozess um die erste gedruckte Bibel. 2008.

Band 373 Rainer Schröder: Die DDR-Ziviljustiz im Gespräch – 26 Zeitzeugeninterviews. 2008.

Band 374 Christian Neschwara: Ein österreichischer Jurist im Vormärz. „Selbstbiographische Skizzen" des Freiherrn Karl Josef Pratobevera (1769–1853). 2009.

Band 375 Stefan Ullrich: Untersuchungen zum Einfluss des lübischen Rechts auf die Rechte von Bergen, Stockholm und Visby. 2008.

Band 376 Johanna Gertrude Schmitzberger: Das nationalsozialistische Nebenstrafrecht 1933 bis 1945. 2008.

Band 377 Christian Brom: Urteilsbegründungen im „Hoge Raad van Holland, Zeeland en West-Friesland" am Beispiel des Kaufrechts im Zeitraum 1704–1787. 2008.

Band 378 Christian Böse: Die Entstehung und Fortbildung des Reichserbhofgesetzes. 2008.

Band 379 Tobias Röhnelt: Timm Kröger. Leben und Werk. 2009.

Band 380 Andrea Elisabeth Sebald: Der Kriminalbiologe Franz Exner (1881–1947). Gratwanderung eines Wissenschaftlers durch die Zeit des Nationalsozialismus. 2008.

Band 381 Angela Kriebisch: Die Spruchkörper Juristenfakultät und Schöppenstuhl zu Jena. Strukturen, Tätigkeit, Bedeutung und eine Analyse ausgewählter Spruchakten. 2008.

Band 382 Nana Ozawa: Louis Adolphe Bridel – Ein Schweizer Professor an der juristischen Fakultät der Tokyo Imperial University. Die geschichtliche Bedeutung der Yatoi zur späten Meijizeit. 2010.

Band 383 Christian Weißhuhn: Alfred Hueck 1889–1975. Sein Leben, sein Wirken, seine Zeit. 2009.

Band 384 Andreas Hunkel: Eduard Dietz (1866–1940) – Richter, Rechtsanwalt und Verfassungsschöpfer. 2009.

Band 385 Meike Guskow: Entstehung und Geschichte der Europäischen Charta der Regional- oder Minderheitensprachen. 2009.

Band 386 Markus J. Jahnel: Das Bodenrecht in „Neudeutschland über See“. Erwerb, Vergabe und Nutzung von Land in der Kolonie Deutsch-Südwestafrika 1884–1915. 2009.

Band 387 Matthias Günter Steiner: Die Klöster und ihr Wirken – eine der Wurzeln des Stiftungswesens? 2009.

Band 388 Cornelia Staats: Die Entstehung des Bundes-Immissionsschutzgesetzes vom 15. März 1974. 2009.

Band 389 Cai Niklaas E. Harders: Das Bundesjagdgesetz von 1952 sowie die Novellen von 1961 und 1976. Vorgeschichte, Entstehung des Gesetzes sowie Problemfelder. 2009.

Band 390 Matthias Pohlkamp: Die Entstehung des modernen Wucherrechts und die Wucherrechtsprechung des Reichsgerichts zwischen 1880 und 1933. 2009.

Band 391 Sebastian Baur: *Vor vier Höllenrichtern...* Die Lizentiats- und Doktorpromotionen an der Juristischen Fakultät der Universität Heidelberg. 2009.

Band 392 Christoph Salmen-Everinghoff: Zur *cautio damni infecti*: Die Rückkehr eines römischrechtlichen Rechtsinstituts in das moderne Zivilrecht. 2009.

Band 393 Till Meno Sellschopp: Der Weg zum Revokationsrecht der Ehegatten nach § 1368 BGB. Zugleich ein Beitrag zur Geschichte des ehelichen Güterrechts. 2009.

Band 394 Marc Biermann: Das Staatseigentum an öffentlichen Sachen im Gemeingebrauch in der ersten Hälfte des 19. Jahrhunderts. Die Theorie des reinen Hoheitsrechts an den öffentlichen Sachen von Rudolph von Jhering und Friedrich Ludwig Keller im Zusammenhang mit dem Baseler Schanzenstreit von 1859/62. 2009.

Band 395 Markus Tüxen: Kollegialprinzip oder Einzelrichter. Die Entwicklung des zivilrechtlichen Spruchkörpers bei den Landgerichten sowie den Oberlandesgerichten seit 1879 unter besonderer Berücksichtigung der Reformen von 1974 und 1976. 2009.

Band 396 Adam Polkowski: Die polnische Zivilprozessordnung von 1930/33. Unter Berücksichtigung des deutschen, österreichischen, russischen und französischen Rechts. 2009.

Band 397 Barbara Riedi: Die Porten der Unteren Strasse, ihr Ladungsrecht und der Strassenunterhalt. Rechtshistorische Betrachtungen zur Verkehrs- und Wirtschaftsgeschichte Graubündens. 2009.

Band 398 Stefanie Jessica Loroch: Zeitungsrubrik: Gerichtssaal. Strafprozessberichterstattung in Münster im 19. Jahrhundert (1848–1890). 2009.

Band 399 Dirk Henning Hofer: Karl Konrad Werner Wedemeyer (1870–1934). Ein Juristen- und Gelehrtenleben in drei Reichen. Eine Biographie. 2010.

Band 400 Thomas Simon (Hrsg.): Hundert Jahre allgemeines und gleiches Wahlrecht in Österreich. Modernes Wahlrecht unter den Bedingungen eines Vielvölkerstaates. 2010.

Band 401 Dörte Mentz: Die Beweislastumkehr in der Rechtsprechung des Reichsgerichts. 2010.

Band 402 Werner Schubert (Hrsg.): Oberster Gerichtshof für die Britische Zone (1948–1950). Nachschlagewerk Strafsachen – Nachschlagewerk Zivilsachen. Präjudizienbuch der Zivilsenate. Eingeleitet und herausgegeben von Werner Schubert. 2010.

Band 403 Yong Lei: Auf der Suche nach dem modernen Staat. Die Einflüsse der allgemeinen Staatslehre Johann Caspar Bluntschlis auf das Staatsdenken Liang Qichaos. 2010.

Band 404 Andreas Schwenk: Die Formbestimmung des § 313 BGB a. F. (§ 311 b Abs. 1 BGB n. F.) bei Verträgen über Grundstücke in der Rechtsprechung des Reichsgerichts. 2010

Band 405 René Schorsch: Eberhard Georg Otto Freiherr von Künßberg (1881–1941). Vom Wirken eines Rechtshistorikers. 2010.

Band 406 Ulrike Köbler: Werden, Wandel und Wesen des deutschen Privatrechtswortschatzes. 2010.

Band 407 Björn Florian Faulenbach: Rolle und Bedeutung der Lehre in der Rechtsprechung der Internationalen Gerichtshöfe im zwanzigsten Jahrhundert. 2010.

Band 408 Guangyu Fu: Das Causaproblem im deutschen Bereicherungsrecht. Eine rechtshistorische Untersuchung. 2010.

Band 409 Andreas Kimmelmann: Die Folter im Beweisverfahren der Leges Visigothorum. Chindasvinths Gesetzgebung im Spiegel der westgotischen Rechtsentwicklung. 2010.

Band 410 Jacqueline Schmaltz: Die Entwicklung der Industrie- und Handelskammern. Zwischen Pflicht und Kür. 2010.

Band 411 Hermann Nehlsen: Bayerische Rechtsgeschichte vom frühen Mittelalter bis zum 20. Jahrhundert. 2011.

Band 412 Kathrin Spoerr: Recht und Revolution. Deutsche Ökonomen und ihr Einfluss auf das Recht der Weimarer Republik – eine Zeitschriftenschau 1917–1920. 2011.

Band 413 Moritz von Köckritz: Die deutschen Oberlandesgerichtspräsidenten im Nationalsozialismus (1933–1945). 2011.

Band 414 Annika Lillemor Lara Rabaa: Die Ehe als Rechtsinstitut im Badischen Landrecht von 1810. Unter besonderer Berücksichtigung der gesellschaftlichen Entwicklungen im 19. Jahrhundert. 2011.

Band 415 Christian Hattenhauer / Klaus-Peter Schroeder (Hrsg.): 200 Jahre Badisches Landrecht von 1809/1810. Jubiläumssymposium des Instituts für geschichtliche Rechtswissenschaft der Ruprechts-Karls-Universität Heidelberg und der Heidelberger Rechtshistorischen Gesellschaft vom 23. bis 26. September 2009. 2011.

Band 416 Tobias Alexander Krammerbauer: Die Ministerverantwortlichkeit und die Vorformen sonstiger Verfassungsgerichtsbarkeit in Württemberg zwischen 1815 und 1918. 2011.

Band 417 Werner Schubert (Hrsg.): Quellen zur GmbH-Reform von 1958 bis zum GmbH-Änderungsgesetz von 1980. Eingeleitet und herausgegeben von Werner Schubert. 2011.

Band 418 Gisela Emling: Johannes Heckel. Leben und Wirken (1889–1963). 2011.